普通高等教育"十一五"规划教材

计算机网络与通信

张曾科　编著
吴秋峰　主审

机械工业出版社

本书讲述计算机网络技术。首先介绍计算机网络的体系结构，接着以物理层、数据链路层、网络层、传输层和应用层五层体系结构层为主线讲述计算机网络的基本原理和核心技术，然后介绍网络管理与网络安全，最后讲述网络通信技术。

本书注重讲述网络的基本概念和原理，同时也力图反映计算机网络发展的新技术。

本书可作为高等院校理工科专业计算机网络课程的教学用书，也可以作为工程技术人员的参考用书。

本书配有免费电子课件，欢迎选用本书作教材的老师登录www. cmpedu. com 注册下载。

图书在版编目（CIP）数据

计算机网络与通信/张曾科编著 .—北京：机械工业出版社，2008. 11
（2025. 7 重印）
普通高等教育"十一五"规划教材
ISBN 978-7-111-25385-3

Ⅰ. 计⋯　Ⅱ. 张⋯　Ⅲ. ①计算机网络-高等学校-教材②计算机网络-计算机通信-高等学校-教材　Ⅳ. TP393 TN915

中国版本图书馆 CIP 数据核字（2008）第 162355 号

机械工业出版社（北京市百万庄大街 22 号　邮政编码 100037）
策划编辑：王保家　责任编辑：王雅新　常建丽
责任校对：李秋荣　封面设计：王洪流　责任印制：邰　敏
北京华宇信诺印刷有限公司印刷
2025 年 7 月第 1 版第 12 次印刷
184mm×260mm · 21 印张 · 516 千字
标准书号：ISBN 978-7-111-25385-3
定价：59. 80 元

电话服务　　　　　　　　　网络服务
客服电话：010-88361066　　机　工　官　网：www. cmpbook. com
　　　　　010-88379833　　机　工　官　博：weibo. com/cmp1952
　　　　　010-68326294　　金　书　网：www. golden-book. com
封底无防伪标均为盗版　机工教育服务网：www. cmpedu. com

全国高等学校电气工程与自动化系列教材
编 审 委 员 会

序

随着科学技术的不断进步，电气工程与自动化技术正以令人瞩目的发展速度，改变着我国工业的整体面貌。同时，对社会的生产方式、人们的生活方式和思想观念也产生了重大的影响，并在现代化建设中发挥着越来越重要的作用。随着与信息科学、计算机科学和能源科学等相关学科的交叉融合，它正在向智能化、网络化和集成化的方向发展。

教育是培养人才和增强民族创新能力的基础，高等学校作为国家培养人才的主要基地，肩负着教书育人的神圣使命。在实际教学中，根据社会需求，构建具有时代特征、反映最新科技成果的知识体系是每个教育工作者义不容辞的光荣任务。

教书育人，教材先行。机械工业出版社几十年来出版了大量的电气工程与自动化类教材，有些教材十几年、几十年长盛不衰，有着很好的基础。为了适应我国目前高等学校电气工程与自动化类专业人才培养的需要，配合各高等学校的教学改革进程，满足不同类型、不同层次的学校在课程设置上的需求，由中国机械工业教育协会电气工程及自动化学科教育委员会、中国电工技术学会高校工业自动化教育专业委员会、机械工业出版社共同发起成立了"全国高等学校电气工程与自动化系列教材编审委员会"，组织出版新的电气工程与自动化类系列教材。这类教材基于**"加强基础，削枝强干，循序渐进，力求创新"**的原则，通过对传统课程内容的整合、交融和改革，以不同的模块组合来满足各类学校特色办学的需要。并力求做到：

1. 适用性：结合电气工程与自动化类专业的培养目标、专业定位，按技术基础课、专业基础课、专业课和教学实践等环节，进行选材组稿。对有的具有特色的教材采取一纲多本的方法。注重课程之间的交叉与衔接，在满足系统性的前提下，尽量减少内容上的重复。

2. 示范性：力求教材中展现的教学理念、知识体系、知识点和实施方案在本领域中具有广泛的辐射性和示范性，代表并引导教学发展的趋势和方向。

3. 创新性：在教材编写中强调与时俱进，对原有的知识体系进行实质性的改革和发展，鼓励教材涵盖新体系、新内容、新技术，注重教学理论创新和实践创新，以适应新形势下的教学规律。

4. 权威性：本系列教材的编委由长期工作在教学第一线的知名教授和学者组成。他们知识渊博，经验丰富。组稿过程严谨细致，对书目确定、主编征集、资料申报和专家评审等都有明确的规范和要求，为确保教材的高质量提供了有力保障。

此套教材的顺利出版，先后得到全国数十所高校相关领导的大力支持和广大骨干教师的积极参与，在此谨表示衷心的感谢，并欢迎广大师生提出宝贵的意见和建议。

此套教材的出版如能在转变教学思想、推动教学改革、更新专业知识体系、创造适应学生个性和多样化发展的学习环境、培养学生的创新能力等方面收到成效，我们将会感到莫大的欣慰。

全国高等学校电气工程与自动化系列教材编审委员会

前　言

计算机网络的产生和发展在现代科学技术史上具有划时代的意义。计算机网络和Internet彻底改变了人们的工作和生活方式，改变了企事业单位的运营和管理方式。电子邮件、IP电话成为人们重要的交流方式，Web浏览成为人们获取信息的主要渠道，网上办公、电子商务、网络银行、网络会议、远程教育、远程生产监控等迅速进入现代社会，成为人们日常的工作和活动方式。

计算机网络教学越来越受到教育部门的高度重视。本书列入普通高等教育"十一五"规划教材，根据教材编审委员会审定的大纲，围绕计算机网络的原理、技术和应用，组织安排了本书的内容：

第1章介绍计算机网络的基本概念和发展历程。第2章介绍计算机网络的体系结构，使读者对计算机网络的基本概念有一个初步的了解，对计算机网络系统的总体层次结构和各层的功能划分有一个全局性的了解，以便进一步深入学习。

第3～9章以物理层、数据链路层、网络层、传输层和应用层五层体系结构为主线讲述计算机网络的基本原理和核心技术，这是目前国际上计算机网络教材编排的主流层次架构。第3、4章分别讲述五层体系结构的下两层，即物理层和数据链路层的各种通用技术；第5、6章分别介绍局域网和广域网，从互联网的角度看，它们处于五层体系结构的下两层；第7～9章则分别讲述五层体系结构的上三层，即网络层、传输层和应用层的协议和技术，它们包含了Internet的核心技术。

随着网络经济时代的到来，目前网络安全和管理倍受关注，第10、11章分别介绍网络安全和网络管理技术。网络通信是非常重要的网络应用，第12、13章讲述网络通信技术，分别涉及多媒体通信技术和基于套接字Socket的网络通信技术，后者是网络通信应用程序的一个主要开发平台。

本书是作者在清华大学讲授计算机网络、企业网等课程的基础上编写的，融入了多年的教学体验。本书注重讲述计算机网络的基本概念和原理。虽然网络技术发展迅速，各种技术层出不穷，但是其基本概念和原理是学习网络技术的最重要的知识点和基础。与此同时，本书也力图反映计算机网络发展的新技术，跟随网络技术飞速发展的潮流。

本书的目录中标示出了基本部分（打"＊"），教学中可以根据授课对象的层次、专业和学时等具体情况，对教学内容进行适当组合。本书每章均配有思考题，供读者练习思考。

书中重要的专业术语，一般依据全国科学技术名词审查委员会公布的《计算机科学技术名词（第2版）》给出中文，并注明英文。

本书配有免费电子课件，欢迎选用本书作教材的老师登录www.cmpedu.com注册下载或发邮件到wbj@cmpbook.com索取。

由于作者的学识和水平有限，书中难免存在错误和疏漏，殷切期盼广大读者不吝指正，在此表示由衷感谢。

作　者

目　　录

（注：打"＊"的为基本部分，其余根据具体教学要求扩展）

第1章 概　　述

1.1　计算机网络及其分类

1.1.1　什么是计算机网络

计算机网络（Computer Network）是计算机技术和通信技术相结合的产物。

世界上第一台电子数字计算机于 1946 年诞生，称为电子数字集成器和计算器（Electronic Numerical Integrator And Computer，ENIAC），由 18 000 个真空管组成，占地面积170 m^2，重量达 28t，如图 1-1 所示。比起现在便携式的笔记本电脑，可谓庞然大物，但其性能却逊色得多。

图 1-1　世界上第一台
电子数字计算机 ENIAC

1971 年问世的第一块集成电路处理器 4004，就集成了 2 300 个晶体管，而可以放在手心里的奔腾 4 芯片，已经集成了 4 200 万个晶体管。计算机技术的发展真是异常神速。Intel 公司的创始人之一 Gordon Moore 在 1964 年曾预言：芯片的能力每 18 个月提高一倍，而其价格降低一半。摩尔本人当初也未曾料到，这一预言至今仍然成立，这就是著名的**摩尔定律**（Moore's Law）。

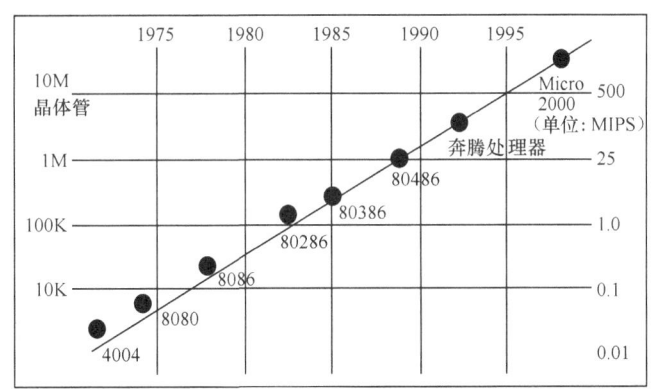

图 1-2　摩尔定律

通信技术是一门发展更早的技术，1838 年摩尔斯发明了有线电报，开创了通信技术时代，1876 年贝尔发明了电话，1896 年马可尼发明了无线电报，1927 年 AT&T 启动了跨越大西洋的电话业务，1966 年研究人员首次使用光纤传输电话信号。

计算机技术和通信技术的结合是最近几十年的事。20 世纪 50 年代中期，人们开始进行计算机技术与通信技术相结合的尝试，一些系统通过电话线路将多个远程终端连接到一台中心计算机上，共享其资源。短短几十年，计算机网络得到飞速发展，人类已经构建了覆盖全球的 Internet，铺设了四通八达的信息高速公路。

什么是计算机网络？目前还没有一个权威的定义。荷兰阿姆斯特丹 Vrije 大学计算机科学系教授、荷兰皇家艺术与科学院院士 Andrew S. Tanenbaum 言简意赅的提法得到了广泛的认同：计算机网络是指自治的计算机互连起来的集合（An Interconnected Collection of Autonomous Computers）。计算机之间如果能相互交换信息则称为互连，自治是指计算机是能够独立进行处理的设备，而不是无自行处理能力的附属设备（如终端等）。

上述定义概括地给出计算机网络的概念，要具体地说明它的内涵，可以从计算机网络的组成和应用两个方面去描述。

计算机网络由硬件和软件两部分组成：

（1）硬件（Hardware）

- 计算机：按 ARPANET 网（美国国防部高级研究计划局建立的计算机网络）沿用下来的术语也称为主机（Host），可以是个人计算机 PC、大型计算机、客户机（Client）或工作站（Workstation）、服务器（Server）等，在网络中它们称为端系统（End Systems，ES）。
- 通信设备：即中间系统（Intermediate Systems，IS），如交换机（Switch）和路由器（Router）等，为主机转发数据。端系统和中间系统在网络中称为结点（Node）或节点。
- 接口设备：网络接口卡（Network Interface Card，NIC）、调制解调器（Modem）等，作为计算机与网络的接口。
- 传输媒体或称传输介质（Medium）：双绞线、同轴电缆、光纤、无线电和卫星链路等。

（2）软件（Software）

- 通信协议：如 CSMA/CD、TCP/IP、UDP、PPP、ATM、NIC 驱动（Driver）等。
- 应用软件：如 WWW、Email、FTP、TELNET 等。

计算机网络提供各种各样的应用服务，主要包括以下三类：

（1）共享资源访问

如万维网访问、远程登录服务和网络文件访问等。

（2）远程用户通信

如电子邮件、IP 电话和网络会议等。

（3）网上事务处理

如电子商务、电子政务、电子金融、远程教育和远程医疗等。

以上从计算机网络的组成和应用两个方面进行了描述，我们进而对计算机网络有了一个更具体的认识。

计算机网络已经有近半个世纪的发展历史。随着计算机技术和网络技术的发展，继摩尔定律之后，一些专家又提出了 IT 时代的一些著名论断和预言：

- 贝尔定律（Bell's Law）作为对摩尔定律的补充：如果保持计算能力不变，微处理器的价格和体积每 18 个月缩减一半。

- 20 世纪 90 年代初，以太网的发明人鲍勃·麦特卡尔夫（Bob Metcalfe）说：网络的价值同网络用户数量的平方成正比。网络上的 n 个用户，每一个人都可以看到其他人的内容，n 个人每一个人都可以看到 n 个人的内容，所以网络的价值与 n^2 成正比。
- 被称为数字时代三大思想家之一的乔治·吉尔德（George Gilder）预测：在未来 25 年，主干网的带宽将每 6 个月增加 1 倍，其增长速率超过摩尔定律，是芯片增长速率的 3 倍。

有人将以上三个论断和预言及摩尔定律称为 IT 时代的四大定律，它们揭示了计算机和计算机网络技术惊人的发展速度和无限美好的前景。计算机和计算机网络技术已经改写了历史，它们也必将创造人类历史更加辉煌的篇章！

1.1.2 计算机网络的分类

计算机网络的分类也有多种分类方法，可以从不同的角度和特征进行划分。如：

- 根据网络覆盖的地域范围（跨越的距离），可以分为局域网、城域网和广域网。
- 根据网络的拓扑结构，可以分为总线网、环形网、星形网、树形网、网形网和混合网。
- 根据使用的网络的通信协议，可以分为 TCP/IP 网、ATM 网、X.25 网和 FDDI 网等。
- 根据数据的交换方式，可以分为电路交换网、分组交换网、帧中继网和信元交换，即 ATM 网等。
- 根据网络的传输媒体，可以分为光纤网、卫星网、有线网和无线网等。
- 根据网络使用单位的性质，可以分为企业网、校园网、园区网和政府网等。
- 根据网络服务的对象，可以分为专用网和公共网。
- 根据网络的应用性质，可以分为远程教育网、证券业务网、税务网和工业控制网等。

还可以有其他的分类，但最常用最有意义的还是按网络覆盖的地域范围划分，因为网络覆盖的地域范围大小影响到网络诸多方面的特性，如传输速度、拓扑结构、使用的技术和网络设备等。

按网络覆盖的地域范围，计算机网络可以分为三类，即局域网（Local Area Network，LAN）、城域网（Metropolitan Area Network，MAN）和广域网（Wide Area Network，WAN）。

另外，若干个 LAN、MAN 或 WAN 互连在一起就构成互联网（Internetwork，internet）互联网是网络的集合。目前全世界绝大多数网络都互连在一起，形成了因特网，即 Internet。为了将不同的网络互连在一起，互联网使用了专门的技术。

以下对 LAN、MAN、WAN、互联网和 Internet 的概念和特点进行简要说明。

1. 局域网（LAN）

顾名思义，LAN 是局部范围内的小规模的计算机网络，一般地理范围在 10km 以内。

对于 LAN，电气电子工程师协会（IEEE）的 LAN 标准委员会曾提出如下定义："LAN 在以下方面与其他类型的数据网络不同，通信一般被限制在中等规模的地理区域内，例如，一座办公楼、一个仓库或一所学校；能依靠具有从中等到较高数据传输速率的物理通信信道，而且这种信道具有始终一致的低误码率；LAN 是专用的，由单一组织机构所使用。"

LAN 的一个重要特点是短距离工作，LAN 的其他特点大都是由这一特点带来的，主要有：

- 数据传输速率高, 一般为 $10 \sim 100 \mathrm{Mbit/s}$, 随着技术的发展, 数据传输速率也在不断提高。
- 数据传输可靠, 误码率低, 通常为 $10^{-12} \sim 10^{-7}$。
- 大多数 LAN 采用总线 (Bus)、环形 (Ring) 及星形 (Star) 拓扑, 结构简单, 易于实现。图 1-3 表示了 LAN 主要的拓扑结构。

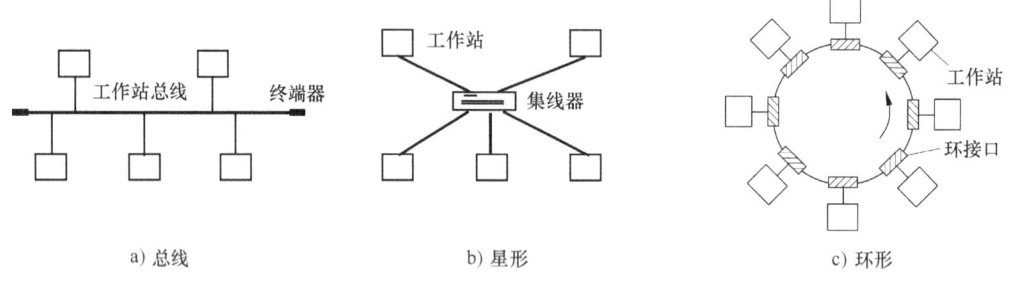

图 1-3 LAN 主要拓扑结构

- 一般为广播网络 (Broadcast Network)。广播网络上的多台主机共享一条信道 (Channel), 一台主机发送信息, 所有主机都能收到。多台主机同时访问信道时就可能产生冲突 (Collision) 亦称碰撞, 因此共享信道的接入控制是 LAN 要解决的重要问题。
- 通常是由单一组织所拥有和使用, 不受公共网络所属机构的规定约束, 容易进行设备的更新和使用最新技术不断增强网络的功能。

LAN 应用非常广泛。目前, 世界上绝大部分的计算机都连接在 LAN 上, 进而接入 Internet。

LAN 有以太网 (Ethernet)、令牌环网 (Token Ring Network)、令牌总线网 (Token Bus Network) 和无线局域网 (Wireless LAN, WLAN) 等。

LAN 的发展始于 20 世纪 70 年代。1975 年 Xerox 公司研制了第一个总线结构的实验性的以太网, 1974 年英国剑桥大学建立了剑桥环 (Cambridge Ring)。20 世纪 80 年代后, 微型计算机技术的兴起和飞速发展, 极大地推动了 LAN 的发展和应用。目前, 以太网一支独秀, 是 LAN 的主流网络形式。

2. 广域网 (WAN)

WAN 覆盖的地域可达 100km 以上, 可以覆盖一个地区、一个国家、一个洲, 甚至更大, 因此 WAN 又称远程网 (Long Haul Network)。

除跨距远之外, 与 LAN 相比, WAN 在技术上还有着下述特点:

- WAN 一般由主机和通信子网组成, 通信子网 (Communication Subnet) 由通信线路连接交换结点 (交换机) 组成, 往往是电信部门提供的公共通信网。
- WAN 网络拓扑一般比 LAN 复杂、不规整, 多为网形 (Mesh)、树形 (Tree) 或它们的混合。
- WAN 大多是交换式网络 (Switched Network), 使用数据交换技术, 交换即数据在结点间的转发。WAN 多使用分组交换 (Packet Switching), 把数据分割为若干个分组或称包 (Packet), 以分组为单位进行转发。
- WAN 常常采用信道复用技术, 提高传输线路的利用率。

图 1-4 是 WAN 的网络结构，是一个网形拓扑的交换式网络，由通信线路连接交换结点组成，用户计算机接在交换结点上。

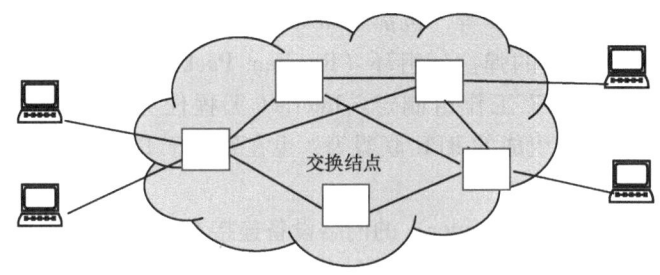

图 1-4　WAN（网形拓扑，交换式网络）的网络结构

早年的 ARPANET 就是一个典型的 WAN。1983 年，ARPANET 有 50 台 C30 和 C300 小型机作为交换机，称为接口报文处理机（IMP），从电信公司租用的点对点线路将它们连接成一个网络。IMP 上还有多达 22 个端口用来连接用户主机，当时连接了数百台主机。

欧洲早年的 WAN 则是 X.25 分组交换网，其技术规范 X.25 建议 1976 年由国际电报电话咨询委员会 CCITT 提出，曾有很大的影响。现在，X.25 网已经退出历史舞台。

帧中继（Frame Relay，FR）和异步传输模式（Asynchronous Transfer Mode，ATM）是后来的 WAN 技术。FR 由 AT&T 于 1986 年提出，1991 年美国首先开始 FR 业务。FR 的主要应用是为长距离用户提供永久虚电路，实现 LAN 互连。ATM 网络也是一种分组交换网络，它交换的分组是短的固定长度的信元（Cell），可以用硬件实现。ATM 网络由 ATM 交换机连接，ATM 交换机上可以连接计算机。

3. 城域网（MAN）

MAN 规模介于 LAN 和 WAN 之间，局限在一座城市的范围内，一般在 10 ~ 100km 的区域。MAN 也具有公共网络性质，面向多用户提供数据、语音、图像等多业务的传输服务。

IEEE 专门为 MAN 定义了一个标准 IEEE 802.6，称为分布式队列双总（Distributed Queue Dual Bus，DQDB）。如图 1-5 所示，DQDB 由两条单向线总线组成，所有计算机都连到这两条总线上，支持站点的全双工通信。当计算机发送信息时，若目的计算机在发送方的右侧，则使用某一条总线；反之，若目的计算机在发送方的左侧，则使用另一条总线。每条总线都有一个头端（Head End）用来启动传输活动。但 DQDB 并没有得到预期的应用。

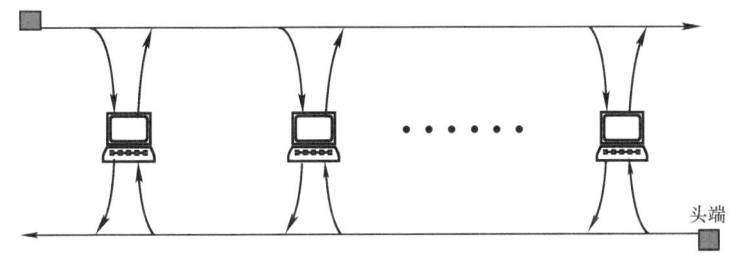

图 1-5　DQDB 城域网

由于 LAN 功能的不断提高和 WAN 技术的发展，它们都广泛地渗透和应用到 MAN 领域中。以太网技术已经从 LAN 扩展到了 MAN 领域，千兆和万兆以太网是 MAN 可以使用的技术。万兆位以太网只定义了全双工方式，达到了 40km 的传输距离，突破了 LAN 的概念，进

入了 MAN 和 WAN 的范畴，在 MAN 主干网方面有着广阔的应用前景。

WAN 中的 ATM、同步数字系列/同步光纤网 SDH/SONET 和波分多路复用 WDM 技术、LAN 中的光纤分布数据接口 FDDI 等，也都是 MAN 可以选择使用的技术。

最近，主要应用于 MAN 的弹性分组环（Resilient Packet Ring，RPR）技术的研究令人瞩目，其标准由 IEEE 802.17 工作组制定。Internet 工程任务部 IETF 的 IPoRPR（IP over RPR）工作组、Cisco 公司等组成的 RPR 联盟等，也在致力于 RPR 技术研究和标准制定。

4. 互联网和 Internet

若干个网络由称为路由器（Router）的网络设备连接在一起便成了互联网。互联网是网络的集合，是网络的网络。互联网覆盖的地域范围与它互联了多少个网络有关。

互联网中，路由器连接的网络包括 LAN、MAN 和 WAN 等，甚至可以是一条点对点的链路，它们在互联网中属于底层网络，处在负责网络互联的协议层（Internet 中称为网际层）之下，在互联网看来，它们属于物理层和数据链路层。

图 1-6a 是互联网的概念结构。互联网是网络的集合，由路由器连接若干个网络云组成。图 1-6b 也表示互联网的网络结构，这里把网络云进行了具体的展开。

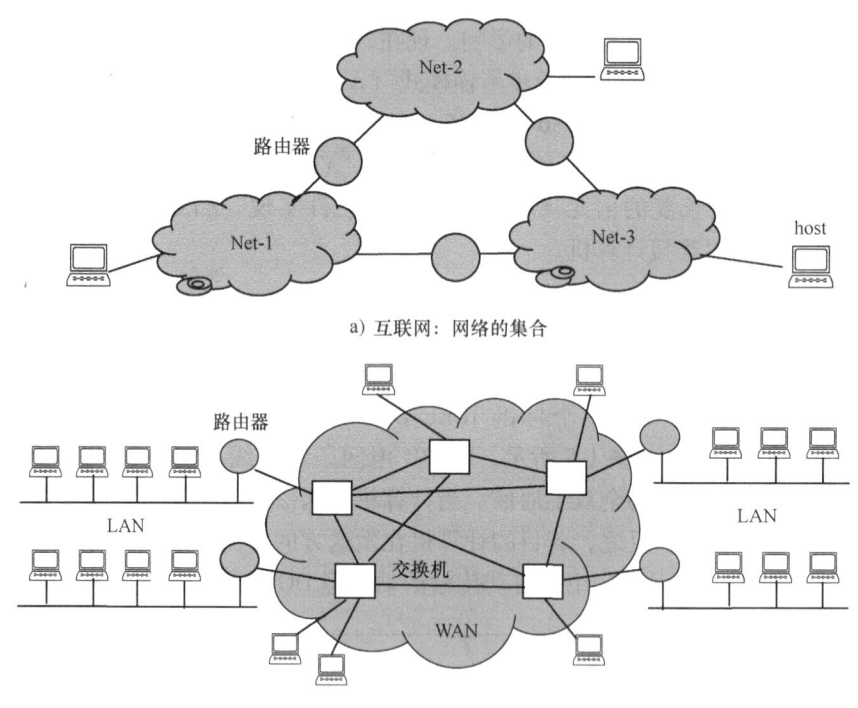

a）互联网：网络的集合

b）LAN 和 WAN 组成互联网

图 1-6 互联网

目前全世界绝大多数网络都互联在一起，形成了覆盖全球并向全球开放的互联网，即因特网 Internet。Internet 的字母"I"为大写，特指因特网，而小写字母开头的 internet 泛指互联网。

Internet 要解决数据在网络之间特别是异种网络之间进行传输的一系列问题，Internet 使用了 TCP/IP（Transmission Control Protocol/Internet Protocol）协议族解决这些问题。因此，

Internet 是使用 TCP/IP 协议族的、覆盖全球范围的、开放的互联网。

TCP/IP 技术的核心是实现网络的互联（Internetworking），其关键的思想是在底层网络与高层应用程序和用户之间加入中间层次，屏蔽底层细节，向用户提供通用一致的网络服务。在用户看来，整个互联网是一个统一的整体，虽然在物理上由很多使用不同标准的各种类型的底层网络互连而成，但在逻辑上是一个统一的网络，提供通用一致的网络服务。

现在，Internet 已经过了几十年的发展演变过程。目前的 Internet 拓扑结构是松散分层的，不受某个权威部门的控制，在商业利益驱动下扩展演进。Internet 各个层次的网络干线由不同级别的 Internet 服务提供商（Internet Service Provider，ISP）来建立经营并向社会提供网络服务。

ISP 可分为本地级、地区级和主干级。主干级 ISP 即 BSP（Backbone Service Provider）常称为网络服务提供商（Network Service Provider，NSP），一般指国家级和国际级的 ISP，如美国的 MCI 和 Sprint 等。本地 ISP 可以是大学、公司和企业等组织，也可以是专门提供网络服务的 ISP。用户的网络、工作站和服务器等可以连接到本地 ISP。本地 ISP 又接入到地区级ISP，有时候本地 ISP 也可以直接接入到 BSP。BSP 既要互相竞争服务业务又要彼此合作相互连接，构成一个整体连通的网络。

图 1-7 示意了 Internet 的网络结构。图中包含了各级 ISP 的网络，它们都设有网络中心，供下一级的 ISP 或用户接入。网络中心必须有必要的接入设备，如路由器、交换机和调制解调器等，接入点称为存在点（Point Of Presence，POP）。BSP 一般通过网络接入点（Network Access Point，NAP）进行连接，NAP 担负着中转巨大网络流量的任务，通常使用高速交换设备。1994 年开始建立了 4 个 NAP，分别由 4 个电信公司经营，到本世纪初，美国的 NAP 已有十几个。

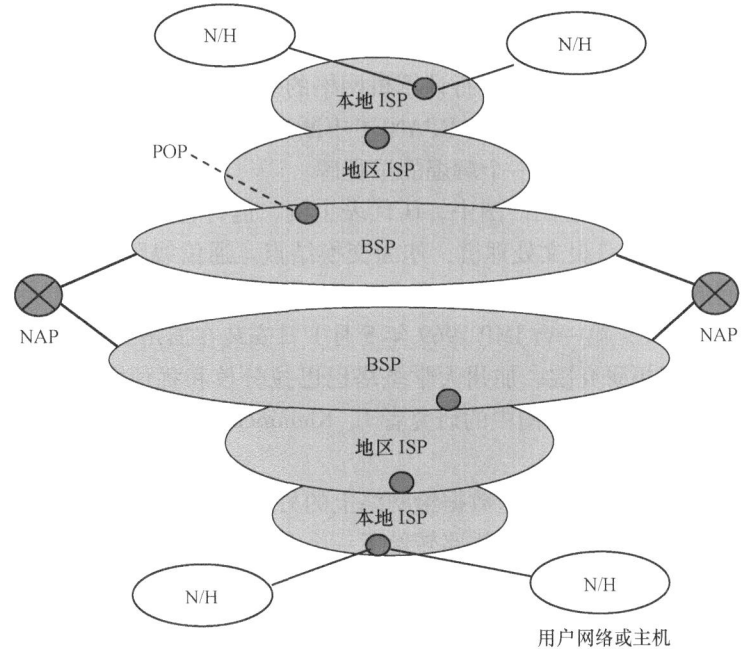

图 1-7　Internet 网络结构

1.2　计算机网络的发展

1.2.1　早期的计算机网络

20 世纪 50 年代中期，开始进行通信技术与计算机技术相结合的尝试。美国地面防空系统（Semi-Automatic Ground Environment，SAGE）将远距离的雷达和其他检测装置的信号通过通信线路送入一台 IBM 计算机系统，连接了 1 000 多台终端，被认为是世界上最早的计算机网络。

接着，一些系统通过通信线路将多个终端连接到一台中心计算机上，用户可以在远离中心机房的办公室分时使用中心计算机的资源。当时的通信线路主要是电话系统，通过调制解调器进行模拟信号和数字信号的转换。1964 年问世的美国航空公司的飞机票预定系统（SABER），由一台中心计算机连接了全美范围的 2 000 多个终端组成，被认为是世界上第一个商用的早期计算机网络系统。

可见，早期的计算机网络是计算机和电话通信系统相结合的产物。不难看出，连接到中心计算机的终端并没有自主处理能力，早期的计算机网络并不符合前文给出的计算机网络的概念，实际上它是以单台计算机为中心的远程联机系统。但是，在谈到计算机网络的发展时，人们还是不会忘记它所作出的历史性的贡献。

1.2.2　分组交换网的产生

现代计算机网络是 20 世纪 60 年代美苏冷战时期的产物。多台具有自主处理能力的计算机通过通信线路连接起来，使用分组交换方式进行通信。

美国国防部高级研究计划署（ARPA），目前称 DARPA（Defense Advanced Research Projects Agency），资助一些大学和公司进行计算机网络的研究，设计了一个 4 结点的实验性网络并于 1969 年成功地投入运行。后来 ARPANET 不断地发展扩大，演变成了今天的因特网。ARPANET 是计算机网络发展史上一个辉煌的里程碑。

图 1-8 是 ARPANET 的示意图。图中，H 代表主机，运行各种应用程序；IMP（Interface Message Processor）代表接口报文处理机，作为交换结点。通信线路将 IMP 互连，主机再与 IMP 连接。主机间的通信要通过 IMP 互连起来的网络传送。

图 1-9 是当时的 IMP。第一台 IMP 1969 年 5 月 1 日安装在加州大学洛杉矶分校，稍后其他 3 台分别安装在斯坦福研究院、加州大学圣塔巴巴拉分校和犹他大学。Internet 的雏形在 1969 年底就是这区区 4 个结点。图中的研究者 L. Kleinrock 是第一个发表分组交换技术的研究生。

如果某台主机的一个用户要发送数据给网络上的另一台主机，它先将数据交给与其直接相连的 IMP，该 IMP 通过适当的通信线路转给下一个 IMP，这个 IMP 再进行转发，如此下去直至到达目的 IMP，目的 IMP 再将数据交给与它直接相连的目的主机，从而完成了数据的传输过程。

例如图 1-8 中，H_2 的某个用户欲发送信息给目的主机 H_6。假定传输的路径是：$H_2 \rightarrow IMP_2 \rightarrow IMP_1 \rightarrow IMP_6 \rightarrow H_6$。实际上，传输路径不是唯一的。例如，当 IMP_1 故障时，传输路径

可以改变为：$H_2 \to IMP_2 \to IMP_3 \to IMP_4 \to IMP_6 \to H_6$。提供冗余的传输路径提高了分组交换网的可靠性。

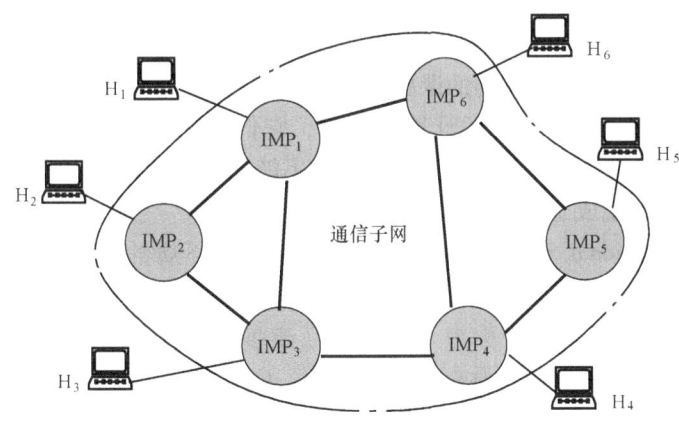 

图 1-8 存储转发的计算机网络   图 1-9 IMP（引自参考资料 [9]）

IMP 间的转发是这样进行的：IMP_2 将 H_2 传送的信息接收并存储起来，在 IMP_2 和 IMP_1 之间的通信线路空闲时，将其转发至 IMP_1；IMP_1 也是将该信息接收并存储起来，当 IMP_1 和 IMP_6 之间的通信线路空闲时，再将它转发到 IMP_6。

信息的这种传输方式称为存储转发（Store And Forward），可以大大提高通信线路的利用率。因为在存储转发方式中，通信线路不像电话网那样被某一对结点的通信所独占，可以为多路通信所共用。例如，上述例子中，当从 H_2 送往 H_6 的信息在 IMP_2 和 IMP_1 间的通信线路上传输时，IMP_1 和 IMP_6 间的通信线路就可被由 $H_3 \to IMP_3 \to IMP_1 \to IMP_6 \to H_6$ 的另一路通信所使用。当从 H_2 送往 H_6 的信息已被 IMP_1 接收并存储后，IMP_2 和 IMP_1 之间的线路又可以为其他的信息传输服务。

存储转发的基本信息单位称为分组或包，以存储转发的方式传输分组的传输机制称为分组交换或包交换，以分组交换的方式进行通信的子网称为分组交换网。ARPANET 乃至今天的 Internet 就是分组交换网。分组交换是现代计算机网络的技术基础，构成了 Internet 的基本交通系统。

IMP 只是在 ARPANET 中使用的名称，在分组交换网中通称分组交换结点（Packet Switch Node），后来的分组交换结点使用的设备是路由器（Router）和交换机（Switch）等。

IMP 及其互连的网络负责通信任务，它们构成了通信子网（Communication Subnet）。主机运行各种应用程序，向用户提供各种软、硬件资源，它们构成了资源子网（Resource Subnet）。这种两级子网的形式，层次划分清楚，功能分工明确，简化了网络设计，也便于网络的建设、维护和管理。通信子网可以由政府部门或电信公司拥有，向社会开放，提供通信服务业务。这种向社会提供数据传输服务的通信子网称为公共数据网（Public Data Network，PDN）。用户的计算机可以申请接入 PDN，传输自己的数据。

1.2.3 计算机网络体系结构的形成

通常计算机网络系统按功能分为若干层（Layer），各层分工合作，实现通信服务。网络中计算机之间要进行正常有序的通信，必须有一定的约定，如信息应按什么顺序进行交互，出现传输差错后应该如何处理等，称为协议（Protocol），协议是同等层次之间信息交互的规则。计算机网络的层次结构及各层协议的集合统称计算机网络的体系结构（Architecture）。

只有具有同样体系结构的计算机网络才能无缝地互连，就像只有具有同样体制的铁路系统（同样的铁轨系统、同样的信号规范等）才能互相连通一样。因此，在全球范围统一计算机网络的体系结构是计算机网络发展的至关重要的课题。

20 世纪 70 年代到 80 年代，世界出现了大量的计算机网络，它们大都由研究部门、大学或公司各自研制开发，没有统一的体系结构，难以实现互连，不能适应更大范围的信息交流与资源共享。于是，开放（Open）就成了计算机网络发展的主题。

1977 年国际标准化组织（International Standards Organization，ISO）下属的计算机与信息处理标准化技术委员会成立了一个分委员会，专门研究计算机网络体系结构的标准化问题，经过多年艰苦的努力，于 1983 年制定出了称为开放系统互连参考模型（Open System Interconnection / Reference Model，OSI/RM）的国际标准 ISO 7498。OSI/RM 分为七层，每层都规定了相应的协议标准，形成了 OSI 七层体系结构简称 OSI。

但是，OSI 最终并没有达到预期的成功，其原因是多方面的：首先，作为 Internet 基础的 TCP/IP 是 OSI 的强大对手。Internet 得到迅猛的发展，投资者（ISP 和用户）决不会轻易放弃在 TCP/IP 网上的既成事实的巨额投资。其次，OSI 虽然从学术上进行了大量的研究工作，但是它缺乏商业运作的驱动力和积极配合。还有，OSI 网络体系结构本身分层过多，比较复杂，有些功能如流量控制和差错控制在多个层次中重复出现。

虽然 OSI 没有发展成新一代的计算机网络，但它所提出的不少关于计算机网络的概念和技术被人们广泛地接受和使用。也正是在它的推动和影响下，使得计算机网络体系结构的标准化不断进展。

在 DARPA 资助下，20 世纪 70 年代末期推出了 TCP/IP 协议规范。1983 年，DARPA 将 ARPANET 上的所有计算机转向 TCP/IP 协议族（TCP/IP Protocol Suite），使网络互连成为现实，为 Internet 的发展注入了新的活力。以 ARPANET 为主干建立和发展了 Internet，也形成和发展完善了 TCP/IP 体系结构。TCP/IP 体系结构虽然不是国际标准，但它的发展和应用都远远超过了 OSI，成为了事实上的标准。

1.2.4 局域网的产生与发展

LAN 是计算机网络发展中的一个重要而又活跃的领域。LAN 的发展从 20 世纪 70 年代开始。1972 年美国加州大学研制了 Newhall Loop 网，1975 年 Xerox 公司 Palo Alto 研究中心研制了第一个总线结构的实验性的以太网（Ethernet），1974 年英国剑桥大学计算机实验室建立了剑桥环（Cambridge Ring）。20 世纪 80 年代，多种类型的 LAN 纷纷出现，并投入了市场。

超大规模集成电路（VLSI）技术的发展大大促进了微型计算机技术的发展，推动了微型机局域网（PC-LAN）的发展，其中以 Microsoft Windows NT/2000 和 Novell 公司的 NetWare PC-LAN 最为著名。

LAN 技术发展最迅速的是以太网，它历经 30 年的发展，其速度已由原来的 10Mbit/s 提高到今天的 10Gbit/s。以太网是 LAN 的主流网络，保持了支配性的市场地位。

电气及电子工程师协会（IEEE）对 LAN 的发展做出了卓越的贡献。它制定的一系列

IEEE 802 LAN 标准很多都成为有广泛影响的国际标准。

1.2.5　Internet 时代

20 世纪 90 年代以后，计算机网络进入了崭新的 Internet 时代。Internet 覆盖全球绝大部分国家，其应用从科研、教育到商用，逐步深入到人类社会活动的各个角落，大大地改变了人们的工作、生活和思维方式，对人类社会的发展产生了巨大而深远的影响。

Internet 已经有 40 多年的发展历史，社会信息化飞速进展，网络经济时代已经到来。多媒体传输业务的大量涌现，对网络的带宽要求越来越高。Internet 上的计算机数量与日俱增，原来设计的 32 位 IPv4 地址空间也消耗殆尽。时代的发展对 Internet 提出了新的挑战。

1996 年美国政府出台 NGI（Next-Generation Internet）计划，进行 NGI 关键技术的研究，美国国家科学基金会支持大学和科研单位建立了高速网络试验床（very high speed Backbone Network Service，vBNS），主干线路速率达到 622Mbit/s。vBNS 后来又发展为 vBNS +，采用 IP over SDH/SONET 传输方式。

1998 年美国 100 多所大学联合成立 UCAID（University Corporation for Advanced Internet Development），从事的 Internet2 研究计划，现在已有 200 多所院校参加。UCAID 建设了另一个高速网络试验床 Abilene，于 1999 年 1 月开始提供服务，为美国的教育和科研提供世界最先进的信息基础设施，保持美国在高速计算机网络及其应用领域的技术优势。图 1-10 是 Abilene 主干图，其中只有印第安纳波利斯到亚特兰大的主干线路是 2.5Gbit/s 的 OC-48c，其余均为 10Gbit/s 的 OC-192c。

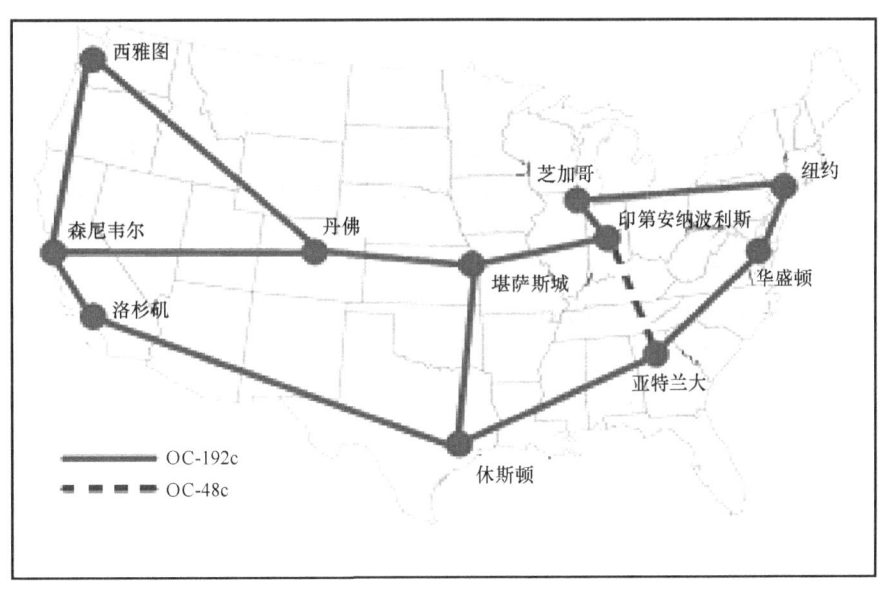

图 1-10　Abilene 主干（取自于 abilene. internet2. edu）

其他国家和地区也相继开展了下一代高速互联网络研究，包括加拿大的 CA＊3NET、英国的 JANET2 以及亚太地区的 APAN 等。中国下一代互联网示范工程（China next generation Internet，CNGI）是我国发展下一代互联网的战略工程。

人们普遍认为，NGI 将构建于以波分复用 WDM 技术为核心的光通信基础之上。WDM

充分利用了光纤的巨大带宽资源，一根光纤上可以传输 100 多路光波。

光纤传输线路速率的提高也带来了新的问题。如果网络结点处仍以电信号处理的速度进行交换，网络的各个结点要完成光—电—光转换，电子器件在适应高速度、大容量的需求上，存在着带宽限制、时钟偏移、高功率损耗等问题，成为通信网中的"电子瓶颈"。为此，人们提出了全光网（All Optical Network，AON）的概念，信息流始终以光的形式在网络中传输和交换。基于 WDM 技术的传输系统和以光交叉连接 OXC/光分插复用 OADM 设备为主体的光交换系统开始构筑今天的光网络，并向 3T（Tbit/s 传输、Tbit/s 交换和 Tbit/s 路由）光网络发展演进。可以相信，21 世纪光在通信领域的地位将毫不逊色于 20 世纪中的电子。

1998 年由著名的网络设备公司 Cisco、AT&T、3Com、Bellcore 和 Sprint 等发起成立了光互联网论坛（Optical Internetworking Forum，OIF）、OIF 和 ATM Forum、ITU-T 等合作进行研究。面向 IP 业务的光互联网研究已经成为各国研究的重点。

1.2.6　计算机网络在我国的发展

我国的计算机网络起步较晚，但近期发展相当迅速。

1989 年 11 月，我国第一个分组交换网 CNPAC 建成并投入运行，它由 3 个结点交换机、8 个集中器和 1 个双机组成的网络管理中心组成。1993 年建成新的中国公用分组交换网，并改称 CHINAPAC。CHINAPAC 由国家主干网和各省市的网络组成，在北京和上海设有国际出口。

20 世纪 80 年代后，LAN 得到迅速发展，我国很多单位也相继安装了自己的 LAN，推动了各行各业的管理现代化和办公自动化。

1994 年 4 月 20 日，我国用 64kbit/s 的专线连入 Internet，成为国际上正式接入 Internet 的国家之一。同年 5 月，中国科学院高能物理所建立了我国第一个万维网网站。9 月份，中国公用计算机互联网 CHINANET 正式启动。目前，我国有 9 大互联网在运行服务和建设发展：

中国公用计算机互联网 CHINANET；

中国教育和科研计算机网 CERNET；

中国科学技术网 CSTNET；

中国国际经济贸易互联网 CIETNET；

中国网通互联网 CNCNET；

中国联通互联网 UNINET；

中国移动互联网 CMNET；

中国长城互联网 CGWNET；

中国卫星集团互联网 CSNET。

这些计算机网络共同构筑了我国的互联网并与 Internet 相连。

在中央和国务院各部委的大力支持下，中国电信和国家经贸委经济信息中心等近五十家信息主管部门，策划了我国国民经济和社会信息化的三大工程：政府上网工程、企业上网工程和家庭上网工程。并且于 1999 年 1 月和 2000 年 7 月相继启动前两个工程，目前已取得了显著的成绩。

　　我国积极参与到下一代 Internet 的研究工作中。中国下一代互联网示范工程（China Next Generation Internet，CNGI）是实施我国下一代互联网发展的战略工程，由国家发改委、科技部、国务院信息办、中国科学院、中国工程院、国家自然基金会、信息产业部和教育部八个部委联合领导。

　　CNGI 第一个试验网络 NSFCNET 于 1999 年 12 月开始建设，2001 年 7 月通过了验收。NSFCNET 使用密集波分复用 DWDM 的光传输技术，采用 IPv6 与国际 IPv6 网络连接，我国第一次实现了与 Internet2 的互联。国家 863 项目中的中国高速信息示范网（CAINONet），中科院的中国先进互联网（CAINet），也都是宽带 IP 网络技术、设备与先进应用的研究实验平台。

　　2001 年，中国教育与科研计算机网（CERNET）提出建设全国性下一代 CERNET（CERNET2）的计划。2003 年 8 月，CERNET2 计划被纳入 CNGI。2004 年 3 月，CERNET2 实验网开通。CERNET2 建成后将是目前世界上规模最大的纯 IPv6 国家级主干网。CERNET2 主干网传输速率为 2.5～10Gbit/s，连接北京、上海、广州等 20 个城市的 CERNET2 核心结点，将实现全国 200 余所高校的 IPv6 接入，并与国内其他下一代互联网及国际下一代互联网实现高速互联。CERNET2 将支持更高速更丰富的网络服务，包括视频语音综合通信、高清晰度电视、智能交通、远程教育和远程医疗、环境和地震监测、网格计算等。

1.3　计算机网络的标准化工作

1.3.1　标准化组织

1. 国际标准化领域相关组织

（1）国际标准化组织

　　国际标准化组织（International Standards Organization，ISO）是 1946 年成立的一个自愿的、非条约的组织。89 个国家的国家标准化组织是它的成员。

　　ISO 有大约 200 个技术委员会（TC），按建立的顺序编号，每个委员会处理专门的主题。TC97 处理计算机和信息处理。每个技术委员会都下设分委员会（SC），分委员会又下设工作组（WG）。

　　ISO 已经制定了 5000 多个各种各样的标准，其中包括 OSI 这样复杂的计算机网络标准，小到螺钉螺帽的标准。

（2）电气电子工程师协会

　　电气电子工程师协会（Institute of Electrical and Electronics Engineers，IEEE）是世界上最大的专业组织，它在电子工程和计算机领域制定了各种标准。

2. 因特网标准化机构

　　因特网标准化机构是非政府性质的。因特网最具权威的国际组织是因特网协会（Internet SOCiety，ISOC），它于 1992 年成立，目标是推动 Internet 的发展和全球化，它由选举的理事会管理。

　　早于因特网协会就成立的因特网体系结构委员会（Internet Architecture Board，IAB）也并入因特网协会，因特网协会理事会指定 IAB 成员。

IAB 下边有两个重要机构，一个是因特网工程部（Internet Engineering Task Force，IETF），另一个是因特网研究部（Internet Research Task Force，IRTF）。

IETF 注重处理短期的工程问题。IETF 下设工作组（Working Group，WG），解决专门的技术问题。后来工作组超过 70 个，于是分成了不同的领域，各个领域的组长组成了因特网工程指导组（Internet Engineering Steering Group，IESG）。

IRTF 注重长期的研究。IRTF 由一些研究组（Research Group，RG）组成，具体工作由因特网研究指导组（Internet Research Steering Group，IRSG）管理。

IAB 下边还有一个 Internet 编号管理局（Internet Assigned Numbers Authority，IANA），它负责协调 IP 地址和顶层域名的管理和注册，后来这项工作由 Internet 名字和号码分配公司（Internet Corporation for Assigned Names and Numbers，ICANN）负责。

IAB 下还指导 RFC 编辑部（RFC Editor），它负责编辑 RFC（Request For Comments，请求评注）文档。

3. 电信界标准化组织

电信界与计算机网络技术标准化相关的最有影响的组织是国际电信联盟（International Telecommunication Union，ITU），它下属的电信标准化部门 ITU-T（ITU Telecommunication Standardization Sector），负责电信标准化的工作。1953～1993 年，ITU-T 的前身为国际电报电话咨询委员会（Consultative Committee International Telegraph and Telephone，CCITT）。ITU-T 标准称为"建议"，政府可以按自己的意愿决定是否采用。

1.3.2 RFC 文档

Internet 协议标准都是以 RFC 文档形式发表的。任何人都可通过 RFC 发表对 Internet 某些技术的建议，但只有其中的一部分最终才能成为真正的标准。RFC 按编写的时间顺序编号，新的大编号的 RFC 文档可以更新和替代老的文档。RFC 文档可从因特网免费下载。

RFC 文档总体上分为三类：标准化进程中的（Standards Track）、最好的当前实践 BCP（Best Current Practice）和非标准的（Non-Standards）。

标准化进程中的 RFC 描述正在标准化的协议。一个 Internet 协议标准是由 Internet 草案（Internet draft）开始，然后还要历经三个成熟水平阶段：建议标准（Proposed Standard）、草案标准（Draft Standard）和因特网标准（Internet Standard），这三个阶段有相应的 RFC 文档（Internet 草案没有 RFC 文档）。一旦最终成为因特网标准，就被分配一个 STD 序号。

为了成为建议标准，需在 RFC 中详细阐述基本思想，并且在团体中能引起足够的兴趣。为了能到达草案标准阶段，必须在至少两个独立的地点进行四个月的完全测试的运行实现。如果 IAB 认为它思路可行并且软件能正常工作，才能宣布该 RFC 为因特网标准。

BCP 类的 RFC 文档是某些操作规则或 IETF 处理工作方式的标准，它们被给予一个 BCP 序号 BCP#。例如说明标准化程序的 RFC2026（BCP9）就是一例。

非标准的 RFC 文档包括实验的（Experimental）、提供信息的（Informational）和历史的（Historic）。

思 考 题

1.1　什么是计算机网络？它由哪些部分组成？它的主要应用是什么？

1.2　按覆盖地域划分，计算机网络分为哪几类？它们各自的特点是什么？

1.3　什么是互联网？什么是因特网？

1.4　试画出 LAN、MAN、WAN 和互联网的典型网络结构。

1.5　TCP/IP 实现网络互连的关键思想是什么？

1.6　什么是 ISP？它分为哪几个级别？说明各个级别的 ISP 网络如何组成 Internet，并画图表示。

1.7　简述计算机网络经历的发展历程。

1.8　什么是计算机网络的体系结构？两个最著名的计算机网络体系结构是什么？它们发展的结果如何？

1.9　试画出 ARPANET 的结构图，它划分为哪两种子网？它传输的基本信息单位是什么？用什么方式传输？这种传输方式的优点是什么？

1.10　Internet 的前身是什么？后来它采用了什么著名的网络协议？

1.11　进行计算机网络标准化工作的国际组织主要有哪些？

1.12　Internet 协议标准以什么文档形式发表？文档分为哪几类？

第 2 章　计算机网络体系结构

2.1　概述

计算机网络体系结构描述了计算机网络系统的总体架构，是网络功能的结构性的划分。在具体讲述计算机网络技术前，应该把计算机网络的体系结构交代清楚，使读者有一个总体的概念，先了解全局，再深入细节。否则，可能使初学者"不识庐山真面目，只缘身在此山中。"

计算机网络的最终目的是为用户提供各种通信服务，为实现这一目标，网络必须有很多的功能来支撑。比如，你要在北京的清华大学给上海交通大学的朋友发送一个电子贺卡邮件，那么，计算机网络要把你的邮件以统一的形式编码，先传送到上海交通大学你朋友的邮箱中，你朋友又要从自己的邮箱中取出，解码后阅读；从清华大学到上海交通大学要跨越多个子网，连接子网的路由器要根据目的地址进行转发；从清华大学到上海交通大学会有多条路径可以到达，路由器要为邮件选择到达上海交通大学的路径，而且还应该选择最优的路径；邮件在各个子网上传输的时候，网络也要生成合适的传输信号，以适合在不同的线路上传输；如果传输中出现差错，网络要能够检测差错并能纠正传输差错。此外，我们还可以举出很多其他的功能。

计算机网络专家对网络这些必须的功能进行了分析、疏理和组织，按功能分为若干层（Layer），形成一种层次化的结构模型。一般地，最底层主要实现最基本的信号发送和接收功能；最高层则直接面向用户，实现电子邮件、网络浏览、文件传输等各种应用服务；而中间的层次则实现寻址、媒体接入控制、数据包转发、流量控制、拥塞控制和差错控制等各种功能。在同一台计算机的上下各层之间，分工协作，实现发送或接收的任务。

网络中计算机之间要进行正常有序的通信，必须有一定的约定，比如，信息应该如何表示，信息应按什么顺序进行交互，出现传输差错后应该如何处理等，这些约定称为协议（Protocol），我们可以把日常生活中的交通规则看成是协议的例子，有了"红灯停绿灯行"，"靠右边行驶"等一系列交通规则才使得城市中的数以万计的车辆有序地行驶。协议实际上是网络上计算机的同等层次之间信息交互的规则，只有同等层次之间才能相互理解，在协议的规范下相互协调合作，实现该层的功能。

计算机网络的层次结构及各层协议的集合统称计算机网络的体系结构（Architecture）。具有同样体系结构的计算机网络才能无缝地互连。就像只有具有同样体制的铁路系统才能互相连通一样。因此，计算机网络的体系结构是计算机网络设计和实现的重要标准，在全球范围统一计算机网络的体系结构是计算机网络发展的重要课题。

世界上第一个计算机网络体系结构是美国 IBM 公司于 1974 年提出的，称为系统网络体系结构（SNA）。此后，许多大计算机公司也纷纷建立自己的网络体系结构，如 Digital 公司的网络体系结构 DNA，Honeywell 公司的分布式体系结构 DSA 等。但 SNA，DNA 和 DSA 等各不相同，它们之间很难相互通信。

1977 年 ISO 开始着手计算机网络体系结构的标准化问题，于 1983 年制定出了称为开放系统互连参考模型（OSI/RM）的国际标准 ISO 7498。OSI/RM 分为七层，每层都规定了相应的协议标准，形成 OSI 体系结构。

Internet 的前身是美国的 ARPANET，1983 年 ARPANET 上的所有计算机转向 TCP/IP 协议族，以 ARPANET 为基础发展为当今覆盖全球的 Internet，也形成了 TCP/IP 体系结构。TCP/IP 体系结构以 TCP/IP 协议族中最有代表性的两个协议，即传输控制协议（TCP）和网际协议（IP）来命名。TCP/IP 的体系结构分为四个层次。

ISO 精心设计了 OSI 体系结构，旨在统一全球的计算机网络，但由于市场、商业运作和技术等多方面的原因并没有成功。而在 Internet 发展过程中形成的 TCP/IP 体系结构，虽然不是国际标准，但由于其日益发展，使用广泛，已成为了事实上的国际标准。不过 TCP/IP 体系结构对底层并没有具体的定义。

人们根据 Internet 的实际情况，综合了 OSI 和 TCP/IP 两种体系结构的层次划分，以 TCP/IP 体系结构为基础，概括出自下而上分别为物理层、数据链路层、网络层、传输层和应用层的五层体系结构。

这种五层体系结构并不是什么标准，但可以用它去理解、分析和讲述计算机网络和 Internet。国内外不少著名的计算机网络教材也是基于这五层结构来讲解计算机网络的[1,2,9]。本书的结构安排也贯穿了五层体系结构的思想。本章先给出计算机网络体系结构的总体架构；第 3、4 章分别讲述物理层和数据链路层的各种通用技术，第 5、6 章分别介绍 LAN 和 WAN，从负责网络互联的网络层的角度看，它们处于五层体系结构的下两层；而第 7~9 章则逐一讲述五层结构模型的上三层，它们包含了 Internet 的核心技术。

2.2　OSI 体系结构

2.2.1　开放系统互连参考模型

1977 年 ISO 的 TC97 技术委员会成立一个分委员会，专门进行计算机网络体系结构的研究，致力于统一网络体系结构的标准。于 1983 年提出了开放系统互连参考模型 OSI/RM，即著名的 ISO 7498 国际标准，我国相应的国家标准是 GB 9387。

OSI/RM 是一个七层次的主体结构模型，一个概念性的框架，不是具体的协议标准，它为制定具体的协议标准提供了指导。ISO 也为每层实现其功能制定了各种具体的协议和服务，形成了 OSI 体系结构。

开放是 OSI 的宗旨，只要遵循 OSI 规范，一个计算机系统就可以和另外一个也遵守 OSI 规范的任何其他系统互连通信。

OSI/RM 七个层次的名称见表 2-1。

OSI 从功能上划分为七个层次，相应地也有七个层次的协议。网络用户在进行相互通信时，必须遵循七个层次的协议，经过七层协议所规定的处理之后，才能放在物理媒体上传输，以确保通信正确可靠地进行。

分层的方法有以下好处：

- 简化了网络的设计与实现。各层分工清晰，层内功能单一，使系统的设计和实现简单化。不同的系统可以根据各自的具体条件，采用不同的方法和技术实现每个层次的功能，只要遵照协议标准的规定，各系统就可以连接起来组成网络，进行通信。

表 2-1　OSI/RM 的七个层次

层　号	中文名称	英文名称	英文名称缩写
7	应用层	Application Layer	A
6	表示层	Presentation Layer	P
5	会话层	Session Layer	S
4	传输层	Transport Layer	T
3	网络层	Network Layer	N
2	数据链路层	Data Link Layer	DL
1	物理层	Physical Layer	PH

● 具有层间无关性，系统易于更新。在层次结构中，高层通过层间接口利用低层所提供的功能，并不需要知道低层如何实现这些功能，低层也仅仅是利用由高层传下来的参数，这就是层间无关性。层间无关性使得硬件和软件出现了新技术时，容易利用新技术对某一层进行更新，只要这一更新遵循与相邻层间的接口约定即可。

信息在发送过程中是从高层向低层逐层地传递，在接收过程中则是从低层向高层逆向传递，如图 2-1 所示。发送时，每经过一层，对上层的数据附上本层的协议控制信息，一般放在数据前面，称为首部或头（Header）。数据链路层的一部分协议控制信息也放在尾部。协议控制信息如报文的类型、顺序和状态等，供接收方对等层次分析及处理时使用。例如数据链路层在首部加上访问控制、地址等信息，帧校验序列则加在数据的尾部，组成称为帧的数据块，由物理层放到媒体上传输。在接收方去掉该层附加的首部后，再向上层传递。

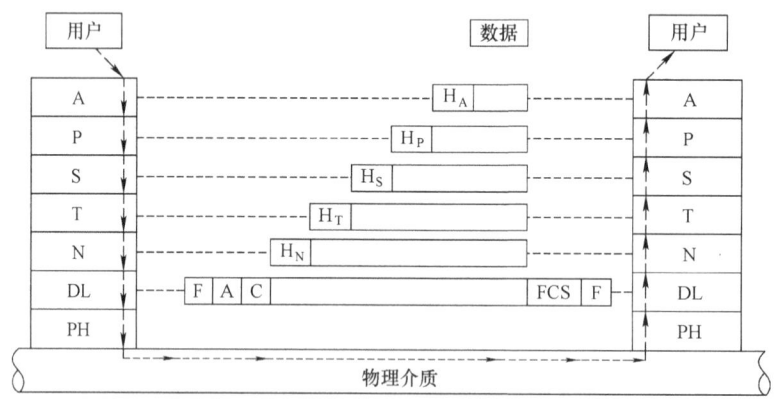

图 2-1　OSI 环境中的数据流

每层实体为传输数据附加协议控制信息，称为封装（Encapsulation）。当目标系统接收到信息帧时，接收过程就开始，随着层次的上升，每一层都要解封，剥离最外边的协议控制信息，根据控制信息进行处理，然后把剩余的数据部分传给上一层。在上述过程中，一层也可以把它从相邻的上层传来的数据报文分割成若干个数据块，以适应自己的封装要求，这些数据块必须在传送到最终目的地之前，由相应的对等层协议重新装配起来。

图 2-1 中发送方和接收方两台计算机直接由物理媒体相连，处于同一个物理网络中，这是最基本的情况。进一步，发送方和接收方可以经过一个或多个网络转发设备如路由器等相连，中间跨越多个网络。

2.2.2　OSI 的一些基本概念

1. 实体和对等实体

实体（Entity）是每一层中实现该层功能的软件或硬件，在发送方与接收方的同一层次中的实体称为对等实体（Peer Entities）。

在概念上可以认为信息是在同一层次中的对等实体之间进行虚拟地传输，如图 2-1 中横向的虚线所示。之所以称作虚拟，是因为同等实体之间并不直接进行信息传输，而是依赖底层的物理传输来实现的。但对等实体之间的协议是必需的，以便实现本层的功能。例如，传输层的 TCP 实体之间，约定了以三次握手的方式建立传输前的连接。

2. 协议和协议数据单元

协议（Protocol）是某一个层次中指导实体之间通信的规则。为了实现 N 层的功能，N 层的协议定义了 N 层实体如何与网络中的对等实体进行信息交换。协议包含三个方面的要素：

- 语法：规定由协议控制信息和传送的数据所组成的传输信息应遵循的格式，即传输信息的数据结构，以便通信双方能正确地识别它们。
- 语义：对构成协议的各个协议元素的含义的解释。协议元素规定了通信双方所要表达的含义，如帧的起始定界符、源和目的地址、帧校验序列等。协议元素还可以用来规定通信双方应该完成的操作，如在什么条件下信息必须应答或重发等。
- 同步：规定实体之间通信操作执行的顺序，协调双方的操作，共同合作完成数据传输任务。例如，通信时首先由源站发送数据报文，若目的站接收的报文无差错，就向源站发送确认报文，通知源站它已经正确地接收到报文；若目的站发现传输中有差错，则不发确认报文，源站在规定时间收不到确认报文就重发原报文。

如图 2-1 所示，我们可以把网络上的数据传输看成是各层对等实体之间在协议控制下的数据交换，所交换的数据块称为协议数据单元（Protocol Data Unit，PDU）。PDU 由两部分组成：本层的协议控制信息和用户数据，控制信息构成报文的首部，本层的用户数据一般就是上层的 PDU。

3. 服务、服务访问点和服务原语

N 层实体在 N 层协议的控制下可以向 $N+1$ 层实体提供服务（Service），实现 $N+1$ 层所需要的某种功能，其中，N 层实体为服务提供者，$N+1$ 层实体为服务用户。并不是 N 层的所有功能都称为 N 层服务，只有能为 $N+1$ 层所使用的功能才称为 N 层服务。

N 层服务用户能看到 $N-1$ 层服务，而看不到 $N-1$ 层协议，$N-1$ 层协议对 N 层服务用户是透明的。

服务有如下两种形式：

- 面向连接的服务（Connection-Oriented Service）：传输服务是在一条事先建立好的链路上进行的。如同电话方式，在通话前先进行拨号连接，通话后释放该连接。

- 无连接的服务（Connectionless Service）：传输前不需事先建立连接。如同邮政通信，每个信件上都有一个收信人的地址，根据地址选定路线传递。

在同一结点中，相邻两层的实体相互作用的地方称为服务访问点（Service Access Point, SAP）。SAP 是上下层实体之间信息交换的接口。每个 SAP 有一个标识它的唯一地址。SAP 的一个例子是 TCP/IP 体系中的协议端口。

当 $N+1$ 层实体（服务用户）向 N 层实体（服务提供者）请求服务时，服务用户与服务提供者之间需要进行一些交互，进行交互时所要交换的信息使用服务原语（Service Primitive）来描述。服务原语描述提供的服务，定义服务规范，规定通过 SAP 所必须传递的信息。服务原语只是对服务进行概念性的功能描述，至于如何实现并不作硬行规定，它是描述服务的一种简洁的语句形式，而不是可执行的程序语言。

一个完整的原语包括原语名字、类型和参数。例如一个请求建立传输连接的原语是：

T-CONNECT. request（被叫地址，主叫地址，……）

其中，T-CONNECT 是原语名字，request 是原语类型，括弧中是原语参数。OSI 为 ISO 的每一层都定义了各种服务原语。

OSI 规定可以使用四种类型的服务原语：

- 请求（Request）：$N+1$ 层实体请求 N 层实体提供服务，如请求建立连接或传送数据等。
- 指示（Indication）：N 层实体通知 $N+1$ 层实体发生了某一事件，如收到了一个远地实体发来的数据。
- 响应（Response）：$N+1$ 层实体对 N 层实体指示的响应。
- 证实（Confirm）：N 层实体向 $N+1$ 层实体确认：$N+1$ 层实体请求的服务已完成。

服务有证实和非证实服务之分，前者使用请求、指示、响应和证实四类原语，后者只用请求和指示两类原语。

2.3　TCP/IP 体系结构

TCP/IP 体系结构以 TCP/IP 协议族中最有代表性的两个协议 TCP 和 IP 来命名。TCP/IP 体系结构有时简称 TCP/IP。Internet 使用 TCP/IP 体系结构。

TCP/IP 的发展要追溯到 20 世纪 70 年代中期。为了实现不同网络之间的互联，DARPA 大力资助互联网技术的研究，于 70 年代末期推出了 TCP/IP 体系结构和协议规范。80 年代初期，ARPANET 上的所有机器转向 TCP/IP 协议，并以 ARPANET 为主干建立了 Internet。

为了推广 TCP/IP，DARPA 资助加州大学伯克利分校将 TCP/IP 协议融入当时很流行的 BSD UNIX（Berkeley Software Distribution UNIX）操作系统。1983 年，伯克利推出内含 TCP/IP 的网络操作系统 BSD UNIX，实现了 TCP/IP 和 UNIX 的结合。应该说 TCP/IP 和 UNIX 的结合是一个具有重大意义的事件，大大促进了 TCP/IP 的推广应用。

美国国家科学基金会（NSF）于 1985 年开始涉足于 TCP/IP 的研究工作，于 1986 年资助建立了远程主干网 NSFNET，全美主要科研机构均连入了 NSFNET。NSF 资助的网络采用 TCP/IP 协议，而且是 Internet 的一部分。后来 NSFNET 代替 ARPANET，成为 Internet 的新的主干。

现在，采用 TCP/IP 体系结构的 Internet 已经发展到全球范围，其规模之巨大、影响之广泛是世界公认的。TCP/IP 并非国际标准，但它在计算机网络体系结构中占有非常重要的地位。世界上所有广泛流行的操作系统都配有 TCP/IP 协议。TCP/IP 体系结构已成为事实上的国际标准。

TCP/IP 的体系结构分为四个层次，自下而上分别是网络接口层、网际层、传输层和应用层。但 TCP/IP 最下面的网络接口层并没有定义什么具体的内容。图 2-2 给出了 TCP/IP 的层次结构、各层的主要协议及与 OSI/RM 的对应关系。

对应的 OSI	TCP/IP	TCP/IP 各层主要协议	
高层（5～7）	应用层（Application Layer）	TELNET FTP SMTP HTTP	DNS TFTP NFS SNMP
传输层（4）	传输层（Transport Layer）	TCP	UDP
网络层（3）	网际层（Internet Layer）	IGMP ICMP IP	ARP RARP
低层（1、2）	网络接口层（Network Interface Layer）	可使用各种网络	

图 2-2　TCP/IP 体系结构

网络接口层严格说并不是一个独立的层次，只是一个接口，TCP/IP 并没有对它定义什么具体的协议。网络接口层负责将网络层的 IP 数据报通过各种网络发送出去，或从网络接收数据帧，抽出 IP 数据报上交网际层。网络接口层可以使用各种网络，如 LAN、MAN、WAN，甚至点对点链路。网络接口层使得上层的 TCP/IP 和底层的实际网络无关。网络接口层对应 ISO/OSI 的 1、2 层，即物理层和数据链路层。

在 TCP/IP 看来，LAN、MAN、WAN 乃至点对点链路等都是 Internet 的构件，在 IP 数据报的传输过程中，它们都作为两个相邻的分组交换结点之间的一条物理链路。这些网络均受到互联网协议的平等对待，这就是互联网的网络对等性，它为协议设计提供了方便。

TCP/IP 体系结构中的网际层、传输层和应用层是 TCP/IP 的主要内容。TCP/IP 技术的核心是实现网络的互连，在底层网络与高层应用程序和用户之间加入了中间层次，屏蔽底层细节，向用户提供通用一致的网络服务。

2.4　五层体系结构

荷兰皇家艺术与科学院院士计算机专家 Andrew S. Tanenbaum 建议了计算机网络的五层体系结构。根据 Internet 的实际情况，以 TCP/IP 体系结构为基础，综合了 TCP/IP 和 OSI 两种体系结构，考虑到 TCP/IP 没有具体定义网络接口层对应 OSI 的 1、2 层，五层体系结构自下而上分别为物理层、数据链路层、网络层、传输层和应用层，如图 2-3 所示。图中也画出了它和 OSI 及 TCP/IP 两种体系结构的对应关系。

可以从这种五层体系结构去理解和分析 Internet，不少著名的计算机网络教材也基于这种五层结构来讲解计算机网络。本书的层次结构划分，也贯穿了这种五层体系结构的思想。

OSI	五层体系结构	TCP/IP
高层（5~7）	应用层（Application Layer）	应用层
传输层（4）	传输层（Transport Layer）	传输层
网络层（3）	网络层（Network Layer）	网际层
数据链路层（2）	数据链路层（Data Link Layer）	网络接口层
物理层（1）	物理层（Physical Layer）	

图 2-3 五层体系结构

五个层次的功能简述如下：

1. 物理层

物理层为数据链路层提供透明的比特流（Bit Stream）传输服务，向下与物理媒体相连，规定连接物理媒体的网络接口规范。

物理层并不管所传输的比特流表示什么意义，不管哪几个比特代表什么含义，但要作到发方发出比特"1"或"0"时，收方收到的也应该是"1"或"0"。

物理层涉及网络接口机械的、电气的、功能的和规程的规范：

- 机械的（Mechinical）：接口连接器的大小、形状，引脚的数量和几何分布等。
- 电气的（Electrical）：线路的最大数据传输速率，信号允许传输的最大距离，信号的波形和电压大小等。
- 功能的（Functional）：接口连接器各引脚的功能、电路的作用等。
- 规程的（Procedural）：比特流传输时，应按什么顺序执行整个传输过程。

现在使用非常普遍的一种著名的物理层标准是 RS-232C。它是美国电子工业协会（Electronic Industries Association，EIA）制定的，早已成为世界上各个厂家广泛使用的国际标准。在机械特性方面，RS-232-C 使用一个 25 芯 D 形连接器 DB-25。在电气性能方面，RS-232-C 采用负逻辑，逻辑 0 相当于对信号地有 +5V ~ +15V 的电压，而逻辑 1 相当于对信号地有 −15V ~ −5V 的电压。当连接电缆不超过 15m 时，允许数据传输率不超过 20kbit/s。RS-232-C 的功能特性规定了什么电路应当连接到 25 根引脚中的哪一根，规定了各个引脚的作用。如引脚 2、3 和 7 分别是发送数据线、接收数据线和信号地线。RS-232-C 的过程特性规定了各引脚使用的先后顺序和配合关系。

2. 数据链路层

数据链路层负责在单个链路上的结点间传送称为帧（Frame）的 PDU，在不太可靠的物理链路上可以实现可靠的传输。

对于共享的广播链路，数据链路层必须进行链路的访问控制，使得链路上的各个结点能够合理地竞争共享信道，有序地进行通信。

为了实现传输的可靠性，数据链路层可以提供流量控制和差错控制。

数据链路层要提供传输透明性。所谓透明传输（Transparent Transmission）是指上层交给的数据不管是什么样的比特组合，都能够正常进行传送。当数据的比特组合恰巧与某一控制编码完全一样时，必须采取适当措施，使收方不致误认为是控制信息。

3. 网络层

网络层负责计算机间的通信，在分组交换网络上传送称为分组或包（Packet）的 PDU，从源结点通过中间转发结点逐跳地（Hop by Hop）将分组传送到目的结点。

网络层实现网络互连。网络层中分组传输可能通过互联网的很多子网，由中间结点进行转发（Forwarding），因此网络层首先要解决如何进行分组转发，即如何将分组逐结点地从源结点传送到目的结点。另外还有路由优化问题，当网络拓扑和负载等因素变化时，分组到达目的主机的路由还应当动态地更新，以便在某种意义上（如距离、时延、费用等）保持最优。

网络层的 PDU 称为分组或包。但计算机网络中，各层的 PDU 也都可以称为包/分组，这要根据上下文来理解。

这一层对应 TCP/IP 的网际层。TCP/IP 网际层最主要的协议是网际协议（IP），它提供的是一种无连接的、不可靠但尽力而为的数据报传输服务。传送的 PDU 称为 IP 数据报（IP Datagram）。与 IP 协议配套的网际协议还有：地址解析协议（Address Resolution Protocol，ARP），逆向地址解析协议（Reverse ARP，RARP）和因特网控制报文协议（Internet Control Message Protocol，ICMP）等。

4. 传输层

传输层负责应用进程间的通信，为两个应用进程之间提供端到端（End to End）的数据传输服务。传输层为应用进程提供一条端到端的逻辑信道，端到端的逻辑信道是在源结点和目的结点的两个传输层实体之间，不涉及线路中间的路由器等中间系统。

端到端的通信涉及到端点间是否和如何建立通信连接，是否和如何进行数据传输的流量控制、拥塞控制和差错控制等问题。

TCP/IP 传输层有两个协议，除 TCP 外，还有用户数据报协议（User Datagram Protocol，UDP）。TCP 提供面向连接的可靠的传输服务，为此，TCP 就需额外增加许多开销，提供流量控制、拥塞控制和差错控制等传输控制机制，以保证传输的可靠性，提高服务质量（Quality of Service，QoS）。UDP 则提供无连接、不可靠的端到端的传输服务，但它的传输效率高。

5. 应用层

应用层对应 OSI 的高三层，对应 TCP/IP 的应用层，提供面向用户的网络服务。应用层直接面向用户应用，它为用户访问各种网络资源，提供通用一致的、方便的服务。

TCP/IP 的应用层有许多面向应用的著名协议，如文件传输协议（FTP）、远程通信协议（TELNET）、简单邮件传送协议（SMTP）、域名系统（DNS）、超文本传输协议（HTTP）和简单网络管理协议（SNMP）等。

思　考　题

2.1　ISO 定义计算机网络体系结构的宗旨是什么？

2.2　ISO 的 OSI/RM 分为哪几个层次？分层的好处是什么？

2.3　什么是数据的封装和解封？

2.4　在 OSI 术语中，什么是实体？什么是对等实体？

2.5　在 OSI 术语中，什么是协议？协议包括哪些要素？它们的含义是什么？

2.6 在 OSI 术语中，什么是 PDU？PDU 包含哪两个部分？

2.7 在 OSI 术语中，什么是服务？什么是服务访问点 SAP？什么是服务原语？

2.8 所谓"透明传输"是什么含义？

2.9 请填充：RS-232-C 是（　　）层的协议，它使用（　　）连接器，使用（　　）V 到（　　）V 电压表示逻辑"1"，使用（　　）V 到（　　）V 电压表示逻辑"0"。

2.10 传输层提供端到端（End to End）的传输服务，这里"端"指的是什么？

2.11 TCP/IP 体系结构分为哪几个层次？它们和 OSI 各层的对应关系如何？

2.12 TCP/IP 体系结构分为哪几个层次？试举出每层的几个主要协议。

2.13 简述五层网络体系结构各层的主要功能。

第 3 章 数据通信技术

3.1 概述

通信（Communication）是在计算机网络出现以前早已有的技术。1838 年摩尔斯发明了有线电报，开创了通信技术时代，1876 年贝尔发明了电话，1896 年马可尼发明了无线电报。清朝的洋务运动，使用四个阿拉伯数字表示一个汉字用于电报，可以算是我国通信事业的开端了。20 世纪 50 年代中期，计算机开始参与到通信系统中，传输的业务扩展到文本、程序和数据等。如今，Internet 成为覆盖全球的四通八达的信息高速公路。

数据通信（Data Communication）这一术语是计算机参与到通信系统中之后才出现的，可以和计算机网络通信视为同义语，指的是经计算机编码后的二进制数字数据的通信技术。图 3-1 表示了数据通信模型，包括五个部分，传输过程涉及了许多基本概念和技术。

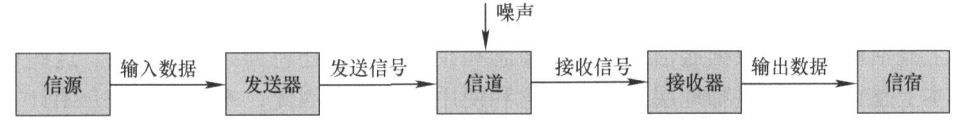

图 3-1　数据通信模型

信源即源站（Source），产生要传输的数据，数据通信系统中是数字数据；信宿即目的站（Destination），接收传输的数据。发送器将发送数据转换成某种形式的信号（Signal）在信道（Channel）上传输，接收器将接收信号再反向转换为输出数据交给信宿。信源和信宿称为数据终端设备（Data Terminal Equipment，DTE），发送器和接收器称为数据电路终接设备（Data Circuit-terminating Equipment，DCE）。信源和发送器构成发送方，信宿和接收器构成接收方。

数据有模拟数据（Analog Data）和数字数据（Digital Data）之分。模拟数据随时间连续变化，在一定的范围内有连续的无数个值。计算机中使用数字数据，把二进制数字"1"和"0"用某种编码方式编为二进制代码，用这些代码表示的数据就是数字数据。数字数据是离散的，只有有限个值。

美国信息交换标准代码（American Standard Code for Information Interchange，ASCII）就是一种使用最为广泛的二进制代码，可以表示英文字母和数字。又如，国家标准信息交换汉字编码（GB 2312—1980）表示汉字，图形交换格式（Graphics Interchange Format，GIF）表示图像。上述编码的例子属于信源编码，是信息数字化存储、处理和传输的必要前提。数据通信传输的就是这种数字数据。

数据是通过信号进行传输的，信号是数据传输的载体。数据在发送前要把它转换成某种物理信号，用它的特征参数表示所传输的数据，比如正弦电信号的幅值、频率和相位，电脉冲的幅值、上升沿和下降沿，光脉冲信号的有和无等。实质上，这些信号在媒体中都是通过电磁波进行传输的。

传输信号也有模拟信号和数字信号之分。例如，住宅用户的计算机通过调制解调器（相当于发送器/接收器）上网，调制后的正弦波信号就是模拟信号，可以通过电话网传输；而以太网上的计算机传输的曼彻斯特编码信号，则是一种数字信号。

信号是在信道上传输的，信道是信号传输的通道。信道指连接信号发送方和接收方的传输媒体，如铜缆、光纤等。使用模拟信号传输数据的信道称为模拟信道，使用数字信号传输数据的信道称为数字信道。

计算机网络中信源和信宿是计算机，它们之间交换数字数据。一般地，计算机网络使用数字信号在数字信道上进行传输，即基带传输方式。基带传输中，一般也不是简单地把数字数据的二进制代码直接对应为高低电平加到通信线路上传输，而是先按一定方式编码（Coding）后变成对应的物理信号在线路上传输，到了接收端再进行解码（Decoding）。这种编码有别于我们前面提到的信源编码，称为线路编码（Line Coding），或称信道编码。

计算机网络的数字数据有时也可以借助于模拟信道传输，即频带传输方式，这样可以利用已有的电话网，能够节省大量的线路投资。为此，要使用调制（Modulation）和解调（Demodulation）技术进行数字信号和模拟信号的转换。

为了提高传输线路的利用率，在 WAN 中广泛使用信道复用（Multiplexing）技术。信道复用是将一个物理信道划分为多个子信道，就像一条高速公路划分了多条车道一样。

以上概括地介绍了数据通信中涉及的概念和技术，下面还将详细进行讲述。这些概念和技术基本上是计算机网络物理层涉及的概念和使用的技术，因此，本章主要是介绍计算机网络的物理层。

3.2 数据通信系统的性能指标

3.2.1 数据传输速率和码元传输速率

1. 数据传输速率、带宽和吞吐量

（1）数据传输速率

计算机网络的数据传输速率是指每秒传输的编码前的数字数据的二进制比特数，单位为比特/秒，即 bit/s。数据传输速率可简称数据率，又称比特率，其中的"数据"包括传输的净负荷和控制信息。

习惯上，在表示比特率时，千、兆和吉分别用 k、M 和 G 表示，分别代表 10^3、10^6 和 10^9。而在表示数据量时（单位为字节 B，Byte），千、兆和吉一般分别用 K、M 和 G 表示，分别代表 2^{10}（1 024）、2^{20}（1 048 576）和 2^{30}（1 073 741 824）。

（2）带宽和宽带

计算机网络中，和数据传输速率具有同样含义的另一个术语称为带宽（Bandwidth）。

带宽的定义原本来自通信领域。原来的通信信道是模拟信道，信道带宽是指信道上能够正常通过模拟的物理信号的频率范围，即最大最小频率之差，单位为赫兹（Hz）。信道带宽受传输媒体的物理性质的限制。

传输信号也有其带宽，对传输信号进行傅里叶变换，可得其频谱。某一频率范围内的谐波可以不受影响地通过信道，这一频率范围即该信道的带宽。信道带宽应该适应传输信号的

带宽要求，带宽小的信道会限制信号的部分频率成分的正常传输，使之衰减和失真。

带宽这个术语后来又借用到计算机网络领域，用来表示传输数字数据的能力，即网络所能传输的最大数据率，单位是 bit/s。有时我们需要根据上下文来区分带宽的不同含义。

和带宽相关的一个词是宽带（Broadband）。宽带即宽的带宽，在通信技术中，宽带解释为宽的频带。在早年的电话系统中，宽带曾指比 4kHz 的音频频带更宽的频带，但这已成为历史。另外，使用频分复用 FDM 可以在同一传输媒体上利用多个频段进行传输，当然也就使用了宽的频带，这种传输方式被称为宽带传输。同时传输多个频道电视信号的 75Ω 的 CATV 电缆，人们就称之为宽带同轴电缆。

在计算机网络技术中，宽带则解释为高的数据传输速率。人们常说的宽带 IP 网，就是指以 IP 为核心协议的支持宽带业务的高速计算机网络。宽带业务是指包含文本、语音、图像、视频等多媒体信息的各种传输业务，如 Web 信息浏览、远程教学和视频点播等，相对于传统的 56kbit/s 以下的窄带拨号业务，这些业务需要网络提供更高的带宽支持。实际上，宽带的含义是一个随着时代和技术的进展而变化的。目前，主干网带宽达到 2.5Gbit/s（OC-48）以上，接入网带宽达到 T1/E1（1.544Mbit/s/2.048Mbit/s）的量级以上，就认为属于宽带范畴。

（3）吞吐量

另一个和数据传输速率具有同样含义的术语称为吞吐量（Throughput），它可以用单位时间发送的比特数、字节数或分组数等来表示。

2. 码元传输速率

数字数据经线路编码后的传输信号在信道上的传输速率称为码元传输速率，它是指每秒传输的码元数，单位为波特（Baud）。码元传输速率又称为波特率。

3. 数据传输速率与码元传输速率的关系

在条件允许的情况下，数字传输可以采用多级码编码方式（见3.5.4 节），以达到更高的数据传输速率。多级编码中，有多种码元状态，例如图 3-2 所示的四级编码，有 4 种码元状态，每个码元携带了 2 比特数据，比特率等于 2 倍的波特率。码元状态数为 M（M 为 2 的整数次幂）时，1 个码元可以携带 $\log_2 M$ 个比特的数字信号。

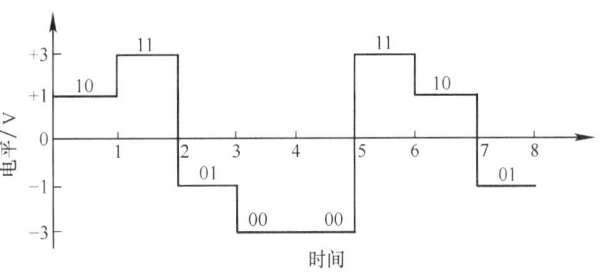

图 3-2 四级编码的例子

如果码元状态数为 M，则数据传输速率 C 和码元传输速率 B 有如下关系：

$$C = B\log_2 M \qquad (3\text{-}1)$$

例如，$B = 2\,000\text{baud}$，若 M 分别为 2、4 和 8，则 C 可以分别达到 2 000bit/s、4 000bit/s 和 6 000bit/s。

3.2.2 时延和时延带宽积

1. 时延

计算机网络中，时延（Delay）指一个数据块（如帧、分组和报文段等）从链路或网络的一端传送到另一端所需要的时间。时延由以下三部分组成：

（1）发送时间（Transmission Time）

结点发送数据时把整个数据块从结点送入传输媒体所需要的时间，计算公式为

$$发送时间 = 数据块长度/数据传输速率 \qquad (3\text{-}2)$$

（2）传播时延（Propagation Delay）

承载传输信号的电磁波在一定长度的信道上传播所需要的时间，计算公式为

$$传播时延 = 信道长度/电磁波在信道上的传播速率 \qquad (3\text{-}3)$$

在自由空间中，电磁波以光速 300 000km/s 传播。在铜线或光纤中，电磁波的速度大约降低到光速的 2/3。

（3）转发时延

数据块在中间结点（如中继器、交换机和路由器等）转发数据时引起的时延。不同的中间结点有不同的转发时延，例如，路由器转发分组时可能产生如下的时延。

- 排队时延（Queueing Delay）：分组在输入和输出缓冲区排队花费的时间，与网络负载状况有关。
- 处理时延（Processing Delay）：进行转发处理所花费的时间，如首部处理、差错检验和转发时间等。

这样，数据块经历的总时延为上述三部分时延之和，即

$$总时延 = 发送时间 + 传播时延 + 转发时延 \qquad (3\text{-}4)$$

时延是计算机网络的一项重要指标，各种时延也影响到网络参数的设计，我们在第 5 章有关以太网共享信道的冲突碰撞分析中将会讲到。

和时延相关的一个概念是往返时间（Round Trip Time，RTT）。在 TCP 中，RTT 表示从报文段发送出去的时刻到确认返回时刻这一段时间，即在 TCP 连接上报文段往返所经历的时间。TCP 的重传策略设计中，将会使用这一概念。

2. 时延带宽积

时延带宽积即传播时延和带宽的乘积：

$$时延带宽积 = 传播时延 \times 带宽 \qquad (3\text{-}5)$$

时延带宽积的单位是 bit。

我们可以用一个圆柱形管道表示一条传输链路，管道的长度是链路的传播时延，管道的截面积是链路的带宽，因此管道的容积就是链路的时延带宽积，表示这一链路可以容纳多少比特。比如，某一链路的传播时延为 500μs，带宽为 100Mbit/s，则时延带宽积为 50 000bit。这就意味着，当发送的第一个比特到达终点时，发送方已发出了 50 000bit，它们充满了整个链路。对于一条传输链路，当链路在传输过程中充满比特流时，链路才得到充分的利用。

时延带宽积又称为比特长度，即以比特为单位的链路长度。数据链路控制 ARQ 和以太网的性能分析、令牌环和 FDDI 的环网运行分析中使用了比特长度的概念。

在 TCP 中，定义了报文段往返时间 RTT 和带宽的积为往返时延带宽积，在窗口比例因子的分析设计中使用了这一概念。

3.2.3 误码率和比特误码率

误码率和误比特率表示计算机网络和数据通信系统的可靠性，它们是统计指标。

1. 误码率

衡量信道传输质量的一个重要参数是误码率（Error Rate）。误码率 P_c 是传输的码元被传错的概率，当传输的码元总数很大时，P_c 可以近似为

$$P_c = 传错的码元数/传输的码元总数 \tag{3-6}$$

2. 比特误码率

比特误码率（Bit Error Rate，BER），是传输的比特被传错的概率，当传输的总比特数很大时，比特误码率 P_b 可以近似为

$$P_b = 传错的比特数/传输的比特总数 \tag{3-7}$$

计算机网络中传输速率使用比特率，传输差错相应地使用比特误码率。但很多资料常常简称误码率，根据上下文意思不会混淆。一般地，$P_b \leq 10^{-6}$ 属于正常通信范围，LAN 和光纤传输就更低。

3.2.4 奈奎斯特准则和香农定理

奈奎斯特准则和香农定理分别给出了无噪声和有噪声的情况下信道的极限传输能力，称为信道容量（Channel Capacity），用信道的最大数据传输速率来表示。

1. 奈奎斯特准则

早在 1924 年，奈奎斯特（H. Nyquist）就给出一个准则：对于一个带宽为 WHz 的无噪声低通信道，则最高的码元传输速率 B_{MAX} 为 $2W$baud，即

$$B_{MAX} = 2W \tag{3-8}$$

式（3-8）就是著名的奈奎斯特准则。

如果编码方式的码元状态数为 M，那么结合式（3-1）和奈奎斯特准则，就得到了信道的信道容量 C_{MAX}：

$$C_{MAX} = 2W\log_2 M \tag{3-9}$$

例如，对于带宽为 100MHz 的 5 类无屏蔽双绞线，其最高的码元传输速率为 200M baud。如果 $M = 4$，则 $C_{MAX} = 400$Mbit/s。

因为信道总是有噪声的，因此奈奎斯特准则给出的是理论上的上限。

由奈奎斯特准则可见，数据传输速率越高，要求信道的带宽越高，即对传输媒体和设备的要求越高。在计算机网络，特别是高速网络中，在满足数据传输速率要求的前提下，要寻求巧妙合适的编码方式，使信号的波特率减小，从而降低对传输媒体和设备的要求。

2. 香农定理

实际上信道总是有噪声的，噪声的存在限制了信道的数据传输速率，香农（C. Shannon）1948 年推导出了有高斯白噪声干扰情况下的信道容量。不管使用多么巧妙的方式编码，也不能超过此极限速率，这就是著名的香农定理，可以用式（3-10）表示：

$$C_{MAX} = W\log_2 (1 + S/N) \tag{3-10}$$

式中，W 为信道的带宽（Hz）；S 为信道内所传信号的平均功率；N 为信道内部的高斯噪声功率；S/N 称为信噪比（Signal-to-Noise Ratio）。通常人们不直接使用 S/N，而是使用 $10\log_{10}S/N$，其单位为分贝（dB），比如，$S/N = 1\,000$ 时为 30dB。

例如，对于一条带宽为 3.1kHz 的标准电话信道，若信噪比为 30dB，由式（3-10）可知，其极限数据传输速率为 31kbit/s。

香农定理表明，信道的带宽越大或信噪比越大，则信息的极限传输速率就越高。只要数据传输速率低于信道的极限传输速率，就一定可以找到某种办法来实现无差错的传输。但香农并没有给出实现极限传输速率的方法。

3.3 数据传输方式

3.3.1 单工、全双工和半双工传输

单工传输（Simplex Transmission）又称单向传输，指在一个单一不变的方向上进行信息传输的通信方式。

全双工传输（Full Duplex Transmission）简称双工传输（Duplex Transmission）又称双向同时传输。在这种传输方式中，两设备之间存在两条不同方向的信息传输信道，它们可以同时在两个方向上传输数据。这里所说的两条传输信道是个逻辑概念，可以由实际的两条物理线路来实现，也可以在一条线路上通过信道复用技术来实现。

半双工传输（Half Duplex Transmission）又称双向分时传输，两个设备在任何一段时间中，只能有一个设备发送数据，另一个设备接收数据，不能双向同时传输数据。半双工传输方式常用在通信双方传输的顺序是交替的情况。

3.3.2 异步传输和同步传输

1. 同步

同步（Synchronization）是数据通信中一个非常重要的问题。接收方要正确判断接收到的发送方的码元序列的状态（高低电平或脉冲上下沿等），必须在合适的时刻去测试它，测试的时刻不合适，判断就可能出错。接收方是基于一个基准时钟进行判断的，同步要求通信收方的基准时钟与发方的基准时钟的频率和相位符合特定的关系，一般是相同，其频率差和相位差保持在允许的范围之内。

当通信在两点之间进行时，同步可以包含两方面的问题。一方面，数据通常是以帧为单位传输的，接收方必须知道收到的帧的起始时刻和结束时刻，以便接收方时钟对准帧的起始位置，开始和结束接收数据，这称为帧同步。另一方面，接收方时钟也应该和帧的每一个码元都对准，这称为码元同步，也称位同步。

实现帧同步的方法，一般是在帧的前、后增加特殊的同步标志。为了防止帧的数据字段中包含与帧同步标志相同的字符引起的伪同步，要采取必要的措施。

实现位同步可以有两种方法，一是接收方和发送方采用统一的基准时钟，用单独的信号线传输时钟信号，这称为外同步。二是采用合适的数据编码方法将时钟和数据一起编码，接收方收到编码后，再从中分离出时钟和数据，这称为内同步。内同步方式减少了信号线，降低了线路的投资，因而被广泛采用。

当通信在两点之间进行时，实现帧同步和位同步就可以了，但在多结点通信时，可能还会有新的问题。比如，在电话主干网的时分复用 TDM 数字传输系统中，多个结点的信号常常复用到一起以更高的速率传输，如果复用设备输入的码流速率都有差异，处理起来也相当棘手，这时希望网络的所有结点有统一的基准时钟，这称为网同步。

网同步一般使用准同步和主从同步方式。准同步方式的网络内各结点的定时时钟信号互相独立，各结点采用频率相同的高精度时钟工作，但频率不可能完全一致，只是接近同步状态，故称准同步。准同步适用于各种规模和结构的网络，各网之间相互平等，易于实现，但各结点必须使用成本高的高精度时钟。主从同步方式使用分级的定时时钟系统，主结点使用最高一级时钟，称为基准参考时钟（PRC）。铯原子钟常作为基准参考时钟，长期频率偏离小于 1×10^{-11}。基准参考时钟信号通过传输链路传送到网络的各个从结点，各从结点将本地时钟的频率锁定在基准参考时钟频率，从而实现网内各结点之间的时钟同步。

2. 异步传输

计算机网络使用串行通信（Serial Communication）技术。串行通信中又分为两种传输方式：异步传输（Asynchronous Transmission）和同步传输（Synchronous Transmission）。

异步传输方式以字符为单位进行数据传输，每一个字符前后各加一个起始位和一个停止位，实现字符同步，通信的双方各自使用独立的基准定位时钟，并约定同样的传输速率，以实现位同步。这种方式也称为起止式。

异步传输的字符格式如图 3-3 所示。起始位"0"，1 比特，停止位"1"，1 ~ 2 比特。图中 bit-0 ~ bit-7 是 8 比特的字符，bit-p 是奇偶校验位。

起始位	bit-0	bit-1	bit-2	bit-3	bit-4	bit-5	bit-6	bit-7	bit-p	停止位

图 3-3 异步传输的字符格式

起始位标志着字符的开始，引起接收方的注意，做好接收准备。停止位到起始位的跳变启动接收方串口电路的接收时钟，使其对准接收的位串。停止位标志着传送字符的结束，使接收方有一个缓冲处理的时间，为接收下一个字符做好准备。起始位与停止位结合，实现字符同步。

异步传输方式中，各自使用独立的时钟，不必传送时钟信号。为了实现位同步，接收方必须使用和发方相同的时钟频率设定。虽然双方的时钟不可能做到完全一致，但由于异步传输每次传送仅一个字符，石英晶体振荡频率的精度一般在 $10^{-5} \sim 10^{-4}$ 范围，而双方时钟的一点点差异不会引起很大累积误差。在一个字符长度内，累积误差至少应该小于 1/2 个位的宽度（实际设计要更小），就不至于造成接收方的误判。

奇偶校验是检验传输的数据是否被正确接收的一种方法，发方根据发送数据后附加一个校验位，收方检查此位是否还保持数据位的正确关系，以判断是否正确传输。

异步传输每次传送的字符位数是可以选择指定的，有 5、6、7 及 8 比特等。异步传输速率常用的选择有：300、600、1 200、2 400、3 600、9 600 和 19 200bit/s 等。

由于每个字符都要附加起始位与停止位，而且字符之间可以用不固定长度的间隙，因此异步传输的效率是比较低的。对于一类慢速而又不固定频率的字符传输，异步方式是很适合的，比如键盘与计算机之间的传输。

应用广泛的 RS-232C 接口，就是使用异步传输方式。

3. 同步传输

同步传输方式适用于快速的和较大规模的信息传输。计算机网络的通信采用同步传输方式。

同步传输方式中，数据是以称为帧（Frame）的较大的数据块为单位进行传送。同步传输使用特殊的标志进行帧同步，界定一个帧的开始和结束。由于一个信息帧可以包含的位数很多，同步传输还必须进行严格的位同步，一般是内同步方式。

同步传输有面向字符和面向位两种方式。面向字符的同步传输方式是 20 世纪 60 年代采用的传输方式，如 ARPANET 的 IMP-IMP 协议和 IBM 的 BSC（Binary Synchronous Communication）规程。面向字符是指在通信链路上所传送的数据是由选定的字符集中的字符所组成的，如 ASCII 码字符集。而且，通信的控制信息也是由同一个字符集中若干个指定的字符所组成，使用特定的字符作为帧的定界符。面向字符的传输方式存在一些缺点，比如它要求所有的通信设备都要使用同样的字符集。目前普遍应用的是面向位的同步传输方式，它不限定传送的数据是某一字符集中的字符。

面向位的同步传输规程是高级数据链路控制（High level Data Link Control，HDLC）。点对点协议（Point to Point Protocol，PPP）也可用于面向位的同步链路。它们在一帧的开始及末尾附加指定的位模式（Bit-Pattern）"01111110"，标记一个帧的开始及结束，作为同步标志进行帧同步。

为了防止在数据段中出现与同步标志相同的位模式"01111110"而导致伪同步的错误，在发送数据过程中，当遇到连续 5 个"1"时，插入一个"0"，在接收过程，遇到了 5 个连续的"1"时，去掉后边的"0"代码，恢复为发送前的状态。这种方式称为比特填充法（Bit Stuffing），实现信息的透明传输。HDLC 和 PPP 使用的是零比特填充法，可以由硬件实现，快速且方便。

3.3.3 频带传输和基带传输

计算机通信中，频带传输解决利用已有的模拟信道传输数字数据的问题。频带传输需要将数字数据模拟化，借助于模拟的正弦载波信号，用数字数据调制载波，将数字数据寄生在载波的某个参数上，借助于模拟信道传输数字数据。模拟信道主要指电话传输系统。使用频带传输方式传输数字数据需要利用调制解调技术对数据进行转换。

频带传输还可以利用频分复用（FDM）技术实现信道复用，提高信道的利用率。FDM 将多路数字信号的每一路用不同的载波频率进行调制，每一路信号调制后占用信道的不同频段，互不重叠干扰，从而实现在一条电缆上进行多路信号的传输。这种传输方式被称为宽带传输。

对应于频带传输，另一种传输方式是基带传输，它是计算机网络中最基本最主要的一种传输方式，LAN 一般都采用基带传输。

基带（Base Band）指未经调制（频率变换）的信号所占用的频带，即把数字数据转换为数字传输信号时它所固有的频带，它们的频谱一般从 0 开始。基带传输是指以数字传输信号为载体在数字信道上传输数字数据。基带传输中使用了传输媒体的整个频带范围。与频带传输不同，基带传输在数字数据传输前不需调制，但要对它进行线路编码，转换为数字传输信号。

基带传输可以利用时分复用（TDM）技术实现信道复用，提高传输信道的利用率。

3.4　调制解调技术

频带传输必须先将数字数据转换为模拟信号再进行传输。数字数据模拟化的方法称为调制（Modulation），它将数字数据寄生在模拟的正弦载波的某个参数上。将已调制信号还原为原来的数字数据，称之为解调（Demodulation）。通信系统在发送端和接收端分别使用调制和解调功能。因此，为实现信息的双工和半双工通信，双方均需要使用调制解调功能。实现调制与解调功能的设备称为调制解调器，即 Modem，在通信线路中一般是成对使用的。

调制一般使用一个正弦信号作为载波（Carrier），用被传输的数字数据去调制它。调制改变了载波的特征参数以便携带数字数据。式（3-11）可以完全地描述一个正弦信号：

$$S(t) = A \sin(2\pi f t + \phi) \tag{3-11}$$

可见，它有三个参数可调：幅值 A、频率 f 和相位 ϕ，因此，基本的调制方法也相应有幅度调制、频率调制和相位调制，其信号波形如图 3-4 所示。

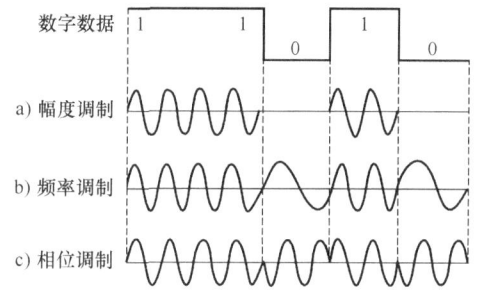

图 3-4　数字数据的三种调制方法

3.4.1　幅移键控

幅移键控（Amplitude Shift Keying，ASK）又称幅度调制。调制波形如图 3-4a 所示，用被传输的数字数据去调制正弦载波信号的幅值。当数字数据为 1 和 0 时，输出载波信号的幅值不同（图 3-4 中 0 对应幅值 0）。在接收端，解调器根据载波信号的幅值变化进行解调。幅移键控不是一种十分理想的调制方法，容易受增益变化的影响，较少采用。

3.4.2　频移键控

频移键控（Frequency Shift Keying，FSK）又称频率调制。对正弦载波信号的频率进行调制。调制后用两个不同频率的正弦信号表示二进制的 1 和 0。在图 3-4b 中，二进制数字数据的 1 对应的载波频率是数字数据 0 对应的频率的 2 倍。一般情况下，当数字数据为 1 时，载波信号的频率变为 $f+f_0$，而当数字数据为 0 时，载波信号的频率变为 $f-f_0$，其中 f 为中心频率，f_0 为频移量。这种方法实现简单，可靠性较高，广泛用于频率不高的调制解调器上。

3.4.3　相移键控

相移键控（Phase Shift Keying，PSK）又称相位调制。相位调制利用被发送数字数据的二进制值去调制正弦载波信号的相位，当数字数据的位组合为 1 到 0 或从 0 到 1 变化时，都会发生调制后的载波信号相位的变化。相移键控法如图 3-4c 所示，图中相位差 180°。

3.4.4　多级调制和幅相键控

以上介绍的调制方法，调制后载波信号的特征参数（幅度、频率或相位）的级数（即状态数）为 2，因此一个调制信号只能表示一个二进制符号（"0"或"1"）。如果调制后信号的特征参数级数大于 2，那么一个调制信号就可能表示多个二进制符号。对于级数为 n 的调制信号，它可以表示 $\log_2 n$ 个二进制符号，这种调制称为多级调制。可见，在同样的调制信号传输速率的情况下，采用多级调制可以达到更高的数据传输速率。

经调制后载波有多个幅度、频率或相位，分别称为多级幅移键控（MASK）、多级频移键控（MFSK）或多级相移键控（MPSK）。表 3-1 是 8 级相移键控调制（8PSK）的例子，传输信号相位分配列在表中。

表 3-1　8PSK 的相位分配

数 字 数 据	000	001	010	011	100	101	110	111
相　位	0°	45°	90°	135°	180°	225°	270°	315°

由表 3-1 不难看出，调制信号在 8PSK 中携带了 $\log_2 8 = 3$ 个比特的数字数据。

在多级调制中，调制信号的级数越多，数字数据的传输速率就越高，但相邻级别之间的差别越小，抗干扰能力就越低，解调的难度也越大。因此对单一参数的多级调制来说，数据传输速率不可能做到很大。

为了进一步提高调制的效率，在同样的级数下得到更多的信号状态数，可以对两个参数进行复合多级调制，可以使信号状态数与级数成乘方关系。一般常用的是幅相键控（Amplitude Phase Keying，APK），由幅度和相位两个参数进行复合多级调制。APK 也称正交幅度调制（Quadrature Amplitude Modulation，QAM），它可以看作两个正交载波（频率相同但相位差 90°）的调幅信号之和。有 16QAM 和 64QAM 等，图 3-5 是 64QAM 的星座图，幅度和相位两个参数组合出 64 种不同的信号状态。

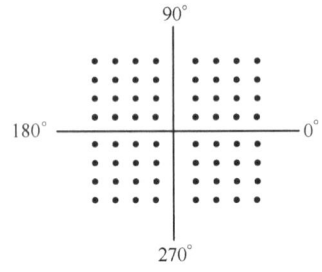

图 3-5　64QAM 的星座图

3.5　编码技术

3.5.1　不归零制编码

不归零制（Non-Return to Zero，NRZ）编码，如图 3-6a 所示，图中上方表示被编码的数字数据。NRZ 用不同的电平信号表示数字 0 和 1，这一电平信号要占满整个码元的宽度，中间不归零。例如，可用 +5V 表示 1，0V 表示 0（单极性 NRZ 码），或用 +5V 表示 1，−5V 表示 0（双极性 NRZ 码）。

不归零制编码存在一些严重的缺点：

- 当出现多个连续的 0 或连续的 1 时，难以判断何处是上一位结束和下一位的开始，不能提供足够的定时信息。

- 这种编码信号尤其是单极性码存在直流分量。电信号的直流分量会造成传输线路的电压漂移和信号的畸变。另外，难以在传输系统中使用交流耦合器件。

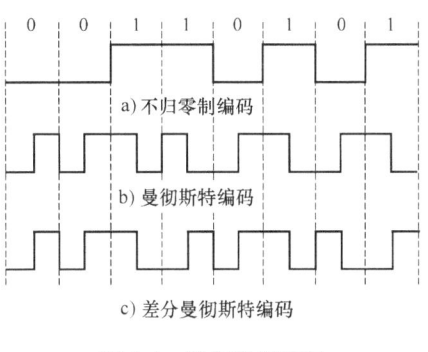

图 3-6 数字数据编码

不归零制编码的另一种方式称为 NRZI（NRZ-Invert on 1）。编码时，对数字 1，信号电平在正负之间发生变化（正/负变化均可）；而数字 0，信号电平不变化（可能为正/负电平）。

3.5.2 曼彻斯特编码与差分曼彻斯特编码

曼彻斯特编码（Manchester Coding）以它的发源地英国曼彻斯特大学的名字命名，它克服了不归零制编码存在的问题，得到了广泛的应用，以太网就采用曼彻斯特编码方式。

曼彻斯特编码方式如图 3-6b 所示。其特点是：对应于每一数据位的中间位置都有一个跳变，用跳变的相位表示数字 0 和 1，正跳变表示数字 0，负跳变表示数字 1。因此这种编码也称为相位编码。曼彻斯特编码方式带来了如下好处：

- 接收方容易利用每个数据位中间位置的跳变生成同步时钟信号，实现内同步方式，它又称自带时钟码（Self-Clocking Code）。
- 利用跳变的相位容易判断出 0 和 1。
- 因为每个数据位中间都有跳变，因此无直流分量。

但是曼彻斯特编码的传输效率减少了一半，两个码元表示一个比特的信息，因此波特率是比特率的 2 倍，这是它为得到上述的好处所付出的代价。

和曼彻斯特编码相关的另一种编码技术是差分曼彻斯特编码（Differential Manchester Coding），它是 IEEE 802.5 令牌环中使用的编码方式。

差分曼彻斯特编码如图 3-6c 所示，在每一数据位的中间也有一个跳变，但它只用来生成同步时钟信号，而用每位开始是否有跳变（正或负跳变均可）来表示数字"0"/"1"，若每位开始有跳变表示"0"，无跳变则表示"1"。

显然，差分曼彻斯特编码也自带同步时钟信号，也不存在直流分量。

3.5.3 mB/nB 编码

mB/nB（m out of n，$m < n$）把 m 比特的二进制数据块（Block）用 n 比特的二进制代码块来表示。

mB/nB 编码后一般不直接放到物理线路上传输，还要进行一次线路编码，变成媒体中传输的电信号或光信号，即两级编码，前面一级的 mB/nB 编码称为块编码（Block Coding）。比如，100BaseTX 以太网采用 4B/5B-MLT3 编码方式，100BaseFX 和 FDDI 使用 4B/5B-NRZI 编码方式，1000BaseX 以太网使用 8B/10B-NRZ 编码方式等。

下面以 4B/5B 编码为例介绍。4B/5B 编码将欲发送的数据流每 4 比特作为一块，将每一块按 4B/5B 编码规则转换成相应的 5B 码。表 3-2 列出了数据码元对照情况。

表 3-2　4B/5B 编码的数据码元对照情况

代表符号	4B	5B	代表符号	4B	5B
0	0000	11110	8	1000	10010
1	0001	01001	9	1001	10011
2	0010	10100	A	1010	10110
3	0011	10101	B	1011	10111
4	0100	01010	C	1100	11010
5	0101	01011	D	1101	11011
6	0110	01110	E	1110	11100
7	0111	01111	F	1111	11101

4B/5B 编码有以下优点：

- 可以保证做到无论 4B 码是什么样的组合，所转换成的 5B 码中至少有两个 "1"，这样 FDDI 在光纤中传输的光信号至少发生两次跳变，而且在 32 种 5B 码中选择了其中没有连续 3 个 "0" 的编码，从而利于接收端时钟的提取。
- 5B 码共有 32 种组合，16 种组合做数据码，对应于 16 种 4B 码，其余的部分 5B 码可以用作控制码和空闲码等，用来表示如码流的开始和结束及线路状态空闲等，它们不会和数据码重复。

mB/nB 编码中 $m < n$，2^m 个数据码是从 2^n 个 nB 码选出来的。根据需要，一般要使 "0" 和 "1" 等概率、连续的 "0" 和 "1" 数目小。这样，其频谱低频分量小、直流基线漂移小、频率范围较窄、时钟成分丰富、定时提取方便。另外，除 2^m 个数据码外，总可有一些可以作控制码。

但 mB/nB 编码带来的这些好处是有代价的。对于 4B/5B 码和 8B/10B 码，编码开销增加了 25%；对于万兆以太网使用的 64B/66B 码，编码开销增加了 3.125%；对于 mB/nB 码，编码开销增加了 $(n-m)/m \times 100\%$。

可以将曼彻斯特编码看作是 mB/nB 编码的一个特例，其中 $m = 1$，$n = 2$，它将 "0" 转换成 "01"，将 "1" 转换成 "10"。

3.5.4　多级编码

数字数据编码中，当码元状态数大于 2 时，属于多级编码，也称多进制编码。图 3-2 是一种四级编码的例子，每个码元有四种状态：-1V、-3V、+1V 和 +3V，可以表示 2 比特的组合 00、01、10 和 11，每个码元携带了 2 比特的数据。M 级编码的码元状态数为 M（M 为 2 的整数次幂），一个码元可携带 $\log_2 M$ 个比特的数字信号。

3.6　信道复用技术

信道复用技术把多路通信复用到一条物理线路上，充分利用了传输线路的带宽资源，在 WAN 中常常采用。

信道复用包括复合、传输和分离三个过程。在发送端将 n 个信号复合在一起，送到一条线路上传输，到了接收端再将复合的信号分离，分别送到 n 条输出线路上。

在电话系统中，早期的复用方式是空分复用（Space Division Multiplexing，SDM），由多条电线组成一根电缆，每条传送自己的一路信号。后来，采用频分复用（Frequency Division Multiplexing，FDM）。现在，电话主干线已经实现了数字化，时分复用（Time Division Multiplexing，TDM）又成为主流。采用同步光纤网（SONET）的 TDM 技术，数据传输速率已经达到 10Gbit/s。计算机网络主要使用 TDM 技术。

随着 Internet 技术的发展，人们对信道复用技术的研究又由电信号的 TDM 转向光信号的波分复用（Wavelength Division Multiplexing，WDM），充分挖掘了光纤的巨大带宽潜力。

还有一种复用技术是码分复用或称码分多址（Code Division Multiplexing Address，CDMA），它根据码型（波形）结构的不同实现信号的复用，主要应用于卫星通信和移动通信。

3.6.1　频分复用

频分复用（FDM）用于模拟传输。电话系统中，每路电话信号的带宽是 300～3 400Hz。在电话 FDM 系统中，当多个通道复合到一起时，每个通道分配 4 000Hz 作为标准带宽，在各路信号间留有防护带避免串扰。图 3-7 示意了 FDM 如何将三个话音通道复合在一起。

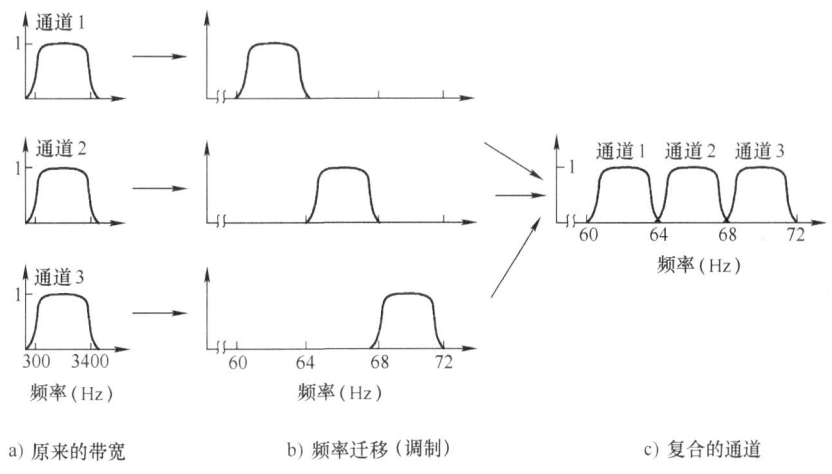

图 3-7　频分复用 FDM

电话系统 FDM 的方案在一定程度已经标准化。世界上广泛使用的标准是将 12 个 4kHz 标准带宽的通道复合到 60～108kHz 的频带上，这个 48kHz 带宽的单位称为群（Group）。以群为基本单位可以进一步复合：群→超群→主群→超主群，等等。

3.6.2　时分复用和统计时分复用

时分复用（TDM）用于数字数据传输，越来越广泛地被采用。

TDM 技术将传输分成固定长度的帧（Frame）（电话系统中帧长为 125μs），每个帧又划分为若干个时隙（Time Slot），采用固定时隙分配方式，即一个时隙的数据总是对应于一个固定的用户，接收端根据信号在时隙中的位置就可以分离出各路用户的数据。

图 3-8 示意了一个简单的 A、B、C 和 D 四个用户 TDM 的工作原理，复用器定期扫描它

们。在第一帧中，用户 C 和 D 没有数据发送，这两个时隙也空闲不用。

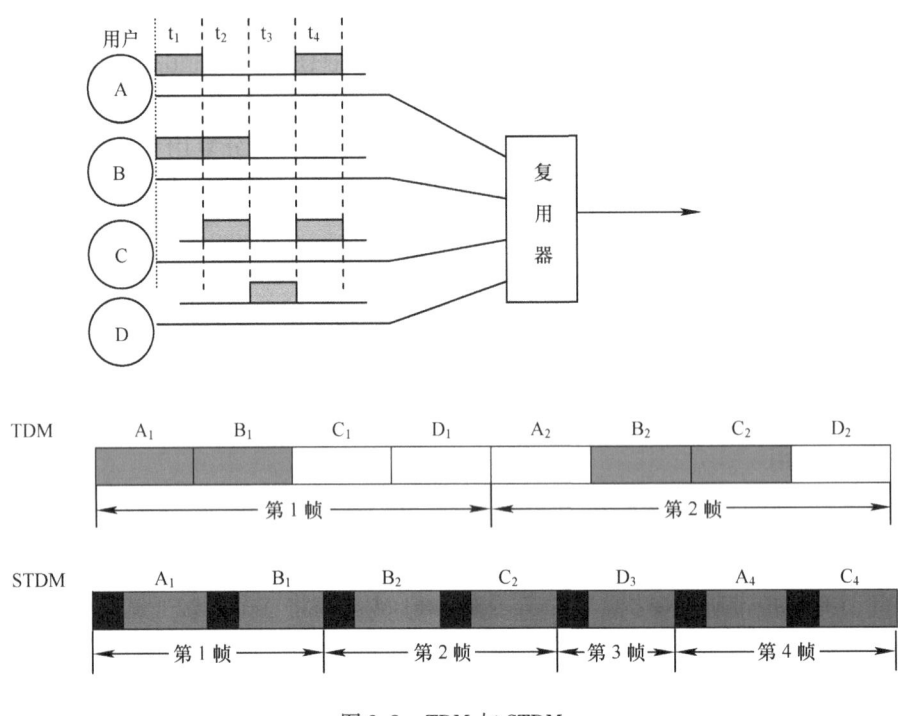

图 3-8　TDM 与 STDM

注：灰色为数据，黑色为地址，白色为空闲时隙

　　TDM 技术采用固定时隙分配，一个时隙的信号总是来自于一个固定用户。然而用户一般是不会连续不断地发送数据的，因此在 TDM 帧中可能有不少时隙是空闲的，时隙的利用率较低。为此，又提出了统计时分复用（Statistical TDM，STDM）。

　　STDM 按需要动态地分配时隙，时隙位置与数据源没有固定的对应关系，一个数据源所占用的时隙不是周期性地出现，是无规律的。因此，STDM 也称异步 TDM，原来的 TDM 则是同步 TDM。

　　STDM 中，用户可以充分利用 TDM 中的空闲时隙，提高了利用率。图 3-8 是 STDM 与 TDM 的比较。TDM 帧是固定帧长，而 STDM 帧是可变帧长。

　　图 3-8 中，STDM 的帧结构中出现了 TDM 中所没有的地址字段。TDM 方式中，根据数据的时隙位置就可以判断数据来自于哪个数据源，而 STDM 方式中，这种时隙位置与数据源的对应关系已不复存在。因此，每一个时隙中必须有地址字段，接收端能据此正确分离出各路数据，这是 STDM 为提高信道利用率所付出的代价。

3.6.3　准同步数字系列

　　准同步数字系列（Plesiochronous Digital Hierarchy，PDH）和同步数字系列（Synchronous Digital Hierarchy，SDH）都是使用 TDM 技术的数字传输系统，对应 OSI 的物理层。它们的原设计主要用于电话系统的数字干线，也可作为计算机网络的底层传输网。

　　以往的电信网中多使用 PDH。PDH 系统采用准同步方式的网同步，在系统的每个结点上都各自设置标称频率相同的高精度时钟。

CCITT 推荐了两类 PDH，北美和日本采用 T 系列（也称为 T 载波，T-carrier），是以 1.544Mbit/s（称为 T1 速率）的 PCM 24 路系统作为一次群（基群）的数字复用系列。欧洲、前苏联和中国等采用 E 系列，是以 2.048Mbit/s（称为 E1 速率）的 PCM 30/32 路系统作为一次群的数字复用系列。

模拟话音信号由用户的电话机通过本地回路（Local Loop），或称本地用户线（Local Subscriber Line），传送到电话系统的端局（End Office），在端局被编码解码器数字化，每个采样值生成一个 8 比特的数字信号。

模拟数据数字化的常用方法称为脉冲代码调制（Pulse Code Modulation，PCM），PCM 的处理过程可以分为三个阶段：采样（Sampling）、量化（Quantizing）和编码（Coding）。

采样即每隔一个固定的时间间隔对模拟信号进行一次取样，变成离散的脉冲。这种采样的脉冲信号的值不一定能和编码后的码值空间的某一个码值相对应，因此还要进行量化。然后再把量化后的数值表示成二进制数，这个过程称为编码。例如，一个模拟信号的 4 个采样值分别为 0.9、3.1、8.6 和 13.2，量化后分别为 1、3、9 和 13。如果把量化的值进行 4 比特二进制编码，分别可表示为：0001、0011、1001 和 1101。实际的编码中一般采用 8 比特，可达 256 个量级。

PCM 是现代数字电话系统的基础。编码解码器每秒采样 8 000 次，即 125μs/次，根据采样定理，这已足够捕获和恢复 4kHz 电话信道带宽的信息。因此，在电话 TDM 系统中（如 T1、E1、SDH、SONET 等）几乎所有的时间间隔都是以 125μs 为基数。TDM 是把 125μs 长度的一帧分为若干个时隙，每个时隙安排多路话音信号。

如图 3-9 所示，T1 由 24 个多路复用的话音通道组成。24 路模拟话音信号以 125μs 为周期被轮回采样，在 1 个周期内每路被采样 1 次。采样信号流被送给编码解码器编码。每个通道按顺序在输出流中插入 8 比特。7 比特为数据，1 比特为信令信号，用于控制。这样每个通道有 $7 \times 8\,000 = 56$kbit/s 的数据传输，还有 $1 \times 8\,000 = 8$kbit/s 的信令传输。

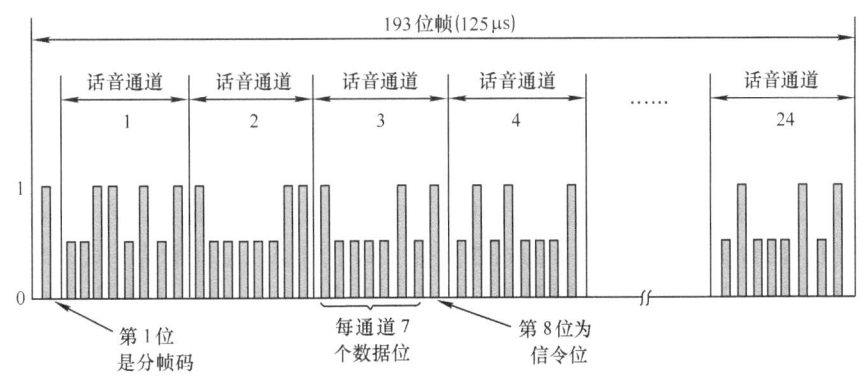

图 3-9　T1 的时分复用帧

T1 的一个帧分为 24 个时隙，每个时隙 8 比特，每帧有 $8 \times 24 = 192$ 比特，再加上 1 比特用于分帧，这就构成一个 193 比特的 T1 帧，这样就可计算出 T1 的传输速率为

$$193 \text{ 比特} \div 125\mu s = 1.544 \text{Mbit/s}$$

分帧比特用于帧同步，它的模式是 0101010101…，接收方不断地检测以保持同步。模拟用户不会接收它，它对应于 4 000Hz 的正弦波，会被滤掉。

E 系列的一次群 E1 将 32 个 8 比特信号封装在 $125\mu s$ 的帧中，30 个通道用于数据，两个通道用于信令。

实际的 T 系列和 E 系列的通信线路可以使用铜缆、光缆，跨越海洋时可使用卫星传输。

TDM 允许多个一次群 T1、E1 进一步复用。每级速率是前一级的若干倍再加上一些辅助信号。PDH 的数字复用系列高次群的话路数和数据传输速率汇总于表 3-3。

表 3-3　PDH 的数字复用系列高次群的话路数（路）和速率（Mbit/s）

地　区	参　数	一次群（基群）	二　次　群	三　次　群	四　次　群	五　次　群
	符号	T1	T2	T3	T4	
北美	话路数	24	$96 = 24 \times 4$	$672 = 96 \times 7$	$4032 = 672 \times 6$	
	数据率	1.544	6.312	44.736	274.176	
	符号	E1	E2	E3	E4	E5
欧洲等	话路数	30	$120 = 30 \times 4$	$480 = 120 \times 4$	$1920 = 480 \times 4$	$7680 = 1920 \times 4$
	数据率	2.048	8.448	34.368	139.264	565.148

由表 3-3 可见，PDH 的 T 系列和 E 系列数据传输速率标准不统一，这样国际范围的高速数据传输就不易实现。PDH 采用准同步方式，必须使用复杂的码元插入方法才能补偿由于频率不准确而造成的定时误差，这给数字信号的复用和解复用带来很多麻烦。PDH 向更高群次发展在技术上有很大的难度。之后，又产生了同步数字系列 SDH。

3.6.4　同步数字系列

随着电信光纤 TDM 主干线路的发展，1989 年产生了统一的标准，即同步光纤网（Synchronous Optical Network，SONET），由美国国家标准局标准化。CCITT 也参与了标准化工作，并产生了一系列的 CCITT 建议 G.707 ~ G.709 等，被称为同步数字系列（Synchronous Digital Hierarchy，SDH），它与 SONET 基本相同。

SDH/SONET 在电话系统的数字干线使用，也在 Internet 主干网广泛使用，即所谓的 IP over SDH/SONET。图 1-10 的美国 Abilene，就使用 SDH/SONET 数字干线。

SDH/SONET 是一个同步数据传输网，使用主从同步方式进行网同步。全网各结点的同步定时时钟来自一个高精度基准参考时钟。

SDH/SONET 系统由多路复用器、交换机、中继器、分插复用器（Add-Drop Multiplexer，ADM）等构成。两台由光纤直接连接的相邻设备（如中继器）之间称为一段（Section），两台多路复用器之间（中间可能有中继器等）称为一条线路（Line），源和目的之间的连接称为路径（Path）。

SONET 划分为四层，但它只对应 OSI 的物理层。这四层自下而上分别是：

- 光层（Optical Layer）：处理光纤上的光脉冲传输，负责同步传输信号（STS）和光载波（OC）信号之间的转换，它规定使用光和光纤的物理特性，规定了波长为 1310nm 和 1550nm 的激光源。
- 段层（Section Layer）：在光纤上传输 STS-N 帧，有成帧和差错检测功能。
- 线路层（Line Layer）：负责复用和解复用，对线路层中继器是透明的。
- 路径层（Path Layer）：处理端到端的传输，它还具有和非 SONET 网络的接口。

SONET 系统的体系结构如图 3-10 所示。

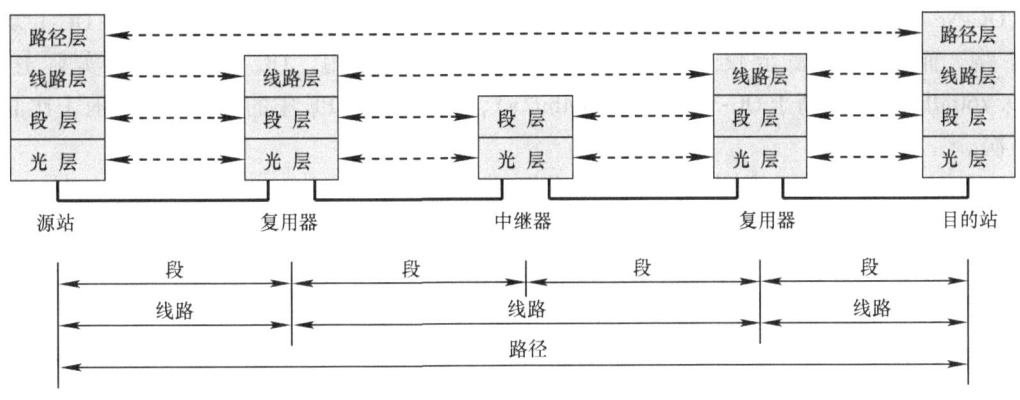

图 3-10 SONET 体系结构

SONET 标准规定，1 个 SONET 帧由 90 列 ×9 行组成的块状帧，即每行 90 个字节共 9 行，包含 90 ×9 = 810B 的数据，也就是 8 ×810 = 6 480bit。每 125μs 发送 1 帧，因此，其数据传输速率为

$$6\ 480\text{bit} \div 125\mu s = 51.84\text{Mbit/s}$$

这就是基本的 SONET 信道，称为一级同步传输信号（Synchronous Transport Signal level-1，STS-1）。

1 个 STS-1 帧的前 3 列，用作系统管理信息，其中的前 3 行包含段开销，后 6 行包含线路开销。段开销在每段开始和终结处生成并检验，用于帧定位、差错监控等。线路开销在每条线路开始和终结处生成并检验，用于路径层的同步与复用等。这样，剩下的 87 列 ×9 行的数据块被称为同步净荷包（Synchronous Payload Envelope，SPE），其速率为

$$(8 \times 87 \times 9)\ \text{bit} \div 125\mu s = 50.112\text{Mbit/s}$$

SPE 的第 1 列可用作端到端的路径开销，剩下的是用户的数据，其速率相当于 49.536Mbit/s。STS-1 帧结构如图 3-11 所示。

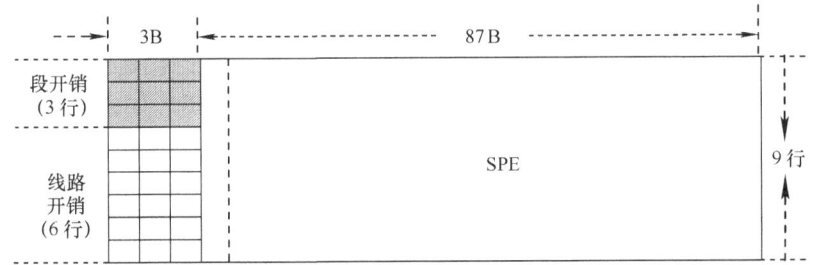

图 3-11 STS-1 帧结构

线路开销的前两个字节用作指针，指示 SPE 的第 1 个字节的位置，以保持时钟频率略有差别时 SPE 与帧的同步。比如，当 SPE 码流的速率略低于帧的速率，应在帧中塞入一个空信息字节，并调整指针，以指示 SPE 的起始位置推后一个字节。实际应用中，一个 SPE 不一定正好安排在一个 STS-1 帧中。

多个 STS-1 进一步多路复用构成更高速的信道，称为 N 级同步传输信号（STS-N）。STS-N 用于电信号，它对应的光信号系列为 N 级光载波（Optical Carrier at level-N，OC-N）。

光信号是从电信号转换得到的。

OC-Nc 与 OC-N 的含义略有不同，OC-Nc 表示无复用。例如，OC-3 表示 3 路 OC-1 复用的线路，而 OC-3c 表示仅从一个源传送数据，无复用。OC-3c 的用户实际速率（149.760Mbit/s）略高于 OC-3（148.608Mbit/s），因为它在 SPE 中的路径开销只有 1 次而不是 3 次。

SDH 的标准信号块称为 N 级同步传输模块（Synchronous Transfer Module-level N，STM-N），数据传输速率按 STM-1 的 155.52Mbit/s（相当于 SONET 的 STS-3）的 N 倍定义，N 可以是 1、3、4、6、…、64 等。其中，最常用的是 STM-1、STM-4、STM-16 和 STM-64。SONET 和 SDH 的多路复用速率及常用速率的近似值列于表3-4中。SDH/SONET 的数据传输速率可达 10Gbit/s。

表 3-4 SONET 和 SDH 的多路复用速率

SONET STS-N	SONET OC-N	SDH STM-N	线路速率（Mbit/s）	SPE 速率（Mbit/s）	常用线路速率的近似值
STS-1	OC-1		51.84	50.112	
STS-3	OC-3	STM-1	155.52	150.336	155 Mbit/s
STS-9	OC-9	STM-3	466.56	451.008	
STS-12	OC-12	STM-4	622.08	601.334	622 Mbit/s
STS-18	OC-18	STM-6	933.12	902.016	
STS-24	OC-24	STM-8	1244.16	1202.688	
STS-36	OC-36	STM-12	1866.24	1804.032	
STS-48	OC-48	STM-16	2488.32	2405.376	2.5 Gbit/s
STS-96	OC-96	STM-32	4976.64	4810.752	
STS-192	OC-192	STM-64	9953.28	9621.504	10 Gbit/s

后来在 ATM 标准中定义速率为 155.52 Mbit/s 和 622.08Mbit/s，其目的就是和 SDH/SONET 兼容，以便在 OC-3 和 OC-12 干线上传送 ATM 信元。

SDH/SONET 网络可工作于自愈环（Self-Healing Ring）方式，它是双光纤环结构。正常工作时，一个环（如顺时针传送的环）处于工作模式，另一个环（如逆时针传送的环）处于保护模式。当某处线路或结点出现问题时，备份的线路也将投入工作，信号将在故障点两边的结点折返传送，形成除外故障点的新的传送环路。但正常工作时，用于保护的 50% 的非工作带宽资源被浪费。SDH/SONET 环路的最大直径可达几千公里，自愈时间一般在 50ms 之内。SDH/SONET 一般用于 WAN 和 MAN，构造环形互连结构。

3.6.5 波分复用

SDH/SONET 时分复用的一根光纤上只传输一个波长（即一种频率）的光信号，而波分复用（WDM）是在一根光纤上传输多路不同波长的光信号，在发送端将多个光信号复合在一起，送到一根光纤上传输。图3-12 表示 WDM 系统传送的多路光信号。在接收端由复合的信号分离出原来的光信号。WDM 比单波长的传输容量可以大几十倍甚至更高。

因为波长是和频率对应的，从概念上讲，WDM 和 FDM 是相同的，但不同的是 WDM 是对光信号的复合和分离，而 FDM 是对电信号的复合和分离，所使用的复合和分离设备是完全不同的。

光信号传输过程中，可以使用掺铒光纤放大器（Erbium Doped Fiber Amplifier，EDFA）不需要进行光电转换而直接进行光信号放大，两个 EDFA 之间的距离可达 120km 以上。

WDM 系统一般使用单模光纤的

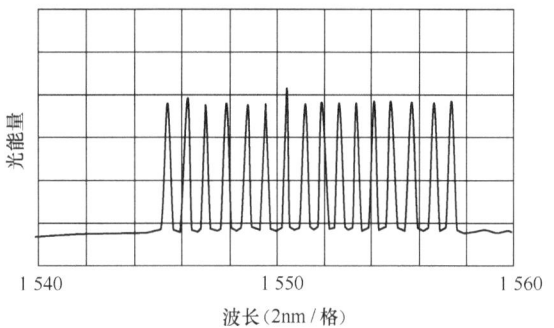

图 3-12　WDM 传送的光信号

$1.55\mu m$ 的波段，宽度有 $0.2\mu m$，带宽可达 25THz，如果波长间隔为 1.6nm，一根光纤上可以传输 100 多路光波。

同一个波段中通道间隔较小的波分多路复用称为密集波分多路复用（Dense WDM，DWDM）。由于波段中通道间隔较小，因而可以在一根光纤上传输更多路的光波。ITU-T 建议的光波之间的间隔是 0.8nm，还可更小。

WDM/DWDM 技术比 TDM 更充分地利用了光纤巨大的带宽资源，已经面市的产品有 16 $\times 2.5$Gbit/s、40×2.5Gbit/s、40×10Gbit/s、160×10Gbit/s 等。

稀疏波分复用（Coarse WDM，CWDM）是低成本的 WDM，光波分布的更稀疏，ITU-T 建议的光波间隔是 20nm。CWDM 降低了对波长的窗口要求，以比 DWDM 系统宽得多的波长范围（$1.26 \sim 1.62\mu m$）进行波分复用，从而降低了对激光器、复用器和解复用器的要求，使系统成本下降。CWDM 可用于 MAN，在 20km 以下有较高的性价比。

WDM 可以用来构造 Internet 主干网，WDM 技术和高速交换式路由器的 IP 数据报转发结合起来称为 IP over WDM，比 IP over SDH/SONET 更充分地利用了光纤带宽，是 Internet 主干网的发展方向。

3.7　宽带接入技术

3.7.1　宽带接入简介

目前用户计算机接入 Internet 主要使用有线接入方式，分为窄带接入和宽带接入。

窄带接入方式有 PSTN 拨号接入和 ISDN 接入。PSTN（Public Switched Telephone Network）即公共交换电话网，用户使用 Modem 将数字信号调制为模拟信号，通过电话网接入 Internet，可提供几十 kbit/s 的速率。ISDN（Integrated Services Digital Network）即综合业务数字网。ISDN 接入用户的计算机要使用 ISDN 接口，它可提供一个 144kbit/s 的数字通道用于 Internet 接入。

宽带接入方式主要有数字用户线 xDSL、混合光纤同轴电缆网 HFC、直接 LAN 和光纤到 x（FTTx）等接入方式。

企事业单位的计算机一般是通过该单位的 LAN 直接接入 Internet，LAN 技术将在第 5 章介绍。

FTTx（Fiber To The x）接入方案，包括 FTTH（Home）、FTTC（Curb）、FTTB（Building）、FTTZ（Zone）、FTTO（Office）等。FTTH 可以把光缆直接铺设到居民家中，实现高速访问，不受电磁干扰，是居民接入 Internet 的最高档次，但目前还难以实现，除了本地回路也要铺设大量光缆，家中还需安装光端机等接口设备。

xDSL 和 HFC 非常适合居民用户的 Internet 接入，它们分别将用户计算机连接到现有的 PSTN 电话网和 CATV 有线电视网，进而接入 Internet，接入带宽可达 T1 量级，属于宽带接入网（Access Network，AN）。宽带 AN 有时被比作信息高速公路的"最后一公里"，是信息基础建设的重要环节。

xDSL 和 HFC 网络基于现有的铺设到千家万户的电话网和有线电视网，它们也反映了"三网融合"技术的发展。三网融合即现已存在的电话网、有线电视网和计算机网三大网络，在技术上互相渗透，物理上相互连接，在网络层通过 IP 互通，可以使用相同的应用协议，服务业务相互交叉，使三网融为一体。

本节介绍 xDSL 和 HFC 接入。

3.7.2 xDSL 接入

数字用户线（x Digital Subscriber Line，xDSL）技术利用电话网络在铜质双绞线上实现高速数字传输。电话机使用双绞线连接到电话本地中心局的交换机，一般有 1~10km，这段双绞线称为用户线，或称本地回路。如果世界上所有的本地回路拉直再首尾相接，其长度将是地球到月球来回距离的 1 000 倍左右。

模拟电话线路的传输带宽可达到 1.1MHz 以上，而普通老式电话业务（Plain Old Telephone Service，POTS）只使用 0~4kHz 这一段，xDSL 使用 FDM 方式充分挖掘了传统电话线路的带宽资源，利用电话线路的高频段传输数据。

非对称数字用户线（Asymmetric DSL，ADSL）是 xDSL 中较早的一种，之所以称为"非对称"是因为 ADSL 技术提供下行大于上行的非对称传输速率，ADSL 一般多用于个人或家庭用户 Internet 浏览应用，通常下载网页或文件的传输较多，而上传数据的机会相对要少。

ADSL 的用户重要设备是 ADSL Modem，它使用 FDM 技术在一根电话线上产生三个信道：一个为标准电话服务的话音信道、一个是中速上行信道、另一个是高速下载信道，它们可以同时工作。图 3-13 表示了 ADSL 三个信道的频谱分布。

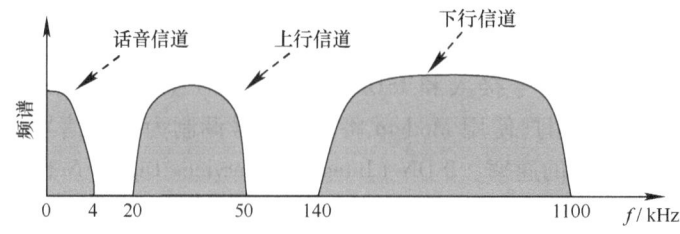

图 3-13 ADSL 频谱

普通老式电话业务仍在原话音信道内传送，经由一个低通滤波的话音分离器或称 POTS 分离器（POTS Splitter）插入到 ADSL 通路中。

典型 ADSL 接入 Internet 的网络结构如图 3-14 所示，主要有两部分构成：一部分是用户端设备，主要有 ADSL Modem 和 POTS 分离器，另一部分是中心机房（端局）设备，主要有

POTS 分离器和数字用户线接入复用器（DSL Access Multiplexer, DSLAM）。DSLAM 一般都内嵌多个 ADSL Modem。ADSL Modem 又称为接入端接单元（Access Termination Unit, ATU），ADSL Modem 必须成对使用，用户端和中心机房的 ADSL Modem 分别记为 ATU-R（R：Remote）和 ATU-C（C：Central office）。

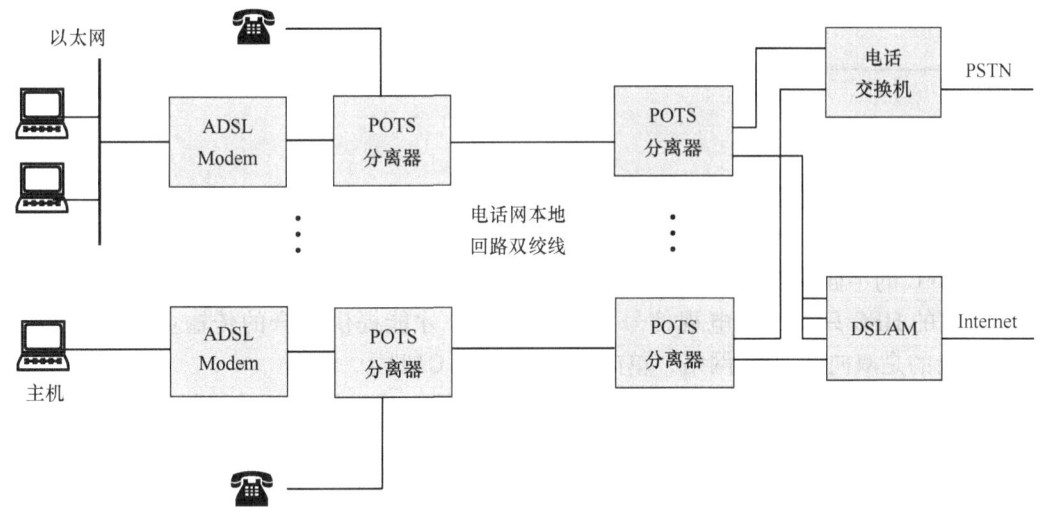

图 3-14　ADSL Internet 接入

ADSL Modem 将来自用户设备的数字数据（IP 报文）一般封装成 PPP 帧格式，经 ADSL 调制电路调制成适合在双绞线上远距离传输的模拟信号后，送到双绞线进行传输。在相反方向，ADSL Modem 将通过双绞线送来的模拟信号解调为二进制比特流，由 PPP 帧中解封出 IP 报文，送给用户设备。

用户端的 POTS 分离器将来自 ADSL Modem 的模拟信号和来自电话机的话音信号合成在一起，通过双绞线进行传输。在相反方向，POTS 分离器将双绞线上的信号分离为话音信号和 ADSL Modem 调制的模拟信号，分别送给电话机和 ADSL Modem。中心机房的 POTS 分离器的作用类似。

DSLAM 主要有两个功能，一是 ADSL 接入，DSLAM 内嵌多个 ATU-C，可以同时接入多个 ADSL 访问；二是多路接入复用，将同时接入的多个 ADSL 访问复用到 Internet。

除了 ADSL，发展了系列的 xDSL 技术，包括单线对数字用户线（Single-pair DSL, SD-SL），高比特率数字用户线（High bit-rate DSL, HDSL）和甚高比特率数字用户线（Very high bit-rate DSL, VDSL）等，其性能见表 3-5。

表 3-5　几种 xDSL 的性能

SL	对 称 性	下 行 带 宽	上 行 带 宽	最大传输距离
ADSL	非对称	1.5Mbit/s	64kbit/s	4.6~5.5km
ADSL	非对称	6~8Mbit/s	640k~1Mbit/s	2.7~3.6km
SDSL	对称	384kbit/s	384Mbit/s	5.5km
SDSL	对称	1.5Mbit/s	1.5kbit/s	3km
HDSL（1 对线）	对称	768kbit/s	768kbit/s	2.7~3.6km

（续）

SL	对称性	下行带宽	上行带宽	最大传输距离
HDSL（2 对线）	对称	1.5Mbit/s	1.5Mbit/s	2.7～3.6km
VDSL	非对称	12.96Mbit/s	1.6～2.3Mbit/s	1.4km
VDSL	非对称	25Mbit/s	1.6～2.3Mbit/s	0.9km
VDSL	非对称	52Mbit/s	1.6～2.3Mbit/s	0.3km

3.7.3 HFC 接入

混合光纤同轴电缆网（Hybrid Fiber Coax，HFC）是在有线电视网 CATV 的基础上发展起来的，除了提供原来的电视播送业务外，还能提供数据业务，进行 Internet 宽带接入。

根据 HFC 的字面含义，即混合有光纤和同轴电缆的网络，目前的 CATV 已经是 HFC 网，但单向的 HFC 只能传输电视信号，双向的 HFC 才能提供综合的传输业务服务。实际上，HFC 指的是双向的 HFC 网络，单向的 HFC 属于 CATV。

HFC 以 FDM 技术为基础，HFC 中各种图像、数据和话音信号通过调制解调器同时在同轴电缆上传输，因此合理的频谱分配十分重要。图 3-15 是同轴电缆信号频谱的一种典型的分配方案。

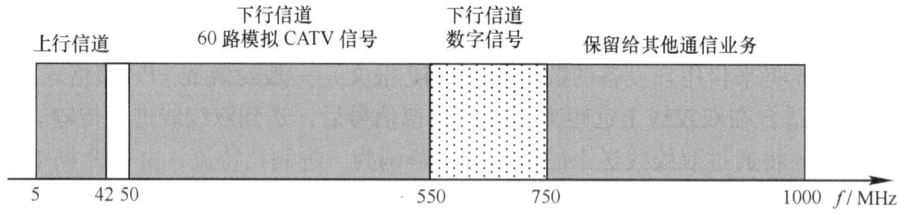

图 3-15　HFC 频谱

图 3-15 的 HFC 频谱中，上行信道是原来 CATV 中不使用的低频端，5～42MHz（北美使用，欧洲、中国为 5～65 MHz）。上行信道进一步划分为几个子频段，分别用于传输电话、数据通信和 HFC 网的状态监视信息等。

50～550MHz 频段（除了 88～108MHz 用于 FM 无线电台外）用于传输现有的模拟 CATV 信号，每一通道带宽为 6/8MHz（NTSC 制，北美使用，6MHz；欧洲、中国使用 PAL 制，8MHz），可以有 80/60 路的 CATV 频道。

550～750MHz 频段用于下行信道，可传输数字电视、视频点播 VOD、万维网下载等。若采用 64 正交幅度调制 64QAM 调制方式，其编码效率为每波特 6 比特数据。在一个 6MHz 的模拟通道内，可提供 36Mbit/s 的数据传输速率，除去附加开销可以有约 30Mbit/s 的有效净荷。若取 4Mbit/s 速率的 MPEG-2 图像信号，扣除用于纠错等冗余比特后，这 200MHz 带宽的频段，可以传输 200 路视频点播 VOD 信号。

高端的 750～1000MHz 频段确定给各种双向通信业务，如个人通信网（Personal Communication Network，PCN）等。

HFC 网络结构如图 3-16 所示。一个 HFC 系统，一般包括三个部分，即头端、HFC 传输网络和用户端系统。头端是原 CATV 中就使用的名称，在 HFC 中也称为电缆调制解调器终端系统（Cable Modem Terminal System，CMTS）。

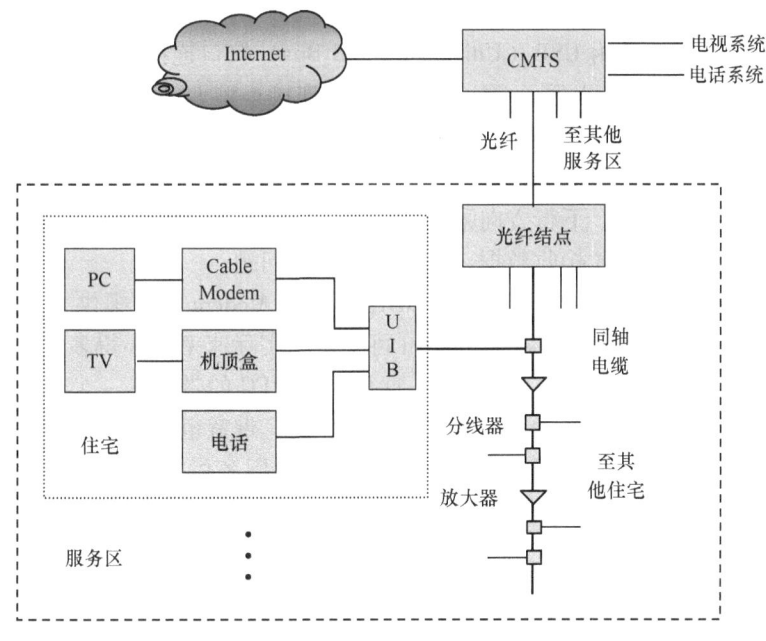

图 3-16 HFC 网络结构

HFC 中，头端由原 CATV 中一个放大器变成一个计算机系统，称为 CMTS。CMTS 的一侧与 HFC 网连接，另一侧通过一个高带宽的光纤接口接入一个 ISP。CMTS 将来自 Internet 的数据转换为模拟信号，并与有线电视信号混合送入 HFC 网络。反方向上，来自 HFC 网络的信号转换为数据送到 Internet。

由 CMTS 到各服务区的光纤结点（Fiber Node）使用光纤，构成星形网，CMTS 与光纤结点的典型距离为 25km。

服务区内使用同轴电缆，由光纤结点连接到各个住宅。光纤结点又称为光分配结点（Optimal Distribution Node，ODN），进行光电信号的转换。一个光纤结点下可接 1~6 根同轴电缆，再使用分线器将同轴电缆引入各个住宅用户，组成一个用户群，即一个服务区，一般包含 500 户左右，不超过 2000。每个用户群可以采用同样的频谱划分。

一个光纤结点下的 HFC 同轴电缆系统构成一个树形结构的网络拓扑，但实质上是共享媒体的总线型结构。光纤结点到用户一般不超过 2km。为了补偿同轴电缆中信号传播的衰减，每 600m 左右要加入一个放大器。

用户端系统如图 3-16 所示。住宅用户要安装一个用户接口盒（User Interface Box，UIB），它可提供三种连接：使用同轴电缆连接机顶盒再接电视机，使用双绞线接电话机和使用电缆调制解调器连接计算机。

用户端的主要设备是电缆调制解调器（Cable Modem），是放在用户家中的端接设备，连接用户主机和 HFC 网络，提供双向数据接口。

Cable Modem 从上行频段中分出一个上行频道，同时从下行频段中分出一个 6 MHz 的下行频道。上行频道容易受到家电干扰，一般采用保守一点的四相相移键控调制（Quaternary PSK，QPSK），数据速率可达到几兆甚至 10Mbit/s。Cable Modem 下行调制方式常用的是

64QAM, 数据传输速率可达36Mbit/s。

Cable Modem 一般使用10BaseT 接口连接用户主机, 用户主机也需要配置10BaseT 以太网卡。有的 Cable Modem 使用 USB (Universal Serial Bus) 接口连接用户主机。还有一种 SO-HO (Small Office/Home Office) 型 Cable Modem 可以连接小型 LAN。

在上行方向 Cable Modem 从计算机接收数字数据, 把它们调制成模拟信号发送到 HFC。一个用户群共享上行信道, 可能会产生冲突, 因此在 Cable Modem 的 MAC 子层, 要类似以太网采用媒体接入控制协议。下行方向采用广播方式, 每个 Cable Modem 都监听下行信道广播数据, 但只有地址匹配的才接收数据, 不存在冲突的问题。

虽然 CATV 的同轴电缆的带宽可达 1000MHz, Cable Modem 能够提供下行 36Mbit/s 和上行 10Mbit/s 的最高理论速率, 但 Cable Modem 可支持的实际速率要小得多, 其下行速率和上行速率一般在 3 ~ 10Mbit/s 和 0.2 ~ 2Mbit/s。这是因为 HFC 的带宽是一个光纤结点下的所有用户共享的, 当同时上网的人多时, 速度就会下降, 而且带宽也不稳定。另外, 因为同轴电缆是共享传输介质, 容易被人窃听。为此, 正规的 HFC 服务供应商应该加密两个方向上的数据流。相比之下, ADSL 为用户提供的是较小的但是独享的、稳定的带宽, ADSL 使用点到点的传输介质, 本质上要比 HFC 的共享介质安全。

Cable Modem 工作在 OSI 的物理层和数据链路层。美国 CableLabs 实验室制定了 Cable Modem 的技术标准 DOCSIS (Data Over Cable Service Interface Specifications), 其第 1 个版本 DOCSIS 1.0 已被 ITU-T 接受为国际标准, 现在又有了新版本 DOCSIS 1.1 和 DOCSIS 2.0。

3.8 传输媒体

传输媒体 (Transmission Media) 又称为传输介质, 是信号传输的物理载体, 它包括两类: 有线传输媒体和无线传输媒体, 前者一般是铜导线或光纤, 后者即空间。有线传输媒体是导向传输媒体, 无线传输媒体是非导向传输媒体。

3.8.1 双绞线

双绞线 (Twisted Pair) 由两条相互绝缘的线芯直径一般为 1mm 左右的铜导线组成, 相互绞合起来, 这样可以减小和邻近其他线路之间的电磁干扰 (Electro Magnetic Interference, EMI)。

双绞线既能传输模拟信号, 也能传输数字信号, 其带宽取决于铜线的粗细和长短。一般几千米范围内的传输速率可以达到几 Mbit/s。由于性价比较高, 双绞线被广泛应用。

计算机网络中广泛应用的是无屏蔽双绞线 (Unshielded Twisted Pair, UTP)。电信工业协会/电子工业协会 TIA/EIA568 标准将 UTP 分成几类 (category)。3 类双绞线每一对轻轻绞合在一起, 一般在塑料外套内有 4 对线, 外套起保护的作用, 其带宽是 16MHz, 曾应用于 10Mbit/s 的计算机网络的布线中。4 类双绞线的带宽是 20MHz。更先进的 5 类和增强型 5 类 (Enhanced Category 5, 也称超 5 类) 双绞线绞合得更密, 带宽是 100MHz, 传输质量更好, 广泛应用于 100Mbit/s 计算机网络。超 5 类在近端串扰、衰减和信噪比等方面有更好的性能。近端串扰 NEXT (Near-End Cross Talk) 是指传输信号进入线路时又耦合到同一端的接收线路, 从而产生干扰。6 类 UTP 可以达到 250MHz 的带宽, 为千兆以太网的布线提供了良好的条件。

与 UTP 对应的是 IBM 于 20 世纪 80 年代早期引入的屏蔽双绞线（Shielded Twisted Pair，STP），STP 线对外面是有网状金属屏蔽层的，它有更好的抗电磁干扰性能。

3.8.2 同轴电缆

同轴电缆（Coaxial Cable）以硬铜线为芯，外包一层绝缘材料。这层绝缘材料外面用密织的网状导体缠绕，金属网外又覆盖一层保护性材料。

同轴电缆的结构使得它有较高的带宽和抗噪性能。同轴电缆比双绞线的屏蔽性更好，在更高速度上可以传输得更远。有两种同轴电缆广泛使用，一种是 50Ω 电缆，用于数字传输；另一种是 75Ω 电缆，用于模拟传输。

50Ω 同轴电缆用于传输基带数字信号，因而又称为基带同轴电缆。最早的以太网 IEEE 802.3 标准 10Base5 和 10Base2 就规定使用 50Ω 同轴电缆（粗缆和细缆）。

75Ω 同轴电缆用于模拟信号传输，它是有线电视系统 CATV 中使用的标准电缆，可以达到 1GHz 的带宽。在这种电缆上传输的信号一般是采用 FDM 技术实现的宽带信号，因此 75Ω 同轴电缆又称为宽带同轴电缆。宽带系统划分为多个信道，例如一路电视广播通常占用 6MHz 宽的信道。每个信道可用于模拟电视、CD 声音或数字比特流。

3.8.3 光纤

光纤（Fiber）即光导纤维。光纤通信是利用光纤传输光脉冲信号进行通信的。一般以光脉冲出现表示"1"，不出现表示"0"。光纤信道的带宽很高，它可以提供极高的数据传输速率，而且传输损耗小，是其他传输媒体无法比拟的。

光传输系统主要包括光源、光纤和光敏元件接收装置 3 个部分。可以作为光源的有发光二极管（Light Emitting Diode，LED）和激光二极管（Injection Laser Diode，ILD），它们的特点是当有电流通过时会发出光。接收端使用光敏元件来检测光脉冲，比如光电二极管（Photodiode），与发光二极管相反，当光照到它时会产生电流。在一根光纤的两端各安装一个发光二极管和一个光电二极管，就构成一个单工的传输系统。发光二极管输入电信号发出光脉冲，光脉冲沿光纤传播，到另一端后，光电二极管将接收到的光脉冲转变为电信号。

一根光纤只能单向传输，光传输系统一般需要两根光纤，构成全双工传输系统。

实用的光缆由三个部分组成。最里面是芯子即光纤，光纤是极细的（直径为几至几十微米）石英玻璃（SiO_2）或塑料纤维。光纤外面包有玻璃或塑料包层，其光学性质与光纤不同。外面再加上由塑料和其他材料组成的套管，套管起保护作用，如防水、防磨损和防挤压等。几根乃至数百根这样的光缆常常合在一起，加上加强芯和填充物，最外面再加护套。

光纤传输光脉冲的方式如下：光从光源进入光纤，如果它的方向与光纤的轴向不完全一致，它就会射向光纤边缘，由于包层的光学性质与光纤不同，光在光纤与包层的边界会产生折射或反射。入射角小于某临界值的光会折射到包层中去，被周围材料吸收。当入射角大于某临界值时，会出现全反射，光会反射回光纤，这个过程不断重复，光就沿着光纤传播下去。图 3-17 示意了光在光纤中传播的情况。

当有多条不同入射角的光线以不同的反射角在一条光纤中传输，这种传输方式的光纤称为多模光纤（MultiMode Fiber，MMF）。当光纤的直径减小到光波长的数量级，光纤几乎没

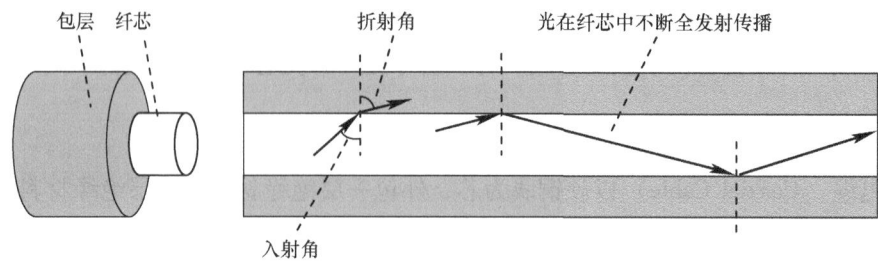

图 3-17 光在光纤中传播的情况

有空间供光线进行来回反射，光都会沿轴向传输，这种传输方式的光纤称为单模光纤（Single Mode Fiber，SMF）。光在 MMF 和 SMF 中的传输情况如图 3-18 所示。

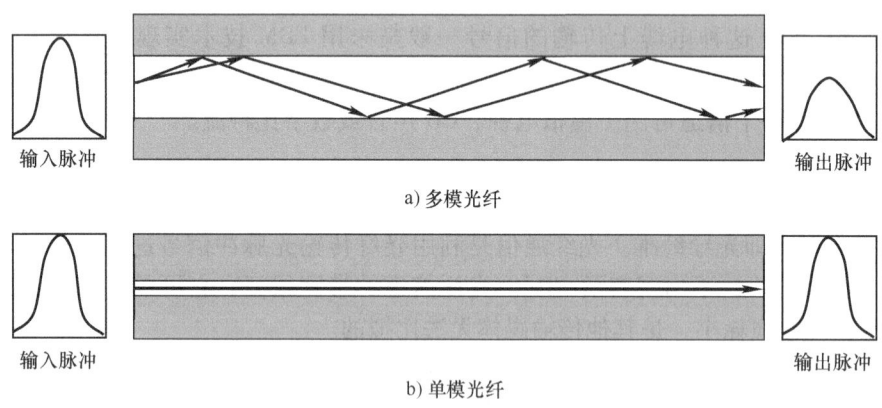

图 3-18 光在 MMF 和 SMF 中的传输

光脉冲在 MMF 中传输时会出现脉冲展宽，称为色散。造成色散的原因主要是模式色散。光不同的入射角使得光线以不同的模式在光纤中传播，因此到达终点的时间略有差异。此外，还有材料色散等。

光纤传输是有损耗和衰减的。石英光纤的光传输损耗来自金属杂质离子等的吸收损耗及石英材料不均匀或缺陷的散射损耗，且随波长的增加而下降。在光纤通信用的 800 ~ 1800nm 的波长范围内，有损耗相对较平坦的 3 个工作窗口，中心波长分别是 850nm、1310nm 和 1550nm。现代光纤通信主要采用损耗最低的 1 550nm 窗口。

MMF 的纤芯一般直径有几十微米，例如 50/125 的 MMF，纤芯直径为 $50\mu m$，包层直径为 $125\mu m$。SMF 的纤芯直径只有 $8 \sim 10\mu m$。MMF 只适合于近距离传输，一般为 2 km。SMF 则有更高的带宽和更长的传输距离，可达几十千米，但造价也更高，需要使用价格贵的激光二极管光源。

光纤和铜线比较有很多优点。光纤可以提供比铜线高得多的带宽，因此它可以应用于高速的网络。光纤传输比铜线传输衰减小，长距离传输可以使用较少的中继器。光纤传输不受电磁干扰，因而减少了误码率。光纤难于拼接，因此光纤传输也难于被窃听，安全性高。但光纤传输系统比铜线价格要昂贵。

3.8.4　无线传输

1. 电磁波频谱

无线传输（Wireless Transmission）是靠电磁波穿过空间运载数据。在电路上加入一个适当长度的天线，电磁波便可以有效地通过天线广播，在距离天线一定范围内可以被接收器收到。

电磁波每秒振动的次数称为频率（Frequency）f，单位为赫（Hz）。两个相邻的波峰间的距离称为波长（Wavelength），记为 λ。在真空中，所有的电磁波以同样的速度传播，与它的频率无关，该速度被称为光速（Speed of Light）c，约为 300 000km/s，即 300m/μs。在真空中 f、λ 和 c 有下述关系：

$$\lambda f = c \tag{3-12}$$

在铜线和光纤中，电磁波传播的速度大约降低到光速的 2/3，并且和频率稍有相关，应该记住下面这个数字：在铜线和光纤中电磁波的传播速度为 1km/5μs。

电磁波频谱（Spectrum）如图 3-19 所示。无线电波、微波、红外线和可见光部分都可通过调节振幅、频率或相位来传输信息。紫外线、X 射线和伽玛射线频率更高，但难于生成和调制，而且对生物有害。图 3-19 下方给出了各频段的正式的 ITU 名字，是依据波长划分的。LF 的波长从 10km ~ 1km（大约 30kHz 到 300kHz）。LF、MF 和 HF 分别指低、中、高频，VHF、UHF、SHF、EHF 和 THF 分别为甚高频、特高频、超高频、极高频和巨高频。

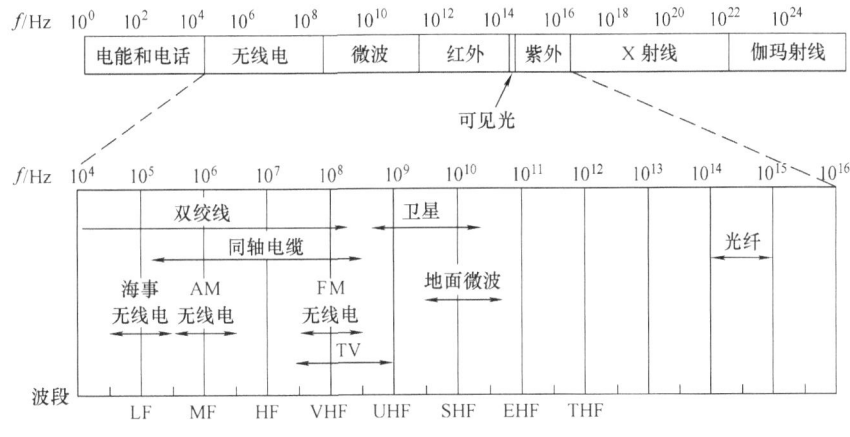

图 3-19　电磁波的频谱和应用

电磁波可运载的信息量与它的工作频宽有关。从图 3-19 中可以明显看出为什么光纤如此备受青睐。下面是一个例子。光纤用于通信的一个波段是损耗较低的 1.55μm 窗口，若波段宽为 0.2μm，带宽有多大呢？可以达到多高的数据传输速率呢？由式（3-12）有

$$\frac{\mathrm{d}f}{\mathrm{d}\lambda} = -\frac{c}{\lambda^2}$$

那么，该波段的带宽 Δf 近似为

$$\Delta f = \frac{c}{\lambda^2} \times \Delta \lambda \tag{3-13}$$

由式（3-13）可知，这个波段的带宽有 25T Hz。根据奈奎斯特准则，在一个无噪声信道上最高的码元传输速率可高达 50T baud。即使每赫兹编码 1 个比特的数据，工作在这个波段的光纤最高也可以达到 50Tbit/s 的数据传输速率。

2. 无线电传输

无线电波（Radio Wave）位于电磁波频谱的 1GHz 以下。它易于产生，容易穿过建筑物，传播距离可以很远，因此得到广泛应用。

无线电波的发送和接收通过天线进行。无线电波的传输是全方向传播，信号在所有的方向传播开来，发射和接收装置无需很准确地对准。

无线电波的特性与频率有关。在较低频率，无线电波能轻易地通过障碍物，但是能量随着与信号源距离的增大而急剧减小。在高频，无线电波趋于直线传播并受障碍物的阻挡。在所有的频率，无线电波都易受电磁的干扰，这是它的一个严重问题。

3. 微波传输

微波（Mircowave）是频率较高的电磁波，频率范围在 300MHz ～ 300GHz，主要使用 2 ～ 40GHz。在光纤出现以前，几十年来微波构成了远距离电话传输线路的骨干。

微波是沿着直线传播的，通过抛物状天线把所有的能量集中于一小束发射出去，便可以获得极高的信噪比，但是发射天线和接收天线必须精确地对准。

地面微波通信是在地球表面建造微波塔进行中继的通信。由于微波沿直线传播，而且也不能很好地穿过建筑物，如果微波塔间的距离太远，地面就会挡住去路。因此，隔一段距离就需要一个中继站。

卫星通信是在地球站之间利用人造同步卫星作为中继的一种微波接力通信，卫星就相当于在太空中的无人值守的微波通信中继站。同步卫星位于 36 000km 高空，与地球同步旋转。图 3-20 是卫星通信的示意图。卫星通信距离远，覆盖范围大。在地球赤道上空的同步轨道上，等距离地有 3 颗相隔 120° 的通信卫星，就能基本上实现全球范围的通信。卫星通信有较大的传播延时，从一个地球站经过卫星到另一个地球站的传播延时为 270ms 左右。

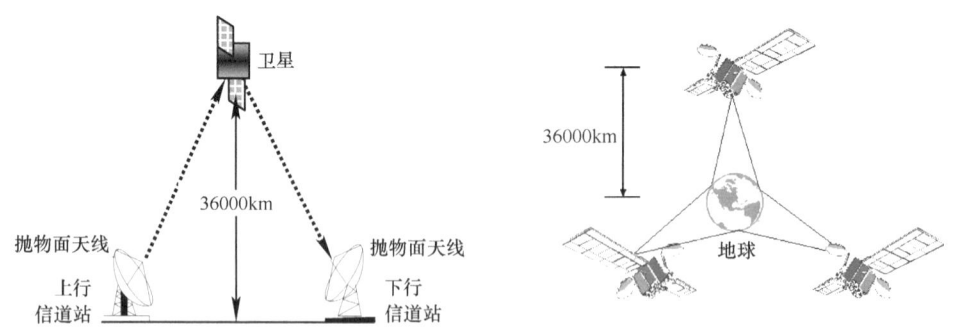

图 3-20 卫星通信

4. 红外线传输

红外线（Infrared Ray）位于电磁波频谱的 3×10^{11} ～ 2×10^{14} Hz 范围。红外线传输有方向性，不能穿过坚实的物体。红外线通信不能在室外应用，因为阳光中有强烈的红外线。

红外线通信应用于小范围内，如家庭和办公室等，不需要天线。电视机、DVD 等家用电器使用的遥控器就是红外线通信装置。有红外装置的笔记本电脑可以通过红外线通信连在本地局域网上。红外线广泛应用于很短距离的通信中。

思　考　题

3.1　什么是传输信号？它有哪两类？什么是信道？它有哪两类？

3.2　什么是数据传输速率和码元传输速率？它们之间的关系是什么？

3.3　如果用 –3V、–1V、1V 和 3V 共 4 种电平表示不同的码元状态，对于 4 000 baud 的信号传输速率，数据传输速率可以达到多少？如果使用 8 种码元状态呢？

3.4　计算机的屏幕图像包含 640×480 个像素点，每个像素占 24 个比特，现每秒传输 30 幅屏幕，如果采用四进制编码，问信号能否用 5 类 UTP 传输（无噪声）？如果计算机的屏幕图像包含 $1\ 024 \times 768$ 个像素点呢？

3.5　什么是信道的带宽？单位是什么？在计算机网络领域，带宽的含义是什么？单位是什么？

3.6　什么是时延？它包括哪几个部分？

3.7　卫星通信有较大的传输延时，假如从地球站到卫星的距离为 40 000km，问：从一个地球站经过卫星到另一个地球站的传播延时有多大？

3.8　什么是信道容量？它用什么表示？叙述奈奎斯特准则和香农定理给出的信道容量。

3.9　对于一条带宽为 200MHz 的通信线路，如果信噪比为 30dB，其最高数据传输速率能达到多少？如果信噪比为 20dB 呢？

3.10　叙述帧同步、位同步和网同步。

3.11　什么是异步传输方式？

3.12　A、B 两台设备进行异步数据传输，设定字符位数为 8 位、传输速率 9.6kbit/s。如果双方的时钟相差 0.1%，试问每次传输最大能造成多少微秒的累积错位？如果设计要求最大累积错位不超过位宽度的 5%，是否达到了设计要求？如果双方的时钟相差 1%，结果又如何？

3.13　什么是同步传输方式？

3.14　什么是频带传输和基带传输？它们各采用哪种信道复用方式？

3.15　什么是调制和解调？其目的是什么？有几种调制方式？

3.16　数字数据在使用基带传输方式传输前为什么还要编码？

3.17　对于数字数据 01100101，请画出它采用不归零制编码、曼彻斯特编码和差分曼彻斯特编码 3 种编码方式编码后的信号波形。

3.18　对于 16 进制数字数据 0xDE5615，请画出一种八级编码方式的编码后的信号波形。

3.19　信道复用的目的是什么？说出几种常用的信道复用的方式。

3.20　什么是 PCM？目的是什么？它分哪几个步骤？

3.21　为什么电话的数字传输系统中很多时间间隔都为 125μs？

3.22　在 T1 和 E1 中，125μs 的时间间隔内如何进行 TDM 复用？T1、E1 和 STS-1 的数据传输速率是多少？写出推导过程。

3.23　T1 线路带宽中，用户传输的数据所占比例有多大？即 1.554Mbit/s 中有多大比例在端用户间传送？

3.24　什么是 WDM？什么是 DWDM？什么是 CWDM？

3.25　描述并比较 TDM 和 STDM。

3.26　什么是非对称数字用户线 ADSL 技术？为什么称为非对称？它在一根电话线上划分几个信道？

3.27　典型 ADSL Internet 接入网络主要包括什么设备？它们的作用是什么？

3.28　什么是 HFC？简述 HFC 网络结构。

3.29　Cable Modem 工作在 OSI 模型中的什么层次？简述 Cable Modem 在 HFC 网络中的作用。

3.30 UTP 是什么意思？目前主要分为几类？它们的带宽是多少？目前 100Mbit/s 的以太网主要使用哪种 UTP 布线？

3.31 光纤分为哪两种？它们传输光脉冲的方式有什么不同？

3.32 光传输系统包括哪几个部分？和铜线相比，光纤传输有什么优点？

3.33 什么是光速？光速等于多少？

3.34 铜线和光纤中电磁波的传播速度是多少？电磁波在铜线中传播 1km 需多少时间？

3.35 一条 100km 的电缆传输 E1 速率的数据，该电缆中可以容纳多少比特？

3.36 什么是微波？什么是微波通信和卫星通信？

3.37 若电磁波的波长为 1.3μm，它对应的频率是多少？以 1.3μm 为中心的 0.17μm 宽的波段相应的频段的带宽有多少 Hz？它允许的最高码元传输速率是多少？在无噪声的情况下，如果采用 4B/5B 编码，数据传输速率可以达到多少？

第 4 章   数据链路控制

4.1   概述

数据链路层负责在单个链路上的发送站和接收站之间传送以帧（Frame）为 PDU 的数据，提供数据链路控制机制，可以在不可靠的物理链路上实现可靠的数据传输。

图 4-1a 表示 H_1 向 H_2 发送数据，中间经过了 3 个链路，分别是 H_1 到 R_1 的 LAN_1、R_1 到 R_2 的点对点链路和 R_2 到 H_2 的 LAN_2。其中，R_1 到 R_2 的点对点链路的数据链路层使用点对点协议（PPP）。图 4-1b 表示网络分层上的数据流动。在每个链路上，发送站的数据链路层将上层数据组织成帧，然后接入链路，通过物理层发送出去，接收站负责接收帧。数据链路层的协议只作用在每个独立的链路上。

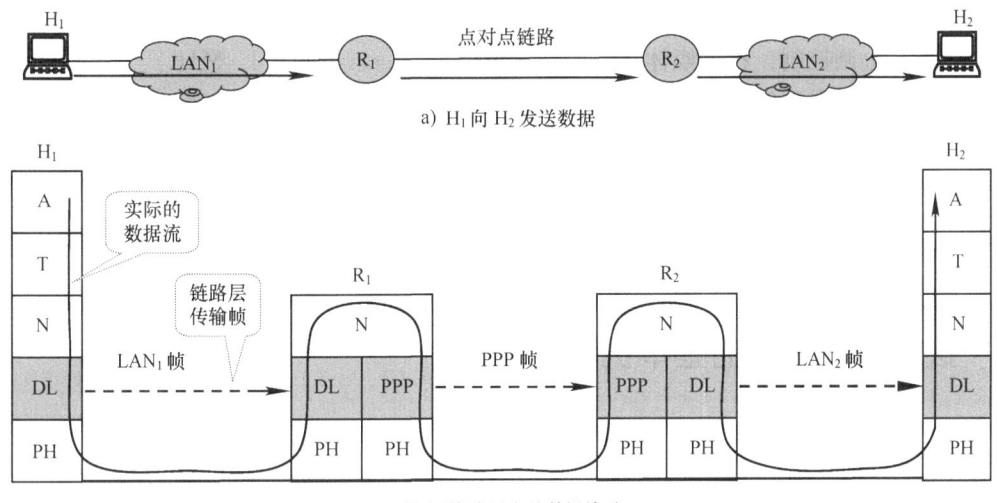

a) H_1 向 H_2 发送数据

b) 网络分层上的数据流动

图 4-1   数据链路层负责在单个链路上的发送和接收结点之间传送帧

数据链路层的一个重要功能是在不可靠的物理链路上加上必要的流量和差错控制机制，以实现帧的可靠传输。

数据链路层的通信对等实体之间的数据传输通道称为数据链路（Data Link），它是一个逻辑概念，包括物理链路和必要的传输控制规程。

一条理想的数据链路应该满足以下两个条件：

1）不管发送方以多快的速率发送数据，接收方总能够来得及接收、处理并上交主机。也就是接收方有足够的接收缓冲区和处理速度。

2）传输的任何数据，既不会出现差错也不会丢失。

但实际应用的数据链路并不能满足上述条件。第 1）个条件不满足就必须进行流量控制（Flow Control）；第 2）个条件不满足，就必须进行差错控制（Error Control）。

流量控制用来保证发送数据在任何情况下都不会"淹没"接收方的接收缓冲区，即不会使接收缓冲区溢出，丢失数据，而且还应使传输达到理想的吞吐率。接收方是知道自己接收缓冲区的状况的，由接收方控制发送方的数据流量乃是计算机网络中流量控制的一个基本思路。实现流量控制的一个重要方法是滑动窗口（Sliding Window）机制。

差错控制使得链路传输出现差错时得到补救。主要有两种差错发生，一是帧丢失，即一个数据帧未能到达接收端；二是帧损坏，例如其中有几位数据出错。差错控制的基本方式是反馈重传纠错。

数据链路层的链路控制方法主要是自动请求重传 ARQ（Automatic Repeat reQuest），ARQ 综合了滑动窗口机制和确认-重传机制，进行流量控制和差错控制，实现可靠传输。

早年的网络传输的可靠性差，数据链路层设计了复杂的 ARQ 控制机制，当时数据链路层的重要协议高级数据链路控制（HDLC）就实现了这些机制并曾广泛应用。但是，随着技术的发展，现代网络传输的可靠性已大大提高，数据链路层已不再使用这些复杂的控制机制，主要是由传输层负责传输的可靠性。然而这些流量控制和差错控制机制，不仅适用于单个链路的数据链路层，也可以用于跨越多个网络的端到端的传输层，TCP 协议就使用了这些机制用于传输层的可靠性传输，后面讲到 TCP 时，还将结合其特点在此基础上进一步介绍。

图 4-1 中有两个 LAN 链路，它们是共享的广播链路，数据链路层必须进行多个站点接入共享链路的协调控制，称为媒体接入控制（Medium Access Control，MAC），使得链路上的各个站点能够通过合理的竞争使用共享信道，这是数据链路层的另一个重要功能。不同类型的 LAN 有不同的 MAC 方式，这方面的内容将在第 5 章结合具体的 LAN 进行介绍。

本章先介绍滑动窗口和反馈重传两种数据链路控制的基本机制以及综合了这两种机制的自动请求重传 ARQ，然后介绍差错校验方法，最后介绍数据链路层的两个重要协议 HDLC 和 PPP。

4.2 数据链路控制的基本机制

4.2.1 滑动窗口

滑动窗口是数据链路控制的一个基本机制，发送方和接收方分别设置发送窗口和接收窗口，在数据传输过程中在接收方的控制下向前滑动，从而对数据传输过程进行流量控制。

发送窗口用来对发送方进行流量控制，落在窗口内的帧是可以连续发送的，其大小 W_T 指明在收到对方确认（ACK）之前发送方最多可以发送多少个帧。

接收窗口控制哪些数据帧可以接收，只有到达的数据帧的序号落在接收窗口之内时才可以被接收，否则将被丢弃。一般地，当接收方收到一个有序且无差错的帧后，接收窗口向前滑动，准备接收下一帧，并向发送方发出一个 ACK。

当发送方收到接收方的 ACK 后，发送窗口才能向前滑动，滑动的长度取决于接收方确认的序号。向前滑动后，又有新的帧落入发送窗口，可以被发送。发送窗口向前滑动后，被确认的帧将落在窗口的后边。

可见，接收方的 ACK 作为授权发送方发送数据的凭证，接收方可以根据自己的接收能力来控制 ACK 的发送时机，从而实现对传输流量的控制。另外，由于滑动窗口中使用了确认机制，因此它也兼有差错控制的功能。

下面以图 4-2 为例说明滑动窗口机制。假设发送序号用 3 比特来编码，即发送序号可以有从 0~7 的 8 个不同的序号。又设发送窗口 $W_T = 5$。发送方滑动窗口工作过程如下：

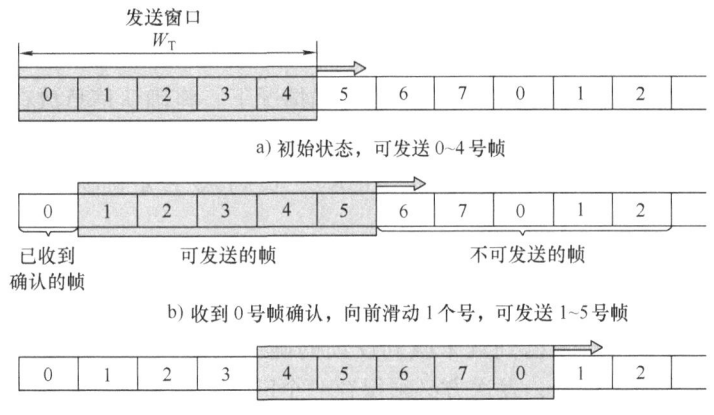

a) 初始状态，可发送 0~4 号帧

b) 收到 0 号帧确认，向前滑动 1 个号，可发送 1~5 号帧

c) 又收到 3 号帧的累积确认，向前滑动 3 个号，可发送 4~7 及 0 号帧

图 4-2　发送方的滑动窗口

1）初始状态如图 4-2a 所示。发送窗口内共有从 0~4 的 5 个序号，这些数据帧就是现在可以连续发送的帧，而 5 号及以后的帧是不能发送的。若发送方发送完了窗口内的这 5 个帧，仍未收到接收方的 ACK，就必须停止发送。

2）收到了接收方对 0 号帧的确认 ACK1，发送窗口向前滑动 1 个序号，如图 4-2b 所示。现在 5 号帧已进入到发送窗口之内，可以发送。

3）在这以后，假设又收到对 3 号帧的累计确认 ACK4，说明接收方又正确的收到了 1~3 号帧，于是发送窗口又可再向前移动 3 个序号，那么 6 号、7 号和 0 号帧又进入发送窗口，又可继续发送，如图 4-2c 所示。

可见，图 4-2 中发送窗口左边的数据帧是已经发送并得到确认的帧；窗口内是可以发送的帧，包括已经发送但未得到确认的帧和尚未发送的帧；窗口的右边是不可以发送的数据帧。

滑动窗口机制中，为控制传输流量可以设置合适大小的 W_T，一般不超过接收方接收缓冲区的大小，这样发送的数据就不容易淹没接收缓冲区。还可以使用可变滑动窗口，由接收方根据目前可用接收缓冲区的大小动态改变 W_T，在 TCP 流量控制中就使用这种方式。

4.2.2　反馈重传

差错控制的常用方法是反馈重传机制，也称确认-重传机制，也是数据流路控制的一个基本机制。接收方对接收到的数据予以某种形式的反馈信息，向发送方通告传输差错状况，发送方根据反馈信息对出现差错的帧进行重传。

反馈重传机制可以采用以下措施：

（1）差错发现（Error Detection）：由 MAC 层帧校验实现，差错校验方法在 4.4 节讲述。

（2）反馈确认信息

包括以下几种：

- 正确认/肯定确认：（Positive Acknowledgement），接收方收到一个经校验无错的帧后，返回一个正确认。正确认简称确认，记为 ACK（ACKnowledgement）。

- 累计确认（Cumulative Acknowledgement）：接收方可以收到多个连续且正确的数据帧以后，才只对最后一个帧发回一个 ACK，称为累计确认。累计确认表明该帧及其以前所有的帧均已正确地收到。
- 捎带确认（Piggybacking）：在双向数据传输情况下，将确认信息放在自己的数据帧的首部字段中捎带过去。累计确认和捎带确认都可提高传输效率。
- 负确认（Negative AcKnowledgement，NAK）：负确认/否定确认。接收方收到一个有差错的帧后，返回一个对此帧的 NAK。

（3）重传

- 超时重传（Timeout Retransmission）：发送方在发送完一帧时即启动一个重传定时器，若由它设定的重传时间已到且未收到反馈的确认信息，则重传此帧。这是经常采用的重传方式。为了重传，发送方必须保存一个已发出的数据帧的副本。
- 负确认重传：发送方收到接收方对一个帧的 NAK，重传此帧。

反馈重传机制对出差错数据帧的重传是自动进行的，因此这种控制机制称为自动请求重传（ARQ）。根据反馈重传方式的不同，可以分为停等 ARQ（stop-and-wait ARQ）、回退-N ARQ（go-back-N ARQ）和选择重传 ARQ（selective repeat ARQ）。

实际上，ARQ 既使用了反馈重传机制对传输过程进行差错控制，也使用了滑动窗口机制进行流量控制，从而保证数据链路层实现可靠的数据传输。

ARQ 是二次世界大战期间发明的，目的是使无线电通信提供可靠的字符传送，它非常简单，但对信道的噪声有很强的适应性。

4.3 自动请求重传

4.3.1 停等自动请求重传

停等自动请求重传的基本思想是在发送方发出一个数据帧后停下来不再发送，等待接收方的 ACK 到达，ACK 到达后才发送下一帧。

停等 ARQ 实际上也使用了滑动窗口技术，它的发送窗口大小是 $W_T = 1$，接收窗口大小也是 1，因此，在发送出去一个数据帧未得到 ACK 之前，就不能再发送下一个帧。

停等 ARQ 要处理传输中可能出现的以下 3 种传输差错：

1）接收方收到了发来的数据帧，但检测出收到的帧有差错。

2）发送方发出的数据帧丢失，接收方收不到，发送方不可能收到 ACK。

3）接收方收到正确的数据帧，但发出的 ACK 丢失，发送方也不可能收到 ACK。

对于差错 1），接收方丢弃此帧，并可以考虑采取下面两种方式进行重传：

① 负确认重传。但如果 NAK 丢失，发送方将收不到 NAK，又有新的问题。

② 超时重传。

对于 2）和 3）这两种差错，即使发送方一直等下去也不会等到接收方的 ACK，这样就会出现死锁。要解决死锁，可采用上述的办法②。重传定时时间 T_{OUT} 应大于一个数据帧的正常往返传输时间，主要包括数据帧的发送时间 T_{DATA}、确认帧的发送时间 T_{ACK}、链路的往返

传播时延 2τ 以及必要的处理时间 T_{PRO}（如差错校验等）。

但对于差错 3），超时重传会使接收方收到两个同样的数据帧，且接收方无法识别后者是一个数据相同的新帧还是重传的旧帧。解决重复帧的方法是为数据帧和确认帧编上序号。对于停等 ARQ，用 0 和 1 交替地编号就可以区分上述两种情况，辨别出重复的数据帧而丢弃之。接收方正确地收到 0/1 号数据帧，发回确认 ACK1/ACK0，确认序号表明期望接收的下一个序号。

停等 ARQ 采用超时重传的方式，并对 ACK 编号。对于传输差错 1），接收方将不发送 ACK。这样，以上三种传输差错问题都可以解决。

图 4-3 是一个停等 ARQ 的例子。例子中包括了正常发送和确认、发送数据帧丢失和 ACK 丢失等情况。图中的水平方向表示了发送站 A 和接收站 B 之间的距离，垂直方向为时间，向下是时间增长方向。表示数据帧和确认帧传播的带箭头的水平线都向下倾斜，反映了传播时延 τ。实际上，发送的数据帧和确认帧在垂直方向上都应该有一定的宽度，在图右侧的局部放大图中可清楚地看到，其大小反映了它们的发送时间 T_{DATA} 和 T_{ACK}，发送时间与帧长度成正比，与发送的比特率成反比。

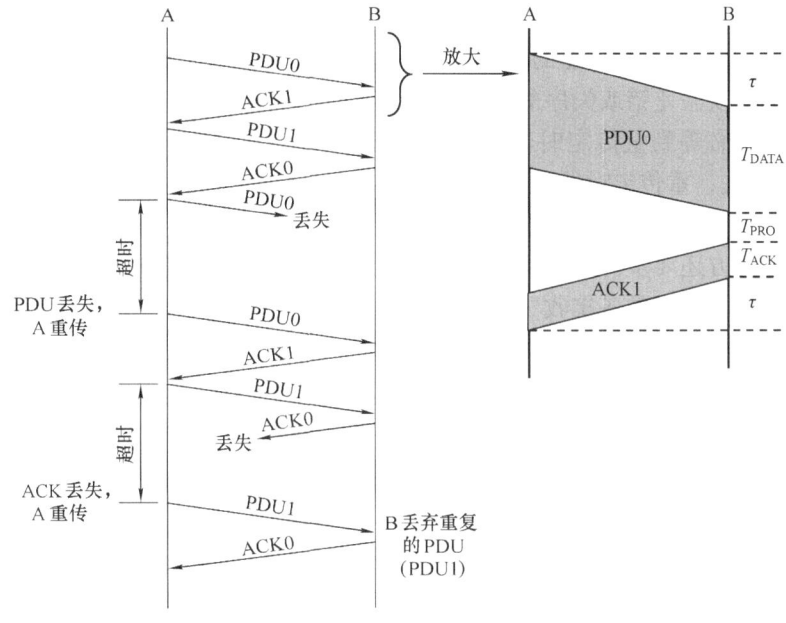

图 4-3 停等 ARQ 传输过程示例

停等 ARQ 机制的问题是可能产生严重的低效率。下面对停等 ARQ 性能进行粗略的定量分析。正常传输的情况下，停等 ARQ 把传输流量控制在每往返时间一个数据帧的水平，一个往返时间为：$T_{DATA} + T_{ACK} + 2\tau + T_{PRO}$，因此，链路的利用率 η 可以表示为

$$\eta = T_{DATA}/(T_{DATA} + T_{ACK} + 2\tau + T_{PRO})$$
$$\approx T_{DATA}/(T_{DATA} + 2\tau)$$
$$= 帧的比特长度/（帧的比特长度 +2 链路的比特长度） \tag{4-1}$$

式（4-1）中的第 2 式是一个近似，因为一般情况下 T_{ACK} 和 T_{PRO} 较小。将第 2 式的分子分母同乘带宽，则变为第 3 式。由式（4-1）可见，如果帧的长度很大传播延时又小，停等 ARQ

可以有很高的 η；如果帧的长度较小而链路的传播延时又很长（如卫星链路等），η 就变得很低。为此，回退-N ARQ 和选择重传 ARQ 对停等 ARQ 作了改进。

由图 4-3 可见，在出现差错而重传的情况下，停等 ARQ 引起的重传时间浪费等于超时重传的定时时间 T_{OUT}。

4.3.2 回退-N ARQ

回退-N ARQ 是对停等 ARQ 的改进。回退-N ARQ 也使用滑动窗口机制，但 $W_{\text{T}} > 1$，发送方在每收到一个 ACK 之前不必等待，可以连续地发送窗口内的多个帧，如果这时收到接收方发回的 ACK，还可以继续发送后续的帧，因此这种方式也称为连续 ARQ。与停等 ARQ 相比，连续 ARQ 减少了等待时间，提高了传输的吞吐量和传输效率。

回退-N ARQ 也使用超时重传机制。对于发送的每一帧设置重传定时器，发送方发出一个帧之后启动该定时器。因发送帧丢失、出现传输差错或 ACK 丢失使定时器超时仍未收到 ACK，则要重传此帧，而且还必须重传此帧后面所有的已发帧（不管这些帧是否有传输差错），这正是这种机制称为回退-N ARQ 的原因。

当每收到一次失序（Out-of-Order）的数据帧时，接收方都应重传上次已发送过的 ACK，这可弥补上次已发送的 ACK 可能的丢失。

对于接收的有校验差错或失序的帧，回退-N ARQ 还可以使用 NAK，指明期望发送方重传帧的序号，而不必等到重传定时器到时，这样可以减少回退重传的帧数，提高传输的效率。如果 NAK 丢失，重传定时器将启动重传。

回退-N ARQ 中，接收方的接收窗口 $W_{\text{R}} = 1$，也就是说，接收方不保存失序的帧，前面的帧丢失时，发送方还要重传这些失序的帧。一般地，当接收方收到一个有序且无差错的帧后，接收窗口向前滑动，准备接收下一帧，并向发送方发出一个 ACK。为了提高效率，接收方也可以使用累计确认的方式。

下面结合图 4-2 及图 4-4 说明回退-N ARQ 的工作过程。图中 $W_{\text{T}} = 5$，在收到对方 ACK 之前，发送方最多可以连续发送出 5 个帧。图 4-2a、b、c 三个图的状态已在 4.2.1 小节说明。图 4-4a、b、c 三个图分别与图 4-2a、b、c 的发送窗口的状态相对应，表示对应的接收窗口的状态。

1）初始状态，发送窗口如图 4-2a 所示，接收窗口如图 4-4a 所示，位于 0 号的位置，准备接收 0 号帧。之后，发送方发出窗口内的 5 个帧。

2）接收方收到 0 号帧后，接收窗口向前移动一个序号，如图 4-4b 所示，准备接 1 号帧，同时向发送方发出对 0 号帧的确认 ACK1，使得发送方的发送窗口向前滑动了 1 个序号，如图 4-2b 所示。

3）接收方收到了 1 号帧，接收窗口滑动到 2 号位置，又收到 2 号帧，窗口滑动到 3 号位置，又收到 3 号帧，接收窗口滑动到 4 号位置，如图 4-4c 所示。此时向发送方发出了对 3 号帧的累计确认 ACK4，使得发送方的发送窗口向前滑动了 3 个序号，如图 4-2c 所示。

图 4-2 和图 4-4 所示的过程是正常发送和接收的情形。如果发送方发送的数据帧丢失、出错或接收方 ACK 帧丢失等，都会引发重传的过程。我们接着上述例子继续说明。

4）假设发送方目前进行到图 4-2c，发送窗口内有 4~7 和 0 号帧，而且发出了 4~7 帧，但可惜的是其中的 4 号帧丢失了。接收方的接收窗口将不再向前滑动，停留在图 4-4c 的状

a) 初始状态，准备接收 0 号帧

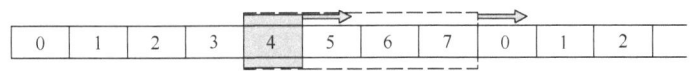

已收到　可接收　　　　　　　　不可接收的帧
0 号帧　1 号帧

b) 收到 0 号帧，向前滑动 1 个号，可接收 1 号帧，发回对 0 号帧的确认

c) 收到 1~3 号帧，向前滑动 3 个号，可接收 4 号帧，发回对 3 号帧的累积确认

图 4-4　回退-N ARQ 接收窗口

态，后面接收的失序的 5、6、7 号帧将被丢弃，且当接收方每收到一次失序的数据帧（5、6、7 号帧），都重复发送一次已发送过的 ACK4。

　　5）因为 4 号帧丢失，接收方不可能发回 ACK5，使得发送方 4 号帧的重传定时器到时，于是要重传 4 号帧。此时发送方不仅要重传丢失的 4 号帧，而且还要重传其后已发出的 5、6、7 号帧。

　　图 4-2 及图 4-4 表示了回退-N ARQ 滑动窗口的工作过程，发、收双方各种帧的传输过程如图 4-5 所示，这里是一个双工链路。

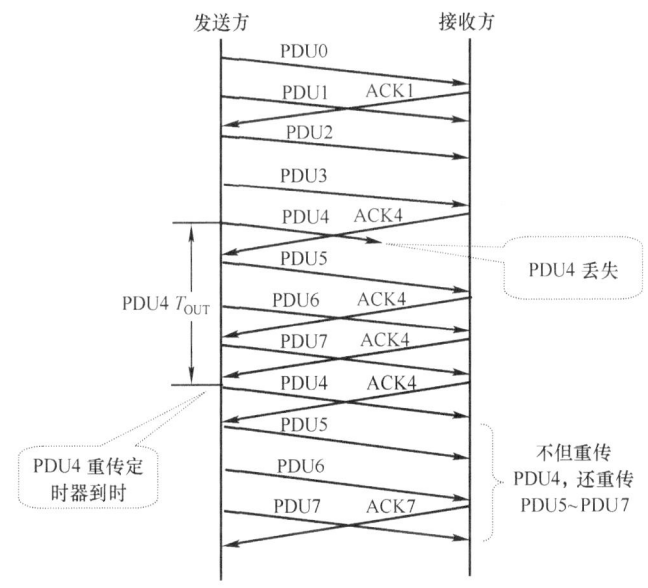

图 4-5　回退-N ARQ 传输过程示例

　　回退-N ARQ 对发送窗口的大小是有限制的，如果帧的序号用 n 比特编号，则发送窗口 W_T 应满足式（4-2）：

$$W_T \leq 2^n - 1 = 最大序号 \tag{4-2}$$

例如，若 $n = 3$，最大序号为 7，则要求 $W_T \leq 7$。

当 $W_T \geq 2^n$ 时，回退-N ARQ 将会出现某些接收的不确定性。读者可自行分析。

因为可以连续发送窗口内的多个数据帧，回退-N ARQ 比停等 ARQ 提高了传输效率。但另一方面，如果在已发送的数据帧中，有一个前面的数据帧出了错，那么其后的正确传送的数据帧也必须进行重传，这时又降低了传送效率。可见，当信道的传输质量好，误码率很小时，回退-N ARQ 协议可以高效地工作，而当信道的传输质量差，误码率较大时，回退-N ARQ 就不一定能优于停等 ARQ 协议。

为了提高传输效率，对于比特长度大的链路，连续 ARQ 应该相应地使用大的 W_T，而且 W_T 应该使连续发送的比特长度大于链路的往返比特长度，使得传输链路处于忙的状态。

4.3.3 选择重传 ARQ

选择重传 ARQ 也是一种连续 ARQ，在回退-N ARQ 机制的基础上作了如下两点改进：
- 接收窗口 $W_R > 1$，这样可以接收和保存正确到达的失序的帧。
- 出现差错时只重传出错的帧，后续正确到达的帧不再重传，提高了信道的利用率。

在图 4-4c 中虚线所示的选择重传 ARQ 的例子中，$W_R = 4$，4～7 号共 4 个序号落入接收窗口。即使 4 号帧丢失，后续接收的 5、6 和 7 号帧若无校验差错也要保存，而且每收到一次失序的帧，都重发一次 ACK4。待发送方 4 号帧的重传定时器到时，重传 4 号帧。接收方收到了正确的 4 号帧后，发出对 7 号帧的累计确认 ACK0，接收窗口也同时向前滑动 4 个号。可见，选择重传 ARQ 需要接收方设置一定容量的缓存空间。

选择重传 ARQ 也可以使用 NAK，接收帧有错误或失序时，指明期望发送方重传帧的序号。

选择重传 ARQ 中，接收窗口不应该大于发送窗口，一般应相等，即 $W_T = W_R$。而且用 n 个比特对帧编号时，应该满足：

$$W_T = W_R \leq 2^n/2 = (最大序号 + 1)/2 \tag{4-3}$$

例如 $n = 3$ 时，最大可选 $W_T = W_R = 4$。

当 $W_T \geq 2^n$ 时，选择重传 ARQ 也会出现某些接收的不确定性。

4.4 差错校验

发现差错甚至能纠正差错的常用方法是对被传送的信息进行适当的编码。给信息码元加上冗余码元，并使冗余码元与信息码元之间具备某种关系，然后将信息码元和冗余码元一起通过信道发出。接收端接收到这两种码元后，检验它们之间的关系是否符合发送端建立的关系，这样就可以发现传输差错，甚至可以纠错。能校验差错的编码称检错码（Error-Detecting Code），可以纠错的编码称纠错码（Error-Correcting Code）。

差错控制用得最广泛的方式还是反馈重传纠错。常用的差错校验有奇偶校验、循环冗余校验以及校验和等，它们使用不同的检错码。

4.4.1 奇偶校验

奇偶校验（Parity Check）是检验所传输的数据是否被正确接收的一种简单方法。发送方根据发送的字符后附加一个校验位 "0" 或 "1"，接收方检查此位是否还保持数据位的正确关系，以判断是否正确传输。奇偶校验有奇校验和偶校验等方式。

奇校验/偶校验是在发送数据后附加一个校验位，校验位的取值使得包括数据和校验位（图 3-2 中的 bit-1 ~ bit-7 和 bit-p）中的 "1" 的个数分别为奇数/偶数。例如，发送字符的位串是 1101110，如果进行的是奇校验，则加入的校验位为 "0"；发送的位串为 11011100，如果进行的是偶校验，则校验位为 "1"。

奇偶校验检错能力有限。比如奇校验，如果传输无差错，则接收方的奇校验一定是奇数，如果不是奇数，则说明一定出现了传输差错。但接收方的奇校验是奇数，却不能肯定传输无差错，当传输有差错的位数为偶数时，接收方的奇校验也会是奇数。奇偶校验只能检测出奇数个错而不能检测出偶数个错。奇偶校验的优点是简单、易实现，在位数不长的情况下常常采用。在以字符为单位的异步传输方式中使用奇偶校验。

4.4.2　循环冗余校验

1. 码多项式

循环冗余校验（CRC）使用码多项式的概念。码多项式的基本思想是任何一个二进制编码的位串都可以用一个多项式来表示，多项式的系数由该位串的码元表示，只有 0 和 1，一个 n 位长度的位串 $C = C_{n-1}C_{n-2}\cdots C_1C_0$，可以用下列 $n-1$ 次码多项式表示：

$$C(x) = C_{n-1}x^{n-1} + C_{n-2}x^{n-2} + \cdots + C_1x + C_0 \tag{4-4}$$

例如，位串 1010001 的码多项式为 $x^6 + x^4 + 1$。

数据后面附加上冗余码的操作可以用码多项式的算术运算来表示。一个 k 位的信息码后面附加上 r 位的冗余码，组成长度为 $n = k + r$ 的码，它对应一个 $(n-1)$ 次的码多项式 $C(x)$，信息码和冗余码分别对应一个 $(k-1)$ 次码多项式 $K(x)$ 和一个 $(r-1)$ 次的码多项式 $R(x)$，那么有：

$$C(x) = x^r K(x) + R(x) \tag{4-5}$$

2. 由信息码生成冗余码

如何由已知的信息码生成用于差错校验的冗余码呢？由信息码产生冗余码的过程，即由已知的 $K(x)$ 求 $R(x)$ 的过程，也是用码多项式的算术运算来实现。方法是：通过用一个特定的 r 次多项式 $G(x)$ 去除 $x^r K(x)$（即 $\frac{x^r K(x)}{G(x)}$），其余数为 $(r-1)$ 次的码多项式 $R(x)$，对应的 r 位的位串作为冗余码。其中 $G(x)$ 称为生成多项式（Generator Polynomial），是事先约定的。除法中使用模 2 减（无借位减，相当于作异或（XOR）运算）。实际上，进行码多项式的除法运算，只要用其相应的系数（等于对应的位串）进行除法运算就可以。

下面举例说明由信息码生成冗余码的过程：

信息码：1010001，对应的码多项式为 $K(x) = x^6 + x^4 + 1$（$k = 7$）；

生成多项式：$G(x) = x^4 + x^2 + x^1 + 1$（$r = 4$），对应的位串为 10111；

$x^4 K(x)$：$x^4(x^6 + x^4 + 1) = x^{10} + x^8 + x^4$，对应的位串为 10100010000；

那么，$R(x)$ 为 $\frac{x^4 K(x)}{G(x)}$ 的余数。使用由相应的系数构成的除式，进行运算：

$$
\require{enclose}
\begin{array}{r}
1001111 \\
10111 \enclose{longdiv}{10100010000} \\
\end{array}
$$

```
                    1 0 0 1 1 1 1
          10111 )1 0 1 0 0 0 1 0 0 0 0
                 1 0 1 1 1
                 1 1 0 1 0
                 1 0 1 1 1
                   1 1 0 1 0
                   1 0 1 1 1
                     1 1 0 1 0
                     1 0 1 1 1
                       1 1 0 1 0
                       1 0 1 1 1
                         1 1 0 1
```

4 位的余数 1101 作为冗余码，其码多项式为 $R(x) = x^3 + x^2 + 1$ 。

3. 传输差错校验

若传输过程不出现差错，则接收端接收到的信息也应为 $C(x)$ 。接收方将接收到的 $C(x)$ 除以生成多项式 $G(x)$ ，只要余数不为零，则表明校验出传输差错，若余数为零，则可以认为传输无误。证明如下：

设 $x^r K(x)$ 除以 $G(x)$ 的商为 $Q(x)$ ，则

$$x^r K(x) = G(x)Q(x) + R(x) \tag{4-6}$$

将式（4-6）代入式（4-5），得

$$
\begin{aligned}
C(x) &= x^r K(x) + R(x) \\
&= G(x)Q(x) + R(x) + R(x) \\
&= G(x)Q(x)
\end{aligned}
\tag{4-7}
$$

在式（4-7）的推导中，因为" + "为模 2 加（不进位加，相当于异或），故 $R(x) + R(x) = 0$ 。可见，如果传输无差错，接收到的仍为 $C(x)$ ，则用 $C(x)$ 除以 $G(x)$ 的余数必为零（读者可用上述例子进行验算），也就是说，只要余数不为零，则表明传输出现差错。但反过来，并不等于余数为零就一定传输无差错，在某些非常特殊的比特差错组合下，CRC 也可能碰巧使余数为零。

4. 常用的生成多项式

广泛采用的生成多项式有：

CRC-8 = $x^8 + x^2 + x + 1$

CRC-16 = $x^{16} + x^{15} + x^2 + 1$

CRC-CCITT = $x^{16} + x^{12} + x^5 + 1$

CRC-32 = $x^{32} + x^{26} + x^{23} + x^{22} + x^{16} + x^{12} + x^{11} + x^{10} + x^8 + x^7 + x^5 + x^4 + x^2 + x + 1$

CRC-8 用于 ATM 信元头差错校验，CRC-16 是 HDLC 规程中使用的 CRC 校验生成多项式，而 CRC-32 是 IEEE 802.3 以太网媒体接入控制帧中采用的 CRC 校验生成多项式。这些生成多项式都是经过数学上的精心设计和实际验证的。

4.4.3 校验和

校验和（Checksum）是另一种常用的校验形式，但需要指出的是，它在数据链路层一

般不使用,而在 IP、ICMP、TCP 和 UDP 中广泛使用〔RFC1071〕,这里一并介绍。

发送方生成校验和的算法如下:

1)将发送的进行校验和运算的数据分成若干个 16 位的位串,每个位串看成一个二进制数,这里并不管字符串代表什么,是整数、浮点数还是位图都无关;

2)将 IP、UDP 或 TCP 的 PDU 首部中的校验和字段置为 0,该字段也参与校验和运算;

3)对这些 16 位的二进制数进行 1 的补码和(One's Complement Sum)运算,累加的结果再取反码即生成了校验码。将校验码放入校验和字段中。

所谓 1 的补码和运算,即带循环进位(End Round Carry)的加法,最高位有进位应循环进到最低位。反码即二进制各位取反,比如,0111 的反码为 1000。

接收方检验校验和的算法如下:

1)接收方将接收的数据(包括校验和字段)按发送方的同样的方法进行 1 的补码和运算,累加的结果再取反码。

2)检验,如果上步的结果为 0,表示传输正确;否则,说明传输有差错。

图 4-6 是一个只包含 4 个 16 位二进制数进行校验和运算的简单例子。图 4-6a 是发送方的运算,①、②、③是 3 个数据,④是校验和,先置 0,也参加校验和运算。⑤是它们的一的补码和,⑥是⑤的反码。发送方将⑥放到校验和字段和数据一起发出。图 4-6b 是接收方的运算,如果没有传输差错,最后结果应为 0。

①	数据	1 0 0 1 1 1 0 0	0 0 0 1 1 0 1 0
②	数据	1 1 0 1 1 0 1 0	1 0 0 0 1 0 0 0
③	数据	1 0 1 1 1 1 0 1	0 0 1 1 0 1 0 1
④	校验和	0 0 0 0 0 0 0 0	0 0 0 0 0 0 0 0
		1 1 0 1 1 1 0 0	0 0 1 0 0 1 1 0
⑤	1 的补码和	0 0 1 0 0 0 1 1	1 1 0 1 1 0 0 1
⑥	反码	1 1 0 1 1 1 0 0	0 0 1 0 0 1 1 0

a) 发送方的运算

①	数据	1 0 0 1 1 1 0 0	0 0 0 1 1 0 1 0
②	数据	1 1 0 1 1 0 1 0	1 0 0 0 1 0 0 0
③	数据	1 0 1 1 1 1 0 1	0 0 1 1 0 1 0 1
④	校验和	1 1 0 1 1 1 0 0	0 0 1 0 0 1 1 0
⑤	1 的补码和	1 1 1 1 1 1 1 1	1 1 1 1 1 1 1 1
⑥	反码	0 0 0 0 0 0 0 0	0 0 0 0 0 0 0 0

b) 接收方的运算

图 4-6 校验和运算的例子

4.5 高级数据链路控制规程

在 IBM 公司的网络体系结构 SNA 的数据链路层,采用了面向位的同步传输规程,即同步数据链路控制（Synchronous Data Link Control，SDLC）。ISO 把 SDLC 修改为高级数据链路控制（High level Data Link Control，HDLC），作为国际标准［ISO3309］。

ITU-T 采纳并修改了 HDLC，称为链路接入规程（Link Access Procedure，LAP），后来又修改为平衡型链路接入规程（LAP-Balanced，LAPB），在 X.25 建议中使用作为链路层协议。ITU – T 还由 LAPB 发展提出了 LAPF（LAP for Frame-mode bearer services），在帧中继中提供数据链路控制。IEEE 802.2 的逻辑链路控制子层的 LLC 帧的控制字段使用和 HDLC 的控制字段的扩展格式，与 HDLC 有着类似的链路控制规程。

HDLC 帧包括信息帧（Information Frame）、监督帧（Supervisory Frame）和无编号帧（Unnumbered Frame）。信息帧用于传输数据，监督帧用于传输过程的 ARQ 控制，它们都可以给出帧的编号（发送序号和接收序号）。无编号帧则不带帧的编号，用于链路的模式设置和链路的建立与释放。

HDLC 在计算机网络发展曾有着重要的影响和广泛的应用，设计得很复杂，有完善的链路控制功能。然而随着技术的发展，通信信道的可靠性已是今非昔比，已经没有必要在数据链路层使用过于复杂的控制协议。不可靠传输的数据链路层协议 PPP 目前在 Internet 中应用得更为广泛，可靠性主要由传输层的 TCP 承担。

4.6 因特网数据链路控制协议 PPP

4.6.1 PPP 及其帧格式

点对点协议（Point to Point Protocol，PPP）是 Internet 中广泛使用的链路层通信协议，它为点对点链路上直接相连的两个结点之间，提供了一种数据传输的方式。

早在 1984 年 Internet 就使用一个简单的链路层协议（Serial Line Internet Protocol，SLIP）［RFC1055，因特网标准］，即串行 IP 协议。SLIP 面向字符，只支持 IP，没有差错校验功能。1992 年 IETF 定义了 PPP［RFC1661、1662，因特网标准］取代 SLIP，既支持 IP 协议也支持其他协议，并增加了差错校验和链路管理功能。

PPP 的一种应用场合是，住宅用户计算机使用 PPP 协议通过 Modem 拨号连接公共交换电话网（PSTN）进行 Internet 接入。PPP 的另一种常用场合是，由路由器点对点连接而成 Internet 的一些主干，其数据链路层就可采用 PPP 协议。路由器之间的链路可以是 SDH/SO-NET 等传输系统。

PPP 主要包括三个部分：

1）基于 HDLC 的将多种网络层分组封装成帧的方法，定界帧的开始和结束。PPP 既支持面向字符的异步链路（无奇偶检验的 8 比特字符），也支持面向比特的同步链路。

2）建立、配置和测试数据链路连接的链路控制协议（Link Control Protocol，LCP）。通信的双方可通过 LCP 协商一些选项。

3）网络控制协议（Network Control Protocol，NCP）。它包含多个协议，其中的每一个协议支持不同的网络层协议，如 IP、OSI 网络层和 Netware 的网络层 IPX 等。

RFC1662 定义了与 HDLC 近似的 PPP 帧格式，它非常简单，如图 4-7 所示。各字段含义如下：

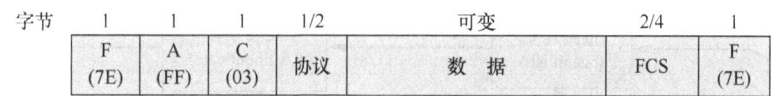

图 4-7　PPP 帧格式

① 帧界标志 F：为 0x7E，与 HDLC 相同。

② 地址 A：为 0xFF，对应广播地址。PPP 只用于点到点链路，实际上不需要数据链路层地址。

③ 控制 C：为 0x03，对应 HDLC 的无编号帧，RFC1661 规定，PPP 不使用 HDLC 那种序号和确认机制，没有差错控制和流量控制，不能提供可靠传输。地址和控制字段是固定值，没有实质意义，今后可以进行扩展。

④ 协议：协议字段是 HDLC 中没有的，说明数据部分封装的是哪类协议的分组。高位为 0 的协议号说明是某网络层的分组，如 IP 的分组或 IPX 的分组等，每种网络层协议对应一个协议号，如 IP 的协议号是 0x0021。高位为 1 的协议号说明是 LCP 的分组或 NCP 的分组。协议字段默认为两个字节，通过 LCP 协商也可为 1 个字节。

⑤ 数据：长度可变，默认长度是 1500B，也可使用 LCP 协商。最常使用的是数据字段封装 IP 数据报。

⑥ 帧校验序列（FCS）：差错校验的循环冗余校验码。当 FCS 字段检测到某帧传输有差错时，便丢弃该帧，但 PPP 并不进行差错控制，它提供的是不可靠的传输服务。FCS 字段默认为两个字节，也可协商为 4 个字节。

为了保证 PPP 的帧界标记 0x7E 对传输数据的透明性，PPP 既支持零比特填充，也支持字节填充（Byte Stuffing）。这是因为 PPP 既用于路由器到路由器的面向位的同步链路，也用于主机通过 RS-232、调制解调器和电话线到路由器的面向字符的异步链路。当 PPP 用于同步链路时，使用硬件进行零比特填充。当 PPP 在 RS-232 上进行异步传输操作时，则采用字节填充，PPP 帧由整数字节组成。PPP 在发送首尾两个帧界标志之间的部分时，将字符 0x7E 编码为 0x7D 和 0x5E，将字符 0x7D 编码为 0x7D 和 0x5D。PPP 接收帧时，删除 0x7D，并将其后面的字符与 0x20 进行异或，还原成原来的字符。

4.6.2　PPP 运行状态图

PPP 帧结构是基于在串行线路两端通信双方建立点对点链路的概念之上，链路的不同状态在协议的控制下相互转换，完成数据的传输过程。PPP 的运行过程可以用如图 4-8 所示的状态图来表示。

PPP 的起始和终止状态总是图 4-8 中的链路静止状态，此时不存在物理层的连接，链路不能活动。

当物理层检测到载波，则进入链路建立状态。这时两端的 PPP 层通过发送 LCP 分组来协商配置和测试数据链路，包括协商帧的最大长度，使用的认证协议等。

双方协商后建立了 LCP 连接，就进入身份认证状态，身份认证是 PPP 的一个特点。默认情况下不进行身份认证。

若身份认证成功，双方进入网络协议配置状态。双方通过发送 NCP 分组来选择和配置网络层协议，协议可以一个也可以多个。一旦选择配置了网络层协议，就可以在链路上传输

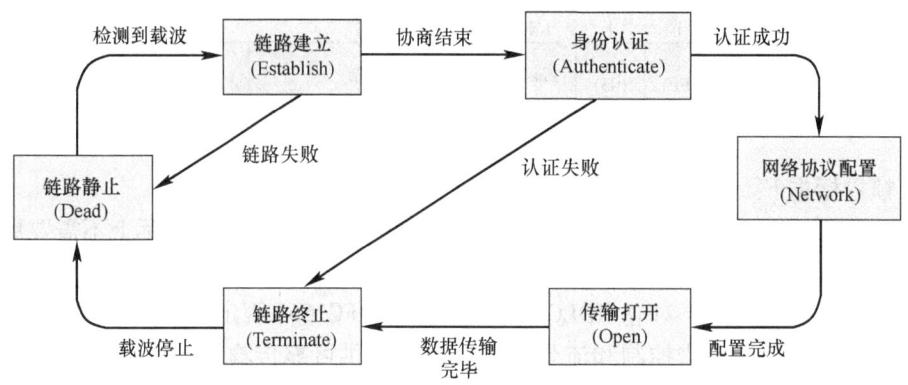

图 4-8 PPP 链路的运行状态图

该网络层协议的分组。

完成配置网络层协议进入打开状态，双方进行通信，通信流量包括 LCP 分组、NCP 分组及网络层分组。传输完成、认证失败等都可以使链路进入终止状态，LCP 通过交换 terminate 分组来关闭连接。这时 PPP 要通知网络层，它可进行必要的操作。LCP 在交换了 terminate 分组后，还应发信号给物理层，以便断开物理链路。

NCP 的功能与网络层协议有关。对于 IP，相应的 NCP 为 IPCP，可以为它动态地分配一个 IP 地址。通过调制解调器和电话线连网的主机一般使用动态分配的 IP 地址。

PPP 的一个重要特点是提供身份认证机制，这是一个重要的安全措施。身份认证机制包括口令认证协议（Password Authentication Protocol，PAP）和质询-握手认证协议（Challenge-Handshake Authentication Protocol，CHAP）两种方式。

PAP 是一种简单的明文认证方式，使用二次握手方式，认证方要求远程用户提供用户名和口令，然后认证方以认证成功/不成功的消息响应。因为 PAP 是以明文方式提供用户名和口令，用户名和口令容易被第三方窃取，安全性较差。CHAP 对 PAP 进行了改进，是一种加密认证，使用三次握手方式，安全性更好。

思 考 题

4.1 什么是数据链路？理想的数据链路基于哪两个假设？如果它们不满足，需分别进行什么控制？

4.2 描述停等 ARQ，试画出正常传输和帧丢失情况下停等 ARQ 工作过程的示意图。

4.3 停等 ARQ 无差错的传输情况下，如果链路传输速率为 1Mbit/s，帧长 1000B，传播延时 $\tau = 1$ms，那么，链路的利用率可达到多少？（忽略确认帧的发送时间）。如果是传播延时 $\tau = 270$ms 的卫星链路呢？

4.4 描述滑动窗口控制机制及其作用。

4.5 回退-N ARQ 对停等 ARQ 的主要改进是什么？其中"回退-N"的含义是什么？

4.6 回退-N ARQ 的接收窗口 W_R 是多大？为什么？

4.7 回退-N ARQ 的发送窗口 W_T 有什么限制？如果帧的序号用 3 比特编号，发送窗口最大序号为多少？假设 $W_T = 8$，对于回退-N ARQ，并假定接收方对每一个正确收到的帧都发回一个 ACK。试举例分析：当对数据帧的 ACK 丢失时会产生什么问题？

4.8 选择重传 ARQ 的发送窗口 W_T 有什么限制？如果帧的序号用 3 比特编号，选 $W_T = W_R = 5$，并假定接收方对每一个正确收到的帧都发回一个 ACK。试举例分析：当对某一序号的数据帧的 ACK 丢失时会产生什么问题？

4.9 如果卫星通信地面站距离卫星 36000km，那么：

（1）数据经卫星转发，即由地面站—卫星—地面站的传播延时是多少？（忽略卫星转发处理时间）。

（2）停等 ARQ 以 56kbit/s 速率发送 1250B 长度的数据帧，信道可能达到的最大数据传输速率是多少？

（3）将（2）改为使用滑动窗口的回退-N ARQ 协议，发送窗口大小为 7，单工信道可能达到的最大数据传输速率是多少？

4.10 选择重传 ARQ 对回退-N ARQ 机制作了什么改进？选择重传 ARQ 的接收窗口的大小与回退-N ARQ 有什么不同？选择重传 ARQ 的滑动窗口有什么限制？

4.11 什么是奇校验/偶校验？奇偶校验能校验出哪种类型的传输错误？假设发送字符的位串（8 位）是 11010101，现进行的是偶校验，加入的校验位是什么？如果奇校验呢？

4.12 CRC 如何由信息码生成冗余码？

4.13 给定一个信息位串 10110010 和生成多项式 $G(x) = 11101$，问冗余码应该是几位的？请计算出冗余码和多项式码 $C(x) = x^4 K(x) + R(x)$，并验证：$C(x)$ 整除 $G(x)$。

4.14 HDLC 定义了几种类型的帧？其主要功能是什么？

4.15 PPP 是一种什么样的协议？它主要包含哪几个部分？

4.16 PPP 如何保证传输数据的透明性？

4.17 十六进制字符串数据：5E7E5D7D 在使用 PPP 的异步链路中以什么形式传输？

4.18 画出并说明 PPP 的运行状态图。

4.19 说明 PPP 采用的身份认证机制。

第 5 章 局 域 网

5.1 IEEE 802 局域网体系结构

5.1.1 IEEE 802 局域网参考模型

IEEE 于 1980 年 2 月成立了 IEEE 802 委员会，专门研究并制订有关 LAN 的参考模型和各种标准。IEEE 802 局域网体系结构主要由 IEEE 802 局域网和城域网参考模型 IEEE 802 L&MAN/RM（简称 LAN/RM）来描述。如图 5-1 所示，IEEE 802 LAN/RM 只对应 OSI/RM 的下两层，即物理层和数据链路层。

IEEE 802 的数据链路层分成两个部分：逻辑链路控制（Logical Link Control，LLC）子层和媒体接入控制（Medium Access Control，MAC）子层，MAC 也称介质访问控制。

数据链路层中与媒体接入无关的部分都集中在 LLC 子层，也就是说，在 LLC 子层上看不到具体的 LAN，隐藏了各种 LAN 的差异，向网络层提供统一的帧格式和接口。LLC 子层提供与媒体接入方式无关的链路控制，包括差错控制和流量控制，提供面向连接和无连接的服务。

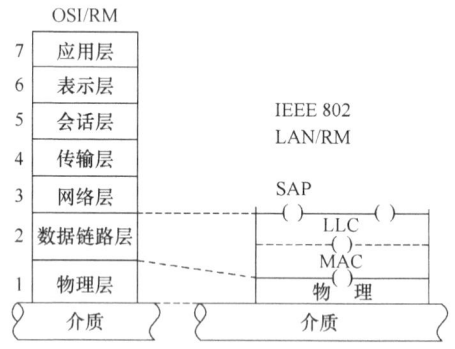

图 5-1　IEEE 802 L&MAN/RM

在 MAC 子层才能看见具体的 LAN，是总线网、令牌环还是令牌总线网等。MAC 子层的主要功能是成帧、寻址、实现 MAC 和差错检验等。但 MAC 子层一般并不进行差错控制，提供不可靠的传输服务。媒体接入控制是 MAC 子层的核心功能，定义如何解决共享信道的争用问题，体现出各种 LAN 的独有特色。

在 IEEE 802 L&MAN/RM 框架下，制订了很多 IEEE 802 标准，有些标准已被修改成 ISO 的国际标准，但有的也未获得成功。IEEE 802 标准有：

- IEEE 802.1（A）：综述和体系结构。
- IEEE 802.1（B）：寻址、网际互联和网络管理。
- IEEE 802.2：逻辑链路控制。
- IEEE 802.3：CSMA/CD 接入方法和物理层技术标准。
- IEEE 802.4：令牌传递总线接入方法和物理层技术标准。
- IEEE 802.5：令牌传送环接入方法和物理层技术标准。
- IEEE 802.6：城域网（MAN）接入方法和物理层技术标准。
- IEEE 802.7：宽带技术。
- IEEE 802.8：光纤技术。
- IEEE 802.9：综合话音数据局域网。

- IEEE 802.10：可互操作的局域网的安全。
- IEEE 802.11：无线局域网（WLAN）。
- IEEE 802.12：优先级轮询局域网（100VGAnyLAN）。
- IEEE 802.14：基于电缆电视（Cable-TV）的广域网。
- IEEE 802.15：无线个人区域网 WPAN（如蓝牙等）。
- IEEE 802.16：宽带无线网。
- IEEE 802.17：弹性分组环 RPR。

IEEE 802 LAN/RM 定义了协议体系的最低两层协议规范，这并不意味着一个实际应用的 LAN 上的计算机只需要这两层协议即可运行。一个 LAN 要为用户提供各种应用服务，必须要有高层协议的支持。但高层协议是独立于具体的 LAN 的，LAN 的协议体系不讨论高层协议，只包含了物理层和数据链路层两个层次。因此，从 IEEE 802 LAN/RM 的角度看，LAN 只是一个提供帧传输服务的通信网络。

5.1.2　媒体接入控制子层

1. LAN 拓扑和信道特点

LAN 主要采用总线（Bus）、环形（Ring）及星形（Star）拓扑（Topology），如图 1-3 所示。

传统以太网采用总线拓扑，用一条同轴电缆作为公共总线把网络上的各个结点连接起来构成总线网，如图 1-3a 所示。每个结点的发送与接收都是通过一条总线。对于总线的使用，每个结点都是平等的。某个计算机发送的数据在总线上可以向两个方向传送，总线上的所有站点都能接收到，类似无线广播方式，其思想来源于夏威夷大学的 ALOHA 系统，以太网的发明者 Robert Metcalfe 曾经对 ALOHA 进行过深入的调研。历史上曾用以太（Ether）表示传播无线电波的传输媒体，以太网（Ethernet）也由此而得名。

以太网后来的发展又出现了星形拓扑，通过称为集线器（Hub）或交换机（Switch）的网络设备连接成星形网，如图 1-3b 所示。从媒体接入控制的本质上看，集线器连接的星形网逻辑上仍属于总线拓扑，集线器会把某个结点发送的数据转发到除该结点之外的所有其他结点，因此称为星形总线（Star-Shaped-Bus）。如果 LAN 中有多台集线器或交换机连接网络，就形成扩展的星形拓扑。

环形拓扑如图 1-3c 所示。令牌环是最典型的环形网，由令牌控制对传输媒体的访问，所有结点逐个邻接形成的一个闭合环路。环形网看上去好像是点对点连接的网络，但传输的数据将沿环传输一周，环上每个结点都能收到数据，在每个环接口只有一个比特的传输延时，因此实质上也是广播信道。另一种 LAN 是令牌总线网，物理上是总线结构而逻辑上是令牌环，当然也属于广播信道。

LAN 的一个显著特点是网上的所有计算机使用一条共享信道进行广播式通信，这是和点对点链路组成的 WAN 通信的重要区别。

广播型网络上多个结点共享同一信道，或者说共享同一传输媒体。任何一个结点都可以使用信道，但任何时候信道只能由一个结点占用。如果多个结点同时争用信道，就会产生发送冲突（Collision），导致发送失败，因此，必须解决如何进行信道争用问题。LAN 的一个重要课题就是网上多个结点如何接入一条共享信道，即媒体接入控制问题。

媒体接入控制问题在 MAC 子层解决，这也是 IEEE 802 局域网的数据链路层划分为 LLC 子层和 MAC 子层的一个重要原因。

2. LAN 媒体接入控制方式

共享媒体的多点接入（Multiple Access，亦称多点访问）技术可以划分为两类，即受控接入和随机接入。媒体接入也可称信道接入。

受控接入的特点是网上的各个结点不能随意接入信道，而必须受到一定的制约。一般地，受控接入方式每一时刻只有一个结点接入信道。受控接入又分为两种：集中式控制和分散式控制。集中式控制方式在网上设置一个主控结点，由它控制站点的接入权。可以按一定顺序逐个询问各个结点有无信息发送，若有则可立即发送，若无则再询问下一个结点。这种方式称多点轮询（Polling）。分散式控制不设主控结点。令牌环网就属于分散式控制方式，环网上的结点只有持有令牌者才能发送信息，发送后再将令牌传递下去。

随机接入的特点是，网上的各个结点都可以根据自己的意愿随机地接入信道。以太网属于这一类。随机接入方式中，如果两个或两个以上结点同时发送信息则会产生冲突，因此必须解决冲突带来的问题。

关于以太网、无线局域网、令牌环、令牌总线等各具特色的媒体接入控制技术我们将在 5.3、5.7 和 5.8 节分别进行介绍。

3. MAC 地址

IEEE 802 MAC 层使用源地址和目的地址来标识本结点和要访问的结点，它们统称为 MAC 地址，或物理地址、硬件地址。

目的地址有三种类型：

- 单播地址（Unicast Address）：标识一个目的站点，一对一通信。
- 多播地址（Multicast Address）：标识一组目的站点，一对多通信，有的网卡用编程的方法识别多播地址。
- 广播地址（Broadcast Address）：全 1 地址，标识网上所有站点，对网上所有站点通信。

IEEE 802 规定 MAC 地址可采用 6 字节或 2 字节两种形式。现在市场上销售的以太网卡都分配了一个 6B 的地址，它使全世界所有以太网上的站点都有唯一的地址。2B 的地址已经不使用了。

现在 IEEE 的注册管理机构（Registration Authority，RA）是全球 LAN 地址的法定管理机构，统一管理分配 6 个字节全球地址的前 3 个字节（高 24bit）。这前 3 个字节构成的一个号，实际上表示一个地址块，包含 2^{24}（约 0.168 亿）个地址。这个号的正式名称是组织唯一标识符（Organizationally Unique Identifier，OUI）。世界上所有生产局域网网卡的厂家从中购买一个号或一组号（一个号是 1250 美元），如 3Com 的 OUI 是 02 60 8C，Cisco 的 OUI 是 00 00 0C。

地址的后 3 个字节称为扩展标识符（Extended Identifier），由生产厂家指派。生产网卡时将 MAC 地址固化在网卡的 ROM 中。可见，计算机的 MAC 地址实际上是它所使用的网卡的地址，网卡换了，计算机的地址也就随着换了。这种 48 比特的 MAC 地址称为 MAC-48，其通用名称是 EUI-48，EUI（Extended Unique Identifier）表示扩展的唯一标识符。

IEEE 802 规定，LAN 地址字段的第一个字节的最低位表示 I/G（Individual/Group）比特，即单地址/组地址比特。当它为"0"时，表示它代表一个单播地址，为"1"时，表示它代表一个组地址。

IEEE 802 规定，LAN 地址字段的第一个字节的最低第二位表示 G/L（Globe/Local）比特，即全球/本地比特。当这个比特为"0"时，表示全球管理，物理地址是由 LAN 地址的法定管理机构统一管理的，在全球范围唯一。从生产商买来的网卡是全球管理地址。当这个比特为"1"时，就是本地管理，LAN 管理员可以任意分配本地管理的网络上的地址，只要在自己网络中地址唯一不产生冲突即可，对外则没有意义。实际上，本地管理几乎不使用。DIX 以太网没有定义 G/L 比特，总是全球管理。

以太网上传送的字节序列是先高后低，同书写和显示的顺序（自左至右）。但在每字节内部传送的比特序列是先低位后高位，如以太网地址 FC 2E 16 1A 70 8B 在以太网上传送的顺序如图 5-2 所示。

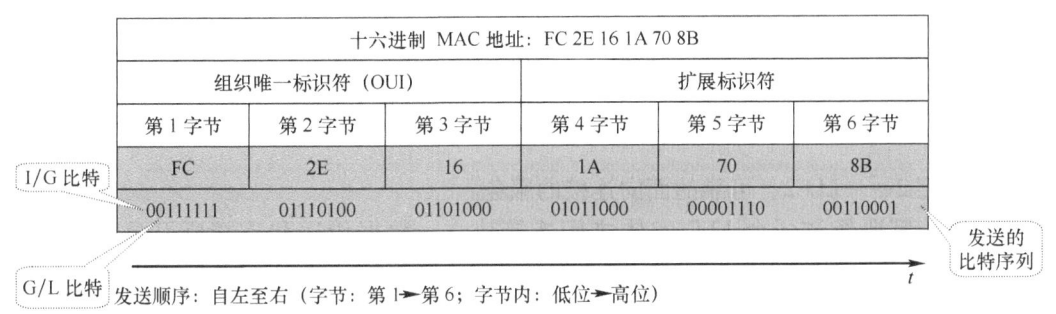

图 5-2　以太网地址在网上的传送顺序

图 5-2 中的比特序列最左边第一个 0 表示单地址，第二个 0 表示全球管理。IEEE 802.4 令牌总线也采用和以太网同样的传送顺序。但 IEEE 802.5 令牌环的传送顺序有所不同，其字节发送和以太网一样，也是先高后低，但在每个字节内部传送的比特序列的顺序却和以太网相反，是先高位后低位。

MAC-48 的 6 个字节的其他 46 个比特用来标识一个特定的 MAC 地址，46 位的地址空间可表示 2^{46} 约 70 万亿个地址，可以保证全球地址的唯一性。一个网卡用坏了，它使用的地址就随之消失，再也不出现了。

5.1.3　逻辑链路控制子层

1. LLC 寻址

LAN 的每一个站中都可能有多个进程在运行，它们是数据传输的最终的端点，它们可能同时与其他一个或多个站中的一些进程进行通信。因此，在 LLC 层上面设有多个服务访问点（SAP），以便向多个进程提供服务。

为此，在 IEEE 802 LAN 数据链路层通信中，除了 MAC 地址还定义了另一种地址——SAP 地址，作为 LLC 子层的地址，即 LLC 服务访问点，提供对网络层的接口，标识网络层的通信进程。而 MAC 地址是在 MAC 子层使用，标识 LAN 中的站点。

在 LLC 帧中，源和目的的 SAP 地址分别表示为 SSAP 和 DSAP，都是 8 比特，它们代表着网络层的通信进程，如 IP 和 Novell 的 IPX 等，0x06 和 0xE0 就分别是 IP 和 IPX 的 SAP，0xAA 是子网接入协议 SNAP 的 SAP。

有了这两种地址定义，IEEE 802 LAN 中的寻址分为两步：首先用 MAC 帧的 MAC 地址信息找到网络中的某一个站点，然后用 LLC 帧的 SAP 地址信息找到该站点网络层的某一个进程。

SAP 使得 LLC 层具有了复用功能。一个 LLC 层可以有多个 SAP，不同用户通过不同的 SAP 使用 LLC 层的服务。例如，一个站点的某用户使用 IP 协议通过一个 SAP 调用 LLC 层的服务，另外一个用户还可以使用 IPX 通过另一个 SAP 调用 LLC 层的服务。

2. LLC 层提供的服务

（1）类型 1——LLC1，不确认的无连接服务

LLC1 方式不建立连接，也不使用确认机制，不提供可靠性，实现起来非常简单，以太网就使用 LLC1 方式。

LLC1 服务可用于单播，也适合广播和多播。对于广播和多播，若要求收方都必须发回确认，会给网络造成很大的负担。

LLC1 的这种不确认服务的可靠性并不会存在多少问题，因为 LAN 的传输误码率比广域网要低得多。此时，端到端的差错控制和流量控制可以由高层协议来提供（一般是传输层）。

（2）类型 2——LLC2，可靠的面向连接的服务

每次通信都要经过两个 LLC 实体之间连接建立、数据传送和连接断开这三个过程。LLC2 还提供了差错控制和流量控制，以实现可靠的传输服务。LLC2 服务只支持单播通信。

（3）类型 3——LLC3，带确认的无连接服务

LLC3 适合于传送某些非常重要且时实性也很强的信息，如一个自动控制系统中的报警信息或控制信号等。这种情况下，如不要确认则不够可靠，但若先建立连接又嫌太慢，因此 LLC3 不建立连接而直接发送数据，但收方给予确认。

3. LLC 帧格式

IEEE 802.2 逻辑链路控制协议是参照 HDLC 协议设计的，使用了相同的帧类型和相似的帧格式。如图 5-3 所示，LLC 帧包括四个字段：

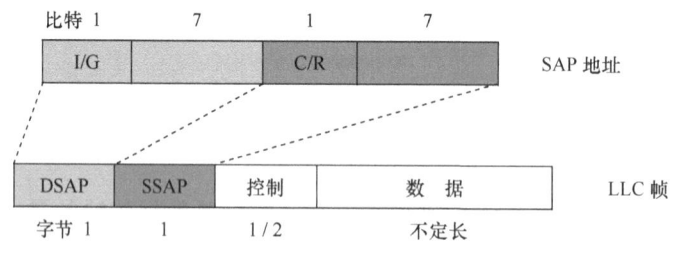

图 5-3 LLC 帧结构

① DSAP：目的服务访问点，1 个字节。DSAP 的最低位为 I/G 比特，I（Individual）表示单地址，而 G（Group）表示组地址。当 I/G 比特置为 0 时，它后面的 7 个比特表示单地址；为 1 时，表示组地址，只适用于 LLC1。若该字段全为 1，则表示广播地址，该帧发往某一个站的所有 SAP。

② SSAP：源服务访问点，1 个字节。SSAP 的最低位为 C/R 比特，C（Command）表示命令，而 R（Response）表示响应。当 C/R 比特置为 0 时，该 LLC 帧为命令帧；当 C/R

比特置为 1 时，则为响应帧。C/R 比特之后的 7 个比特是源服务访问点。

③ 控制：LLC 帧采用了 HDLC 的扩展的控制字段。和 HDLC 一样，LLC 也有信息帧、监督帧和无编号帧三种类型的帧，可以实现差错控制和流量控制。

④ 数据：长度可变。实际上，LLC 帧是封装在 MAC 帧中传输的，当 MAC 帧长受限时，LLC 帧长也是受限的。

LLC 帧是封装在 MAC 帧中传输的，LLC 帧传给 MAC 子层时，加上首部和尾部，就构成了 MAC 帧。

5.2 以太网工作原理

5.2.1 以太网技术的发展

1973 年 Robert Metcalfe 在哈佛大学的博士论文中提出了以太网通信的构想，1975 年在美国 Xerox 公司 Palo Alto 研究中心工作的 Robert Metcalfe 和他的同事 David Boggs 研制成功了以太网，如图 5-4 所示，最初的传输速率为 2.94Mbit/s，被命名为 Ethernet。后来，Robert Metcalfe 和 David Boggs 成立了 3Com 公司。

1980 年，美国 DEC、Intel 和 Xerox 公司合作，共同提出了以太网规范——"The Ethernet, A Local Area Network, Data Link Layer and Physical Specification"，这就是著名的以太网蓝皮书，也称为 DIX 1.0 版以太网规范，1982 年 DIX 以

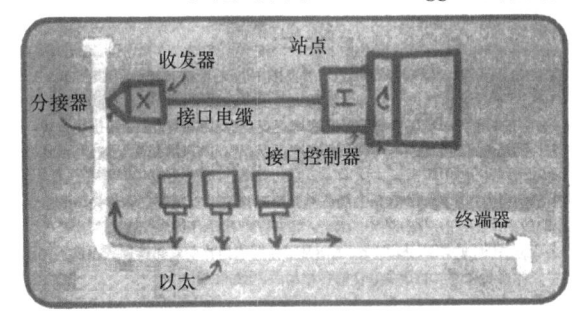

图 5-4 Robert Metcalfe 最初的以太网设计（引自参考资料 [9]）

2.0 版作为终结，称为 DIX 以太网。这是世界上第一个 LAN 规范，并使用到今天。

1983 年底，在 DIX 以太网的基础上，IEEE 802.3 10Base5 标准面世，这是 IEEE 802.3 的第一个以太网标准。1989 年 ISO 以标准号 ISO 8802.3 采纳了 IEEE 802.3 标准。自 1983 年 10Base-5 标准之后，以太网又不断发展，形成了 IEEE 802.3 以太网系列标准，成为 IEEE 802 标准中最成功的标准。

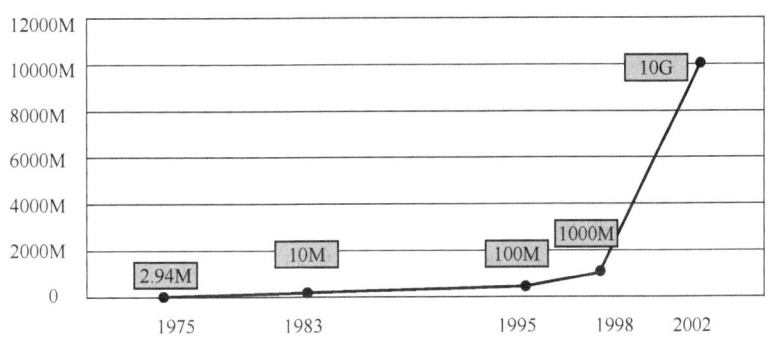

图 5-5 以太网传输速率增长（bit/s）

DIX 以太网和 IEEE 802.3 以太网在以太网发展中有着非常重大的影响。它们只有很小的差别。

以太网是局域网的主流网络。最近十年左右，以太网的传输速率从 10Mbit/s 发展到今天的 100Mbit/s、1000Mbit/s、10Gbit/s，其传输速率的增长速度超过了摩尔定律，如图 5-5 所示。另外，IEEE 802.3 以太网的发展概况见表 5-1。

表 5-1　IEEE 802.3 以太网标准

以太网标准	IEEE 规范	批准时间	速度/ （bit/s）	站/网段	拓扑结构	网段长 /m	支持的媒体
10Base5	802.3	1983	10M	100	总线型	500	50Ω 同轴电缆（粗）
10Base2	802.3a	1988	10M	30	总线型	185	50Ω 同轴电缆（细）
1Base5	802.3c	1988	1M		星形	250	100Ω2 对线 3 类
10Base T	802.3i	1990	10M	1024	星形	100	100Ω2 对线 3 类
10Broad36	802.3b	1988	10M	100	总线型	1800	75Ω 同轴电缆
10Base F	802.3i	1992	10M		星形	2000	多模光缆
100Base T （TX/T4/FX）	802.3u	1995	100M		星形	100/100/2000	2 对线 100Ω5 类/ 4 对线 100Ω3/4/5 类/多模/单模光缆
1000Base T	802.3ab		1000M		星形	100	UTP，4 对 5 类
1000Base X （CX/SX/LX）	802.3z	1998	1000M		星形	25/550/ 550/5000	屏蔽电缆/ 多模光缆/ 多/单模光缆
10GBaseR/W/X	802.3ae	2002	10G		星形	65-40k	多模/单模光缆

5.2.2　以太网媒体接入控制方式 CSMA/CD

以太网采用随机接入的 MAC 技术，称为带冲突检测的载波监听多点接入（Carrier Sense Multiple Access with Collision Detection，CSMA/CD）。它是由 ALOHA 系统和载波监听多点接入 CSMA 技术发展起来的。

1. 随机接入技术的先驱——ALOHA

夏威夷大学早期研制的 ALOHA（Additive Link On line HAwaii System）系统使分散在夏威夷岛上的各个站点都可以通过无线电自由地发送信息。1970 年 ALOHA 连入了 ARPANET，它是采用随机接入技术的无线分组网的第一例。ALOHA 是随机接入技术的先驱，以太网的发明者 Robert Metcalfe 曾经对 ALOHA 进行过调研，对他发明以太网产生了积极的影响。

ALOHA 的随机接入技术是为无线电网设计的，但它对任何共享的传输媒体都有效。ALOHA 系统中，只要某一个站点想发送信息，它就把信息发出去。

接收站收到信息后，比较自己的地址和帧的目的地址，如果相符就接收此帧。接收站还通过对帧的校验决定传输是否正确。如果正确，则发回一个确认；如果校验不正确，接收站将抛弃此帧，不发回确认。

发送站发出信息后监听一段时间，如果在规定的时间（信息的最大的往返时间）之内收到了确认，则发送成功；如果没有收到确认，则进行重传。重传策略是等待一段随机时间，然后重传。等待随机时间可以减少再次冲突的可能性。若不等待或等待相同的时间，当有两个或两个以上的站点同时重传时，会再次产生冲突。如果发送站重传多次仍然收不到确认，就放弃发送。

分隙 ALOHA（slotted ALOHA）是 ALOHA 的一种改进，可以提高 ALOHA 系统的吞吐能力。分隙 ALOHA 将所有站在时间上都同步起来，并将时间划分为一段段等长的时隙（Slot），不论帧在何时产生，只能在每个时隙开始时刻才能发送。如果产生发送冲突，冲突后的重发策略与纯 ALOHA 一样。

2. ALOHA 的改进——CSMA

CSMA 是从 ALOHA 演变出的一种改进协议，增加了发前监听的机制。

每个站在发送数据前先监听信道，如果监听到信道上有其他站发送的信号，就暂不发送。因而，CSMA 减少了发送时机的随意性和盲目性，减少了发送冲突。

早期的 ALOHA 系统，数字信号调制后用无线电发射机发送，因此网络中的各站可以监测到其他站点发出的载波。但以后的以太网，总线上传输的是基带信号，根本不存在什么载波，但习惯上人们仍称之为载波监听。

根据载波监听策略的不同，CSMA 有三种方式：

（1）非坚持 CSMA

若监听到信道空闲，就开始发送；若监听到信道忙，则等待一段随机延迟时间，重新开始载波监听。等待随机的延迟时间可以减少冲突的可能性。但由于延迟一段随机时间，很可能在再次监听之前信道就早已空闲了，不能从刚一空闲的时刻起就利用它，这又影响了信道的利用率。

（2）1 坚持 CSMA

若监听到信道空闲，就开始发送；若监听到信道忙，则一直坚持监听，直到信道空闲开始发送。1 坚持方式可以在信道刚一空闲时就开始利用，提高了利用率，但如果有两个或两个以上的站点都要发送，就会发生冲突，冲突的机会比非坚持方式增加了。

（3）p 坚持 CSMA

是非坚持和1坚持方式的折衷，若信道空闲，按概率 p 发送，按概率（$1-p$）延迟一个时间单位（一般等于最大的传播时延），然后重新开始载波监听；若信道忙，继续监听，直到信道变为空闲。p 坚持 CSMA 可根据通信量多少设定不同的概率 p，以达到较高的信道利用率。

3. CSMA 的改进——CSMA/CD

（1）传播时延仍会引起发送冲突

CSMA 在发送前先监听减少了发送冲突的机会。但是，由于传播时延的存在，冲突还是不能完全避免的。

图 5-6 表示 CSMA 总线上的两个站 A 和 B，它们之间的信号传播时延为 τ，假设距离为 1km，那么 $\tau = 5\mu s$。A 向 B 发出的数据 DATA（A）经 τ 之后才能传播到 B。因此，在 A 开始发送数据起 $0 \sim \tau$ 时间范围内，B 的载波监听检测不到 A 在发送数据，若这段时间内 B 也有数据 DATA（B）发送，它也可以发送。这种情况下必然会产生发送冲突，DATA（B）和 DATA（A）会在总线上相遇并混叠，如图 5-6 所示。可见，由于信号传播时延的存在，当两个或多个站的发送间隔在 $0 \sim \tau$ 的范围内，载波监听不起作用，CSMA 仍会产生发送冲突。

（2）CSMA/CD 工作流程

发送冲突引起的信道的浪费是可观的。
相对于传播时延，帧的发送时间还是相当大
的。例如，以 100Mbit/s 的速率发送 1500B
的数据帧，发送完一帧需要 120μs。

CSMA/CD 在 CSMA 的基础上增加了冲突
检测的功能。CSMA/CD 边发送边检测是否有
冲突发生，检测到冲突立即停止发送，这样

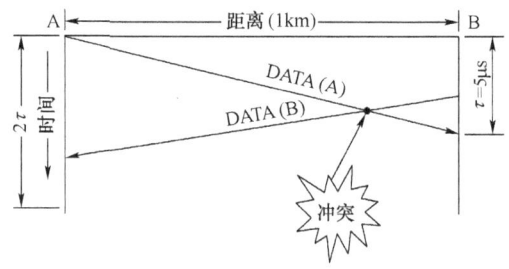

图 5-6　传播时延对 CSMA 的影响

就可以节省剩余的无意义的发送时间，因而减少了信道带宽的浪费。上述的例子中，节省的
时间为 120μs 减去冲突处理的时间。下面我们将会看到，冲突处理的时间相对于长帧的发送
时间要小得多。

CSMA/CD 的工作流程如图 5-7 所示，图中的载波监听策略即前文介绍的 3 种策略，在
以太网中采用了 1 坚持方式。CSMA/CD 的工作流程如下：

① 发前监听信道，若空闲则发送；若信道忙，转第②步。
② 一直监听直到信道空闲，开始发送数据。以上两步是 1 坚持 CSMA。
③ 边发送边检测冲突。若没有检测到冲突，发送完成；若测得冲突，停止发送，并发出一个 32 位的阻塞信号（Jam Signal），人为强化冲突，让所有的站点都知道发生了冲突。
④ 发完阻塞信号，等待一段随机时间，回退到第①步，重新开始信道接入。

若站点发送的数据量大，需连续发送多个帧时，
它传送每一帧时都需使用 CSMA/CD，这保证了所有站
点对信道的公平竞争。

在连续发送的两帧之间，站点需等待一个帧间隙
时间（InterFrame Gap，IFG），IFG 为以太网接口提供
了帧接收之间的恢复时间。IFG 设计为 96 位时，10、
100 和 1000Mbit/s 以太网 IFG 分别为 9.6、0.96 和
0.096μs。实际上，在执行上述 CSMA/CD 流程的第②
步时，当站点监听到信道空闲，还要继续等待一个
IFG，若此时信道仍然空闲才能发送数据。

（3）截断二进制指数退避算法

CSMA/CD 检测到冲突并发送完阻塞信号后要回退
等待一段随机时间，然后进行重试，即新一轮的信道
接入尝试。

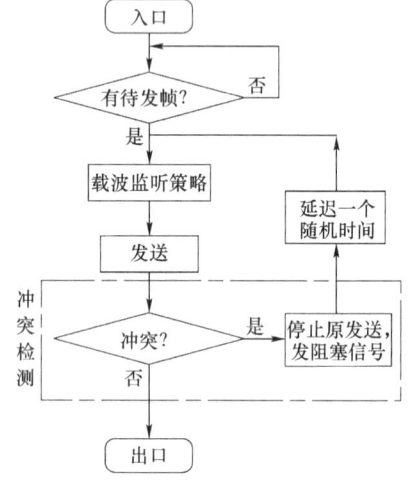

图 5-7　CSMA/CD 流程图

如何控制随机的退避时间呢？IEEE 802.3 采用截断二进制指数退避算法（Truncated Binary Exponential Back-Off）计算退避时间。

截断二进制指数退避算法如下（其中冲突次数 n 初始化为 0）：

冲突次数 $n = n + 1$

```
if   1≤n≤16
   than   m = min(n, 10)
          k 在{0,1,2,…,2^m - 1 }中随机取 1 个数
          后退时间取为 k×2τ
else if   n > 16
   than   放弃本次发送
```

在发送一帧的 CSMA/CD 中，如果冲突连续发生时，每冲突一次，冲突次数 n 增加 1。回退时间的基本单位为时槽 2τ，即 $51.2\mu s$。

当冲突发生到第 n 次，当 $1≤n≤10$，最大回退时间选为 $2^n - 1$ 个时槽，退避时间在 0、1、… 或 $2^n - 1$（共 2^i 个整数值）个时槽中随机选取。当 $n > 10$ 后，退避时间上限不再增加，到 $2^{10} - 1 = 1023$ 个时槽为止，就此截断。因此这种算法称为截断式二进制指数退避算法。当 $n > 16$ 后，即尝试了 16 次仍不能发送成功，则放弃本次发送，即重试次数 n 上限为 16。

二进制指数退避算法的基本思想是：首先，随机选取的退避时间分散了各站重发的时刻，减小了冲突发生的概率。其次，因为冲突次数越大意味着总线拥挤越严重，因此规定最大退避时间随着冲突的次数的增加而呈指数性增加，有效地减少了注入总线的数据流量，缓解了冲突的再次发生。

4. CSMA/CD 冲突过程分析

（1）冲突过程

描述 CSMA/CD 冲突过程的直观形象的方式是使用数据流的时空图，如图 5-8 所示。图中，垂直方向表示时间，向下方向为时间增长，而水平方向表示空间距离。假设总线上依次有 A、B 和 C 3 个站，它们空间分布和彼此间的距离如图 5-8 所示。其中 A 和 C 产生了发送冲突，持续时间为 t_1 至 t_9。

图 5-8b 是连续的时空图，描述了 t_1 至 t_9 继续的时间段内总线上的数据流。图 5-8a 是离散的时空图，表示了 t_1、t_2、…、t_9 9 个时刻总线上的数据流，这 9 个时刻是冲突过程的关键时间点。数据流包括站点发送的数据信号和阻塞信号（Jam）、各种冲突的信号等。图 5-8a 和图 5-8b 在同一水平线上的时间是对应相同的。

t_1 时刻：A 站监听到总线状态空，向目的 C 站开始发送数据，边发送边检测冲突。

t_2 时刻：B、C 两站都欲发送数据，此时 A 的数据已传至 B，B 监听到总线忙，暂不能发送；但 A 的数据尚未到达 C，C 监听到总线空，开始发送数据，边发送边检测冲突。

t_3 时刻：A 和 C 数据信号在总线上相遇，冲突开始。t_3 时刻后面，图中开始出现标有"冲突"的网格表示的信号流，它代表 A 和 C 的数据信号产生的冲突。

t_4 时刻：A 的信号头部传播到 C，C 的数据还未发送完，C 检测到冲突，停止发送并开始发送阻塞信号。

由 t_4 时刻，图中开始出现黑色的信号流，标有①、②和③的黑色的信号流分别表示 A 的数据和 C 的阻塞、A 的阻塞和 C 的数据以及 A 的阻塞和 C 的阻塞信号产生的冲突。

t_5 时刻：C 的信号头部传播到 A，A 站的数据还未发完，A 检测到冲突，停止发送并开始发送阻塞信号。

t_6 时刻：A 的阻塞信号发送完。

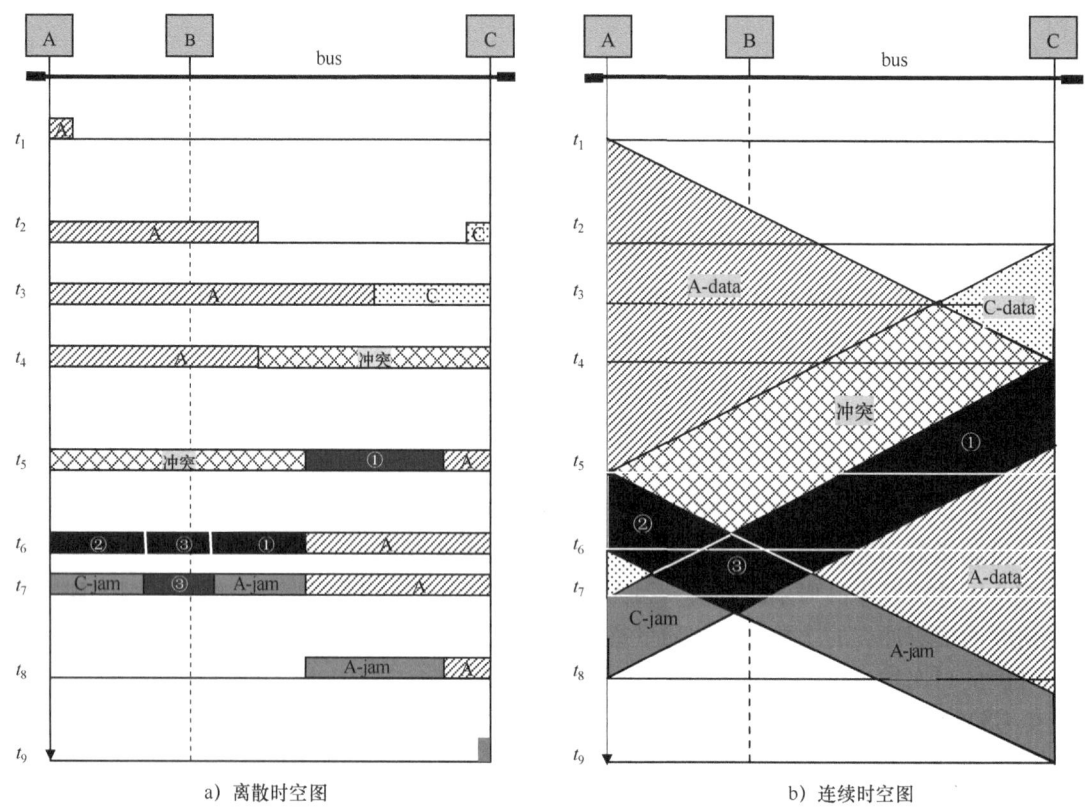

a) 离散时空图   b) 连续时空图

图 5-8   CSMA/CD 冲突过程数据流的时空图

t_7 时刻：C 的阻塞信号头部到达 A。

t_8 时刻：C 的阻塞信号尾部到达 A。

t_9 时刻：A 的阻塞信号尾部到达 C，至此冲突周期结束。

（2）冲突窗口

一个站点发送数据后的一段时间，总线上可能存在冲突并可以检测到冲突，这段时间称为冲突窗口（Collision Window），也称争用期（Contention Peiriod）。过了冲突窗口还没有检测到冲突，以后就再也不会发生冲突了。下面对冲突窗口进行分析。

结合图 5-8b，先发站 A 在 t_1 开始发送数据，信号到达 C 的时间是 A ~ C 的信号传播时间，设为 τ，$t_1 \sim t_4 = \tau$。C 经过 τ 开始能够检测到 A 的信号，时刻是 t_4，因此 t_4 之后 C 不会再发送数据，而 $t_1 \sim t_4$ C 可以发送数据。假设 C 在可以发送的最晚时刻 t_4（实际上刚刚不到 t_4）发送数据，则又经过 $t_4 \sim t_7 = \tau$ 的时间，C 的信号传播到 A，A 开始能够检测到 C 的信号，从 A 发送数据开始共经过了 $t_1 \sim t_7 = 2\tau$ 的时间。因为 t_4 之后 C 不会再发送数据，因此 A 开始发送的 2τ 之后，总线上不会再有 A 和 C 的冲突信号，A 当然不可能再检测到和 C 的冲突。

进一步，如果 C 在离 A 最远的总线一端，显然总线上任何其他站点（如 B）开始检测到 A 的信号的时间 $\tau^* < \tau$，因此 A 开始发送 2τ 之后，总线上不可能再有 A 和其他任何站点的冲突信号，A 也不可能再检测到冲突。

再进一步，如果 A 在总线另一端，也就是说 A ~ C 的信号传播时间等于整个信道的传播时间，2τ 就等于信道的往返传播时延（Round-Trip Propagation Delay），它是一个重要参数。显然，总线上的任何站点开始发送数据后，经过信道的往返传播时延 2τ（下文中，2τ 表示信道的往返传播时延），总线上不可能再有冲突信号，也不会再检测到冲突。也就是说，发送冲突信号局限在 2τ 之内，这段时间称冲突窗口。冲突窗口之后，站点就争用到了信道，不会再有冲突了。

（3）冲突占用信道的时间

如果发生了冲突，会占用（浪费）信道一段时间，这段时间最长为多长呢？由上面的分析可知，站点检测到冲突的最大时间为冲突窗口 2τ，之后又发送 32 比特的阻塞信号，发送时间设为 T_j，阻塞信号的末比特穿越信道的时间为 τ，因此冲突占用信道的最大时间为 $3\tau + T_j$。

显然，冲突占用信道的时间相对于一个帧的发送时间越小，CSMA/CD 的优越性就越大。一般情况下，$3\tau + T_j$ 比一帧的发送时间都小得多（读者可进行计算）。但对于传播时延较大的情况，如卫星信道，τ 有 100 多毫秒，若使用 CSMA/CD 效率就会很低。

5. 冲突检测方法

冲突检测主要通过网络接口的硬件来实现，网络接口可以接收总线上的信号，包括自己发出的信号。冲突检测的一种方法是：网络接口将从总线上接收的信号与自己发出的信号进行比较，检测二者是否一致。当没有冲突时，两者一致；而当冲突发生时，从总线上接收的信号是两种或两种以上的混叠信号，两者不一致。

也可以根据总线上信号电压的幅值情况进行冲突检测。冲突时总线上信号混叠会削弱部分信号，增强部分信号，增强的信号电压幅值将超过正常的信号电压幅值。

双绞线以太网采用了分离的发送和接收信号的线对，冲突是不会出现于同轴电缆上那种发送信号和接收信号的混叠，它采用一种逻辑的冲突检测方法，当接收线对和发送线对同时有信号就认为发生了冲突。

6. CSMA/CD 时槽

以太网在信道的往返传播时延 2τ 的基础上定义了时槽（Time Slot，或时隙）的概念。那么，以太网的时槽取多大值呢？

不同规模的网络 2τ 是不同的，实际上时槽定义的是最大规模以太网的往返传播时延。显然，对于小规模的网络，发送数据后在时槽之内就一定能检测到是否发生冲突。

考虑到最大规模以太网的情况：IEEE 802.3 粗缆以太网最多可以使用 4 个中继器连接 5 个网段，共 2 500m。电信号在电缆中传播速度是 1km/5μs，另外，信号在中继器等网络设备中有时延，如 10BaseT 集线器有约 2μs 的延迟，再考虑一定的安全余量，IEEE 802.3 标准将时槽取为发送 512 位的时间，称为 512 位时。对于 10Mbit/s 的数据传输速率，时槽为 51.2μs。

以太网的时槽定为 512 位时，在此期间发送站要进行冲突检测，自己必须仍在发送数据。这就要求以太网最小帧长度为 512 位，即 64 个字节。那么，以太网帧数据字段的最小长度应为 46 个字节（46 个字节加上 12B 的源、目的地址、2B 的长度及 4B 的 FCS 字段，共 64B）。当数据段长度小于 46 个字节时，应加填充字段补足，否则不能正常进行冲突检测。

CSMA/CD 检测到冲突后就停止发送数据并发送阻塞信号，这些已发送的混叠的不完整数据称为冲突碎片。由于 CSMA/CD 的冲突只能发生在 512 位时的冲突窗口范围之内，因此冲突碎片的长度小于 512 位。

7. 冲突域

冲突域（Collision Domain）指一个 CSMA/CD 以太网区域，同一个冲突域中的两个或多个站点同时发送数据就会产生冲突，CSMA/CD 在冲突域内能正常进行冲突检测，超出冲突域就不能正常工作。

以太网 64B 及以上的帧，在一个冲突域内可以保证正常地进行冲突检测。若网络跨距超过冲突域的允许范围，信号的往返传播时延超过了冲突窗口，就不能保证能够正常地进行冲突检测了。因此，冲突域限制了 CSMA/CD 以太网的最大网络跨距。

显然，时槽长度和冲突域的最大网络跨距是相对应的。10Mbit/s 以太网中，时槽规定为 512 位时，即 51.2μs，最大网络跨距为 2 000m 左右（802.3 标准粗缆以太网的最大网络跨距约为 2 500m）。100Mbit/s 以太网时槽仍定义为 512 位时，但时间却降为 5.12μs，而信号在线路中的传播时延等不变，冲突域的最大网络跨距随之降为 200m。对于 1 000Mbit/s 以太网，若时槽仍为 512 位时，则时间降为 0.512μs，冲突域的最大网络跨距随之降为 20m，这就失去了实用价值。因此，千兆以太网不得不将时槽扩大为 4 096 位时，这样最大网络跨距仍可达到可实用的 200m。

需要说明的是，上面所说的冲突域的最大网络跨距并不是一个精确的概念。因为时槽的取值留有一定的余地，因此实用中，上述不同速率以太网的冲突域的最大网络跨距是有保证的。

8. 以太网接收处理

以太网的接收处理过程和规则如下：

① 网络上的站点，若不处于发送状态则处于接收状态。当媒体上有帧在传输时，处于接收状态的站点就可以接收到帧，完整的帧和冲突碎片都会接收。

② 判断是否冲突碎片。长度小于 64B 的帧被认为是冲突碎片。若是冲突碎片，丢弃之，接收处理结束；否则进入下一步。

③ 识别目的地址。若与本站地址不符就丢弃此帧，接收处理结束；否则进入下一步。

④ 传输差错校验和处理。在接收站使用与发送站同样的生成多项式进行 CRC 校验。若校验结果与接收到的 FCS 一致，认为传输正确；若不一致，认为传输错误，丢弃该帧。

⑤ 判断是 DIX 以太网帧，还是 IEEE 802.3 以太网帧。对于长度/类型字段，如果该字段的值大于等于 0x0600，认为是 DIX 以太网帧，否则认为是 IEEE 802.3 以太网帧。

⑥ 对于传输正确的以太网帧，DIX 以太网根据类型字段的值判断出帧携带的数据属于哪一种网络层协议的数据，帧解封后将数据上交该网络层协议。若是 IEEE 802.3 以太网帧，将数据上交 LLC 子层。对于传输错误的帧，DIX 以太网只是简单的丢弃；而 IEEE 802.3 以太网丢弃并通知 LLC 子层，不同类型的 LLC 子层进行不同的差错控制处理。

9. 以太网运行参数

至此，我们可将以太网运行参数汇总于表 5-2。

表 5-2 以太网运行参数

参数（单位）	10Mbit/s	100Mbit/s	1Gbit/s	10Gbit/s
位时（ns）	100	10	1	0.1
时槽（位时/μs）	512/51.2	512/5.12	4096/4.096	—

（续）

参数（单位）	10Mbit/s	100Mbit/s	1Gbit/s	10Gbit/s
帧间距（比特/μs）	96/9.6	96/0.96	96/0.096	96/0.096
冲突重试限制（次）	16	16	16	—
冲突回退限制（次）	10	10	10	—
冲突阻塞信号（比特）	32	32	32	—
最大帧长（B）	1518	1518	1518	1518
最小帧长（B）	64	64	64	64
帧突发限制（B）	—	—	8192	—

5.2.3　以太网传输特点

CSMA/CD 媒体接入控制方式引发出以太网的一些传输特点。

（1）半双工传输方式

对于 CSMA/CD 方式，每个时刻总线上只能有一路传输，如果有两路传输就会产生冲突，但总线上的数据传输方可以是两个方向，因此，CSMA/CD 媒体接入控制方式的以太网是一种半双工传输方式。

后来 IEEE 802.3x 标准中又定义了全双工以太网。全双工以太网能够同时发送和接收数据，可以提供两倍的带宽；不再使用 CSMA/CD，网络长度不受冲突域的限制；使用和半双工以太网同样的帧格式。全双工以太网使用交换机通过点对点链路连接计算机组成，传输媒体、网络接口和交换机必须支持全双工模式。

（2）共享总线带宽

在 CSMA/CD 的一个冲突域中，每个时刻只能允许一个结点占用总线发送数据，这样，在一个以太网冲突域中，总线上的所有结点共享总线带宽，每个结点的平均带宽与总线上的结点数成反比。20 世纪 90 年代初出现的交换式以太网，隔离了冲突域，突破了共享总线带宽的限制，增加了可用带宽。

（3）传输的不确定性

在 CSMA/CD 机制，在不同的网络负荷下，可能不发生或发生发送冲突，发生冲突时冲突的次数也不相同，因而传输一帧所需要的时间不同，且难于预计，具有不确定性。对于实时性要求高的应用场合，如工业控制网络，存在一定的问题。

（4）无连接、不可靠的传输服务

在数据传输前，CSMA/CD 并不建立连接，接收方虽然进行 CRC 校验，但并不发确认帧。对校验错误的帧，DIX 以太网只是简单地丢弃。IEEE 802.3 MAC 子层丢弃并通知 LLC 子层，不同类型的 LLC 子层可以进行不同的差错处理。因此，DIX 以太网和 IEEE 802.3 MAC 子层向上层提供的都是无连接、不可靠的帧传输服务。

在 Internet 中，IP 数据报一般都使用 DIX 以太网封装，即使用 IEEE 802.3 以太网封装，使用的是逻辑链路层的 LLC1，即不确认无连接的服务。因此，以太网为 IP 数据报提供的也是无连接、不可靠的传输服务。

5.2.4 以太网信道利用率

下面我们讨论 CSMA/CD 以太网的信道利用率，假定：

① 总线上有 n 个站，每个站在一个争用期内发送帧的概率均为 p。

② 帧长均为 L（bit），数据发送速率为 C（bit/s），因而帧的发送时间 $T_0 = L/C$（s）。

假定一个帧是平均经 K 次冲突后发送成功的，那么，帧的平均发送时间 T_{av} 如图 5-9 所示。图中 2τ 表示争用期的长度，最后的 τ 是帧尾从发送站发出后到达目的站所需的时间。τ 为总线单程传播时延。

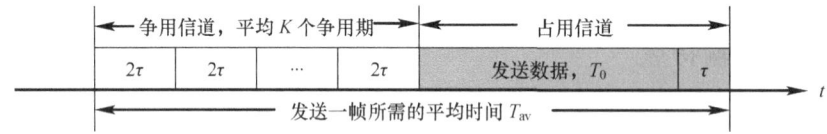

图 5-9 帧的平均发送时间

令 A_1 为在一个时槽内某一个特定的站发送成功的概率，显然：

$$A_1 = P[\text{某一个特定站点发送成功}] = p(1 - p)^{n-1} \tag{5-1}$$

那么，在一个时槽内有一个站发送成功的概率 A 为

$$A = nA_1 = np(1 - p)^{n-1} \tag{5-2}$$

显然，在一个时槽内发送失败的概率为 $1 - A$。因此，争用期为 i 个的概率：

$$P[\text{争用期为 } i \text{ 个}] = P[\text{发送 } i \text{ 次冲突但下一次成功}] = (1 - A)^i A \tag{5-3}$$

那么，平均的争用期次数即平均的帧重发次数 K 为 i 的均值：

$$K = \sum_{i=0}^{\infty} iP[\text{争用期为 } i \text{ 个}] = \sum_{i=0}^{\infty} i(1 - A)^i A = \frac{1 - A}{A} \tag{5-4}$$

由此求得以太网信道利用率 S：

$$S = \frac{T_0}{T_{av}} = \frac{T_0}{2\tau K + T_0 + \tau} = \frac{1}{1 + a(2A^{-1} - 1)} \tag{5-5}$$

其中：

$$a = \tau / T_0 \tag{5-6}$$

a 是归一化的传播时延，为总线单程传播时延 τ 与一个数据帧的发送时间 T_0 之比，是一个非常重要的参数。由式（5-5）可见，在 A 相同的情况下，当 a 减小时，信道利用率将增大。

由式（5-5），欲得到最大的信道利用率，则应该使 A 最大，将式（5-2）对 p 求极大值，即令 $dA/dp = 0$，得出：当 $p = 1/n$ 时，A 取极大值 A_{max}：

$$A_{max} = \left[1 - \frac{1}{n}\right]^{n-1} \tag{5-7}$$

当 $n \to \infty$ 时，有 $A_{max} = 1/e = 0.368$。实际上，当 n 达到十几个站以上，A_{max} 就接近极限值 0.368。表 5-3 列出了不同 n 下 A_{max} 的值以及对应的平均的帧重发次数 K 的最小值 K_{min}。

将 A_{max} 代入式（5-5）就可得到以太网信道利用率的最大值 S_{max}。图 5-10 绘出了 S_{max} 与站数 n 的关系。这里取 $2\tau = 51.2\mu s$，数据发送速率为 $C = 10\text{Mbit/s}$。图中也绘出了不同帧长度下的 $S_{max} - n$ 关系曲线。不同帧长度使得参数 a 不同。

表 5-3 不同 n 下的 A_{max} 和 K_{min}

n	2	4	8	16	32	64	128	256	512	1 024
A_{max}	0.5	0.422	0.393	0.380	0.374	0.371	0.369	0.369	0.368	0.368
K_{min}	1	1.370	1.545	1.632	1.674	1.695	1.710	1.710	1.717	1.717

应该指出的是，图 5-10 所示的 $S_{max}-n$ 关系曲线，是使 A 达到极大值 A_{max} 的条件下各站发送帧的概率均为 $1/n$ 时的曲线。为使 A 达到极大值，当站数增大时，各站发送帧的概率必须成比例地减小。图中的 S_{max} 也是一个理想化的最大值。实际情况中，$A < A_{max}$，$S < S_{max}$。

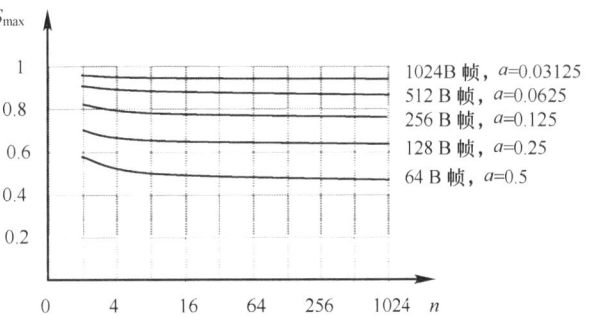

图 5-10 不同帧长下 $S_{max}-n$ 关系

当 $n \to \infty$，$p = 1/n$，$A = A_{max} = 0.368$ 时，式（5-5）可简化为

$$S_{max} = \frac{1}{1 + 4.44a} \tag{5-8}$$

式（5-8）给出的 S_{max} 是有冲突情况下的极值，由表 5-3 可知，当 $A_{max} = 0.368$ 时，平均的帧重发次数为 $K_{min} = 1.717$，即平均的帧发送次数为 2.717。

显然，如果不发生冲突，信道利用率还可以提高。由式（5-5），当 $K = 0$ 时，没有冲突发生，信道利用率达到极至 S^*。此时每次只有一个站发送帧，并且当一个帧全部到达目的地后，下一个帧马上就从某个站发出，最充分地利用了信道。这时信道利用率为

$$S^* = T_0/(T_0 + \tau) = 1/(1 + a) \tag{5-9}$$

任何协议都不可能达到比 S^* 更高的信道利用率。在随机发送的情况下，S^* 是不可能达到的。

在上述分析中，$a = \tau/T_0$ 是以太网性能分析中的一个重要参数。不难得出：

$$a = \tau/T_0 = \tau C/T_0 C = 总线单程比特长度 / 帧的比特长度 \tag{5-10}$$

式中，C 为比特率，τC 为时延带宽积，即总线的比特长度，单位为比特（见 3.2.2 节），$T_0 C$ 是以比特为单位的帧长度。一般以太网 $a = 0.01 \sim 0.1$[21]。

由式（5-10）可知，a 等于总线单程比特长度与帧长度之比，我们可从这个角度分析参数 a 对以太网性能的影响。图 5-11 是一个例子，A 站向 B 站发送数据，$a = 0.01$，帧的比特长度是总线单程比特长度的 100 倍。如果在 $t = 0$ 时开始发送一帧数据，在 $t = \tau$ 时，经过了总线单程传播时延，总线已被比特流填满，而此时一帧数据才发送了 1%；到 $t = 100\tau$ 时，一帧数据的最后一个比特送入总线，此时总线上仍填满了比特流；直到 $t = 101\tau$ 时，最后一个比特到达接收站，总线才空闲下来。可见，在 $0 \sim 101\tau$ 的传输时间中，在 $0 \sim \tau$ 和 $100\tau \sim 101\tau$ 首尾两个时间段，总线平均被比特流填满一半；而在中间的 $\tau \sim 100\tau$ 的很长的时间段里，总线都被比特流填满，占了很大的比例，因此总线有很高的利用率。

如果 a 增大，如图 5-12 所示，$a = 4$，总线单程比特长度是帧比特长度的 4 倍，虽然这是一个不合理的数据，但却容易说明问题。在 $t = 0$ 时开始发送一帧数据，在 $t = T_0$ 时，一帧数据的最后一个比特送入总线，此时总线上只有前 1/4 有比特流；到 $t = 4T_0$ 时，一帧数据的

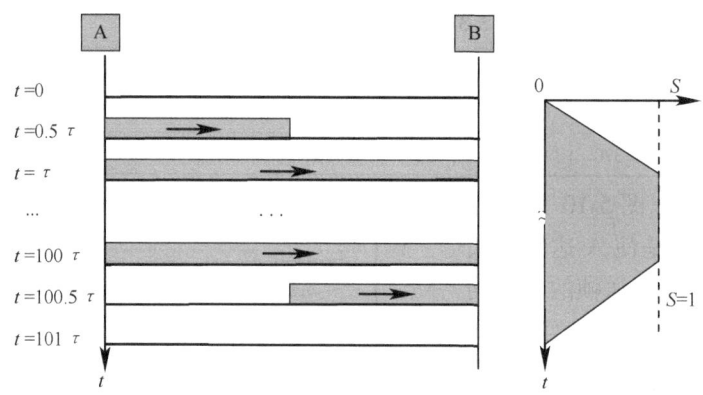

图 5-11　$a = 0.01$ 时总线利用率

第一个比特到达 B，直到 $t = 5T_0$ 时，最后一个比特到达 B。这种情况下，在 $0 \sim T_0$ 和 $4T_0 \sim 5 T_0$ 的首尾两个时间段，总线上平均只有 1/8 有比特流；在中间的 $T_0 \sim 4 T_0$ 时间段，总线上 1/4 有比特流，总线利用率大大降低。这里我们没有考虑传输前争用总线占用的时间。

　　可见，在其他条件不变时，a 越小，总线的利用率越高，可以达到的吞吐量越大。

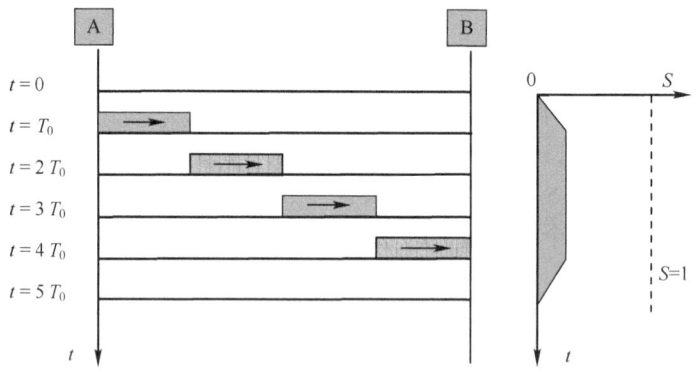

图 5-12　$a = 4$ 时总线利用率

5.2.5　以太网帧格式和数据封装

1. 以太网帧格式

IEEE 802.3 以太网的帧格式如图 5-13 所示。DIX 以太网与 IEEE 802.3 以太网帧格式基本一样，主要区别是"长度/类型"字段。另外，DIX 以太网帧的数据字段也不封装 LLC 帧。

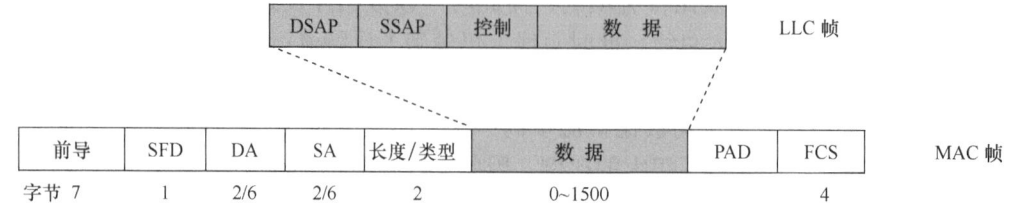

图 5-13　IEEE 802.3 以太网帧格式

① 前导码（Preamble）：7 个字节，每个字节均为 10101010B。

② 帧起始定界符（Start Frame Delimiter，SFD）：1 个字节，即 10101011B。

前导码和 SFD 作为前同步信号，引导接收站建立起接收同步。前导码和 SFD 由 MAC 子层产生，前导码经曼彻斯特编码后为周期性方波，接收站的解码器锁定到接收的信号，建立起位同步。当收到与前导码不同的 SFD，指示一帧有效信息的开始，起到帧同步的作用。

以太网帧不使用帧结束定界符，当总线上载波消失，信道空闲，网络接口检测不到信号，就可判断一帧结束。

DIX 以太网的前 8 个字节一起称为前导码，各字节的规定与 IEEE 802.3 以太网的前导码和其后的 SFD 是一样的，作用也一样，只是叫法不同，没有实质的区别。

③ 目的地址（Destination Address，DA）：指定帧到达的目的站点，2 或 6 个字节的 MAC 地址。

④ 源地址（Source Address，SA）：2 或 6 个字节的 MAC 地址，指明信息源地址。

以太网目的地址和源地址遵循 IEEE 802 关于 LAN 的 MAC 地址的格式（见 5.1.2 节）。

⑤ 长度/类型：2 个字节，指明数据字段的长度（以 B 为单位）或数据的协议类型。

这个字段在 DIX 以太网标准中只定义为类型字段，也是 2 个字节。它指明数据字段中携带哪种网络层协议的数据。以太网中各协议的代码均为大于 1 500（IEEE 802.3 最大数据长度）的值，如 IP、ARP 和 Novell 的 IPX/SPX 的代码分别为 0x0800，0x0806 和 0x8137。

旧的 IEEE 802.3 标准只将这个字段定义为长度字段。为了适应技术的发展，1997 年后新的 IEEE802.3 标准将它修改为长度/类型字段。当它的值大于等于 1 536（0x0600）时为类型，否则为长度，这样就不会发生混淆。1997 年制定的全双工以太网标准中使用了类型字段。类型字段现由 IEEE 管理。

类型字段使得 DIX 以太网和上层协议绑定起来，使得以太网可以为多种网络层协议提供传输服务。在发送方，多种上层网络层协议可以复用（Multiplexing）一个以太网发送数据，帧的类型字段指明上层协议。在接收方，以太网根据接收的帧的类型字段决定将数据送给网络层的哪一个进程，这一过程称为解复用（Demultiplexing）。

但 IEEE 802.3 以太网使用长度字段时无法标识封装的高层数据的协议类型，但这一问题必须解决，将在下一节介绍。

除长度/类型字段，DIX 和 IEEE 802.3 以太网的其他字段定义都一样，它们的帧都可被以太网接口传送，接收站点对此字段有不同的解释。

⑥ 数据字段：0～1 500B，是 LLC 层准备好的字段。因此以太网帧总长最大为 1 518（6 + 6 + 2 + 1 500 + 4）B。

⑦ 填充字段 PAD：CSMA/CD 为了保证正常进行冲突检测，限制数据字段不小于最小值 46B（46 = 64 - 18），当小于它时用 PAD 填充补齐。

⑧ 帧检验序列（FCS）：4 个字节。对除前导码和 SFD 以外的字段使用 CRC 校验，生成多项为 CRC-32。

2. 以太网数据封装

（1）子网接入协议（SNAP）

IEEE 802.3 以太网使用长度字段时无法标识其数据字段封装的网络层 PDU 的协议类型，有两种解决方案。

一种方案是由 LLC 帧头部中的服务访问点（SAP）实现，通过 SAP 标识网络层协议，前面已经讲到。这种方案用于 IEEE 802 体系，只适用于和 IEEE 802.2 兼容的网络层软件，它们规定了 SAP。

另一种方案用于为 DIX 以太网开发的一些网络层软件，它们要求有一个类型字段。为此，IEEE 802.2 定义了一个 5 个字节的子网接入协议（SubNetwork Access Protocol，SNAP），嵌入到 IEEE 802.3 帧的数据字段的前部，用来标识所携带数据的协议类型，称为隐式帧类型（Implicit Frame Type）。而 DIX 以太网通过帧的类型字段进行标识，称为显式帧类型（Explicit Frame Type）。

SNAP 共 5 个字节，前 3 个字节为标识不同组织的代码 vendor code，后 2 个字节为标识协议类型的 local code。SNAP 中之所以使用了 vendor code，是考虑允许多个组织自行定义协议类型，vendor code 一般使用 MAC 地址中的组织唯一标识（OUI）。

若组织代码全为 0，指规定 DIX 以太网协议类型的标准化组织，接下来 2 个字节的类型字段则与 DIX 以太网的类型字段完全一样。这样，为 DIX 以太网开发的网络层软件就可以兼容 IEEE 802.3 以太网帧。

（2）以太网数据封装

DIX 以太网和 IEEE 802.3 以太网数据封装的格式有所不同。以太网帧最常用的就是封装 IP 数据报，图 5-14 给出了 IP 数据报等在以太网帧中的封装格式，其中图 5-14a 和图 5-14b 分别是 DIX 以太网和 IEEE 802.3 以太网的封装格式，它们分别由 RFC894 和 RFC1042 ［均为因特网标准］定义。最常用的是 DIX 以太网的封装，TCP/IP、IPX 等一般使用这种形式的封装。

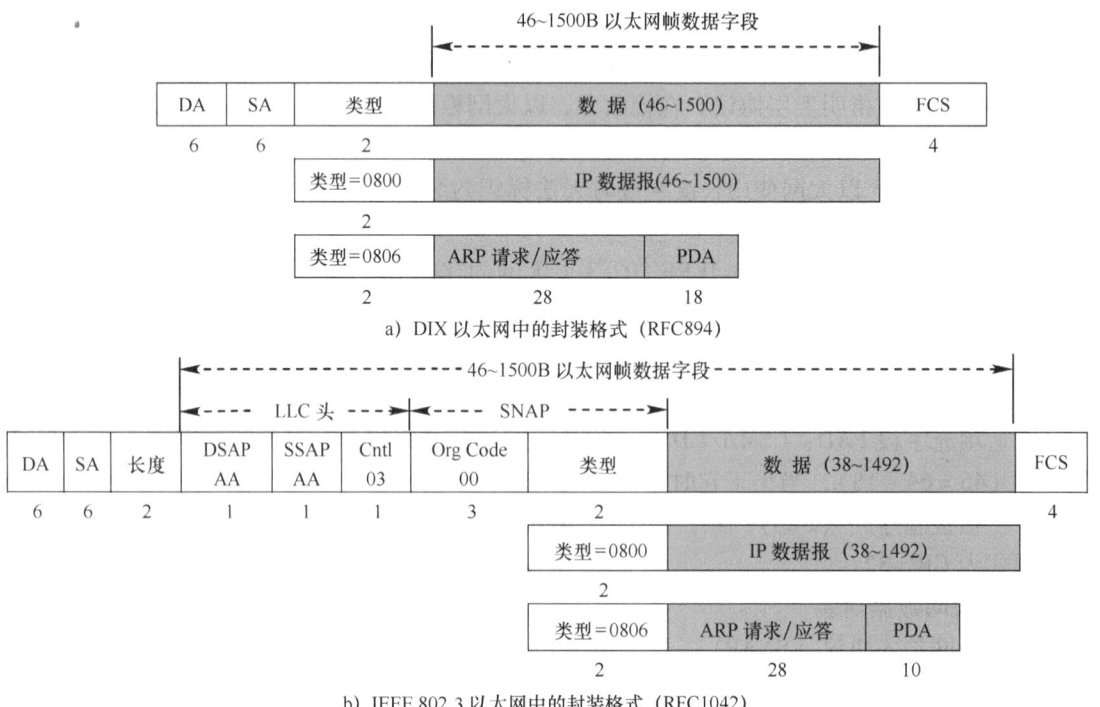

图 5-14　IP 数据报在以太网中的封装

图 5-14a 的 DIX 以太网数据封装中，IP 数据报直接放在帧的数据区，类型字段置为 0x0800，封装地址解析协议（ARP）报文时，类型字段为 0x0806。图 5-14b 中，IEEE 802.3 以太网封装 IEEE 802.2 LLC 帧，LLC 帧 3 个字节的帧头后面的数据区先是 5 个字节的 SNAP，其后是 IP 数据报。LLC 帧头的 DSAP 和 SSAP 都置为 0xAA，表示是 SNAP PDU，控制字段置为 0x03，表示是 802.2 LLC 1 不确认无连接服务。后面使用 SNAP，组织代码全置为 00，指规定 DIX 以太网协议类型的标准化组织，下面 2 个字节的类型字段的值与 DIX 以太网的类型字段的值完全相同。

5.3 传统以太网

5.3.1 物理层

图 5-15 中包含了 IEEE 802.3 10Mbit/s 以太网的物理层结构，它包括以下三部分：

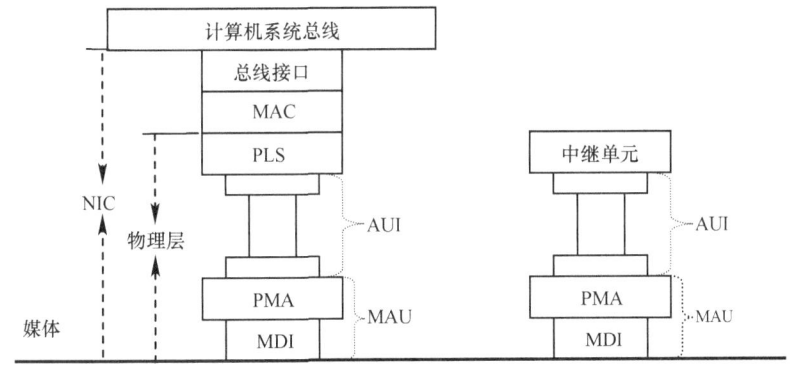

图 5-15 10Mbit/s 以太网物理层、网络接口卡和中继器

（1）媒体连接单元（Medium Attachment Unit，MAU）

MAU 也称为收发器（transceiver），包括物理媒体连接（Physic Medium Attachment，PMA）子层和媒体相关接口（Medium Dependent Interface，MDI），在计算机和传输媒体之间提供机械和电气的接口，物理层的各个部分只有 MAU 与媒体相关。MAU 的主要功能如下：

- 连接传输媒体：MDI 实际上是连接传输媒体的连接器，媒体不同，MDI 也不同。例如，UTP 以太网的 MDI 为 RJ-45 连接器。
- 信号发送与接收：发送时将曼彻斯特编码信号向总线发送，提供发送驱动；接收时从总线接收曼彻斯特编码信号。
- 冲突检测：检测总线上发生的数据帧冲突。
- 超长控制：当发生故障时，站点有可能向总线连续不断地发送无规律的数据使其他站点不能正常工作。为此，对发送数据帧的长度设置一个上限，当检测到某一数据帧超过此上限时，就认为该站出现故障，自动禁止该站的发送。

（2）物理层信号（Physic Layer Singnaling，PLS）

PLS 的主要功能如下：

- 编码解码：发送时，将由 MAC 子层送来的串行数据编为曼彻斯特编码并通过收发器电缆送到 MAU；反之，接收接入单元接口（AUI）送来的曼彻斯特编码信号并进行解码，然后以串行方式送给 MAC。
- 载波监听：确定信道是否空闲，载波监听信号送给 MAC 部分。

（3）连接单元接口（Attachment Unit Interface，AUI）

AUI 接口连接 PLS 和 MAU，AUI 上的信号有四种：发送和接收的曼彻斯特编码信号、冲突信号和电源。

以上是 IEEE 802.3 物理层的层次结构，具体的实现依不同的 10Mbit/s 以太网有所不同。

5.3.2 网络接口卡

计算机是通过网卡接入以太网的，网卡的全称为网络接口卡（Network Interface Card，NIC），又称为网络适配卡或通信适配器。图 5-15 给出了 10Mbit/s 传统以太网接口卡的逻辑结构，它主要涉及 IEEE 802.3 以太网的物理层和 MAC 子层，包括以下五个部分：

① 媒体接入单元（MAU）。

② 物理层信号（PLS）。

③ 连接单元接口（AUI）。

以上三个部分属于 IEEE 802.3 以太网的物理层，前面已经讲过。

④ MAC 子层 属于 IEEE 802.3 的数据链路层，主要有如下功能：

- 数据的封装与解封。
- 实现发送和接收数据的并—串和串—并转换，它与 PLS 之间传送串行数据。
- 帧的定界和寻址处理，接收的目的地址不匹配的帧将被丢弃。
- 媒体接入控制：实现 CSMA/CD 媒体接入控制协议。
- 差错校验：发送时，生成 FCS；接收时，校验 FCS。

⑤ 计算机总线接口 用于和计算机连接，如 PCI 总线接口。

网卡使用超大规模集成电路。以太网物理层和 MAC 子层的功能主要由芯片直接实现。有的芯片甚至还提供对 LLC 功能的硬件支持。

在粗缆以太网中，收发器作成一个独立的外置式的部件，而其他部分做在网卡上，AUI 称为收发器电缆，它将网卡和收发器相连接，它两端有 15 针的 D 型 AUI 连接器。而细缆和双绞线以太网的收发器一般是内置的，将收发器集成在网卡上，网卡也包括了收发器的功能，因而也就不需要收发器电缆。

粗缆网卡上有 AUI 接口以便和收发器电缆相连，如果连接细缆或双绞以太网，网卡上安装 BNC 接头或 RJ-45 插座，通过它们直接连入网络。

每个 NIC 都被赋予一个唯一的物理地址（MAC 地址），存储在 ROM 中，作为访问其他结点的源地址和被其他结点访问的目的地址。

5.3.3　中继器和集线器

单个以太网网段的长度是有限制的，限制来自信号有限的电磁波能量在电缆上的传输过程中会不断地衰减。当以太网的跨距或网络上的站点数量超过一定数量时，中途需要对传输信号进行恢复，这可以通过中继器（Repeater）来实现。中继器工作在 IEEE 802.3 的物理层，接收、恢复并转发物理信号，以扩展以太网。

中继器与物理层对应的逻辑结构如图 5-15 右图所示，它包括了 MAU、AUI 以及中继单元。中继器的每个端口都有一个 MAU，负责接收和发送信号，在信号转发之前，中继器还要进行信号的放大、整形。中继单元控制信号的转发过程。MAU 一般嵌入在中继器内部。

中继器能扩展以太网，但中继器不检测数据流的头部信息，也没有缓存功能，只是接收、再生并转发物理信号。当一个网段中产生冲突时，中继器照样将它转发到其他网段。使用中继器扩展以太网受到 CSMA/CD 冲突域最大跨距的限制。

中继器至少有两个端口。早期同轴电缆中继器多为两个端口。多个端口的中继器即多口中继器，可以连接多个网段。多口中继器在双绞线以太网中通常称为中继式集线器，或简称集线器（Hub）。集线器可以使每个端口只与一个站点相连，形成信号的点对点传输，使以太网形成星形结构。虽然形式上是星形结构，但逻辑上是总线结构，因此被称为星形总线（Star-Shaped-Bus）。

5.3.4　传统以太网及其连网方式

传统 10Mbit/s 以太网现在已不使用，但现在的高速以太网技术，也是在传统以太网的基础上发展起来的。

1.　粗缆以太网 10Base5

第 1 个 IEEE 802.3 以太网标准是 10Base5 粗缆以太网（Thick Wire Ethernet，Thicknet）。10Base5 的含义如下："10"表示信号在媒体上传输率为 10Mbit/s，"Base"表示传输基带信号，"5"表示每一段电缆的最大长度为 500m。10Base5 使用型号为 GR11 直径为 1cm、特征阻抗为 50Ω 的粗同轴电缆作为传输媒体。

计算机要接入粗缆以太网，要使用 MAU、收发器电缆和网卡，如图 5-16 所示。单段粗缆以太网的最大长度为 500m，最多可接 100 个站点。每个粗缆段两端都有一个阻值为 50Ω 功率为 1W 的电阻构成的终端器（Terminator），一端的终端器接地。终端器吸收端点的电信号，不产生反射，避免反射信号的干扰。使用中继器连接，最多可使用 4 个中继器扩展到 5 个网段，网络跨距可达 2 500m。

2.　细缆以太网 10Base2

为了降低 10Base5 的安装成本和复杂性，出现了使用细同轴电缆作为传输媒体的 10Base2 细缆以太网（Thin Wire Ethernet，Thinnet）。10Base2 中的"2"意思是每个网段的最大距离接近 200m，实际为 185m。使用中继器连接可扩展到 5 个网段，网络跨距 925m。

3.　光纤以太网 10BaseF

10BaseF 中的"F"表示光纤，10BaseF 使用一对光纤作为传输媒体，它将曼彻斯特编码的电信号转变为光脉冲传输。10BaseF 定义了 3 个具体的标准。

4.　双绞线以太网 10BaseT

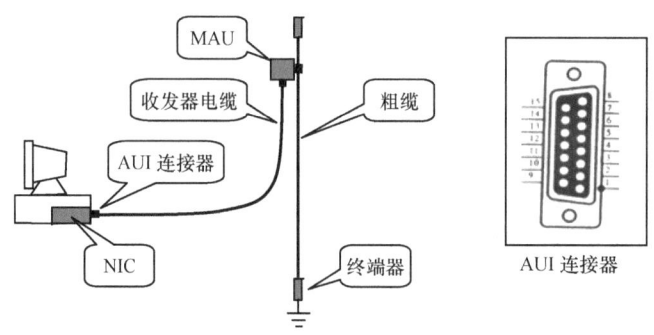

图 5-16　10Base5 粗缆以太网

10BaseT 双绞线以太网（Twisted Pair Ethernet）引发的星形布线结构是以太网发展中的重大进展，线路的设计安装类似普通的电话系统并可同时进行。

10BaseT 中的"T"的意思是传输媒体使用双绞线，一般是 UTP，8 芯，每芯直径在 0.5mm 左右，两两绞在一起，成 4 对。为了识别方便，线芯标有不同的颜色。

一个最基本的 10BaseT 以太网如图 5-17 所示，所有的站点都通过 UTP 点到点连接到一个集线器上，形成一个以集线器为中心的星形结构。受媒体传输频率特性的限制，集线器和每个站点之间的 UTP 电缆最大距离规定为 100m。

计算机和集线器的连接方式是通过 RJ-45 连接器相连，如图 5-18 所示。RJ（Registered Jack）表示已注册的连接器。hub 上都带有若干个（如 8/12/16/24/48 等）RJ-45 插座，10BaseT 以太网卡上也装有一个 RJ-45 插座，每段 UTP 电缆两端各带有一个 RJ-45 插头，这样就可方便地把一台计算机连入 10BaseT 以太网。RJ-45 与 UTP 的连接一般采用 TIA/EIA（电信工业协会/电子工业协会）的 568B 标准。

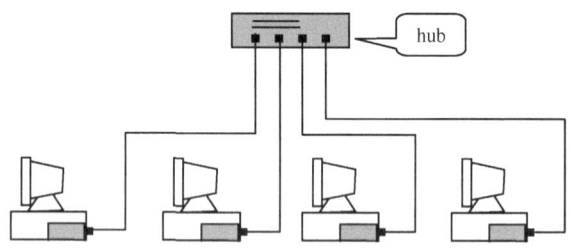

图 5-17　10BaseT 以太网连网示意图

双绞线以太网也可以进行扩展，扩展方法主要有 hub 间的级连和堆叠。

图 5-19 是使用 2 个 hub 级连的例子。10BaseT 级连在每一条通路上保持了 4 个 hub 5 个网段的能力。hub 与 hub

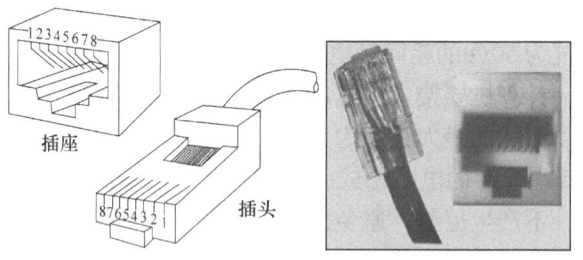

图 5-18　RJ-45 连接器

之间以及 hub 与计算机之间 UTP 的最大长度都是 100m。hub 级连扩展了网络的跨距，也扩大了网络连接的站点数。

图 5-20 表示 hub 堆叠的结构，多个 hub 的底板总线连接到一起，逻辑上可以视为一台 hub，它们的端口都连到公共的总线上，任何一个 hub 的任一个端口传来的信息帧，均通过底板总线传到其他所有端口，它们共享 10Mbit/s 的带宽。堆叠的 hub 数量一般为 4～8 个，所能连网的站点总数等于每台 hub 上连接的站点数的和。hub 堆叠只是扩展 10BaseT 以太网连接的站点数量，并不能扩展网络跨距。可堆叠 hub 上专门设有 hub 堆叠的连接接口，用专

用的电缆把几台 hub 连接在一起。

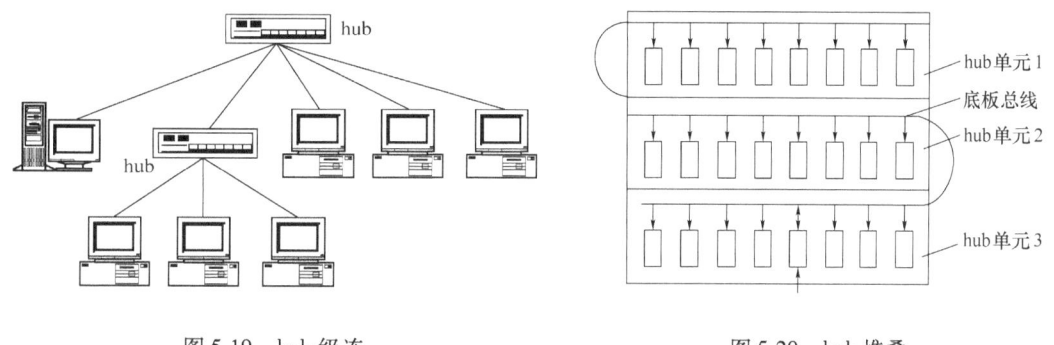

图 5-19　hub 级连　　　　　　　　　　图 5-20　hub 堆叠

　　通过级连和堆叠扩展双绞线以太网，最大网段数和站点数均为 1 024，在一个冲突域中。

　　10BaseT hub 的使用改善了以太网可靠性，也使网络便于管理与维护。hub 若检测到两个或多个端口都接收到信号，将向所有端口（包括接收信号的端口）发出阻塞（Jam）信号，以通知其他站点。hub 可以检测、隔离并指示故障端口，如果发现某一端口连接的网段上出现故障，hub 可以将发生故障的端口和其他部分自动隔离开来，以使网络中的其他部分正常工作。

5.4　高速以太网

　　1995 年 100Mbit/s 以太网出台，当时称为快速以太网（Fast Ethernet），1998 年开发出千兆以太网，2002 年万兆以太网又问世了，以太网速度的提升一次次超过了摩尔定律，牢牢地占据着主流 LAN 的地位。

5.4.1　100BaseT

1. 100BaseT 的特点

100BaseT 是 10BaseT 以太网标准的 100Mbit/s 版，与 10BaseT 一样，要求使用集线器形成星形拓扑结构。它的 IEEE 标准是 IEEE 802.3u。

　　100BaseT 的特点可以从 MAC 子层和物理层两个方面说明：

　　（1）MAC 子层

　　100BaseT 保持了与 10Mbit/s 以太网同样的 MAC 子层，使用同样的 CSMA/CD 协议和相同的帧格式，使用同样的基本运行参数：最大帧长 1518B，最小帧长 64B，重试上限 16 次，后退上限 10 次，时槽 512 位时，阻塞信号 32 位，IFG 96 位。

　　因为 100BaseT 传输速率是原以太网的 10 倍，因此，100BaseT 512 位时的时槽变为 5.12μs，这使得 100BaseT 冲突域的最大跨距也差不多减小了 10 倍，减小到 200m。

　　（2）物理层

　　100Mbit/s 的传输速率使得 100BaseT 的物理层结构有了较大的变化：

　　①　100BaseT 以太网物理层与 10Mbit/s 以太网物理层的结构有所不同，图 5-21 左边画出了 10Mbit/s 以太网的物理层以便对照，右边画出了 100BaseT 的物理层结构。

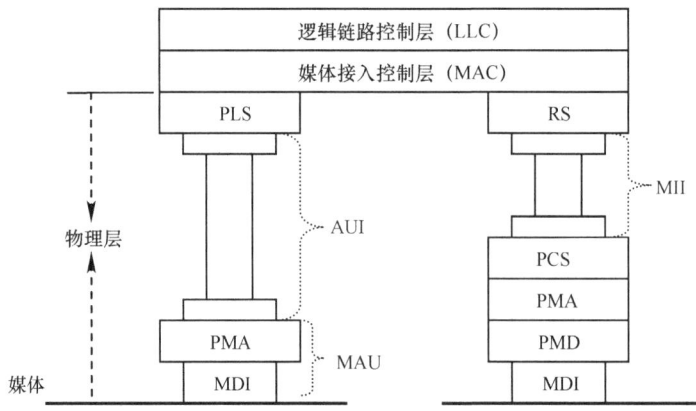

图 5-21　100BaseT 物理层（右）和 10Mbit/s 以太网物理层（左）

由图 5-21 可知，100BaseT 以太网物理层包含的部分及其主要功能如下：

- 媒体无关接口（Medium Independent Interface，MII）：逻辑上与 10Mbit/s 以太网的 AUI 接口对应。MII 的发送和接收由 AUI 的一位串行传输改为半字节宽（4 位）的并行传输，使发送和接收时钟减小到 1/4，即 25MHz。MII 使用 40 针 D 型连接器，电缆最大长度 0.5m。但收发器常常嵌入网卡和中继器内部，不使用 MII 连接器，只是通过 MII 进行芯片级互连。由于速率增加，AUI 很难推广到 100Mbit/s，千兆和万兆以太网的媒体无关接口又都做了相应的改进。

- 协调子层（Reconciliation Sublayer，RS）：在 MAC 之下增加了 RS 是出于这样一种考虑：MAC 应是一个保持不变的标准的以太网实体（MAC 定义了以太网的 "DNA"）。因此，增加 RS 这个垫片在 MAC 的串行接口和 MII 的半字节宽的并行接口之间进行转换。

MII 和 RS 使 MAC 可以连接到不同类型的物理媒体上。以下四个部分则相当于收发器：

- 物理编码子层（Physical Coding Sublayer，PCS）：提供数据编码和解码功能。这里的编码主要是 4B/5B 块编码。而在千兆和万兆以太网中，分别是 8B/10B 和 64B/66B 块编码。

- 物理媒体连接（Physical Medium Attachment，PMA）：实现与上层之间的串行化（发送时）和逆串行化（接收时）服务接口，另外 PMA 还从接收信号中分离出用于对接收到的数据进行位同步的时钟信号。

- 物理媒体相关（Physical Medium Dependent，PMD）：主要功能是向媒体发送/接收信号。发送时要将来自 PMA 的信号进行线路编码，提供发送信号的驱动。例如 100BaseTX 5 类 UTP 物理规范，使用一种称为多电平发送 3（MLT-3）的线路编码规则将来自 PMA 的信号转换为在 UTP 上传输的电信号。接收时 PMD 子层要进行相反的处理。

- 媒体相关接口（Medium Independent Interface，MDI）：规定 PMD 和媒体之间的连接器，比如 100BaseTX 的 RJ-45 连接器。

② 100BaseT 标准包括 4 个不同的物理层规范，支持多种媒体。

③ 不再采用统一的曼彻斯特编码，不同的物理层标准使用不同的编码方式，因此编码

解码功能也就放在与媒体相关的收发器中实现。

④ 增加了 10/100Mbit/s 自动协商功能。

⑤ 定义了 Ⅰ 类和 Ⅱ 类两种类型的中继器。

后面的四个特点我们将逐步进行介绍。

2. 100BaseT 的物理层规范

100BaseT 标准包括 4 种不同的物理层规范：100BaseTX、100BaseT4、100BaseT2 和 100BaseFX，前 3 种使用 UTP，网段最大长度 100m；100BaseFX 则使用光纤。但后 3 种目前很少使用。

（1）100BaseTX

100BaseTX 是使用 5 类 UTP 的快速以太网，100BaseTX 产品 1994 年年初就上市了，比其他物理层标准要早，它是 100BaseT 中使用最广泛的一种。

100BaseTX 与 10BaseT 有许多相似之处。它们都使用双绞线的两对线芯，一对用于发送，另一对用于接收，但 100BaseTX 的其他两对线芯不能做它用，以避免其他信号引起干扰。100BaseTX 与 10BaseT 最大网段长度均为 100m，但 10BaseT 可使用 3 类 UTP，而 100BaseTX 使用 5 类 UTP，也可使用 IBM 的 1 型 STP。100BaseTX 的 MDI 使用和 10BaseT 相同的 8 针 RJ-45 连接器，但在 100BaseTX 中，插座必须是 5 类的。

100BaseTX 不再采用 10BaseT 的曼彻斯特编码方式，否则码元的波特率就会达到 200M baud，NIC 的成本会大大增加。

100BaseTX 采用 4B/5B-MLT3 编码。发送时，由 MII 传过来的 4B 数据块由 PCS 编为 5B 码块。以太网帧的前导序列的第一个字节用 5B 控制码元中的一个码流开始标志符所替代，在帧的最后加上一个码流结束标志符，起到帧定界的作用。5B 的空闲（idle）码元，用来在 IFG 期间持续发送，而不转入物理的空闲状态。这些码元都是数据码元中没有的。

100BaseTX 使用一种称为多电平发送 3（MLT-3）的线路编码规则将 5B 编码编为在双绞线上传输的物理信号。MLT-3 使用正、负和零 3 种电平。当输入的 5B 码为 "0" 时，MLT-3 的输出电平不变；当 5B 码为 "1" 时，MLT-3 的输出电平改变，若前面的电平为正或负就输出零，若前面的电平为零，就输出与上一个非零电平相反的电平。

（2）100BaseT4

100BaseT4 是使用 3 类（或以上）UTP 的快速以太网，使用 4 对双绞线传输，其中 3 对用来传输数据，1 对用作冲突检测的接收信道。100BaseT4 给已经使用 3 类 UTP 安装了 10BaseT 以太网的用户迁移到 100Mbit/s 带来了方便。

100BaseT4 使用 8B/6T-NRZI 编码方式。用 8 位二进制/6 位三进制编码，三进制编码对应着 3 种电平信号。6 位三进制可表示 $3^6 = 729$ 种码，其中的 256 种表示 8 位二进制码。100Mbit/s 的数字信号用 8B/6T 编码后电信号的速率为 $100M \times 6/8 = 75M$ baud，它又以循环方式分送到 3 对线上传输，每对线上电信号的波特率仅为 25M，因此可以使用 3 类 UTP 传输。

（3）100BaseT2

100Base T2 设计成在 3 类 UTP 或更好的 UTP 的 2 对信号线上传送 100Mbit/s 的信号。为了在 2 对 3 类 UTP 上传输 100Mbit/s 的信号，100BaseT2 使用了非常复杂的编码方式。

（4）100BaseFX

100BaseFX 一般使用一对 $62.5/125\mu m$ 的 MMF，在半双工模式下，站点间连接距离不超过 412m。当工作在双工模式下，最大连接长度可达到 2000m。

100BaseFX 使用 4B/5B-NRZI 编码方法。

100BaseFX 的 MDI 推荐使用 SC（Subscriber Connector）连接器，也可使用与 10BaseFX 相同的 ST（Straight Tip）连接器及 FDDI 光纤媒体接口连接器（Media Interface Connector, MIC）。

3. 100Mbit/s 以太网扩展

100BaseT 标准定义了两种类型的中继器：Ⅰ 类和 Ⅱ 类。Ⅰ 类中继器可以连接采用不同编码技术的媒体类型，在输入端口对信号进行解码，其他端口转发时再进行编码。Ⅱ 类中继器只能连接采用相同编码技术的媒体类型。比如，Ⅰ 类中继器可以在 100BaseTX 和 100BaseT4 之间中继信号，而 Ⅱ 类中继器则不能，但它可以中继 100BaseTX 和 100BaseFX 的信号，它们都使用 4B/5B 编码。

100BaseT 以太网规定：当传输媒体长度达到冲突域的最大跨距时，系统只能使用一个 Ⅰ 类中继器或两个 Ⅱ 类中继器。铜缆网段最大长度为 100m，光纤网段的最大长度为 412m。表 5-4 给出了不同情况下网络最大跨距的数值。

表 5-4　100BaseT 最大网络跨距　　　　　　　　　　（单位：m）

中继器类型	铜　缆	光　纤	混 合 媒 体
无中继器，计算机点对点连接	100	412	不使用
1 个 Ⅰ 类中继器	200	272	260（100m TX 加 FX）
1 个 Ⅱ 类中继器	200	320	308（100m TX 加 FX）
2 个 Ⅱ 类中继器	205	228	216（105m TX 加 FX）

表 5-4 的最后一行，2 个 Ⅱ 类中继器之间的网段为 5m，因此总长度为 205m。如果计算机和中继器间长度小于 100m，那么中继器之间的长度也可以多于 5m。

另外，100BaseT 以太网也可以通过堆叠扩展，以连接更多的站点。

4. 10/100Mbit/s 自动协商模式

100BaseT 问世以后，RJ-45 连接器连接的 UTP 上传输的不再是单一的 10Mbit/s 信号，10BaseT，100BaseTX，100BaseT4 都使用 RJ-45 连接器。

IEEE 设计了自动协商（Auto-Negotiation）模式，使用该模式的 hub 和 NIC 能自动把它们的速度调节到最高的公共水平。

自动协商功能位于物理层中的较低层次，在图 5-21 所示的 100Mbit/s 以太网物理层结构中，它相当于 PMD 之下的一个模块。

自动协商是链路初始化时进行的一种准静态的机制，在正常运行期间不能动态地改变链路性质。它工作在点到点链路上而不是整个网络。具有自动协商模式的 NIC 和 hub 等设备，在上电、人为或故障后重启时发送一个称为快速链路突发脉冲（FLP）的序列给链路的对方，前面的比特用于时钟同步，后面 16 比特为链路代码字（LCW），包含了自己的链路类型及流量控制配置等信息。链路另一端的自动协商模式设备能够识别 FLP，协商选择双方都具备的最优的工作模式并进入工作状态。FLP 每 16ms 重复一次，直至协商完成。

链路类型协商的优先级由高到低是：100BaseT2 全双工、100BaseTX 全双工、100BaseT2 半双工、100BaseT4、100BaseTX 半双工、10BaseT 全双工、10BaseT 半双工。

可见，自动协商功能协商的内容包括 10M/100Mbit/s 线路速率、全双工/半双工模式。另外，自动协商功能也支持不使用/使用全双工以太网的流量控制。

5.4.2　千兆以太网

1. 千兆以太网的特点

千兆以太网的数据传输速率为 1000Mbit/s（1Gbit/s），又称吉比特以太网（Gigabit Ethernet）。

千兆以太网支持半双工和全双工模式，大部分工作在全双工模式。目前千兆以太网的大部分应用是做园区网（如校园、厂区等）的高速主干网，使用全双工模式。

千兆以太网与其前代 10Mbit/s 和 100Mbit/s 以太网相比，在 MAC 子层和物理层主要有如下特点：

（1）MAC 子层

半双工千兆以太网使用了与 10Mbit/s 和 100Mbit/s 以太网相同的帧格式和基本相同的 CSMA/CD 协议，包含了原 CSMA/CD 的基本内容，但做了修改：

①　与 10Mbit/s 和 100Mbit/s 以太网相同的帧格式和基本相同的 CSMA/CD 协议：最大帧长 1518B，最小帧长 64B，重试上限 16 次，后退上限 10 次，阻塞信号 32 位，帧间间隔 IFG 96 位等。

②　时槽增大到 4096 位时，如果保持 10Mbit/s、100Mbit/s 以太网 512 位时的时槽不变，千兆以太网的最大网络跨距将减小到 20m，失去了实用价值。为此，千兆以太网标准将时槽从 512 位时增大到 4096 位时，最大网络跨距仍可达到 200m。

③　为了使短帧（64B）的传输与大的时槽协调，千兆以太网增加了载波扩展措施。

④　为了改善短帧的传送效率，千兆以太网标准又增加了帧突发的功能。

（2）物理层

千兆以太网物理层和 100Mbit/s 以太网结构和功能相似，如图 5-22 所示（各个部分的功能说明参看 5.4.1 节）。1Gbit/s 的传输速率使得物理层有了如下变化：

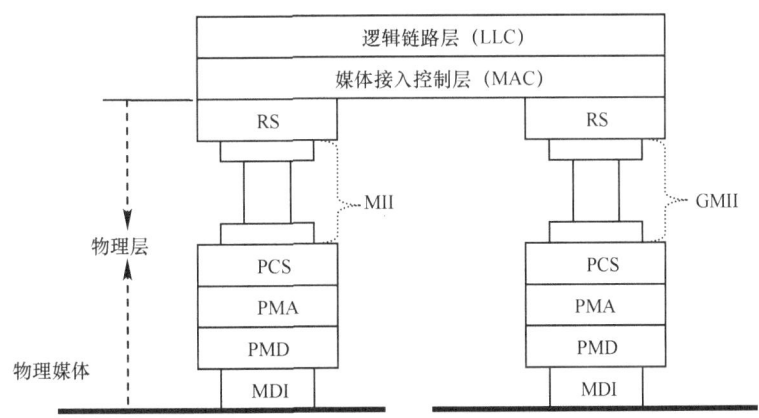

图 5-22　千兆以太网物理层（右）和 100BaseT 物理层（左）对照

①　MII 扩展为千兆位媒体无关接口（GMII）。GMII 的发送和接收数据宽度由 MII 的 4 位增加到 8 位，使用 125MHz 的时钟就可实现 1 000Mbit/s 的数据速率。GMII 不支持连接器

和电缆，只是内置做 IC 和 IC 之间的接口。

② 包括多个不同的物理层规范，支持不同类型的光纤和铜缆。

③ 主要使用 8B/10B-NRZ 编码方式，物理层 10B 的码流首尾使用数据码元中没有的码流开始标志符和码流结束标志符，它们起到帧定界的作用。一个 8 位二进制码组编成一个 10 位二进制码组，产生 25% 的编码开销，千兆数据率产生 1.25G 波特的发送信号。

④ 千兆以太网组网只能使用一个中继器。

2. 千兆以太网物理层标准

IEEE 制定的两类千兆以太网物理层标准 802.3z 和 802.3ab，分别是 1000BaseX 光纤和 1000BaseT 双绞线千兆以太网的标准：

（1）1000BaseX

包括 3 种不同的媒体：

● 1000BaseLX：长波长光纤网段，基于波长为 1270 ~ 1355nm 的长波长光纤激光传输器，可使用 MMF 和 SMF。

● 1000BaseSX：短波长光纤网段，基于波长为 770 ~ 860nm 的光纤激光传输器。使用 MMF。

● 1000BaseCX：使用铜媒体，高质量的 STP。

（2）1000BaseT

定义使用 4 对 5 类 UTP，在最长 100m 的距离上支持千兆以太网。为了在 4 对 UTP 上达到 1000Mbit/s 的比特率，IEEE 802.3ab 委员会使用一种称为脉冲幅度调制 PAM-5 的编码方法。超 5 类和 6 类 UTP 运行 1000BaseT 更为合适。

千兆以太网各种物理层在半双工和全双工模式的链路长度限制汇总于表 5-5 中。

表 5-5 千兆以太网各种物理层的链路长度限制 （单位：m）

物理层标准	50μm MMF 半双工/全双工	62.5μm MMF 半双工/全双工	10μm SMF 半双工/全双工	150ΩSTP 半双工/全双工	5 类 UTP 半双工/全双工
1000BaseSX	110/550	110/275			
1000BaseLX	110/550	110/550	110/5000		
1000BaseCX				25/25	
1000BaseT					100/100

表 5-5 中，1000BaseCX 的链路长度只有 25m 是受传输媒体自身的限制，高速信号传输会有很大的衰减。除它之外，半双工模式下链路长度的 2 倍即是冲突域最大跨距。

3. 载波扩展（Carrier Extension）

千兆以太网标准将时槽增大到 4096 位时，但仍维持最小帧长 64B 不变。如果将最小帧长改变，在使用网络设备互连不同速率的以太网时，对短帧要进行重构，造成麻烦。

千兆以太网中最小帧长的传输时间远小于时槽，不能正常进行冲突检测。为了使最小帧长与大的时槽协调，以保证正常进行冲突检测，千兆以太网在 MAC 子层定义了载波扩展机制。

在发送长度小于一个时槽的短帧时，载波扩展功能使用非数据信号进行扩展，使得载波信号在网络上保持 4096 位时的长度。对于长度为 46 ~ 493B 的数据字段，载波扩展的长度为 448 ~ 1B。载波扩展的帧如图 5-23 所示。

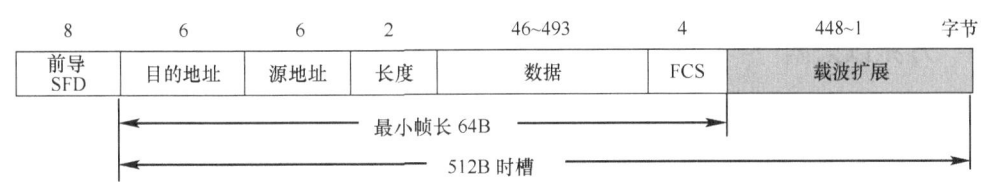

图 5-23 载波扩展

虽然载波扩展位不是帧的有效成分，但也要进行冲突检测，检测到冲突时也会停止发送并发出阻塞信号，然后执行回退重试算法。

若接收方收到的帧长度小于一个时槽，则作为冲突碎片丢弃，即使帧前面的有效部分是完整正确的，只是在载波扩展部分发生了冲突，此帧也要丢弃。因为此时发方因检测到冲突要进行重传，收方会收到重复帧，而以太网协议不能处理接收重复帧的情况。

千兆以太网在全双工模式下不使用 CSMA/CD，因此也不需要载波扩展。

4. 帧突发（Frame Bursting）

载波扩展扩大了冲突域，但在传送短帧时带来了额外的开销，影响了效率。为了改善短帧的传送效率，千兆以太网在 MAC 子层又定义了帧突发的机制。

帧突发机制如图 5-24 所示。发方被允许连续发几个帧，其中第一个帧按 CSMA/CD 规则发送。如果第一个是短帧，必须发送载波扩展位直至发送时间满一个时槽。若该帧发送成功，发方就可继续发其他帧直至发完数据或达到一次帧突发的最大长度限制。帧突发机制规定，连续发送的最大长度为 8K（8192）B。

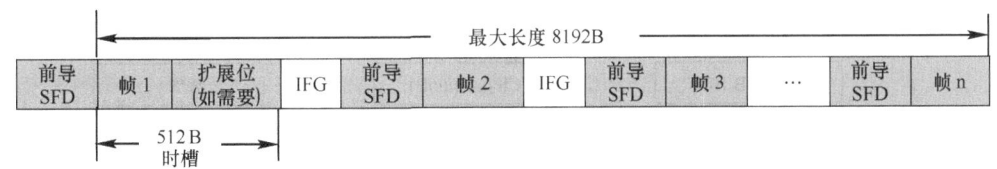

图 5-24 帧突发

发方为了连续占有信道，用 96 比特载波扩展填充 IFG，其他主机在 IFG 期间仍然会侦听到载波，发送主机成功发送第一个帧后不会再遇到冲突，可连续进行发送。后续发送的各个帧，不必再进行冲突检测，因此即使是短帧也不必再进行载波扩展。

可见，连续发送多个短帧时，帧突发机制改善了载波扩展引起的传输效率低这一问题。

5. 1000BaseX 自动协商

1000BaseT UTP 千兆以太网支持 UTP 自动协商功能，对 10BaseT 和 100BaseT 向后兼容以太网数据速率。

1000BaseX 光纤千兆以太网也具有自动协商功能，与 UTP 的自动协商不同，其特点是：

- 只用于配置 1000BaseX 类型，包括半双工/全双工模式和流量控制方式，后者包括：不使用/一个方向非对称方式/另一个方向非对称方式/对称方式。1000BaseX 只支持 1000Mbit/s 的数据传输速率，不需要数据速率的协商。
- 是物理编码子层（PCS）的一个功能，使用 8B/10B 编码中的控制码元组合传递自动协商的信息，不再使用 UTP 自动协商的快速链路突发脉冲（FLP）。
- 重新定义了 16 比特的交换信息的格式，不再包含 FLP 中标明链路类型的比特，只包含配置双工模式和流量控制方式的比特，支持非对称/对称的流量控制方式。

5.4.3　万兆以太网

1. 万兆以太网的特点

万兆以太网（10 Gigabit Ethernet）又称 10 吉比特以太网，特点如下：

- MAC 子层仍使用 IEEE 802.3 帧格式，维持其最大、最小帧长度。
- 不再使用 CSMA/CD MAC 方式，只定义了全双工方式，因此万兆以太网突破了 CS-MA/CD 冲突域的限制，进入了 MAN 和 WAN 的范畴。
- 在通用网的指导思想下，定义了两种物理层：LAN 物理层和 WAN 物理层，都使用光纤。
- 采用点对点连接，支持星形以太网拓扑和结构化布线技术。
- 万兆以太网的物理层与千兆以太网物理层结构相似，如图 5-25 所示。不同的是，GMII 变为万兆位媒体无关接口（XGMII），它是一个 74 位信号宽度的接口，发送与接收用的数据路径各占 32 位，XGMII 把 MAC 层与物理层相连。另外对于 WAN 物理层 10GbaseW，增加了广域网接口子层（WAN Interface Sublayer，WIS）。

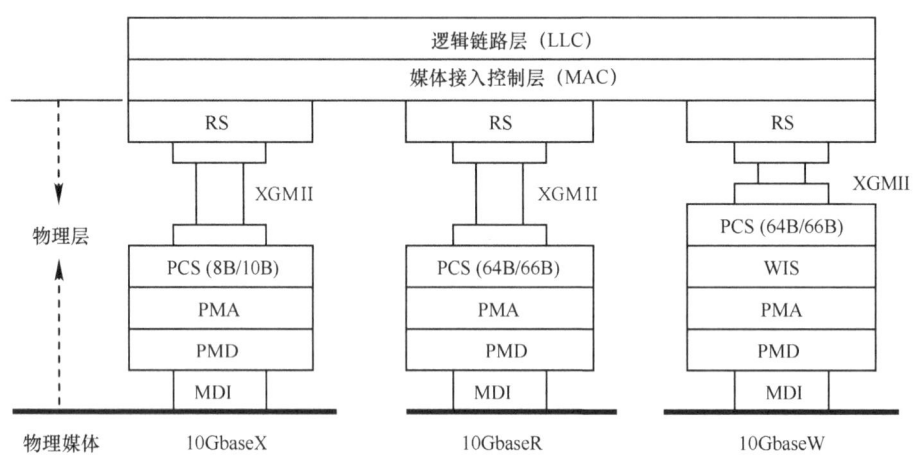

图 5-25　万兆以太网物理层

2. 万兆以太网物理层标准

目前定义了三种万兆以太网物理层标准：

（1）10GbaseX

LAN 类型的物理层，使用与光纤的 1000BaseX 相对应的物理层标准，物理编码子层（PCS）中使用与 1000 BaseX 相同的 8B/10B 编码。数据传输速率为 10Gbit/s。

10GbaseX 只包含一个规范：并行的 LAN 物理层 10GbaseLX4。为了达到 10 Gbit/s 的速率，使用稀疏波分复用（CWDM）技术，在 1310nm 波长附近以 25nm 为间隔并列地配置了 4 对激光发送器/接收器，组成了 4 条通道。为了保证每条通道的速率达到 2.5Gbit/s，每条通道的 10B 码的码元速率为 3.125Gbaud。采用并行物理层技术的好处是，将原来速率很高的比特流拆分成多列，PCS 和 PMA 子层的处理速度降低，因而降低了对器件的要求。

10GbaseLX4 使用 MMF 和 SMF 的传输距离分别为 300m 和 10km。

（2）10GbaseR

串行的 LAN 类型的物理层，使用 64B/66B 编码，相比千兆以太网的 8B/10B 编码，它产生的编码开销由 25% 降到 3.125%。数据传输速率为 10 Gbit/s。

10GbaseR 和下面要讲到的 10GbaseW 都属于串行的物理层技术，串行方式是指数据流发送接收直接进行，不拆分，66B 码的码元速率高达 10.3125G 波特。串行技术在逻辑上比并行技术简单，但对物理层器件的要求更高。

10GbaseR 包含 3 个规范：10GbaseSR、10GbaseLR 和 10GbaseER，分别使用 850nm 短波长、1310nm 长波长和 1550nm 超长波长。10GbaseSR 使用 MMF，传输距离一般为几十米，10GbaseLR 和 10GbaseER 使用 SMF，传输距离分别为 10km 和 40km。

（3）10GbaseW

串行的 WAN 类型的物理层，采用 64B/66B 编码，使用与 SDH/SONET 基本一致的帧格式以及与 OC-192c 相同的 9.58464 Gbit/s 的数据传输速率。10GbaseW 可以对 SDH/SONET 基础设施提供访问能力，以太网可以将 WAN 传输主干上的 SDH/SONET 作为其传输网，利用了原有的投资。

10GBaseW 包含三个规范：10GbaseSW、10GbaseLW 和 10GbaseEW，分别使用 850nm 短波长、1310nm 长波长和 1550nm 超长波长。10GbaseSW 使用 MMF，传输距离一般为几十米，10GbaseLW 和 10GbaseEW 使用 SMF，传输距离分别为 10km 和 40km。

要实现万兆以太网和 OC-192c 帧格式和数据传输速率的转换和适配，在 10GbaseW 的物理编码子层（PCS）和物理媒体接入（PMA）子层之间，加入了一个可选的 WIS。WIS 包含一个 SDH/SONET 帧编制器，它将以太网的数据流转化为 SDH/SONET 帧格式传输。

MAC 层 10Gbit/s 的数据传输速率与 OC-192c 的 9.58464Gbit/s 数据传输速率不相同，因此要通过调整以便与稍慢的 OC-192c 相匹配。有多种调整方法，比如在 XGMII 接口发送"hold"信号，MAC 层在一个时钟周期停止发送。

10GbaseW 并不和 SDH/SONET 的帧格式完全兼容，在 SDH/SONET 帧结构的基础上进行了简化，不支持 SDH/SONET 帧某些段开销和线路开销，用 0 来填充。

万兆以太网的 LAN 类型的物理层，并不意味着只用于 LAN，它也可用于 WAN。命名为 LAN 类型和 WAN 类型物理层的原因是前者更适合支持原来基于以太网的业务和应用，而后者适合以现有的 WAN 中的 SDH/SONET 作为传输网。

除了上述 3 种物理层标准外，IEEE 正在制定一项使用铜缆的称为 10GbaseCX4 的万兆以太网标准 IEEE 802.3ak，可以在同轴电缆上实现 10Gbit/s 的数据传输速率，提供数据中心的以太网交换机和服务器群的短距离（15m 之内）10Gbit/s 连接的经济方式。10GbaseT 是另一种正在研究的万兆以太网物理层，通过 5/6 类双绞线提供 100m 以内的 10Gbit/s 传输链路。

3. 万兆以太网应用

万兆以太网物理层支持多种光纤类型，IEEE 802.3ae 任务组选定的 PMD、使用的光纤类型、传输距离和应用领域见表 5-6。表中 PMD 包括了多种激光波长的 PMD 发送源设备。

目前万兆以太网主要在企业网、园区网和城域网中作主干网，还可以通过万兆以太网将众多的企业网、园区网等 LAN 通过 SDH/SONET 实现广域的高速连接。

万兆以太网在 MAN 主干网方面有着很好的前景。首先，带宽 10Gbit/s 足够满足现阶段以及未来一段时间内城域骨干网带宽需求。其次，40km 的传输距离可以满足大多数城市 MAN 的覆盖范围。再有，万兆以太网作为 MAN 骨干可以省略骨干网的 ATM 或 SDH/SONET

链路，简化网络设备，使端到端传输统一采用以太网帧成为可能，省略传输中多次数据链路层的封装和解封装以及可能存在的数据包分片。另外，以太网端口的价格也有优势。

表5-6 万兆以太网 PMD、光纤类型、传输距离和应用

PMD	光纤类型	传输距离	应 用
850nm 串行	$50/125\mu m$ MMF	65m	数据中心
1310nm CWDM	$62.5/125\mu m$ MMF	300m	企业网、园区网
1310nm CWDM	$9.0\mu m$ SMF	10km	园区网、城域网
1310nm 串行	$9.0\mu m$ SMF	10km	园区网、城域网
1550nm 串行	$9.0\mu m$ SMF	40km	城域网、广域网

5.5 交换式以太网

5.5.1 简介

以太网的 CSMA/CD 媒体接入控制方式给以太网带来下述问题：

- 众多的站点处于一个冲突域中，冲突域中的各站点共享公共传输媒体，在任何给定时间内，只能有一个工作站发送信息。
- 各站点共享网络固定的网络带宽，如果网上共连接了 n 个站点，那么每个站点平均分享到的带宽只有总带宽的 $1/n$，网络系统的效率会随着结点数的增加而大大降低。
- 由于冲突域最大跨距的限制，难以构造较大规模的网络。

20 世纪 90 年代初出现了以太网交换机（Switch），也称为交换式集线器（Switching Hub）。由交换机连接的交换式以太网能增加以太网的带宽和规模，同时又能与传统的电缆线和网络适配卡协调工作，因而可以保留已有的网络基本设施。

交换机是由网桥（Bridge）发展而来的，技术上非常类似网桥，使用新的名字主要是市场的原因。网桥 1984 年就开始进入市场，用于连接扩展 LAN。早期的网桥一般只有两个端口，连接两个 LAN 网段，就象一座桥连接两段路一样。而交换机有多个端口，而且它的功能由网桥的基于软件转向基于先进的专用集成电路 ASIC 硬件，转发速度大大加快，交换机本质上是一个高速的多口网桥（Multiport Bridge），它们都工作在数据链路层的 MAC 子层，每个端口都包含一个 MAC 实体，但不使用 MAC 地址。

5.5.2 网桥

1. 工作原理

网桥一般有两个端口，桥接两个网段。每个端口有一块网卡，有自己的 MAC 子层和物理层。图 5-26a 中所示的网桥，其端口 1 与网段 A 相连，而端口 2 连接到网段 B。

网桥工作在数据链路层的 MAC 子层，其基本功能是在不同 LAN 网段之间转发帧，转发中不修改帧的源地址。网桥从端口接收所连接的网段上传输的帧，先存于缓冲区中。若此帧未出现传输差错而且目的站属于其他网段，根据目的地址通过查找存有端口-MAC 地址映射的桥接表，找到对应的转发端口，将帧从该端口发送出去；否则，就丢弃此帧。而在同一个网段中通信的帧，网桥不进行转发。

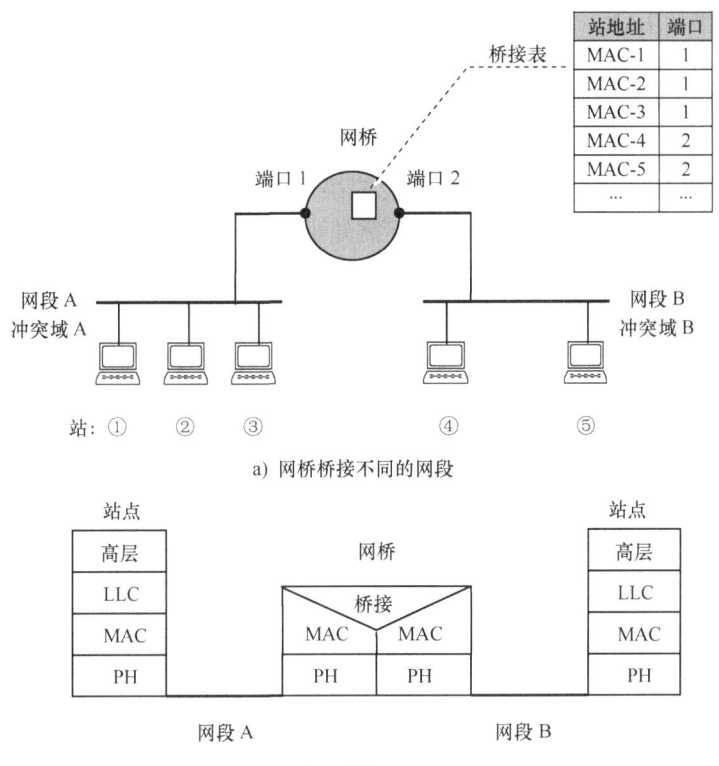

a) 网桥桥接不同的网段

b) 网桥工作在 MAC 层

图 5-26　网桥工作原理

以图 5-26a 为例，设网段 A 的三个站①、②和③的 MAC 地址分别为 MAC-1、MAC-2 和 MAC-3，而网段 B 的两个站④和⑤的 MAC 地址分别为 MAC-4 和 MAC-5。若端口 1 收到站① 发给站④的帧，目的地址为 MAC-4，查找桥接表后知道 MAC-4 所在网段连接在端口 2，属 于向不同的网段上传输的帧，若此帧没有传输差错，就将它经端口 2 转发到网段 B。若网桥 的端口 1 收到站①发给站②的帧，根据桥接表知道此帧属于同一网段上传输的帧，网桥就不 转发，将它丢弃。

网桥和中继器、集线器都能扩展局域网，但网桥工作在更高的层次，主要特点是：

- 工作在 MAC 子层：如图 5-26b 所示，网桥要检查帧的 MAC 地址，并据此查找桥接 表，进行帧的转发。
- 进行帧过滤减少了通信量：同一个网段上各工作站之间的通信量不会经过网桥传到 LAN 的其他网段上去，仅局限于本网段之内。
- 隔离了冲突域，扩大了网络跨距：帧过滤功能使得由网桥连接的以太网的不同网段 上同时传送数据时不会产生冲突。例如，图 5-26a 网段 A 上的站①和网段 B 上的站 ④同时发送数据，站①发给站③，站④发给②，则帧分别在网段 A 和 B 上传送，不 会冲突。可见，网桥每个端口所连接的网段各属于一个独立的冲突域。图 5-26a 中的 网段 A 和 B，就被分隔为两个独立的冲突域，使整个网络跨距不受以太网冲突域最 大跨距的限制。
- 可连接不同类型的 LAN：中继器和集线器只能连接同一类型的 LAN，而网桥可以连接不同类型的 LAN，比如以太网、令牌总线网和令牌环网等。这种网桥要复杂一些，它需要进行帧格式的转换。

2. 地址学习

常用的连接以太网的网桥是透明网桥（Transparent Bridge），其标准是 1990 年的 IEEE 802.1d 或 ISO 8802.1d。透明网桥由网桥自己来决定路由选择，而 LAN 上的各个站都不介入路由选择。透明的意思是 LAN 上的每个站不需知道（也不知道）所发送的帧将经过哪几个网桥。透明网桥上电后就可以工作，无需管理人员干预，属于即插即用设备。

网桥是依据网桥中的桥接表作出路由选择决定的。一个网桥刚刚连接到 LAN 上时，其桥接表是空的。显然，网桥暂时还无法做出转发决策。此时网桥若收到一个帧，就采用洪泛法（Flooding）转发它，即向除上游端口（接收此帧的端口）以外的所有端口转发。这样进行下去就一定可以使该帧到达其目的站。

网桥在转发过程中通过学习将其桥接表逐步建立起来，学习的方法是逆向学习法（Backward Learning）。例如图 5-26a 的情况，假定网桥收到从端口 1 发来的帧，从帧中得知源站的地址为 MAC-1。于是，网桥就可以推论出，在相反的方向上，只要以后收到发往目的地址 MAC-1 的帧，就应当由端口 1 转发出去。于是就将地址 MAC-1 和端口 1 作为一个表项登记在桥接表中，如图 5-26a 中桥接表的第 1 行所示。这样，在转发过程中通过学习就把桥接表逐步建立起来。

LAN 的拓扑可能会发生变化。为了使桥接表能动态地反映出网络的最新拓扑，可以在登记一个表项时将帧到达网桥的时间也记录下来。网桥中的软件周期性地扫描桥接表，只要是在规定的时间（例如几分钟）之前登记的表项，则予以清除，重新学习。

5.5.3 交换机

交换机（2 层交换机）本质上是一个多口网桥，工作在 MAC 子层。交换机也通过学习生成并维护一个包含端口- MAC 地址映射的交换表，并根据交换表进行帧的转发。

交换机的多个端口可以并行地工作，可以同时接收从不同端口上发来的信息帧，又能将信息帧转发到许多其他端口上。这一过程展示在图 5-27a、b 中，从图中可以看出，从端口 A、B、C 和 D 发来的帧同时分别传到端口 F、E、G 和 H。交换机和网桥一样，可以避免发生在集线器中那种多个站点同时发送时产生的冲突。

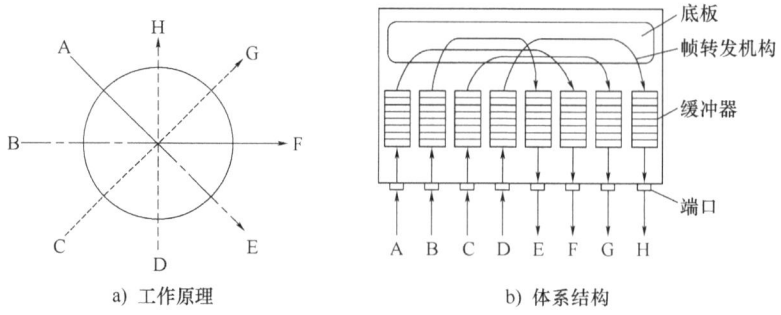

a) 工作原理   b) 体系结构

图 5-27 交换机

网络交换机的总带宽通过每个端口增加的可用带宽来确定。n 个端口数据传输率为

RMbit/s的以太网交换机最大可提供 $0.5 \times n \times R$Mbit/s 的总带宽，当 n 增大时，总的网络带宽也随之增大。而 n 个端口数据传输率为 RMbit/s 的集线器只能提供 RMbit/s 的带宽。例如，16 个端口的 100Mbit/s 快速以太网交换机最大可提供 800Mbit/s 的总带宽。可见，网络交换机突破了共享带宽的限制。

网络交换机由四个基本部分组成：端口、端口缓冲器、帧转发机构和底板体系，底板也称母板，其基本体系结构如图 5-27b 所示。

端口的速度有 10Mbit/s、100Mbit/s 和 1000Mbit/s 等，支持不同数据率，端口类型视具体产品设计而定。

端口缓冲器提供缓冲能力，特别是在同时具有不同速率的端口时，交换机的缓冲器会起很大作用。由高速的端口向低速端口转发数据，必须有足够的缓冲能力。

帧转发机构在端口之间转发信息。有三种类型的交换机转发机构：

① 存储转发交换（Store-Forward）：在数帧发送到一个端口之前先全部存储在内部缓冲器中，交换机的延迟时间等于整个帧的传输时间。存储转发类型交换机要进行差错校验，能滤掉传输有问题的帧。

② 直通交换（Cut-Through）：查看到帧的目的地址就立即转发，因此帧几乎可以立即转发出去，从而使延迟时间大大缩短。但它把目的地址有效的所有信息帧全部转发出去，包括有差错的帧，不进行差错校验。

③ 无碎片交换（Fragment-Free）：结合上述两种类型交换机的优点，其作法是只暂存查看帧的前 64B，如果是有冲突的帧，冲突碎片小于 64B，就立即舍弃，否则就转发。它不进行差错校验，无法查出有差错的帧。转发的效率和速度是前两种方式的折中。

如果要求高的速度和低的等待延迟，则直通型交换机是最好的选择类型；如果需要好的效率，则存储转发类型较好；而无碎片交换型是一折衷的选择。

底板体系结构是交换机内部的电子线路，在端口之间进行快速数据交换，有总线交换结构、共享内存交换结构和矩阵交换结构等不同形式。

交换机的底板传输速率可以决定它支持的并发交叉连接的能力和进行广播式传输的能力。一个 48 端口的 100Mbit/s 交换机最多可支持 24 个交叉连接，它的底板传输速率至少应该有 24×100Mbit/s $= 2400$Mbit/s。当某端口接收的帧在端口-地址表中找不到时，它要把该帧广播输出到其他所有的端口，交换机应该有 48×100Mbit/s $= 4800$Mbit/s 的底板传输速率。

最后应该说明的是，以上介绍的是 2 层交换机。根据在 OSI 模型中所处的层次地位，还有 3 层交换机，可以实现路由功能。

5.5.4 交换式以太网及其特点

一个小规模的工作组级交换式以太网可以由 1 台交换机连接若干台计算机组成。如前所述，交换式以太网比一般的以太网可以提供更大的网络带宽。

大规模的交换式以太网通常将交换机划分为几个层次连接，使网络结构更加合理。比如，可以由低到高分为接入层、汇聚层和核心层 3 个层次。接入层交换机供用户计算机接入使用，若干台接入到一台汇聚层交换机，汇聚网络流量，若干台汇聚层交换机再接入一台核心层交换机，核心层交换机连接成主干网。

交换机的端口可以连接计算机，也可以连接以太网段，例如图 5-28 中，一个交换机连接了 3 个共享式网段，2 个服务器，构成了 5 个独立的冲突域。交换机将它各端口所连接的各个网段隔离成独立的冲突域，交换式以太网的跨距突破了单个冲突域的限制，可以构造更大规模的网络。

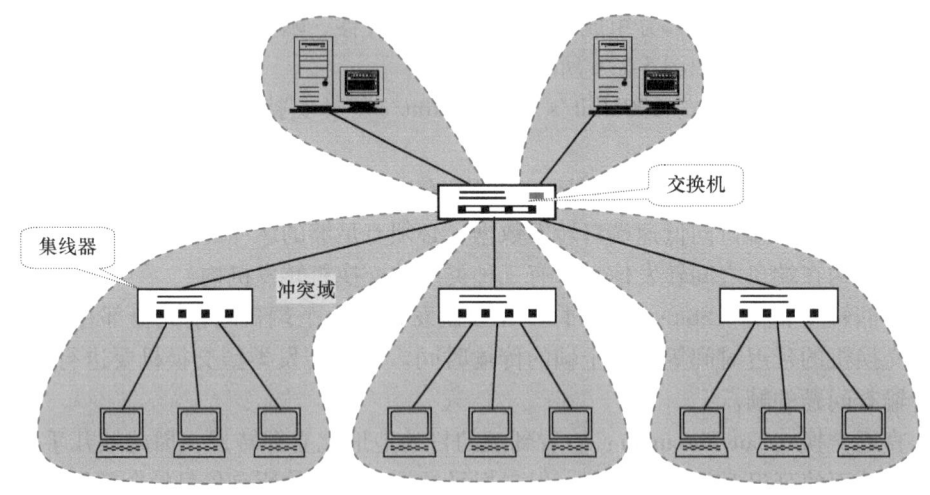

图 5-28   交换机隔离了 5 个独立的冲突域

在交换机每个端口连接的冲突域中，如图 5-28 中下部的共享式网段和上部服务器和交换机之间的链路，其长度仍受以太网冲突域的限制。

虽然交换机将它连接的多个网段划分为多个独立的冲突域，但交换机工作于 OSI 参考模型的第 2 层，它无阻碍地传播广播帧和组播帧，因此交换机连接的网段均处在一个广播域（Broadcast Domain）。广播域处于网络的第 2 层，MAC 地址为广播地址的帧都能够到达。

一个 LAN 的广播流量一般比较小，但在一个由许多交换机连接的大规模的交换式以太网上，当广播通信较多时，问题就变得严重，它可能带来所谓的广播风暴（Broadcast Storm）。特别是包含不同数据速率的网段时，高速网段产生的广播流量可能导致低速网段严重拥挤，乃至网络崩溃。虚拟局域网（VLAN）技术，可以解决广播风暴的问题。

5.6　虚拟局域网

5.6.1　VLAN 及其特点

VLAN（Virtual LAN）不是一个新型的网络，只是给用户提供的一种网络服务。

VLAN 建立在交换式网络的基础之上，主要的交换设备是以太网交换机。在像交换式以太网这样的支持 VLAN 的网络上，使用 VLAN 技术将网络从逻辑上划分出一个个与地理位置无关的子集，每个子集构成一个 VLAN。

一个站点的广播帧只能发送到同一个 VLAN 中的其他站点，不管它们在什么物理位置，而其他 VLAN 中的站点则接收不到该广播帧。因此，VLAN 是由一些交换机连接的以太网网段构成的与物理连接和地理位置无关的逻辑工作组，是一个广播域。

图 5-29 是一个 VLAN 的示例，两个交换机和多台计算机组成了交换式以太网，并划分

了 3 个 VLAN：VLAN1、VLAN2 和 VLAN3，分别包含 7、6 和 3 台计算机。

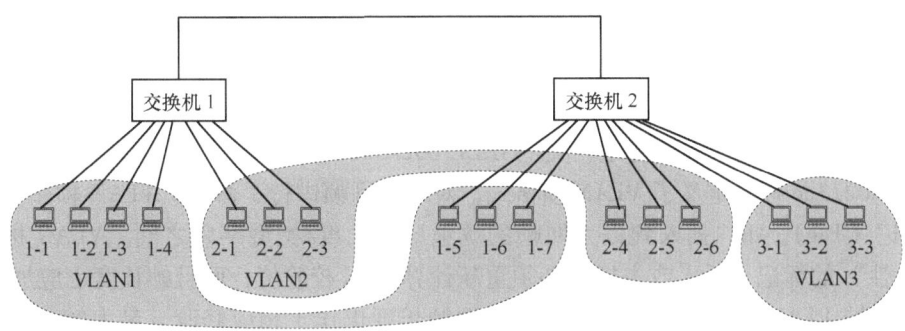

图 5-29　VLAN 示例

VLAN 比一般的 LAN 有更好的安全性。可以方便地在 VLAN 内部进行信息传输并有效地进行 VLAN 之间的信息隔离，一个 VLAN 的广播风暴不会影响到其他 VLAN。借助于 VLAN，网络管理员可以限制用户的数量、禁止访问 VLAN 中的某些应用等。例如，一个行政单位的网络可以基于下属职能部门（如人事部、财务部等）划分若干个 VLAN，以限制对某些部门内部信息的访问。

VLAN 的划分可以控制通信流量，提高网络带宽利用率。日常的通信流量大部分限制在 VLAN 内部，减少不必要的广播数据在网络上传播，使得网络带宽得到有效利用。

5.6.2　VLAN 的划分

VLAN 的划分主要有以下几种方式：

1. 基于端口（Port-Based）

基于交换机的端口进行 VLAN 的划分是最常用的方法，端口的逻辑划分就对应了 VLAN 的划分。基于端口划分也允许跨越多个交换机的不同端口进行划分。这种划分方法简单、安全、实用，应用广泛。

但这种划分难于解决设备移动和变更的问题。当工作站从一个交换端口移动到另一个交换端口时，需要改变 VLAN 的设置。另外，也不能使一个端口的设备划分到多个 VLAN 中。

2. 基于 MAC 地址（MAC Address-Based）

按 MAC 地址的不同组合来划分 VLAN，一个 VLAN 实际上是一组 MAC 地址的集合，多个集合就是多个 VLAN。

这种划分方式解决了按端口划分难于解决的设备移动问题，因为 MAC 地址是全球唯一的，计算机等设备移动之后 MAC 地址不变，所属 VLAN 也不变。另外，一个 MAC 地址可以对应多个 VLAN。

这种方式中，MAC 地址最初必须被网络管理员手工配置到至少一个 VLAN 中，在大规模的网络中，增加了管理的复杂性。

3. 基于协议（Protocol-Based）

可以基于协议类型（如 IP 或 IPX 等）或网络地址即 IP 子网号 Subnet-Id 进行划分，可在第 3 层上实现 VLAN。

5.6.3　VLAN 的帧格式

IEEE 802.1Q 是 IEEE 802.1 Internetworking 委员会 1996 年制定的关于 VLAN 的标准。新一代的 LAN 交换机都支持 IEEE 802.1Q。

VLAN 开始是在 IEEE 802.1Q 标准中定义的，但定义中要求发送帧中携带 VLAN 信息，影响到帧的长度，为此又有了与之相关的 IEEE 802.3ac 标准。

IEEE 802.3ac 标准定义了 VLAN 帧格式，对以太网帧进行了修改。VLAN 帧中携带一个 VLAN 标记（Tag），4B，插入到以太网帧的源地址和长度/类型字段之间。VLAN 标记是一个"插入性"的标记，插入或去掉时必须重新计算 CRC 校验值，而且帧长度也应加或减 4。

为了容纳 VLAN 标记，IEEE 802.3 以太网帧长度也作了相应修改，最大帧长由 1 518B 扩大到 1 522B，它只适用于 VLAN 帧，其他以太网帧的最大帧长仍是 1 518B。

图 5-30 是 VLAN 的帧格式。插入性的 VLAN 标记分为两个字段：

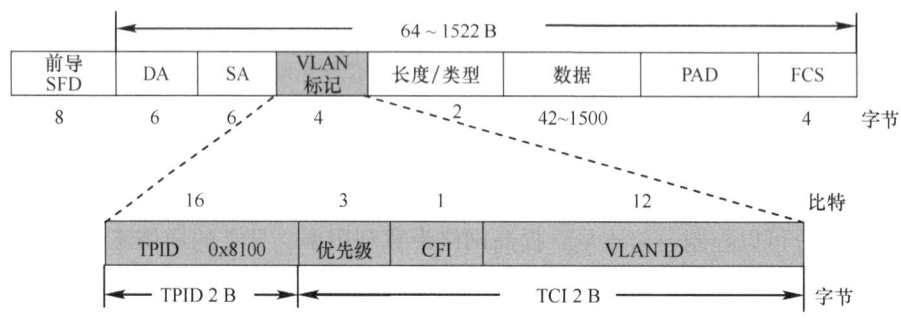

图 5-30　VLAN 帧格式

①　TPID（Tag Protocol Identifier）：标记协议标识符，2B，是一个全局赋于的 VLAN 以太网类型，其值为 0x8100。

②　TCI（Tag Control Information）：标记控制信息，2B。它分为 3 个字段。3 比特的用户优先级 0~7 级，0 级最高，允许以太网支持服务级别的概念。1 比特的规范格式指示器 CFI，以太网不使用这一位，置为 0；置 1 时表示以太网帧封装令牌环帧。其余 12 比特作为 VLAN 标识符 VID（VLAN IDentifier）用于标识某个 VLAN。范围 0~4 095，0 表示空 VLAN，不含 VID 信息；4 095（0xFFF）保留未用；1 为基于端口方式中 VLAN 号的默认值。

5.6.4　VLAN 的运行

1. 相关概念

802.1Q 交换机的端口分为两类：标记端口（Tagged Port）和非标记端口（Untagged Port），标记端口也称为干线端口（Truck Port），它属于所有的 VLAN。网络中传输的以太网帧也分为标记帧（Tagged Frame）和非标记帧（Untagged Frame），前者携带 VLAN 标记，而后者不携带。当非标记帧从标记端口出来时要打上 VLAN 标记变为标记帧，并重新计算帧校验序列（FCS）；而标记帧从标记端口出来时要去掉 VLAN 标记变为非标记帧，并重新计算 FCS。

当 VLAN 跨越多个交换机时，在交换机之间传输必须使用标记端口，交换机之间链路称为中继线（Trunk），它在交换机之间中继标记帧，不属于特定的 VLAN，可以属于多个

VLAN。如果交换机之间传输不使用标记端口，每个 VLAN 必须与一个独立的 VLAN 连接，会占用较多的交换机端口。

2. VLAN 内广播

下面说明 VLAN 内的广播，如图 5-31 所示。

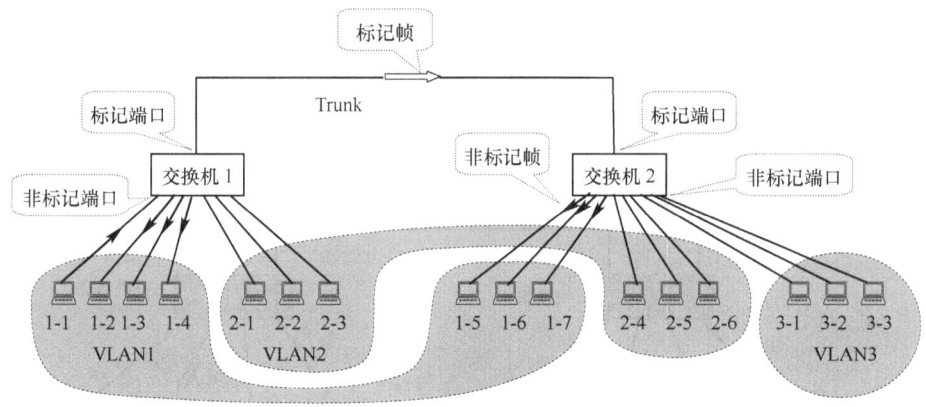

图 5-31　VLAN 内广播

VLAN1 的某一台计算机 1-1 向广播地址发送的数据流量只在 VLAN1 的成员范围内传输，而不会广播到全网。交换机 1 收到计算机 1-1 的广播帧后，根据交换机 1 中维护的 VLAN 和端口的关联信息，它会转发到连接计算机 1-2、1-3 和 1-4 的 3 个端口。

连接两个交换机的端口为标记端口，它属于所有的 VLAN。因此交换机 1 也向其连接交换机 2 的端口转发计算机 1-1 的广播帧。但当广播帧向标记端口转发时，它将被打上标记，注明它属于 VLAN1。当交换机 2 通过中继线接收到这一打了 VLAN1 标记的广播帧后，它将去掉标记变为非标记帧，并根据标记的信息和本交换机中维护的 VLAN 和端口的关联信息，将该非标记帧转发到所有连接了 VLAN1 成员的端口，于是，广播帧发送到计算机 1-5、1-6 和 1-7。

这样计算机 1-1 的广播帧传送到 VLAN1 的所有成员，而不会发送到 VLAN2 和 VLAN3。

3. 跨 VLAN 访问

VLAN 之间的通信采用路由技术，可以使用支持 IEEE 802.1Q 的路由器或 3 层交换机（Layer 3 Switch）实现。

为实现跨 VLAN 的通信，可以把一个路由器和下层的交换机以 VLAN 为单位分别用网线连接，但这样消耗的路由器和交换机的端口较多。一般采用单臂路由器方式（Router On a Stick），路由器到交换机只有一个物理连接，使用标记端口，形成 trunk，支持多个逻辑连接。

对这个路由器的物理接口要定义对应各个 VLAN 的子接口（Subinterface）。尽管路由器只有一个物理接口与交换机连接，只有一个 MAC 地址，但要把它分割为多个逻辑（虚拟）的子接口，每个子接口对应一个 VLAN，并分配一个 IP 地址。

每个 VLAN 都构成一个独立的网络，其上的计算机的 IP 地址都有相同的网络号（net-id）。对应的路由器接口的子接口也需在该网络或子网中，配置 IP 地址，并作为该 VLAN 的默认网关（Default Gateway）。

图 5-32a 是跨 VLAN 访问的例子。两个 2 层交换机 1 和 2 基于端口划分了 VLAN1 和 VLAN2，并通过标记端口形成 trunk 连接。交换机 1 的标记端口 5 连接了单臂路由器 R，交换机的端口类型和所连接结点的 MAC 及 IP 地址的配置情况如图 5-32b 所示（其中 MAC 地址是一种简单的表示）。路由器 R 的物理接口划分了两个子接口 1 和 2，IP 地址分别是 192.6.1.32 和 192.6.2.32，分别作为 VLAN1 和 VLAN2 的默认网关。

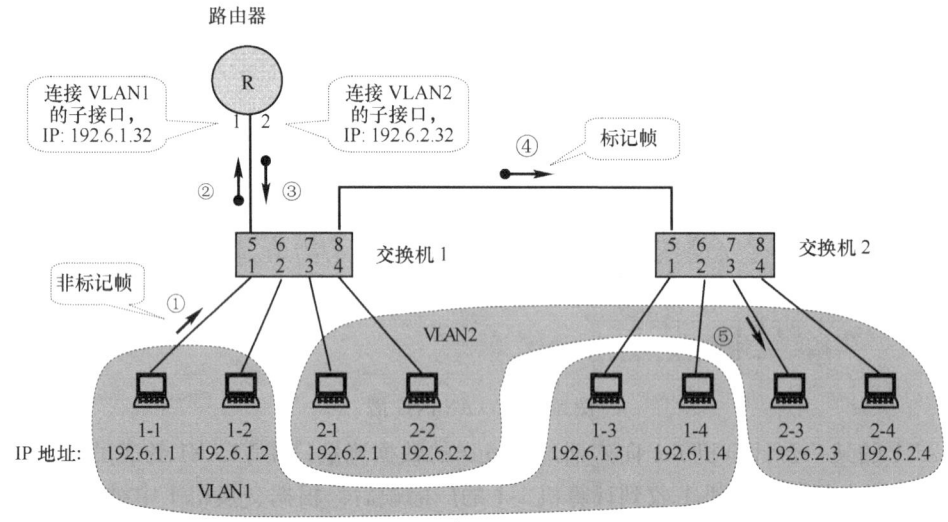

a)

表（1）交换机 1 端口信息			表（2）交换机 2 端口信息		
端口	连接结点的 MAC 地址	端口类型，所属 VLAN	端口	连接结点的 MAC 地址	端口类型，所属 VLAN
1	MAC1-1	非标记端口，1	1	MAC1-3	非标记端口，1
2	MAC1-2	非标记端口，1	2	MAC1-4	非标记端口，1
3	MAC2-1	非标记端口，2	3	MAC2-3	非标记端口，2
4	MAC2-2	非标记端口，2	4	MAC2-4	非标记端口，2
5	MAC-R	标记端口，1 和 2	5	—	标记端口，1 和 2
6	—	—	6	—	—
7	—	—	7	—	—
8	—	标记端口，1 和 2	8	—	标记端口，1 和 2

b)

图 5-32 跨 VLAN 访问

由 VLAN1 中的主机 1-1 发往 VLAN2 中的主机 2-3 的数据包，传输步骤如下：

1）主机 1-1：根据目的网络地址 192.6.2.0 查路由表的下一跳 IP 地址 192.6.1.32（默认网关），ARP 解析得对应的 MAC 地址 MAC-R，组成非标记帧①，发送到交换机端口 1。

2）交换机 1：由图 5-32b 可知，数据帧来自 VLAN1，在 VLAN1 范围内，发往 MAC-R 的帧，应由标记端口 5 转发。打上 VLAN1 标记，变为标记帧②，由端口 5 发给路由器。

3）路由器：根据 VLAN 标记，由子接口 1 接收，根据目的网络地址 192.6.2.0 查路由表，将由子接口 2 转发。ARP 解析得目的主机的 MAC 地址 MAC2-3，成帧，打上 VLAN2 标记，将标记帧③发送给交换机 1 的标记端口 5。

4）交换机 1：接收到标记帧③，知帧来自 VLAN2。由图 5-23b 可知，在 VLAN2 范围内，发往 MAC2-3 的帧，应由标记端口 8 转发出去。

5）交换机 2：由标记端口 5 接收到标记帧④，知帧来自 VLAN2。由图 5-32b 可知，去往目的地址 MAC2-3 的帧应该由非标记端口 3 转发。去 VLAN 标记，变为非标记帧⑤，最终数据帧由端口 3 发送给目的主机 2-3。

单臂路由器方式中，可以用 3 层交换机代替路由器。3 层交换机也可以直接连接计算机划分 VLAN，实现 VLAN 内部和跨 VLAN 的访问。

5.7 无线局域网

5.7.1 IEEE 802.11 WLAN

1. 网络结构

无线局域网（Wireless LAN，WLAN）广泛应用于站点移动和难于布线的应用场合。

IEEE 802.11 WLAN 是目前最有影响的 WLAN。1997 年 IEEE 制定了 WLAN 的协议标准 IEEE 802.11，它提供了物理层和 MAC 子层的规范，国际标准化组织（ISO）也接纳了这一标准，标准号为 ISO 8802-11。后来又出现了 IEEE 802.11a、IEEE 802.11b 和 IEEE 802.11g 等新的物理层标准，支持更高的速率，它们的 MAC 层和 IEEE 802.11 是一样的。

IEEE 802.11 WLAN 的最小组件称为基本服务集（Basic Service Set，BSS）。一个 BSS 包括一个基站和若干个移动站，它们共享 BSS 内的无线传输媒体。基站也称为接入点（Access Point，AP）。BSS 有一个标识，可以用 AP 的 MAC 地址表示。一个 BSS 所覆盖的范围称为基本服务区（Basic Service Aera，BSA），通常有 100m 左右。BSA 内的移动站可以直接相互通信。

一个 BSS 可以是独立的，也可以通过接入点（AP）连接到一个分布系统（Distribution System，DS）。DS 是一个有线或无线的主干 LAN，最常用 802.3 以太网。在同时具有有线和无线网络的情况下，AP 可以通过标准的以太网电缆与传统的有线以太网相连，作为无线网络和有线网络的连接点。这样，BSS 中的移动站点就可以通过 AP 访问 DS 连接的主机。多个 BSS 通过 DS 连接就构成了扩展服务集（Extended Service Set，ESS）。ESS 还可为无线用户提供到 Internet 的访问。IEEE 802.11 WLAN 的网络结构如图 5-33 所示。

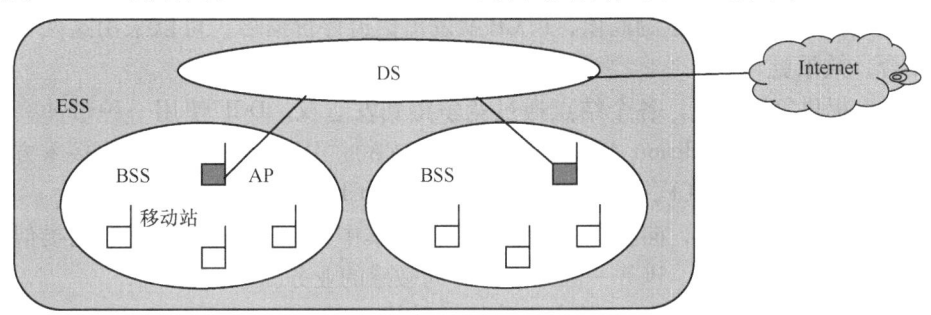

图 5-33 IEEE 802.11 WLAN 的网络结构

IEEE 802.11 还支持另一种结构的 WLAN，称为自组网络（ad hoc network），它在一些对等的移动电脑之间通信，没有 AP，如同图 5-33 中没有 AP 的 BSS。

2. IEEE 802.11 WLAN 体系结构

IEEE 802.11 WLAN 协议定义了物理层和媒体接入控制（MAC）层，它们在 IEEE 802 LAN/RM 的 LLC 层之下。IEEE 802.11 体系结构如图 5-34 所示。

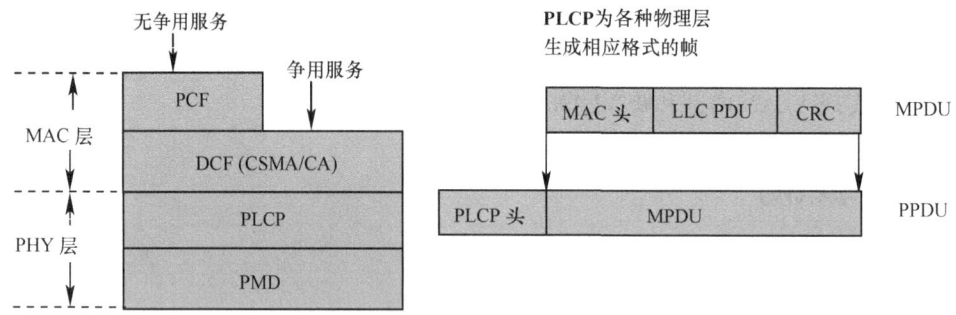

图 5-34　IEEE 802.11 体系结构

物理层分为两个子层，自下而上分别是：

- 物理媒体相关（Physical Medium Dependent，PMD）。
- 物理层汇聚过程（Physical Layer Convergence Procedure，PLCP）。

MAC 层也定义了两个子层：

- 分布协调功能（Distributed Coordination Function，DCF）。
- 点协调功能（Point Coordination Function，PCF）（PCF 位于 DCF 之上，是可选的）。

PMD 直接面向无线媒体，主要功能如下：

- 检查媒体状态实现载波侦听。
- 进行数据编码和调制。
- 通过无线信道进行信号的发送和接收。

PLCP 的主要功能如下：

- 为各种物理层生成相应格式的帧。为 MAC 层协议数据单元（MPDU）附加字段，字段中包含特定物理层发送和接收所需的信息，组成 PLCP 层协议数据单元（PPDU）。PLCP 降低了 MAC 层对 PMD 层的依赖程度。
- 进行载波监听信号的分析，发出信道评价信号。无线传输中信号衰减和干扰因素比有线情况严重，载波监听困难。如果无线接口监听检测到传输的比特或者接收的载波信号强度超过了规定的阀值，PLCP 就发出信道评价信号。可以采用这两种方式的结合，效果更好。

DCF 向上提供争用服务，各个结点通过竞争得到发送权。DCF 使用一种带冲突避免的 CSMA 协议（CSMA with Collision Avoidance，CSMA/CA）。DCF 是基本的媒体接入方法，所有的移动站点都要求支持 DCF，自组网络站点只使用 DCF。

PCF 使用集中控制方式，向上提供无争用服务。集中控制在 AP 上实现，用类似轮询的方法使各个结点得到发送权。PCF 一般用于对时间敏感的业务。

移动站通过 AP 访问有线 DS 上的主机的协议结构如图 5-35 所示。BSS 中的移动站点有无线网络接口，支持 802.11 物理层和 MAC 子层；802.3 以太网上的主机使用 802.3 物理层和 MAC 子层；接入点（AP）像一个网桥，有一个无线网络接口和一个有线网络接口，支持这两种类型的物理层和 MAC 子层，在它们之间中继 LLC 帧。

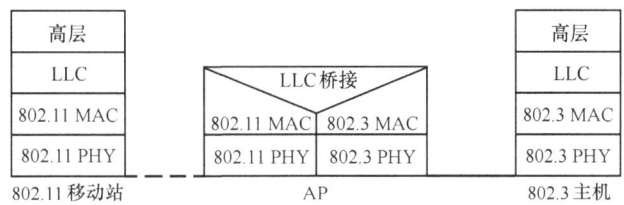

图 5-35　移动站通过 AP 接入以太网的通信协议结构

5.7.2　IEEE 802.11 物理层

1997 年 IEEE 802.11 WLAN 定义了跳频扩频（FHSS）、直接序列扩频（DSSS）和红外 IR 3 种不同的物理层标准，1999 年定义了 IEEE 802.11a 和 802.11b，2003 年又定义了 802.11g 等新的物理层标准。

1. FHSS、DSSS 和 IR

（1）跳频扩频（Frequency Hopping Spread Spectrum，FHSS）

FHSS 使用 2.4GHz（2.4 ～ 2.4835 GHz）的工业、科学和医药（Industry，Scientific and Medical，ISM）频段。ISM 频段可以在世界大部分地区使用，没有授权限制。

扩频是指在更宽的频段上有规则地扩展发射信号的带宽，其出发点是：在窄带噪声信道增加发送信号带宽，可以使抗干扰性大大增强。跳频扩频是扩频技术的一种，发射信号的频率按某种随机模式不断跳变，跳变的模式只有发射器和接收器知道。由于信号传输频率一直在改变，因此不易受到干扰。如果发射器的中心频率在 n 个不同频率间变化，发射带宽是基本带宽的 n 倍。

IEEE 802.11 FHSS 每 1MHz 带宽有一个跳频频道，共 78 个频道（2.402 ～ 2.480GHz），分为 3 组，每组 26 个：（0，3，6，…，75）、（1，4，7，…，76）、（2，5，8，…，77）。一个 BSS 可选择其中一组。跳频到下一个频率的滞留时间（Dwell Time）为 400ms，即 2.5 跳/秒。带宽为 1MHz 的每个频道上采用二级或四级高斯频移键控（GFSK）调制方式对信号进行调制，可提供 1Mbit/s 或 2Mbit/s 的传输速率。

图 5-36 是 FHSS 方式的 PLCP 帧格式。

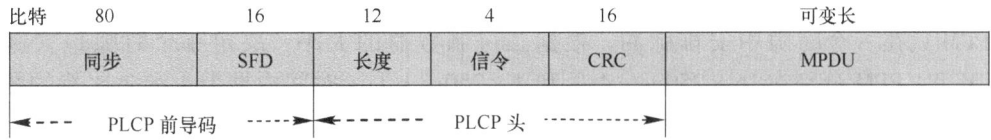

图 5-36　FHSS 方式的 PLCP 帧格式

①　同步：80 比特的 01010101…同步信号序列，接收站用它检测信号的存在，提取载波的时钟频率，进行位同步。

②　帧起始定界符（SFD）：16 比特的 00001100 10111101，标志 PLCP 帧的开始。

③　长度：12 比特，LPDU 的最大长度可达 4095B。

④　信令：从 1Mbit/s 开始步进 500kbit/s 的数据速率。向物理层指示传输使用的速率和

相应的调制方式，0000 和 0010 分别代表 1Mbit/s 的二级 GFSK 和 2Mbit/s 的四级 GFSK。但前导码和帧头总是使用 1Mbit/s 的速率。

⑤ CRC 校验码：使用 CCITT-16 生成多项式，对帧头的 16 比特进行 CRC 校验。

（2）直接序列扩频（Direct Sequence Spread Spectrum，DSSS）

DSSS 也使用 ISM 频段。它将传输数据的每个比特扩展成 n 个 0/1 表示的码片序列（Chip Sequence），n 为扩展率，802.11 标准 $n=11$。由于码片宽度只是数据比特的 $1/n$，因此 DSSS 信号的传输带宽是未扩频时的 n 倍。对所有码片都用调制解调器发送。即使丢失的码片达到 40%，原来的传输内容也可以重建。

DSSS 使用差分二级相移键控（DBPSK）和差分四级相移键控（DQPSK）调制，分别可提供 1Mbit/s 和 2Mbit/s 的数据传输速率。

DSSS 方式的 PLCP 帧格式如图 5-37 所示。

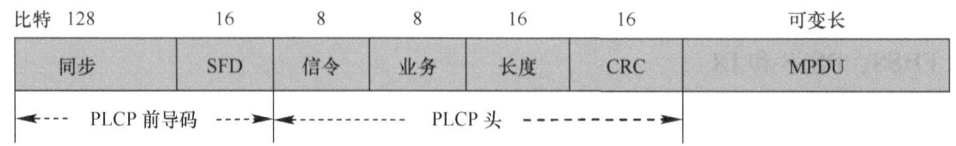

图 5-37 DSSS 方式的 PLCP 帧格式

① 同步、帧起始定界符（SFD）和 CRC 校验码：作用与 FHSS 方式的对应字段一样。

② 信令：8 比特，从 0 开始步进 100kbit/s 的数据速率，向物理层指示传输使用的速率和相应的调制方式。0x0A 和 0x14 分别表示 1Mbit/s 的 DBPSK 和 2Mbit/s 的 DQPSK。但前导码和帧头总是使用 1Mbit/s 的速率。

③ 长度：16 比特，MPDU 的长度。

④ 业务：保留，待将来使用。

（3）红外线 IR（InfraRed）

使用波长为 850～950nm 的红外线，在室外受太阳光的干扰，用于室内传输，但不能穿过墙壁，可提供 1Mbit/s 或 2Mbit/s 的传输速率，传输距离在 10～20m。

IR 物理层使用脉冲位置调制（PPM）方式。PPM 把二进制数据映射成一组包含脉冲的时隙。1Mbit/s 和 2Mbit/s 的物理层分别使用 16-PPM 和 4-PPM，它们分别对数据中的每 4 和 2 比特进行编码，映射成 16 和 4 个时隙，时隙间隔都是 250ns。

PPM 只在一个时隙中安排脉冲。根据二进制数据的大小，决定哪个时隙包含脉冲。16-PPM 和 4-PPM 分别在 $16\times250\text{ns}=4\mu\text{s}$ 和 $4\times250\text{ns}=1\mu\text{s}$ 时间内携带 4 和 2 比特的数据，因此数据速率分别为 $4\text{bit}/4\mu\text{s}=1\text{Mbit/s}$ 和 $2\text{bit}/1\mu\text{s}=2\text{Mbit/s}$。时隙安排如图 5-38 所示，其中标记为 1 的时隙为包含脉冲的时隙。

IR 方式的 PLCP 帧格式，如图 5-39 所示：

① 同步、SFD 和 CRC 校验码：作用与 FHSS 方式的对应字段一样。

② 数据速率：3 比特，000 和 001 分别表示 1Mbit/s 和 2Mbit/s。

③ 直流电平调整 DCLA：通过发送 32 比特的 PPM 时隙脉冲序列，使接收器据此设定接收信号的电平，确定接收"0"和"1"的阈值。

④ 长度：16 比特，MPDU 的长度，0～2500B。

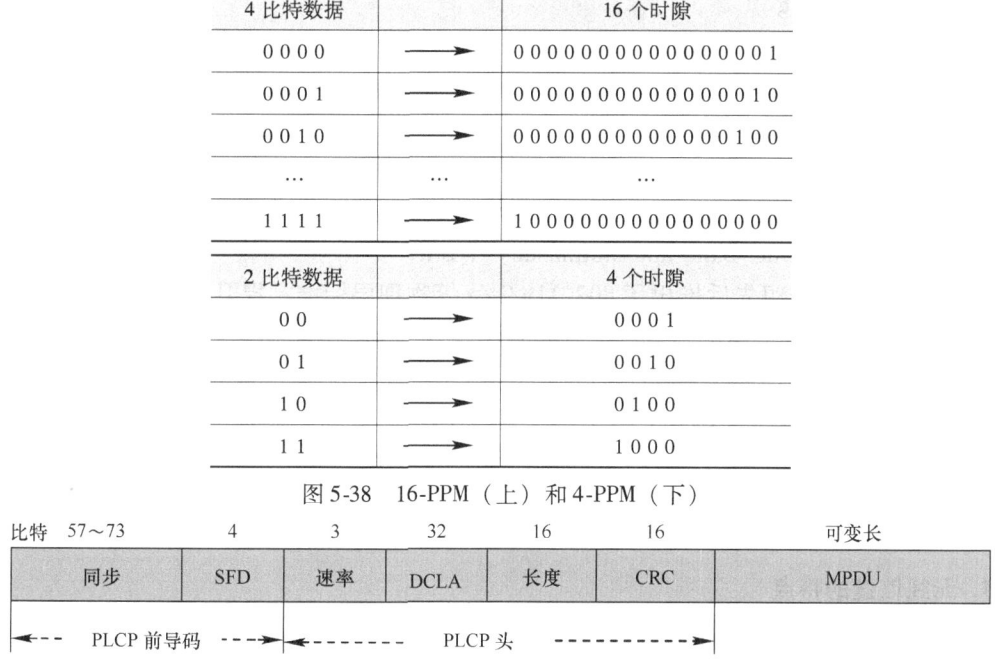

图 5-38　16-PPM（上）和 4-PPM（下）

比特 57~73	4	3	32	16	16	可变长
同步	SFD	速率	DCLA	长度	CRC	MPDU

←---- PLCP 前导码 ----→←-------- PLCP 头 --------→

图 5-39　IR 方式的 PLCP 帧格式

2. IEEE 802.11a/b/g/n

（1）IEEE 802.11a

802.11a 定义在 5GHz 频段，最高支持 54Mbit/s 的传输速率。采用正交频分复用（OFDM）的技术，在 48 个子信道上传输信息，子信道采用正交幅度调制（QAM）方式进行信号调制。

802.11a 物理层和欧洲 WLAN 标准高性能无线局域网（High Performance Radio LAN，HIPERLAN-2）一样，基本原理是将高速数据流分成多个低速流，然后在多个载波频率上传输。

但 802.11a 与 802.11b 不兼容（802.11b 标准先于 802.11a 通过和进入市场）。另外，5GHz 频段在部分地区面临频谱管制问题，妨碍了其设备的部署。802.11a 成本较高。

（2）IEEE 802.11b

802.11b 定义在 2.4GHz 的 ISM 频段，使用高速率直接序列扩频（High Rate DSSS，HR-DSSS）。它采用互补编码键控（Complementary Code Keying，CCK）的编码技术，使用四级相移键控（QPSK）调制方式，支持 5.5Mbit/s 和 11Mbit/s 的传输速率。802.11b 的 PLCP 层协议和 DSSS 标准相同。

自 IEEE 802.11b 产生以来，WLAN 产品多了起来，因此解决各厂商产品之间的兼容性问题就非常必要。802.11b 产品的兼容性由厂商组织 Wi-Fi 联盟（Wi-Fi Alliance）负责。凡是通过 Wi-Fi 联盟兼容性测试的产品，都被准予打上"Wi-Fi CERTIFIED"的标记。

Wi-Fi（Wireless Fidelity）即无线保真。实质上是一种商业认证，具有 Wi-Fi 认证的产品符合 IEEE 802.11b 规范。因此，Wi-Fi 也被视为 802.11b WLAN 的别称。随着无线技术的发展，IEEE 802.11g 等新标准不断出现，现在 Wi-Fi 的含义也扩充到整个 IEEE 802.11。

（3）IEEE 802.11g

运行于 2.4GHz，但速率达到了 54Mbit/s。同时支持 802.11b 的 HR-DSSS 和 802.11a 的 OFDM 技术。802.11g 与 802.11b 向后兼容，价格上也有优势。

（4）IEEE 802.11n

目前 IEEE 802.11n 任务组正在致力于把 WLAN 的传输速率提高到 108Mbit/s，最高可达 320Mbit/s。802.11n 协议为双频工作模式，可与 802.11a/b/g 标准兼容。

（5）双频多模（Dual Band and Multimode）WLAN

IEEE 802.11 工作组先后推出了 802.11a/b/g 等物理层标准。提升了 WLAN 的性能，同时也引起了网络兼容性的问题。双频模式指可工作在 2.4GHz 和 5GHz 两种频率的自适应方式，可自动辨认 802.11a 和 802.11b 信号并支持漫游连接。后来，双频产品也将 802.11g 标准融入其中，同时支持 802.11a/b/g，使用户顺畅地漫游于 802.11a/b/g 的无线网络中，称为双频多模 WLAN。

5.7.3　IEEE 802.11 MAC 层

1. 无线信道的特点

WLAN 使用无线电波作为传输的共享媒体，可能产生冲突，这和有线以太网是一样的。但又有不同之处。WLAN 中，由于信号强度随着传输距离增长的快速衰减或无线站点之间可能有传输屏障等因素，超出接收范围或被物体屏蔽的站点将接收不到信号，导致了所谓的隐蔽站点问题（Hidden Station Problem）。

图 5-40 说明隐蔽站点问题。图 5-40a 中，假设无线电信号的传输范围因衰减只能到达邻站。A 站先向 B 站发送数据。由于 C 收不到 A 的信号，误认为网上无人发送，因此 C 站也向 B 站发送数据。B 同时收到 A 和 C 的数据（实线所示），产生了冲突。图 5-40b 中，A、B 和 C 三个站都在信号的有效传输距离之内，但 A 和 C 之间有一个信号屏蔽物，也会产生同样的后果。

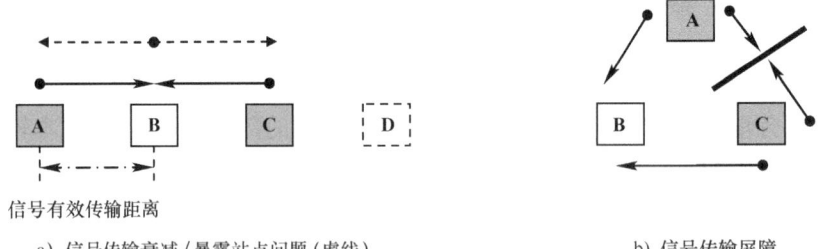

信号有效传输距离

a）信号传输衰减/暴露站点问题（虚线）　　　　　　b）信号传输屏障

图 5-40　WLAN 的隐蔽站点问题/暴露站点问题

如果两个隐蔽站点同时发送数据，CSMA 发送前监听不到对方的信号，但发送后会在其他站点产生冲突，两个同时发送数据的隐蔽站点也都无法检测到发送冲突，冲突检测失去效果。另外，对于无线射频信号，进行冲突检测（边发送边接收）也非常难实现。因而 WLAN 不能采用 CSMA/CD，而是采用了 CSMA/CA。

另外，WLAN 中还存在暴露站点问题（Exposed Station Problem）。假设图 5-40a 中，C 的右边还有一个 D 站，C 有数据向 D 发送。但 B 先向 A 发送了数据（虚线所示），C 也能监听到 B 信号，B 暴露给 C。于是 C 怕引起相互干扰不敢再进行发送。实际上，B 向 A 发送并不影响 C 向 D 发送数据。在不发生干扰的情况下，有的 WLAN 可以设计成允许多个移动站进行通信，这有别于有线 LAN。

2. MAC 帧和帧格式

（1）三种类型的帧

MAC 层使用三种类型的帧：

① 管理帧：实现站点和 AP 间的通信管理，建立关联、越区切换和认证等，主要包括以下几种帧。

- 探测请求/响应帧，信标帧。
- 关联请求/响应帧、重关联请求/响应帧、去关联帧。
- 认证/解除认证帧等。

② 控制帧：为数据发送提供辅助的握手联络功能，主要有以下几种帧。

- 请求发送帧（Request To Send，RTS）。
- 允许发送帧（Clear To Send，CTS）。
- 确认帧 ACK。
- 节能轮询帧等。

③ 数据帧：用于发送数据。

（2）数据帧

各种 MAC 帧均包含帧头（Header）、帧体（Frame Body）和 CRC 校验码，具体帧格式有所不同。数据帧的格式如图 5-41 所示，帧体前面的字段为帧头。

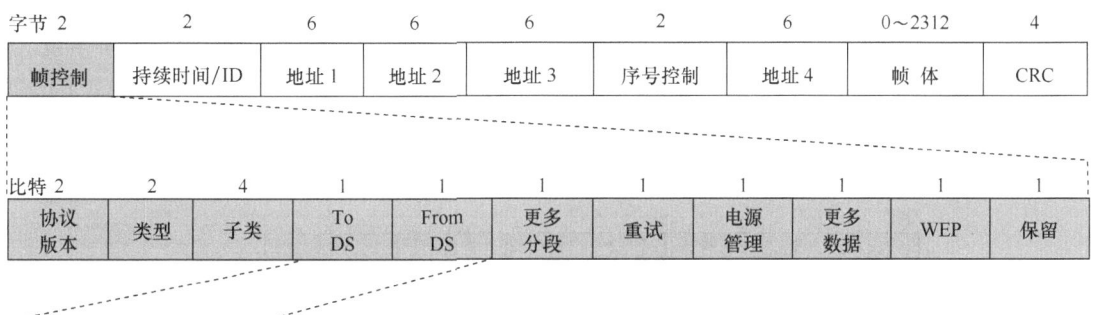

字节 2	2	6	6	6	2	6	0~2312	4
帧控制	持续时间/ID	地址 1	地址 2	地址 3	序号控制	地址 4	帧 体	CRC

比特 2	2	4	1	1	1	1	1	1	1	1
协议版本	类型	子类	To DS	From DS	更多分段	重试	电源管理	更多数据	WEP	保留

To DS	From DS	地址 1	地址 2	地址 3	地址 4	说明
0	0	DA	SA	BSS ID	/	BSS 内站点到站点
0	1	DA	BSS ID	SA	/	从 DS 到 BSS 中的站点
1	0	BSS ID	SA	DA	/	从 BSS 中的站点到 DS
1	1	接收 AP	发送 AP	DA	SA	ESS 中 BSS 之间

图 5-41　数据帧的帧格式

① 帧控制：分为以下字段。

- 协议版本：当前为 00。
- 类型和子类：注明帧的功能，例如类型："管理"/"控制"；子类："关联请求"/"ACK"。
- To DS：为 1 代表 BSS 中的站点发送给 DS 的数据帧。
- From DS：为 1 代表 DS 发送给 BSS 中的站点的数据帧。

- 更多分段：为1代表该帧后边有其他分段。
- 重试：为1代表重传的帧。
- 电源管理：表示电源的工作模式，休眠/唤醒状态。
- 更多数据：当站点处于休眠模式，AP通知它，还有缓存的数据帧要传送给它。
- WEP：有线等效保密（Wired Equivalent Privacy，WEP）协议是一种数据加密算法，使用该算法加密的帧其值为1。

② 持续时间/ID：一般表示媒体接入持续时间，提供网络分配向量（NAV）。一个例外是在节能轮询帧中表示站点的ID。

③ 地址字段：4个地址都是6B的IEEE 802 MAC地址，可以是单/组/广播地址。根据帧控制字段的To DS和From DS的取值，4个地址表示不同的含义，如图5-41所示。

④ 序号控制：表示帧的序号空间（12bit）和帧的分段顺序号（4bit）。802.11支持帧的分段与重组，虽然这会带来额外开销，但在无线传输存在较大干扰或发送拥挤的情况下，因干扰或冲突损坏短的分段而重传比重传损坏的长帧可能更划算。同一帧的各个分段，有相同的帧序号和不同的段序号。

⑤ 帧体：包含要传输的数据，0~2 312B。

⑥ CRC码：循环冗余校检码，用于差错校验。

（3）管理帧

管理帧的格式比数据帧较简单，如图5-42所示。

图5-42　管理帧的帧格式

（4）控制帧

控制帧的格式更简单，RTS为20B，CTS和ACK均为14B，如图5-43所示。

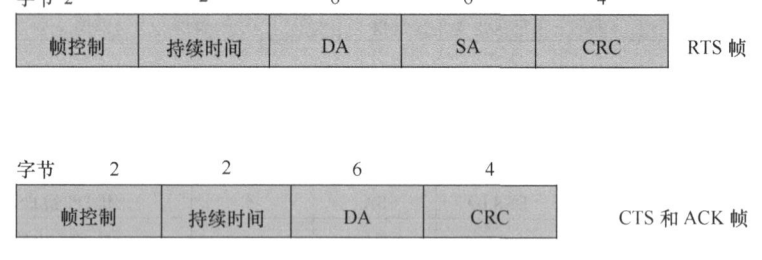

图5-43　控制帧的帧格式

3. 分布协调功能（DCF）

（1）帧间间隔（InterFrame Space，IFS）

为了协调DCF和PCF的操作，尽量避免冲突，IEEE 802.11定义了三种IFS。

- 短帧间间隔（Short IFS，SIFS）：是三种IFS中最短的，确认帧ACK、CTS帧和分片后的数据帧等的使用。
- 点协调功能帧间间隔（PCF IFS，PIFS）：PCF轮询时使用。在SIFS的基础上加上一个时隙（Slot）长度。时隙还用在后面要讲到的回退算法中。

- 分布调功能帧间间隔（DCF IFS，DIFS）：在 DCF 方式中使用，在 PIFS 的基础上加上一个时隙长度，是最长的 IFS。发送数据帧一般使用 DIFS。

IFS 的作用：欲发送的站点先监听信道是否忙，如果信道空闲，就具备了占用信道进行发送的条件。但信道由忙变空闲的瞬间，是发送冲突的高发时间。MAC 监听到信道空闲后，要继续监听一个 IFS，若信道仍然空闲，就进行发送。这样，若多个站点同时监听到信道空闲，小的 IFS 将先占用信道得到发送权，大的 IFS 随后就将监听到信道忙，只得推迟发送。

可见，不同的 IFS 将帧划分为不同的优先级，IFS 越小优先级就越高，同时不同的 IFS 也可以避免发生发送冲突。

（2）CSMA/CA 信道接入控制机制

CSMA/CA 的信道接入控制按下述过程进行：

1）载波监听。站点在发送前要先监听信道，有两种情况：

- 信道空闲，继续监听一个 IFS（实现基于 IFS 的优先级接入），若信道仍然空闲，转入 3）进行发送；若信道变忙，则转入 2）。
- 信道忙，转入 2）。

2）执行退避算法，争用信道。分以下三步：

①　计算退避时间：站点将计算一个随机的退避时间（计算方法见下），并设置退避定时器（Backoff Timer，BT）。

②　监听信道，准备进入争用窗口（Contention Windows，CW）：继续监听信道直至信道变空闲（信号发完），继续监听一个 IFS（实现基于 IFS 的优先级接入），若信道仍然空闲，转入③进入 CW；若信道变忙，返回②，准备进入下一个 CW。

③　进入 CW，执行退避算法：进入 CW 的站点（可能有多个，竞争发送数据帧）BT 开始倒计时并继续监听信道，有两种情况：

- 信道持续空闲，BT 倒计时，直至减到 0（本次 CW 中，没有 BT 时间更短的站点），转入 3）进行发送。
- 监听过程中信道变忙（本次 CW 中，有 BT 时间短的站点先减到 0 发送数据），信道变忙前 BT 倒计时，变忙时则暂停（冻结）BT，转回②，准备进入下一个 CW。（BT 进入下一个 CW 重启后，BT 将在上一个 CW 剩余时间的基础上继续倒计时。这种方式有利于各站点公平地争用信道，平均讲是一种先来先服务的原则。）

3）发送。站点把帧发送出去。数据帧要等待确认 ACK，若在规定的时间内收到 ACK，则发送成功；否则将重传此帧。

重传帧则须从 2）开始，调整退避时间，执行退避算法。若干次重传后仍收不到 ACK，则放弃发送，发送失败。

当站点有多个帧连续发送，第 1 帧使用上述流程，后面的帧要从 2）开始，执行退避算法。

以上就是 CSMA/CA 信道接入的控制过程。

CSMA/CA 数据帧传输控制中采用了 DATA-ACK 两次握手方式的确认机制。接收站收到数据帧后进行差错校验。校验正确时进行确认，使用高优先级的 SIFS 发回 ACK 帧，否则不发 ACK。

CSMA/CA 信道接入控制中使用了退避时间调整。CSMA/CA 减小了产生发送冲突的可能性，但不能完全消除冲突。在上述 CSMA/CA 信道接入过程 1）中，若有多个站点同时监听到信道空闲且继续监听一个 IFS 仍然空闲，它们都将转入发送，产生冲突。在过程 2）的③中，若多个站点的 BT 同时减到 0，也会产生发送冲突。冲突将导致发送站收不到 ACK，引起数据帧的重传。为了减小冲突重复发生的概率，CSMA/CA 对退避时间实行调整机制。

IEEE 802.11 采用和 IEEE 802.3 类似的截断式二进制指数退避算法调整退避时间，随着重传次数的增加，退避时间呈指数增长。算法是：第 i 次重传时，退避时间在 $0 \sim 2^{i+2} - 1$ 个时隙中随机选取。例如 $i = 2$ 时，要在 0，1，2，$\cdots$，15 个时隙中随机选取。当 i 增到 6，即最大时隙增到 255 后，就不再增加了。

图 5-44 是 A、B、C、D 4 个站点使用 CSMA/CA 信道接入过程的例子，A 先向 C 发送数据，而后 B 又要向 A 发送数据，D 又要向 C 发送数据。

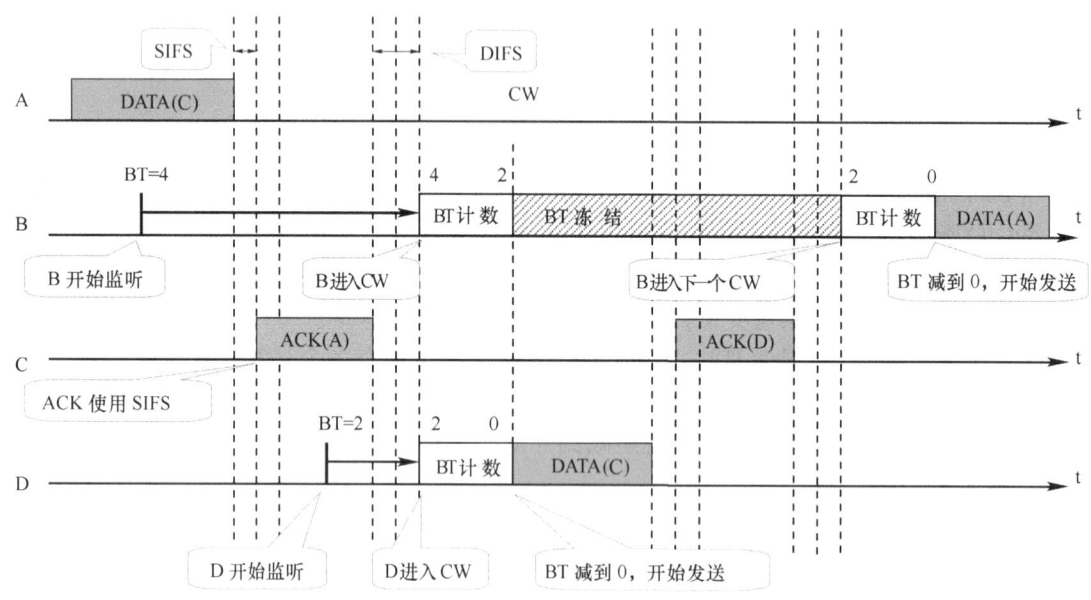

图 5-44　CSMA/CA 信道接入过程示例

（3）虚拟载波监听（Virtual Carrier Sense）

由于无线传输的信号衰减和干扰比有线情况严重，载波监听比较困难。为此，除了使用物理载波监听方式外，MAC 层还使用网络分配向量（Network Allocation Vector，NAV）提供一种虚拟载波监听。

数据帧及 RTS、CTS 帧的第二个字段为持续时间字段，利用它发送站显式地通知其他站：本次传输（从开始到 ACK 结束）将占用信道的持续时间。其他站检测到这个字段就设置为它的 NAV，作为内部的一种提醒信号。

在信道监听中，站点将同时利用虚拟载波监听和物理载波监听信号。如果虚拟载波监听发现 NAV 信号存在，会继续监听直到 NAV 信号消失，然后监听物理载波信号。

图 5-45 示意了 NAV 的作用。

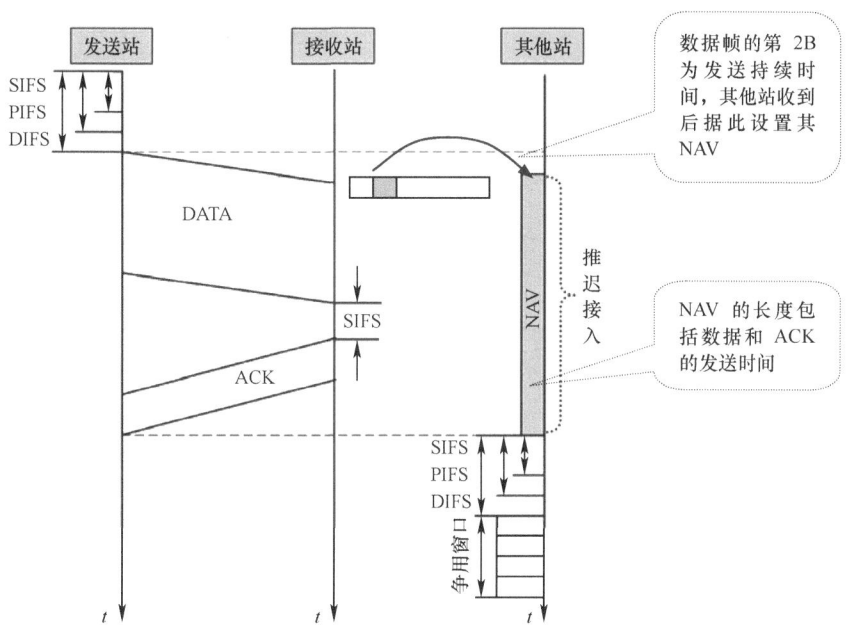

图 5-45　NAV 实现虚拟载波监听

（4）RTS/CTS 信道预约机制

基本的 CSMA/CA 采取了冲突避免措施，可以减少冲突，但不能解决隐蔽站点问题。为了在隐蔽站点的情况下使用 CSMA/CA，WLAN 还设计了一种 RTS/CTS 信道预约机制，进行媒体接入控制。

RTS/CTS 信道预约是一种可选方式，有三种选择：使用/数据长度超过某一数值时使用/不使用。

RTS/CTS 信道预约机制使用 RTS-CTS-DATA-ACK 四次握手方式，在 DATA-ACK 两次握手的基础上，又使用了请求发送帧（RTS）和允许发送帧（CTS）帧进行信道预约。

发送站在发送数据之前，先对信道进行预约，向周围站点表明它的发送意图和传输的持续时间。为此，使用 DIFS 向目的站发送一个短帧 RTS，其中附有本次传输的持续时间。

目的站收到 RTS 后，向发送站响应一个 CTS，其中也包括本次传输的持续时间，它由 RTS 得来。RTS 和 CTS 都提供了 NAV。其他站检测到持续时间字段就设置为自己的 NAV。CTS 使用高优先级的 SIFS，可以保证发出 RTS 的站能够优先得到发送权。发送站收到 CTS 后就可以发送数据了。

图 5-46 表示了 RTS/CTS 信道预约机制的信道接入过程。

以图 5-47 为例分析一下 RTS/CTS 信道预约机制如何解决隐蔽站点问题。假设 B 站向 C 站发送 RTS，C 站响应 CTS，B 站和 C 站周围的站点分为三类：

①　处于 C 的传输范围但不在 B 的传输范围：例如 D 站。D 不能收到 B 发送的 RTS，但能收到 C 的 CTS，它使 D 向所有的站关闭，直至 B 向 C 发送结束；否则，D 向 C 发送就会在 C 产生冲突。D 和 B 本来存在隐蔽站点问题，但 CTS 使 D 知道媒体上有传输活动。

②　处于 B 的传输范围但不在 C 的传输范围：例如 A 站。A 收不到 C 的响应 CTS，但 A 能收到 B 的 RTS，A 向 B 关闭，使 B 可以无冲突地收 C 站的 CTS。

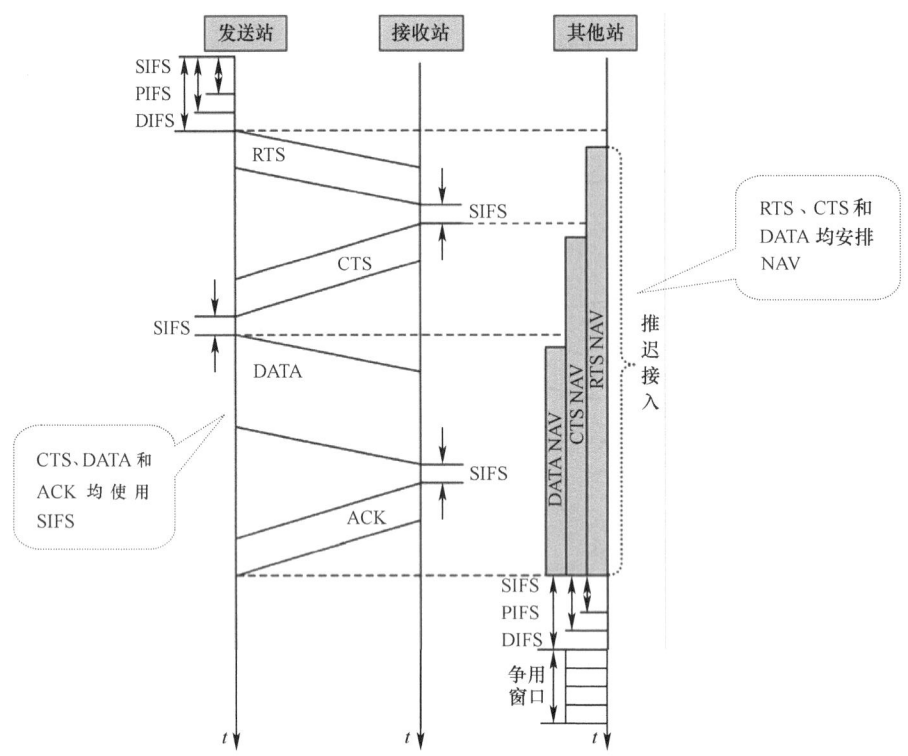

图 5-46 RTS/CTS 信道预约机制的信道接入过程

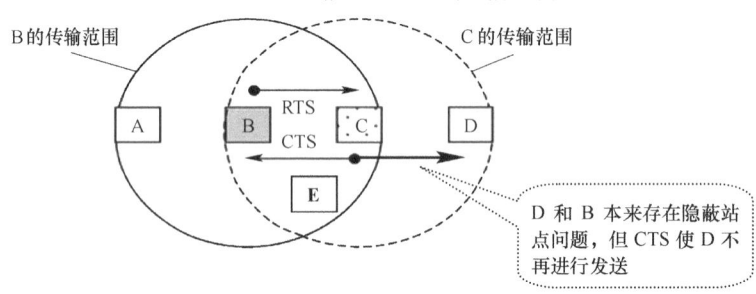

图 5-47 RTS/CTS 信道预约机制解决隐蔽站点问题

③ 既处于 B 的传输范围又处于 C 的传输范围：例如 E 站。E 既能收到 B 的 RTS，又能收到 C 的 CTS，E 也保持沉默。

可见由于采用了 RTS/CTS 信道预约机制，避免了隐蔽站点问题，减少了冲突。

但使用 RTS/CTS 信道预约机制后仍会有发送冲突存在。例如，B 站和 D 站同时向 C 站发送 RTS，就会产生冲突。但 RTS 只有 20B，损失不大。若不使用 RTS，数据帧就可能发生冲突，而数据帧最长可达 2346B，损失将更大。

4. 点协调功能（PCF）

PCF 是在 DCF 顶部实现的一个可选功能，向上提供无争用服务。PCF 可用于对时间敏感的业务，如话音等多媒体传输。

AP 进行集中控制实现 PCF。AP 进行集中控制，使用类似轮询的方法使各个结点得到发送权。轮询时使用 PIFS，PIFS 比 DIFS 短，因此能够优先得到信道。

AP 周期性地安排一些无争用周期（Contention-Free Period，CFP），有组织地进行 PCF 的传输活动，如图 5-48 所示。

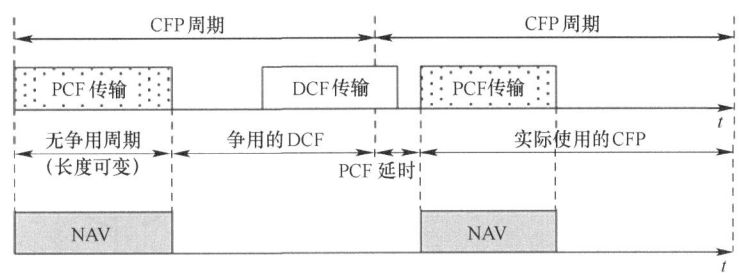

图 5-48 PCF 工作模式

- 每个 CFP 的开始时间段，PCF 获得信道的控制，用于无竞争传输。AP 对配置为 PCF 的各站点进行轮询，并对其他站点安排 NAV 信号。AP 在 PCF 开始时先安排一个大的 NAV，而在 PCF 结束时将它复位，期间只允许被轮询的站点响应。
- PCF 之后的 CFP 剩余时间段用于 DCF 传输。PCF 传输和 DCF 传输的两个时间段的长度都是可变的，根据站点的传输需求不同而不同。
- CFP 周期结束，PCF 使用 PIFS 来竞争信道。如果信道空闲，就获得信道，开始新一轮的 CFP 周期；如果信道忙，DCF 传输还未完成，PCF 要到信道空闲下来才能获得信道控制权，这就导致 CFP 的实际使用时间比预定的周期缩短了。

5.7.4 WLAN 管理

1. 接入网络

无线站点要加入到一个 BSS，首先必须与 AP 建立关联（Association）。关联是无线站点向 AP 登记的过程。关联后无线站点就和 AP 建立了联系，可以通过 AP 与 DS 进行数据交换。

建立关联前无线站点要先与 AP 进行联络，联络方式有被动扫描和主动扫描两种：

（1）被动扫描

站点被动等待 AP 周期性地发出的信标帧（Beacom Frame），周期通常为 100ms。信标帧包含与 AP 有关的信息，如 BSS ID、用于站点同步的时间戳、传输速率、信标间隔和业务指示表等。

（2）主动扫描

无线站点主动发出探测请求帧（Probe Request Frame），AP 发回探测响应帧（Probe Response Frame），探测响应帧也包含 AP 的有关信息。

扫描之后，无线站点选择一个信号最强的 AP，启动关联过程：发送关联请求帧（Association Request Frame），AP 发回关联响应帧（Association Response Frame），这样就接入了网络。一个无线工作站同时只能与一个 AP 关联。

站点接入网络的过程（主动扫描）如图 5-49 所示，分为以下五步：

① 无线站点主动发出探测请求帧。

② AP1 和 AP2 发回探测响应帧。

③　无线站点选择信号最强的 AP1。

④　无线站点向 AP1 发出关联请求帧。

⑤　AP1 发回关联响应帧。

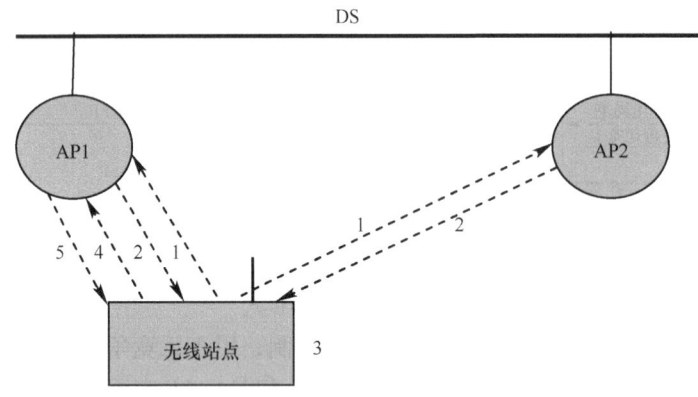

图 5-49　站点接入网络的过程（主动扫描）

去关联（Disassociation）操作用来解除现有的关联，不是请求，而是一种通知，不能被拒绝。去关联可以由 AP 或无线站点任何一方发出。无线站点脱离网络或关闭之前，应该先发送一个去关联帧（Disassociation Frame）给它关联的 AP。

2. 越区漫游

无线站点可以从一个 BSS 越区切换到另一个 BSS，即处在漫游（Roam）过程。漫游指无线工作站在一组 AP 之间移动，与新的 AP 关联。虽然 IEEE 标准中没有明确规定，为支持漫游，BSS 之间应该有 20%～30% 的交叠。

漫游包括两种情况，一种是移动站在同一个 ESS 范围内从一个 BSS 移动到另一个 BSS。另一种是移动站从一个 ESS 中的一个 BSS 移动到另一个 ESS 中的一个 BSS，这种情况下网络的上层连接就可能中断了。

当移动站在同一个 ESS 内的 BSS 之间漫游时，要使用重关联（Reassociation）服务，关联从一个 AP 转移到另一个 AP。重关联服务可以使转移过程不丢失数据。

移动站越区漫游如图 5-50 所示，分为以下几步：

①　移动站跟踪它关联的 AP1 的信标的信号强度，此时信号强度还比较大。

②　移动到交界处，移动站发现 AP1 信标的信号强度变弱，引发搜索更强的 AP 信号。

③　移动站开始搜索。搜索过程可以是被动扫描或主动扫描，与站点接入网络的扫描过程一样。图中所示为主动扫描，无线站点发出探测请求帧。

④　收到探测请求帧的 AP1 和 AP2 发回探测响应帧。

⑤　移动站选择信号最强的 AP2。

⑥　移动站向 AP2 发出重关联请求帧，帧中包含它以前关联的 AP1 的有关信息。

⑦　AP2 发回重关联响应帧。

⑧　移动站不必通知 AP1 其位置已经改变，而是由 AP2 通过接入点间协议（InterAccess Point Protocol，IAPP）解决。AP2 使用 IAPP 通过 DS 通知 AP1：这个移动站发生了越区切换。

IAPP 开始由 WLAN 厂商开发，后来制定了 IEEE 802.11f 标准，规定了管理 DS 和 ESS 的规范，包括站点在漫游过程中信息连续性的保持机制等。

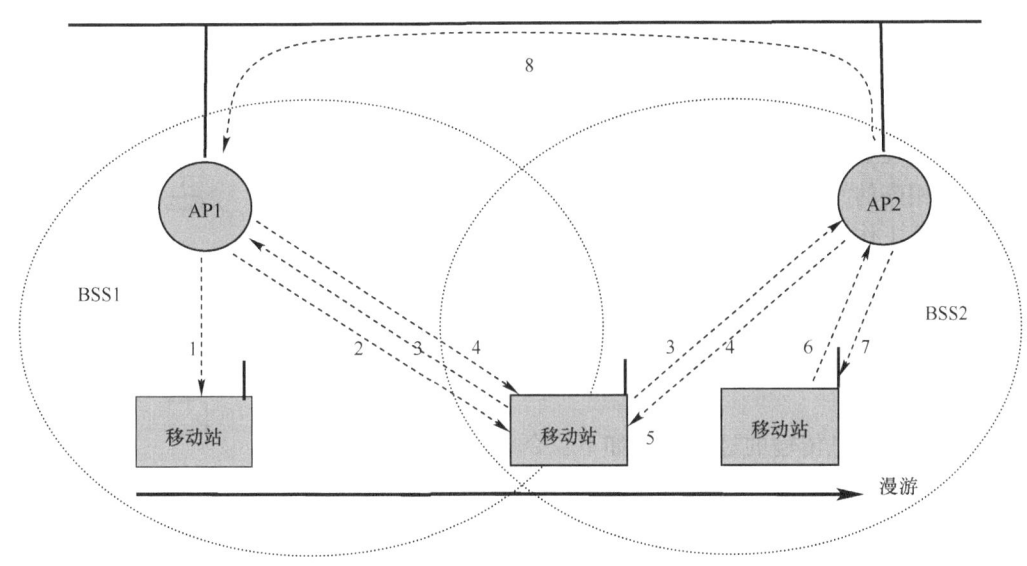

图 5-50 移动站越区漫游

3. 电源管理

WLAN 中的移动站通常只能用电池供电，电池的电量是有限的资源，因此节电控制就变得非常有意义。IEEE 802.11 协议中包含了电源管理，以延长电源的寿命。IEEE 802.11 的电源管理协议可以使移动站在无传输活动时处于休眠状态，以节约电能。

但是，如何使发往休眠站点的数据帧不丢失呢? 方法是: 发往休眠站点的数据帧先在 AP 中缓存，当休眠站点被唤醒时 AP 再把缓存的数据帧发给它们。这种方案更适合突发数据的应用。

移动站通过帧控制字段的电源管理比特表明自己是否处于休眠状态。AP 维护一个记录表，记录当前处于休眠状态的站点，并提供缓存来暂存发往这些站点的数据帧。

AP 发送的信标帧中包含一个业务指示表，该表包含了 AP 中有缓存数据的站点的列表，从而唤醒这些站点。移动站通过业务指示表，了解自己是否在 AP 中有缓存的数据帧，从而保持唤醒状态，并向 AP 发送一个节能轮询帧，AP 把缓存的数据帧发送给站点。

5.8 非主流局域网

IEEE 802.5 令牌环和 IEEE 802.4 令牌总线是 20 世纪 80 年代与 IEEE 803.3 以太网并列的 IEEE 802 局域网技术，光纤分布数据接口 (Fiber Distributed Data Interface，FDDI) 是 20 世纪 90 年代风行一时的局域网技术。目前，从技术发展和市场占有的情况看，它们已远远落伍于主流的以太网。

这几种网络采用了与以太网不同的拓扑结构和信道接入技术，都使用了基于令牌的分散控制方式的受控接入技术。

5.8.1 令牌环

令牌环 (Token Ring) 的标准是 IEEE 802.5，是典型的环形网。令牌环网络产品最有代表性的是 IBM 公司的令牌环产品。

1. 令牌环工作原理

令牌环的拓扑结构如图 5-51 所示。

令牌环物理上是环形拓扑结构，所有结点逐个邻接形成的一个首尾相连的闭合环路。环路由许多称为环接口的网络设备相连，而工作站接到环接口上。环接口也称中继器。

令牌环使用基于令牌（Token）的分散控制方式的受控接入技术，只有获得令牌的站点才有权在环路上发送数据，从而避免了信道访问的冲突。token 也可译作标记，令牌环也有标记环之称。

令牌环进行信息传输的过程大致如下：令牌持有者发送出信息帧，帧单方向地沿环路进行传输，每个结点从它的前

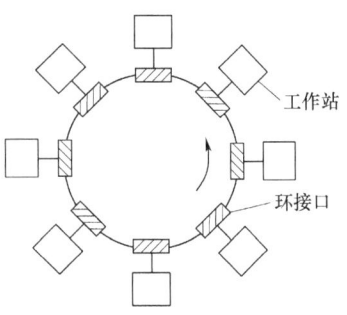

图 5-51　令牌环的结构

连结点接收帧并向后连的结点传递。结点对帧的地址有识别能力，当地址与本站地址符合时，将帧接收入本站并继续向前传送，地址不符则只是继续传送。直至帧绕环路一周返回发送站后，由发送站清除。这种传输方式使得目的站可以向发送站反馈确认信息，还可以实现多播和广播。另外，发送站发送数据后，还负责向环路重新插入令牌。

为了限制每个工作站持有令牌进行数据发送的时间，令牌环的每个工作站都设有令牌持有计时（Tocken Hold Timer，THT），它控制该站持有令牌的最大时间，一般为 10ms。

环接口在令牌环网中的作用极为重要，它有两种工作方式：发送方式和收听方式。

当环接口工作于发送方式时，数据以帧为单位由环接口的输出端发送到相邻的下一个环接口的输入端。

当环接口处于收听方式时，主要任务有两个方面：

一方面，中继由环接口输入端输入的比特流。接收 1 个比特到 1 比特缓冲区，经整形、放大后由输出端重新送到环上，这里只造成 1 比特延迟。此时，环接口和所连接的工作站实际上处于断开状态。

另一方面，监听通过的比特流的组合模式并做相应处理。主要监听两种比特流组合：本站地址和令牌。环接口一旦监听到本站地址，则将环路输入的比特流传送到与它相连的工作站，同时环接口仍然执行上述中继功能。环接口若监听到令牌，且本站有数据发送，就截获令牌，将其中的令牌标志 T 由空改为忙标志，然后将目的地址、源地址和欲发送的数据附在截获的令牌后面，封装成信息帧，并把环接口置为发送方式，把帧发送出去；若此时本站无数据发送，则把令牌继续向下传递。

在 IEEE 802.5 中提供了 8 个优先级，使信息在环网上能按优先级发送。IEEE 802.5 帧中定义了接入控制（Access Control，AC）字段，若某站点有待发信息，在转发信息帧时通过把待发信息的优先级写入转发帧的 AC 字段进行预约，竞争发送权。

2. 令牌重插策略

发送数据后，发送站进行令牌的重插入环。有三种令牌重插策略：

① 发送的最后一帧全部返回发送站。

② 发送完最后一帧且帧头返回发送站。

③ 发送完最后一帧。

由策略①至③，令牌重插时机逐步提前，信道利用率也就提高，它们都收入了令牌环局域网标准。IEEE 802.5 4Mbit/s 令牌环使用策略①，IBM 的 4Mbit/s 令牌环使用策略②，而 16Mbit/s 的 IEEE 802.5 和 IBM 的令牌环及 FDDI 使用策略③。

图 5-52 表示使用令牌重插策略①的传输过程：

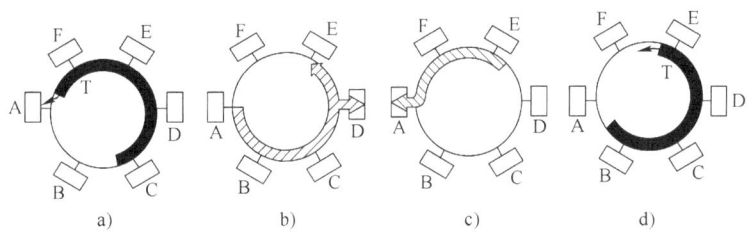

图 5-52　使用令牌重插策略①的传输过程

a）空令牌在环路上流动，A 站截获令牌 T

b）A 站发送数据给 D 站，B、C 转发，D 站复制并转发给下一站

c）E、F 转发数据，A 站收回发送出的数据

d）A 站收回发送的数据后，重新发出空令牌

图 5-53 是使用令牌重插策略③的传输过程。图中假设 A、B 两个站点均已准备好了数据帧，分别发送到 C、D 两个站点。接入控制的过程如图 5-53a ~ f 所示。

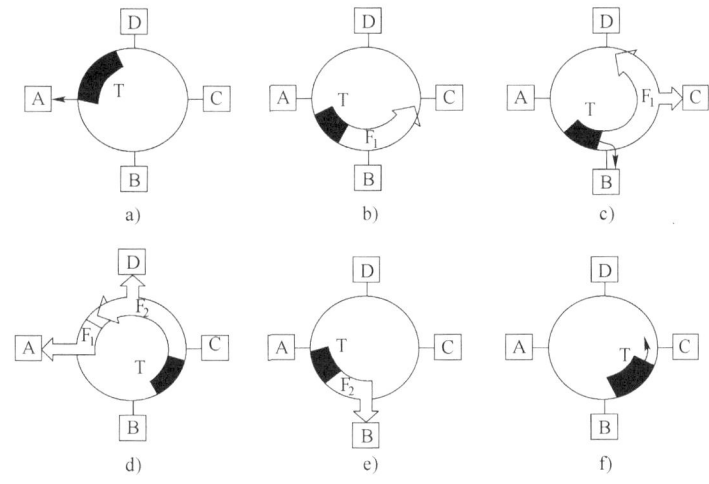

图 5-53　使用令牌重插策略③的传输过程

a）令牌 T 在环中传送，欲发送站等待令牌，A 站截获令牌

b）A 站发送数据帧 F1 给 C 站，并在 F1 后发出新令牌 T

c）C 站接收 F1 并继续下传，B 站截获令牌

d）B 站发送数据帧 F2 给 D 站，环路上同时存在 F1 和 F2 两个数据帧。B 在 F2 后又发出新令牌。D 接收 F2 并继续下传，A 回收 F1

e）B 回收 F2，A 站让令牌通过（无数据帧发送）

f）B 站让令牌通过（无数据帧发送），令牌在环中传送

由图 5-53 可以看出，令牌重插后环路上可以同时存在一个以上的数据帧（如图 5-53d 所示），提高了环路的利用率。

3. 环路比特长度

环网分析的一个重要参数是环路比特长度，即数据传输时环路上容纳的比特数，包括环路上的比特和环接口中的比特。环路的比特长度即环路的时延带宽积。

设环网的数据传输速率为 rMbit/s，环的周长为 dm，共 n 个站点，环接口仅有 1 比特延迟，信号在铜缆中的传播速率是 1km/5μs，那么环路的比特长度 l 为

rMbit/s × (dm ÷ 1000m/5μs) + n × 1bit，即

$$l = rd/200 + n \qquad (5\text{-}11)$$

例如，环路长为 1000m、40 个站点、数据传输速率为 16Mbit/s 的令牌环，环路的比特长度为 16 × 1000/200 + 40 = 120 比特。

环路比特长度涉及到令牌环设计中这样一个问题：当环路中所有站点都空闲时，环路的比特长度必须达到一定的值，至少容纳一个完整的令牌，令牌才能在环上正常绕行。

对于上述三种不同的令牌重插策略，环路的比特长度不同会造成令牌重插后环路上不同的数据传输情况。对于策略①，不管环路的比特长度和帧长度如何，环路中最多只能有一个帧在传输，因为只有前面的帧从环路上清除，才会重插新的令牌。对于策略③，当环路的比特长度远大于帧长度时，环路上可以有多个帧在传输，因为发送站发完信息帧后马上发出了令牌，邻近的下游站可以捕获令牌发送自己的帧，这一过程还可以重复下去，使得环路上可以同时有多个帧，这样就提高了传输效率。策略②传输效率介于其间，环路上可以同时有 2 个帧在传输。

5.8.2 令牌总线

令牌总线（Token Bus）技术的标准是 IEEE 802.4。令牌总线网络产品最著名最有代表性的就是美国 Datapoint 公司的 ARCnet。

令牌总线的特点是：物理上是总线结构，逻辑上是令牌环。和 IEEE 802.3 以太网一样，令牌总线的站点以总线形式进行物理连接，信息也是通过总线进行传输；但又类似 IEEE 802.5 令牌环，站点要形成一个逻辑环，只有得到令牌的站点才能发送信息，并按逻辑环的连接顺序传递令牌，发送数据。令牌总线网络结构如图 5-54 所示。

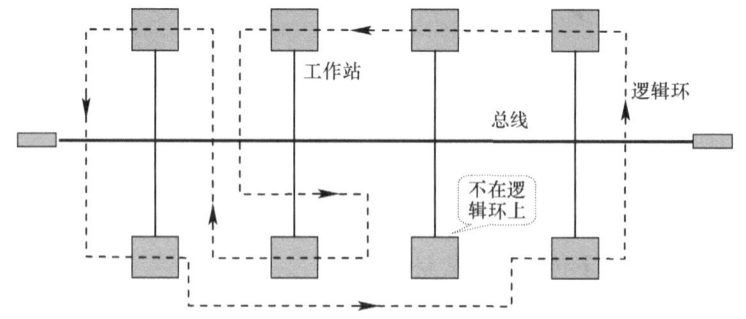

图 5-54 令牌总线网络结构

逻辑环是一种逻辑上的连接关系。逻辑环由进行传输发送的站点组成，不参与信息传输的站点虽然在网上也可以不加入逻辑环。逻辑环上各站点并不按站点物理连接顺序排序，而是按站点地址编码值递减的顺序排序。为了建立和维护逻辑环，令牌总线有一套复杂的控制机制。

IEEE 802.4 为数据定义了四种优先级，可按优先级的顺序进行数据发送。

5.8.3 光纤分布数据接口

光纤分布数据接口（FDDI）的国际标准为 ISO 9314。20 世纪 90 年代 FDDI 曾经得到很大的发展和应用。FDDI 属于 LAN，也可以划分到 MAN 的范围。它可以连接更大范围的网络，比如多校园网应用环境。站点之间的距离可以有几十千米。

FDDI 是一种物理层和数据链路层标准，规定了基于令牌控制的双环网络技术，使用基于 IEEE 802.5 令牌环的信道访问控制方式。当站点欲发送数据时，必须等到持有令牌，使用令牌重插策略③。

FDDI 的主要特点如下：

- 使用基于 IEEE 802.5 令牌环标准的令牌传递 MAC 协议，帧格式也类似 IEEE 802.5。
- 使用 802.2 LLC 协议，与 IEEE 802 LAN 兼容。
- 双环拓扑，正常时仅主环工作，故障时启动次环，进行环路重构，具有容错能力。
- 能够使用 MMF 或 SMF，还可使用双绞线。
- 数据传输速率为 100Mbit/s，使用 4B/5B-NRZI 编码，光信号的码元波特率为 125Mbaud。
- 最大结点数为 500；站间最大距离 2km（MMF），60 ~ 100km（SMF）。
- 最大帧长度 4 500B。

思 考 题

5.1 IEEE 802 LAN/RM 和 OSI/RM 的对应关系如何？IEEE 802 LAN/RM 把数据链路层分为哪两层？为什么这样分？

5.2 共享信道的多点接入会产生什么问题？有哪两种媒体接入控制方法？各有什么特点？

5.3 描述 IEEE 802 LAN MAC-48 地址的结构。

5.4 IEEE 802.2 数据链路层使用哪两种地址？它们分别用在哪两个子层？分别用于什么之间的寻址？

5.5 IEEE 802.2 逻辑链路控制协议向上层提供哪几种服务？

5.6 简介以太网的两个重要的规范。

5.7 描述 ALOHA 的随机接入的工作原理。

5.8 CSMA 对 ALOHA 的改进主要是什么？目的是什么？

5.9 CSMA 有哪 3 种算法？描述这些算法。

5.10 CSMA 使用了载波监听的机制，但还可能产生冲突，为什么？试画图分析。

5.11 CSMA/CD 对 CSMA 的改进主要是什么？目的是什么？对于 10Mbit/s 的帧长 1 500B 的以太网，改进后可以减少多长时间的因冲突造成的信道浪费？

5.12 为什么说 CSMA/CD 是一种半双工工作方式？

5.13 在 Internet 中，为什么说以太网为 IP 数据报提供的是无连接、不可靠的传输服务？

5.14 以太网帧所携带数据的最小长度是多少？为什么？

5.15 什么是冲突域？在 10Mbit/s、100Mbit/s 和 1 000Mbit/s 以太网中，时槽规定为多大？相应的冲突域最大跨距有多大？

5.16 什么是冲突碎片？冲突碎片的长度是多少？

5.17 自己设计一个 CSMA/CD 网络，数据传输速率100Mbit/s，网络最大跨距10km，电缆中信号传播速度为1km/5μs，网络设备的处理时延共 10μs，要保证网络正常进行冲突检测，最小帧长度应该是多少？

若数据发送速率为 1Gbit/s 呢？

5.18 以太网冲突以后采用什么退避算法？对该算法进行说明。在严重冲突的情况下，以太网随机选择的重试时机最多有多少个？

5.19 以太网的退避算法中，假设总线上有 2 个站要发送数据，问：在它们第 2 次发生冲突后，发生冲突和发送成功的概率是多少？第 3 次和第 4 次冲突之后呢？

5.20 参数 a 即归一化的传播时延与以太网性能有很大关系，试举例分析参数 a 对以太网利用率的影响（不考虑冲突）。

5.21 在 DIX 以太网和 IEEE 802.3 以太网的帧结构中，长度/类型字段的意义有什么不同？

5.22 IEEE 802.3 10Mbit/s 以太网的物理层包括哪几个部分？它们的功能是什么？10Mbit/s 以太网网络接口卡（NIC）包括哪几个部分？它们的功能是什么？

5.23 以太网中继器工作在什么层次？它的主要功能是什么？

5.24 描述 10BaseT 以太网的连网方法和网络扩展方式。

5.25 比较 100BaseT 和 10Mbit/s 以太网的 MAC 子层。

5.26 100BaseT 高速以太网有哪几个物理层标准？简述它们的特点。

5.27 100BaseT4 如何用 3 类双绞线实现 100Mbit/s 的数据传输速率？

5.28 什么是 10/100Mbit/s 自动协商模式？如何实现？

5.29 与 10Mbit/s 和 100Mbit/s 以太网相对比，简述半双工千兆以太网的 MAC 子层。

5.30 千兆以太网有哪两种物理层标准？它们使用什么传输媒体？链路长度有多少？

5.31 千兆以太网为什么要进行载波扩展？载波扩展如何进行？

5.32 千兆以太网为什么要采用帧突发机制？帧突发如何进行？

5.33 叙述万兆以太网的特点和应用。

5.34 简述万兆以太网物理层标准。

5.35 和中继器相比，网桥有什么特点？

5.36 透明网桥如何通过学习建立和维护端口-MAC 地址桥接表？

5.37 交换机为什么能提高网络传输的流量？一个 24 口的 100Mbit/s 的交换机可提供的最大带宽是多少？

5.38 交换机由哪几个部分组成？帧转发机构有哪几种类型？它们的特点是什么？

5.39 一个工作组级的 100BaseTX 以太网，由一台 16 口 hub 连接 16 台计算机组成。现在要把它改造为交换式以太网，需要更新什么设备？改造前网络的带宽是多少？改造后网络能提供的最大带宽是多少？

5.40 什么是 VLAN？

5.41 描述 IEEE 802 标准中定义的 VLAN 帧格式。

5.42 下图中基于端口划分了 3 个 VLAN：VLAN1、VLAN2 和 VLAN3，分别包含 6、6 和 2 台计算机。结合此图说明计算机 2-1 向广播地址发送的广播帧的传送过程。

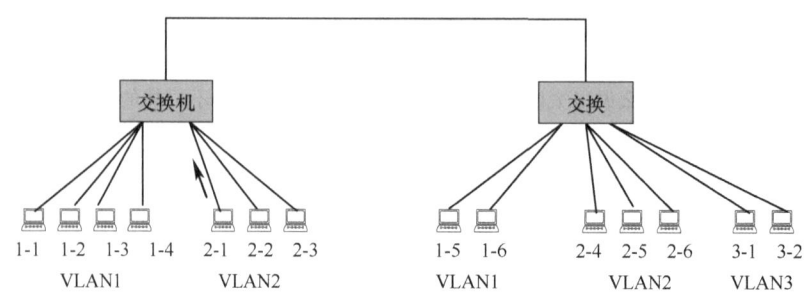

5.43 说明 IEEE 802.11 WLAN 的网络结构，涉及关键词：BSS、AP、DS、ESS 和自组网络。

5.44 说明 IEEE 802.11 WLAN 的协议层次结构。

5.45 画图说明 IEEE 802.11 WLAN 中移动站通过 AP 接入以太网 DS 的通信协议结构。

5.46 IEEE 802.11 WLAN MAC 层定义了哪两个子层？它们向上提供什么样的服务？

5.47 IEEE 802.11 CSMA/CA 定义了哪 3 种帧间间隔（IFS）？IFS 的作用是什么？

5.48 叙述 IEEE 802.11 CSMA/CA 的退避算法。

5.49 叙述网络分配向量 NAV 及其作用。

5.50 画图说明什么是隐蔽站点问题，它的影响是什么？

5.51 说明 802.11 无线站点以主动扫描方式接入网络的过程。

5.52 说明 802.11 无线站点在一个 ESS 范围内从一个 BSS 漫游到另一个 BSS 的过程。

5.53 简述 802.1102.11 电源管理机制。

5.54 简述令牌环的拓扑结构和媒体接入控制的方式，简述令牌环进行信息传输的过程。

5.55 令牌环中环接口的工作方式是什么？环接口中继输入比特流时造成多大的传输延时？

5.56 令牌环有几种令牌重插策略？它们如何进行令牌重插？

5.57 假设环的周长为 2 000m，共连接了 30 个站点，那么速率为 4Mbit/s 的令牌环，环路上能容纳多少比特？

5.58 简述 IEEE 802.4 令牌总线的特点。

5.59 简述 FDDI 的主要特点。

5.60 速率 100Mbit/s 的 FDDI，1000B 的帧在 50km 的环上传输，它占用多少 km 的网络长度？帧从发出到完全收回需要多长时间？（忽略中间结点延时）

第 6 章 广 域 网

6.1 概述

本书第 1 章图 1-4 给出了 WAN 的拓扑结构，WAN 的交换结点通过长距离的点对点链路互连，一般成网状拓扑。实现交换结点的设备为交换机，它有多个端口，主机也连接到交换机的端口上。要实现数据的正常有序的传输，WAN 有一套传输控制机制，涉及到交换技术、分组转发机制以及拥塞控制策略等。

WAN 是一种多跳（Hop）网络，主机发送的数据由交换结点通过点对点链路逐跳地（Hop by Hop）转发到目的主机，结点转发的方式称为交换（Switching）。总的来讲，有电路交换、报文交换和分组交换等几种交换方式。

WAN 主要采用分组交换方式。交换结点怎样为分组选择一条路径，如何把分组转发到目的结点？路径又如何在网络拓扑和负载变化的情况下保持优化？这是两个重要问题。

WAN 中，如果某一交换结点因突然泄入的流量大于它的处理和缓存能力，就会产生拥塞（Congestion）。拥塞控制也是 WAN 中要关注的问题。

典型的 WAN 技术有 X.25、帧中继（Frame Relay，FR）和异步传输模式（Asynchronous Transfer Mode，ATM）等。

Internet 和大多数的 WAN 一样也属于分组交换网络，也是一种多跳网络。从网络层的角度看，它们都是用单跳的链路将交换结点相互连接而成的网络。只不过在 WAN 中分组交换结点是交换机，链路是点对点直连的线路；而在互联网中，分组交换结点是路由器，物理链路是某种底层网络。因此，本章介绍的 WAN 的传输控制机制，其基本概念和技术也适用于 Internet。在后续章节还会结合 Internet 的特点，对它的分组转发、路由算法和拥塞控制机制等进一步介绍。

本章先介绍 WAN 的传输控制机制，然后简单介绍 X.25 和 FR，最后较详细地介绍 ATM。

6.2 广域网传输控制机制

6.2.1 数据交换技术

在 WAN 等通信结点数目很多的网络中，人们不会去建立全部结点之间的两两直接连接，虽然这样通信速度会加快，但线路的投资却大大地增加，得不偿失。建立 n 个结点之间的两两直接连接，线路数 $l = n(n-1)/2$。当 n 线性增加时，l 呈指数增长。因此，实用中人们仅仅铺设有限的线路，并利用交换技术解决网络的数据传输问题。

交换也可称为转接，是指在多跳网络通信时，在收、发双方之间建立一条物理的或逻辑的链路，在此链路上数据逐跳向前传输。在网络中要有一些交换设备支持，WAN 中是交换机，Internet 中是路由器。

交换技术属于网络层的技术，广泛应用于 WAN 和互联网。

1. 电路交换

电路交换（Circuit Switching）是通过物理设备实现传输线路的转接，在通信的双方建立一条传输链路。电路交换进行一次通信要经过三个过程，即电路建立、数据传输和电路释放。公共交换电话网（PSTN）是典型的电路交换的例子。

电路交换方式的优点是数据传输可靠、迅速，收方到达数据的顺序保持发送数据的顺序，缺点是通信线路建立起来之后就变成专用线路，线路的利用率不高。当数据传输量很小时，电路建立和释放所占用时间比例过大，使传输效率降低。

2. 报文交换

报文交换（Message Switching）是以报文为单位的存储转发（Store And Forward）的转接方式。报文是网络中一次传输的信息块，如一个程序、一个文件或是一个数据块等。存储转发方式将报文逐站地向前转发，每个转发站点先缓存报文，然后再根据目的地址转发，直至到达目的站。报文交换在已存在的网络中选择一条到达目的结点的路径。与电路交换相比有如下特点：

- 报文传输的线路不是专用的，线路可以被多个报文传输所利用。
- 不要求收方和发方同时处于可用状态。
- 可以实现一对多的传输，可以实现优先级传输。
- 中间结点可以及时进行差错控制，而不用等到目的结点再解决。
- 传输时延比电路交换大，对于大报文需用存取速度慢的硬盘缓存，报文流量大时要在缓存中排队等待，不宜于实时性要求高和交互性的应用。

3. 分组交换

分组交换或称包交换（Packet Switching）是以分组为单位的存储转发的传输方式，它综合电路交换和报文交换的优点，将长的报文分割成若干个短的分组进行多次传输。

分组交换把传输的数据单位从报文分成若干个长度较小的分组，这一小的改进却带来了很大的好处：

- 由于长度小，在转接中分组是缓存于转发结点的内存中，无需存于外存，内存的读写速度比外存高得多，从而大大提高了转发速度。
- 发送站发出第一个分组后即可继续发送后续分组，并不需要等待前面的分组到达目的站，这些分组在各个转发结点同时被存储转发，各转发结点并行进行处理，降低了总体的传输时间。
- 对于传输中的错误，只需重发出错的分组，而不必重发整个报文，因此也提高了差错控制的效率。

分组交换又分为数据报分组交换和虚电路分组交换两种方式：

（1）数据报（Datagram）方式

每个分组都独立寻径，它们可能经过不同路径和不同的传输时间，因此不能保证分组按顺序到达目的站。分组在发送时必须标上表示顺序的标志，以便在目的站重组。

（2）虚电路（Virtual Circuit）方式

每个分组都使用同一条路径传输，为此，发方首先给目的站发送一个呼叫分组，收方做出应答，建立一个传输连接，而后使用这一固定的路径进行数据传输，传输完成便释放这一连接。所有分组使用同一条路径保证了分组按顺序到达目的站，但增加了传输开销。

虚电路传输的三个步骤与电路交换非常相似，但又有不同。虚电路连接并不是实际地建立了一条物理线路，而是在现有网络中指定了一条传输通道，因此称为虚电路。而且，这一连接也不是专用的，连接上的结点和线路还可以为转发其他传输的分组服务。

虚电路有交换虚电路（Switched Virtual Circuit，SVC）和永久虚电路（Permanent Virtual Circuit，PVC）两种。SVC 在数据传输前呼叫建立，传输后自动释放。PVC 需要用户向网络管理部门申请建立，由人工配置，建立之后就可连续进行数据传输，不必每次传输都进行连接的建立和释放，若无人工干预它不会自动释放。

虚电路分组交换方式提供的网络服务是面向连接的服务（Connection-Oriented Service），而数据报分组交换方式提供的网络服务是无连接的服务（Connectionless Service）。前者可以提供更好的服务质量（Quality of Service，QoS），但这是以额外的连接开销为代价的。

图 6-1 直观地表示电路交换、报文交换和分组交换的特点。图中，垂直向下是时间增长方向，A、B、C、D 为 4 个交换结点。其中，图 6-1d 所示的数据报分组交换中，分组可以走不同路径：例如，分组 1 和 3 的传输路径是 A-B-C-D，而分组 2 却可能通过 A-B-E-D（E 为网络中的另一个交换结点，图中未画出）。

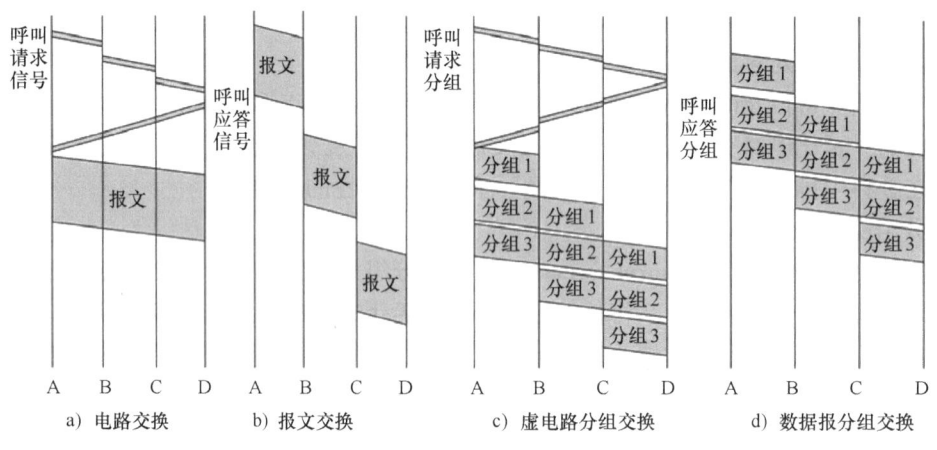

a) 电路交换 b) 报文交换 c) 虚电路分组交换 d) 数据报分组交换

图 6-1　数据交换方式示意图

4. 快速分组交换

在分组交换方式的基础上，又出现了快速分组交换（Fast Packet Switching，FPS）技术。当一个帧还没有接收完时就开始转发此帧，就称为 FPS。帧中继（Frame Relay，FR）和异步传输模式（Asynchronous Transfer Mode，ATM）就是两种著名的 FPS 技术。

计算机网络主要使用分组交换技术。X. 25、FR、ATM 等 WAN 和 Internet 都是采用分组交换。

网络界关于网络层是采用面向连接的虚电路分组交换还是非连接的数据报分组交换有不同的意见。X. 25、FR 和 ATM 等 WAN，按照电信界的思路对待计算机网络，都是采用虚电路方式，OSI 在网络层也采用了虚电路方式。而 ARPANET 的专家则认为，数据报方式可以简化网络层的设计，可靠性主要由两端的主机来负责，在 ARPANET 中只采用了数据报分组交换方式，并延用到今天的 Internet。

6.2.2　分组转发和动态路由

1. 分级的编址方案

图 6-2 示意了 WAN 的结构，它包含一组交换机，它有多个接口。交换机之间都是点对点的连接，交换机上还可以连接计算机。早年的 ARPANET 就是一个典型的 WAN。1983 年，ARPANET 有 50 台小型机作为交换机，也称为接口报文处理机（IMP），从电信公司租用的点对点线路将它们连接成一个网络。另外，IMP 上还有多达 22 个的端口用来连接用户主机，当时连接了数百台主机。

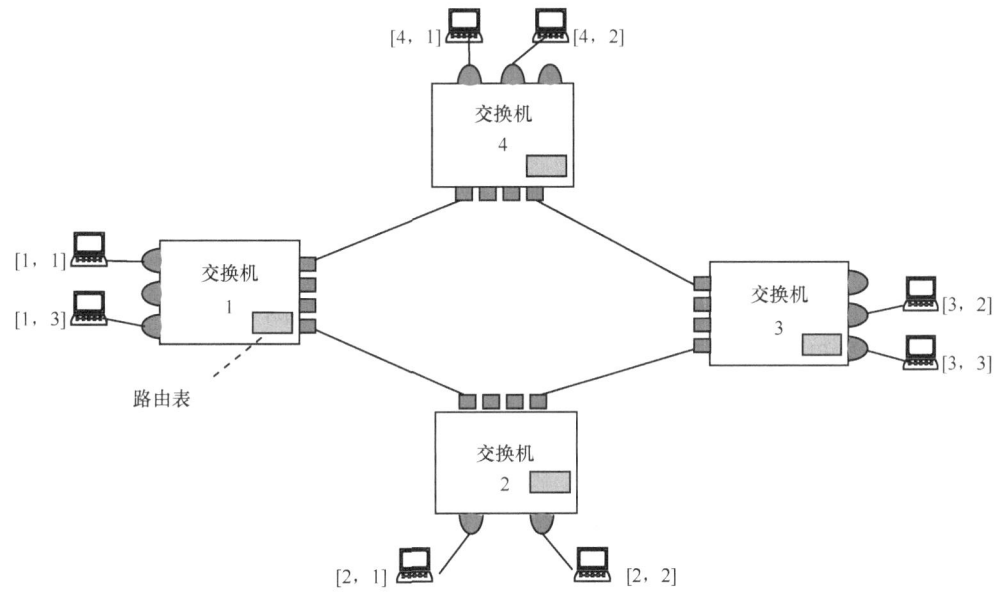

图 6-2　计算机在 WAN 中的地址

LAN 采用单一编址方案（Flat Addressing Scheme），这种结构简单方便。而 WAN 大都采用分级编址方案（Hierarchical Addressing Scheme），类似于电话网络中电话机的编号方式。

WAN 中，分组要经过许多交换机的转发才能到达目的结点，分级的编址方案大大简化了分组转发的机制。最简单的是两级分级编址，前一级标识交换机，后一级标识连接在交换机上的计算机。例如图 6-2 中交换机 1 所接入的两个计算机的地址可以分别记为［1，1］和［1，3］（交换机，计算机接入的交换机端口号）。

在 Internet 中，IP 地址也是采用分级编址方案。

2. 分组转发机制

WAN 和 Internet 主要采用分组交换机制。分组交换的过程本书中称为转发（Forwarding），有的文献把它称为路由/路由选择（Routing）。应该说，后者也是一个不错的词。但结点进行路由优化动态构造路由表的算法一般也称为路由算法/路由选择算法（Routing Algorithm），相关的协议称为路由协议/路由选择协议（Routing Protocol），这样就有一点混乱，现在的文献倾向将它们区分开来[1]。

简而言之，WAN 中交换机的分组转发方式是基于路由表的下一跳分组转发机制。每一个交换机都有一个路由表（Routing Table）。图 6-3 中画出了图 6-2 中交换机 2 的路由表，在左边的表中，每个目的站都占有一行，每行只给出了路由表中最重要的两项内容：分组发往的目的站以及分组路径上的下一跳或称下一站（Next Hop）。如果目的站是直接连接同一个交换机上的其他主机，则不需要其他交换机转发，因此表中的"下一跳"注明的是"本交换机"。

目的	下一跳
[1, 1]	交换机 1
[1, 3]	交换机 1
[2, 1]	本交换机
[2, 2]	本交换机
[3, 2]	交换机 3
[3, 3]	交换机 3
[4, 1]	交换机 1
[4, 2]	交换机 1

目的	下一跳
1	交换机 1
2	本交换机
3	交换机 3
4	交换机 1

目的	下一跳
2	本交换机
3	交换机 3
*	交换机 1

a）目的地址为全地址　　　　b）目的地址为交换机号　　　　c）包含默认路由

图 6-3　图 6-2 网络中交换机 2 的路由表

交换机以分组的目的站地址为索引，查询路由表，得到转发路径上的下一跳，将报文转发出去。交换机只知道分组通向目的站的下一跳，而不知道也不必知道全部路径。另外，路由表中没有源站地址，因为分组转发与源站地址无关，这称为源站无关性（Source Independence）。

图 6-3a 可以简化。这是因为确定下一跳可不必依据目的站的完整地址，而只根据目的站地址中的交换机号就可以。简化的路由表如图 6-3b 所示。若每个交换机都连接了 n 台计算机，则简化的路由表就只有原来的 n 分之一，其存储空间和搜索时间将大大减小。

采用两级的编址方案可使转发分组时只使用地址的第一部分。当分组到达与目的站相连的交换机时，才使用地址的第二部分，将分组交给目的站。

图 6-3b 还可以进一步简化。当目的站为 1 或 4 时，分组都是转发到交换机 1，因而"下一跳"的交换机 1 是重复出现的。在很大的 WAN 的路由表中，有可能出现很多的重复项。可以用一个默认路由（Default Route）代替所有的具有相同"下一跳"的表项，消除重复项。默认路由比其他项优先级低，在转发分组时路由表中没有该分组的目的站，就使用默认路由。进一步简化了的路由表如图 6-3c 所示，其中默认路由的目的站标记为"＊"。

3. 动态路由和路由算法

路由表可以有静态和动态两种构造方式。交换机启动时设置路由，此后不再改变，称为静态路由（Static Routing）；交换机启动时设置初始路由，当网络变化时路由即时自动更新，称为动态路由（Dynamic Routing）。

静态路由是由人工配置和维护的，网络发生变化时，必须由人工更新。动态路由的交换机不断交换路由信息并使用优化算法自动更新路由表。动态路由能够适应网络负载和网络拓扑的动态变化（比如某处发生拥塞或某台交换机故障），有更好的转发性能，其代价是需要运行路由算法，增加了交换机的处理开销。

那么，什么是最优路径呢？最优一般指某种度量（Metric）指标最优，比如，

● 距离：路径的长度。

- 跳数：路径所经过的交换机数目。
- 时延：分组由源站到达目的站所花费的时间。
- 费用：借助电信等部门的通信线路需交纳费用。
- 可靠性：链路的误码率。

尽管度量指标可以有各种不同的含义，但都可以用数字来表示。在通用算法研究中，度量指标常常统称为"距离"。

在研究 WAN 的路由问题时，一个 WAN 可以用一个图来表示，图的结点表示交换机，边表示 WAN 中的链路，边上可以用标注注明此链路的距离。如图 6-4 就是 6 个交换机连接的 WAN 的图。从图的每个结点到其他各结点都有距离最短的路径。

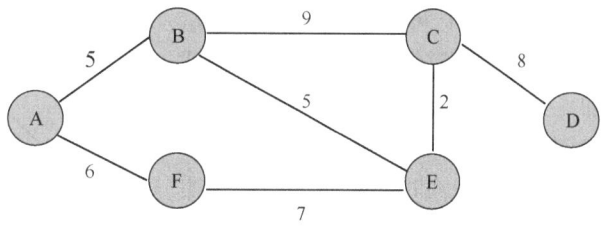

图 6-4　用图表示一个广域网

例如图 6-4 中从结点 A 到结点 D 的最短路径是 A-B-E-C-D，距离是 20，因此从 A 到 D 的下一站是 B，把这些下一站的信息记录下来就是路由表。

路由算法或称路由选择算法是由图求出优化路由的算法。路由算法应该不断地执行，以适应网络状态的动态变化。交换路由信息、执行路由算法、更新路由的工作由路由协议或称路由选择协议实现。

动态路由不仅用于 WAN，也用于 Internet。在 Internet 中，网际层采用无连接的数据报分组交换，网络状态非常复杂，拥塞更容易发生，因此，动态路由更有意义。第 7 章将介绍 Internet 的路由算法和相应的协议。

6.2.3　拥塞控制

1. 网络拥塞现象

对于一个电路交换的网络，如电话网，当网络负荷很大网络资源用尽时会拒绝服务，不再受理通话请求。而对于一个分组交换的计算机网络，特别是无连接的数据报服务，当负荷很大时就可能产生拥塞（Congestion）现象，在 WAN 和 Internet 中都是如此。为了预防和缓解拥塞，需要进行拥塞控制（Congestion Control）。

拥塞是分组交换网共同的问题，主要是因分组交换结点的负载相对它的处理能力过重而引起。交换结点用存储转发的方式转发分组，试想，若大量的分组从几个输入链路同时涌入一个交换结点而又由同一个链路输出，交换结点来不及处理，该链路输出队列的增长速度高于帧输出的速度，缓冲队列将不断增长，分组将会在输出缓冲队列中排队等候，传输时延增大，出现拥塞现象。严重时，交换结点的缓冲队列溢出，必须丢弃分组。对于带有差错控制的可靠传输，丢弃分组会引起发送方的超时重传，这又增加了网上的分组数量，使拥塞更加严重。

增大交换结点的处理能力和缓存空间对解决拥塞是有益的。处理能力是越大越好，但缓存空间并非如此。过大的缓存空间虽然可以容纳更多的数据报，但会增加传输时延。源站一般不知道因何原因或在何处发生拥塞等细节，对它来说，拥塞表现为时延增加。如果使用超时重传机制，传输时延增加会引起源站重传数据报，重传会增加网络流量，流量增加又进一步加剧了传输时延，形成恶性循环。

在研究网络拥塞时，可以用两个指标描述网络的性能，一个是网络的吞吐量（Through-put），一个是端到端的时延（Delay），它们与网络负载（Offered Load）有关。网络负载代表单位时间内输入到网络的分组数，吞吐量则代表单位时间从网络输出的分组数。

吞吐量、时延与网络负载之间的
关系可用图6-5来描述。当轻载无拥塞
时，吞吐量等于网络负载，故吞吐量
曲线基本上是45°斜率的直线。当负载
增加，达到图6-5的中间区间，吞吐量
增加变缓，小于网络负载，曲线向下
偏离45°线，传输时延明显增加，说明
网络资源已经不能满足负载的要求，
开始丢弃分组。当网络负载增大到图
6-5右边的区间，此时随着负载的增

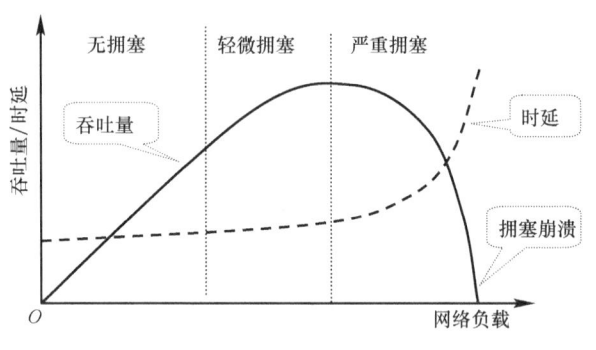

图6-5 拥塞现象

加，吞吐量不但不增加反而下降，传输时延急剧增加，说明网络已经出现了严重拥塞现象。最终，吐量趋于零，出现拥塞崩溃（Congestion Collapse）。到吞吐量为零时，网络完全失去传输能力，称为死锁（Deadlock）。

2. 拥塞控制的基本策略

拥塞控制基本策略可以分为开环控制（Open-Loop Control）、闭环控制（Closed-Loop Control）和分组丢弃。

面向连接的 WAN 常使用开环控制，它不依赖网络拥塞状况的反馈信息，而是基于资源预约（Resource Reservation）和接纳控制（Admission Control）。用户主机建立连接时要申明一些参数，如数据速率峰值、数据速率平均值和最大突发容量等，说明其通信业务流量，称为通信量（Traffic）。若网络资源允许，连接建立；否则就拒绝新的连接请求。在连接期间，只要用户主机通信量不超出协商值，网络资源是能保证的；若主机通信量超出其协商值，超出部分就被拒绝或缓冲。WAN 常常使用面向连接的技术，可以进行开环控制，而 Internet 采用无连接的技术，一般不适于开环控制。

漏桶算法（Leaky Bucket Algorithm）是一种著名的开环控制算法，图6-6是其示意图。我们把通信量设想为水的流量，当漏桶不空时，水将以恒定的速率从桶底的孔流出。如果漏桶满了，再注入的水可能溢出。漏桶的容量用来吸收注入水流的不均匀性，其大小根据突发的通信量的大小来确定，如果我们希望业务流很平滑，可以把桶做得很浅。漏桶算法在发送主机实施，它将用户进程中的不均匀的分组流转换为均匀的分组流输出到网络。漏桶算法伴随通信量管制（Traffic Policing），漏桶满了之后溢出的水流视为违约的分组流量，系统拒绝超出协商值的流量。漏桶算法将突发通信量（Burst Traffic）变成恒定通信量，所以称为通信量整形（Traffic Shaping）。

一种改进的漏桶算法称为令牌桶算法（Token Bucket Algorithm），增加了一种令牌控制的机制。这种漏桶每隔一定的时间间隔就生成一个令牌。到达漏桶的分组必须获取令牌才能被发送，发送后该令牌就被消耗掉了。由于令牌不断地生成，当无通信量时，令牌会积累，此时如果有突发流，就可以加速发送。若令牌桶可容纳 n 个分组，则最多可保存 n 个令牌。

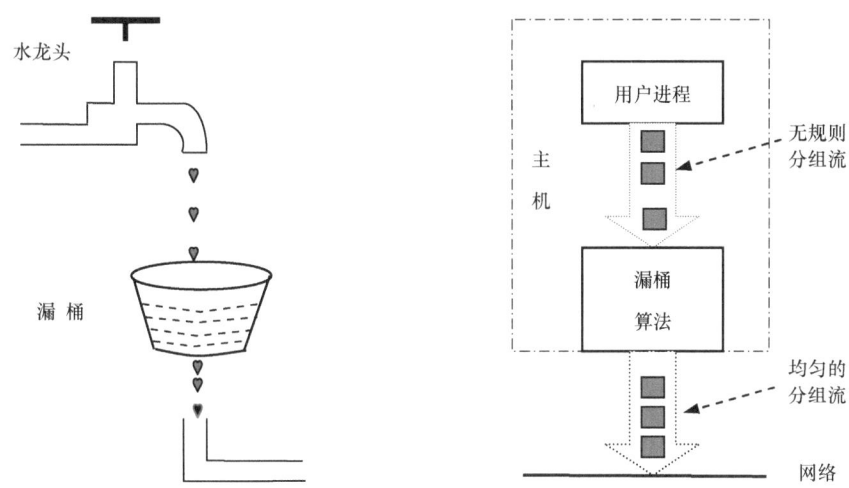

图 6-6 漏桶算法示意图

令牌桶算法更适合突发性的数据流，应用广泛。

闭环控制也称反馈控制，包括反馈和控制两个环节。反馈机制把当前网络的拥塞状态通知发送结点。交换结点负责监视和报告拥塞。拥塞程度可以根据交换机或路由器中缓冲队列长度来判别。交换结点可以利用分组头部中的拥塞信息字段向发送结点报告拥塞，也可通过向发送结点发送特殊的分组报告拥塞信息，这样的反馈是直接的。反馈也可以是间接的，由源结点从本地观察到的分组延迟或丢失情况来推断拥塞是否发生。

源结点在收到拥塞信息后应减少它输出给网络的分组流量，拥塞控制的基本手段也是降低源结点的输出分组流，即源抑制（Source Quench），这与流量控制的思路是一致的。但二者又有区别，流量控制是端到端的控制，目的是保证目的结点能正常接收数据流而不会因缓冲资源不够而溢出，流量反馈信息是由目的结点发给源结点的。而拥塞控制涉及到整个传输链路，主要是解决网络中间的交换结点和传输链路的瓶颈问题，拥塞信息则是由中间交换结点反馈给源结点的。

分组丢弃就是不得已丢弃分组，但丢弃有一定的策略。对于一般的可靠的文件传输，旧的分组比新的分组更有价值，因为丢弃旧的分组可能导致更多的分组重传，因此应该丢弃新的分组，这种策略称为葡萄酒策略。相反的策略认为新的比旧的分组更有价值，如视频数据，应先丢弃旧的，称为牛奶策略。对 ATM 网，分组封装到多个信元中传输，应当尽量丢弃属于同一个分组的信元。

Internet 上的路由器在网际层采用的一种改进分组丢弃策略称为随机早期检测（Random Early Detection，RED）算法，使路由器保持较小的平均队列长度，有余地吸收突发流，不必等到溢出时丢弃较多的分组。

RED 认为，Internet 的流量有很大的突发性，瞬时队列长度在短时间内可能变化很大，这是不可避免的，用它推断拥塞不是很恰当。RED 使用分组平均队列长度 L_a 而不是当前的瞬时分组队列长度 L_c 去决策分组丢弃。当队列不空时 $L_a = (1 - w)L_a + wL_c$，其中 w 为权系数。RED 对分组平均队列长度设置了上限 L_{high}、下限 L_{low}，RED 丢弃策略是：

- 当 $L_a < L_{low}$，不丢弃分组。
- 当 $L_a > L_{high}$，丢弃到达的分组。

- 当 $L_{low} \leqslant L_a \leqslant L_{high}$，按概率 p 丢弃分组。p 是 L_a 和 n 的函数，n 是上次丢弃分组之后到达的分组数，L_a 和 n 的值越大，p 也越大。

分组丢弃是在交换结点进行的，只能被动地解决短暂的拥塞。丢弃分组会导致重传，可能加大网络负载，形成恶性循环。只有降低源结点的发送速率才能从根本上解决较长时间的拥塞。

6.3 X.25 和帧中继

1976 年 CCITT 提出的 X.25 建议，成为分组交换公共数据网（Packet Switched Public Data Network，PSPDN）的基础。采用 X.25 建议标准接入的 PSPDN 称为 X.25 网。早期美国的分组交换广域网是著名的 ARPANET，而在欧洲则是 X.25 网。

X.25 分组交换网的传输线路基本上是借助于电话网，容易受到各种干扰，误码率高，在 $10^{-5} \sim 10^{-4}$ 数量级。为了保证可靠的传输，X.25 网进行两级的差错控制，但增加了开销，影响到传输的速率。

帧中继（Frame Relay，FR）由 AT&T 于 1986 年提出，ITU-T、FR Forum 等相继制定标准，1991 年美国首先开始帧中继业务。X.25 网的数据传输速率一般为 64kbit/s，而 FR 一般是 T1/E1 的速率。

20 世纪 80 年代后期，电话网络主干线逐步采用光缆，大幅度地提高了传输速率，而且不受电磁干扰，误码率可以提高到 10^{-9} 数量级，这为 FR 的产生提供了条件。

FR 基于 X.25 的通信协议，进行了简化和改进，结点的处理时间减少了一个量级。X.25 网分为物理层、数据链路层和分组层，而 FR 只有物理层和数据链路层，而且数据链路层没有流量控制，也几乎没有差错控制，只是检测到错误帧时简单地丢弃。差错控制和流量控制留给端结点进行，一般在传输层实现。

帧中继使用快速分组交换（FPS），交换机接收到一帧时，只要读出帧的目的地址，就立即转发此帧。

FR 采用面向连接的虚电路交换方式，虚电路也分为 SVC 和 PVC 两种，但 FR 主要是为长距离用户提供 PVC 链路，为 LAN 提供互连服务。FR 服务有下列特点：保持帧的传递顺序（虚电路）；没有重复帧（不重发）；帧丢失概率小（光缆）。

一个 FR 网络包括 FR 交换机和 FR 接入设备，后者可以是用户主机和路由器等。FR 的主要应用是为长距离用户提供 PVC，实现 LAN 互连。

6.4 异步传输模式

综合业务数字网（Integrated Services Digital Network，ISDN）是使用电话线路传输音频、视频和数据的 WAN 技术，其标准由 ITU-T 制定。ISDN 使用 TDM 技术，在用户和 ISDN 之间建立数字信道。

原来的 ISDN 称为窄带 ISDN（N-ISDN）。20 世纪 90 年代 N-ISDN 得到一定的发展，但其技术水平很落后。随着电子技术的飞速发展，宽带综合业务数字网（Broadband-ISDN，B-ISDN）又问世了。

B-ISDN 采用一种快速分组交换方式，称为异步传输模式（Asynchronous Transfer Mode，ATM），是 B-ISDN 的核心技术。ATM 适合用于高速、长距离的通信主干网，提供传输的 QoS。

6.4.1 信元交换

与 ATM 相对应的是同步传输模式（Synchronous Transfer Mode，STM）。STM 采用时分复用 TDM 技术，而 ATM 采用统计时分复用 STDM 技术。

ATM 传输中，一个用户的信息在每个帧（TDM 中的概念）中所占用时隙的位置不是固定不变的，而且还可以根据需要在一个帧中分配多个时隙，只要帧中有空闲时隙，就可占用。这使得一个特定用户的信息在信道中的传输没有规律和周期性，因此这种传输方式称为异步传输模式。

ATM 传输的单位是信元（Cell）。信元是具有固定长度的短分组，长度为 53B，其中 5 个字节为信头，48 个字节为净荷。长度固定而且很短的信元使得交换结点只用硬件电路就可以进行信元处理，大大缩短了处理时间。而且，当交换结点收到信头，ATM 就开始转发信元，属于快速分组交换（FPS）。

ATM 采用面向连接的技术，在开始传输之前建立源站和目的站的连接，保持了电路交换在传输实时性和 QoS 方面的优点。从交换技术上讲，ATM 是建立在面向连接的虚电路分组交换技术基础之上的一种 FPS，它交换的分组是信元，因此，这种分组交换方式称为信元交换。

ATM 建立在大容量光纤传输媒体的基础上，由于光纤信道的误码率极低，和 FR 一样，ATM 也不进行流量控制，也几乎没有差错控制，只是检测到错误的信元头时就简单地丢弃信元，流量控制和差错控制留待高层处理，这也提高了信元的传输速度。

ATM 的一个明显问题是信元首部开销大，5 个字节的首部在 53B 的信元中占相当大的比例，有人称之为信元税。

ATM 网络实现信元交换。ATM 网络包括 ATM 端系统和 ATM 交换机，它们之间通过点到点的链路相连。ATM 端系统是能够产生和接收信元的源站和目的站。ATM 交换机是一个交换容量可达数百 Gbit/s 的快速分组交换机，它主要由输入输出端口、交换结构（Switching Fabric）和缓存组成。

6.4.2 ATM 体系结构

ITU-T 制定的 ATM 参考模型分为 3 个平面，即用户平面、控制平面和管理平面。用户平面用于传输用户信息，控制平面处理建立和释放连接的信令，管理平面提供平面管理和层次管理的功能，平面管理执行与系统整体有关的管理功能，协调各平面之间的关系，层次管理执行各层之间的管理功能。用户平面和控制平面都分为 4 层，自下而上分别是物理层、ATM 层、ATM 适配层（ATM Adaptation Layer，AAL）和应用层。

ATM 技术主要是指下面三层，即物理层、ATM 层和 AAL 层，它们为各种应用提供数据传输服务，大体上相当于 OSI 的最低两层，但并不严格对应。这三层的结构如图 6-7 所示，下面分别详细介绍。

1. 物理层

物理层又分为两个子层，下面是物理媒体相关（Physical Medium Dependent, PMD）子层，上面的是传输汇聚（Transmission Convergence，TC）子层。

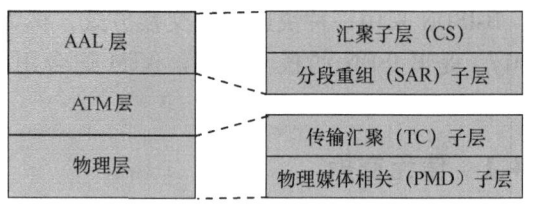

图 6-7 ATM 层次结构

（1）PMD 子层

PMD 与具体的传输媒体有关。PMD 子层提供与媒体相关的接口，负责在物理媒体上发送和接收比特流，进行线路编码和解码、比特定时和光电转换等。传输媒体为光纤，短距离时也可使用双绞线。ITU-T 和 ATM 论坛制定了多种 PMD 子层的规范，主要是155.52Mbit/s 和 622.08Mbit/s 的 SDH/SONET 接口，使用 SDH/SONET 帧来承载 ATM 信元，还有一种直接用 ATM 信元传输的纯信元接口。

（2）TC 子层

TC 子层负责进行 ATM 信元流和比特流的转换。发送时，TC 子层将 ATM 层交下来的信元流转换成比特流，再交给下面的 PMD 子层发送，接收时 TC 子层进行相反的操作。实际上TC 子层也是与物理媒体相关的，但它使上面的 ATM 层与物理媒体独立。TC 子层需要进行以下操作：

① 信元差错校验：使用规定的生成多项式进行信元头部的 CRC 校验，计算信元头部差错控制（Header Error Control，HEC）。如果接收时发现 HEC 校验错误，将丢弃信元。

② 传输帧的生成与恢复：使用 SDH/SONET 传输时，要将 ATM 信元装载于 SDH/SONET 帧中。将 ATM 信元装载于 SDH 一级同步传输模块 STM-1 帧中的例子示于图 6-8。

图 6-8 ATM 信元装载于 STM-1 帧的例子

1 个 155.52Mbit/s 的 STM-1 帧有 270B/行×9 行 = 2430B，每秒发送 8000 帧，因此数据传输速率可达 2430×8×8000 = 155.52Mbit/s。每行的前 9 个字节作为额外开销（overhead）和指针（pointer），这样 1 帧的净荷是 2349B。2349 不是 53 的整倍数，1 个信元可能跨过净荷两边的边界，因此需用指针指向第一个信元的起始位置。接收时，TC 子层从 PMD 子层收到比特流后，必须准确定位信元的边界。除 STM-1 接口外，ATM 还有 622.08Mbit/s 的STM-4接口。

③ 速率适配：从 ATM 层获得的速率与线路速率可能不完全一致，可以使用空闲信元（Idle Cell）进行插入/删除，实现速率适配调节。

④ 信元定界：ATM 信元没有定界符。TC 子层通过对接收的比特流搜索 HEC 实现信元定界。

当采用 SDH/SONET 帧传输时，也可以利用帧的线路开销的指针，指示第一个完整的信元的开始位置。

2. ATM 层

ATM 层与上层业务无关，各种业务如音频、视频和数据等均以统一的 53B 的信元形式在 ATM 层传输。ATM 层的功能主要有信元传输、信元复用/解复用及通信量控制等。

（1）信元格式

ATM 信元头部的 5 个字节如图 6-9 所示。用户-网络接口（UNI）指端点和它所连接的 ATM 交换机间的接口，网络-网络接口（NNI）指 ATM 交换机之间的接口。

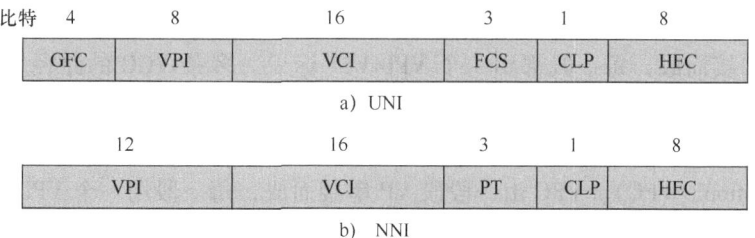

图 6-9　UNI 和 NNI 的信元头部

信元头部各字段的作用如下：

①　一般流量控制（Generic Flow Control，GFC）：4 比特。GFC 在共享媒体配置中用于处理多个终端的发送请求，进行入网流量控制，在一般应用的点对点配置中不使用这一字段，缺省值为 0。

②　路由字段 VPI/VCI：8（UNI）/12（NNI）比特为虚通路标识（Virtual Path Identification，VPI），16 比特为虚通道标识（Virtual Channel Identification，VCI），ATM 信元交换的路由用虚通路（Virtual Path，VP）和虚通道（Virtual Channel，VC）表示，它们分别由 VPI 和 VCI 标识，共 24/28 比特。

③　净荷类型（Payload Type，PT）：3 比特，指示信元类型和网络拥塞等信息。

第 1 比特为 0 表示用户信息，此时第 2 比特为显式前向拥塞指示（Explicit Forward Congestion Indication，EFCI）比特，由路径上的交换机填写，表示有无拥塞，有则填写为 1。目的站检测到信元的 EFCI 比特为 1，就知道传输路径上经历过拥塞。第 3 比特称 Auu（ATM user to user），由上层指定，目前主要在 AAL5 中表示是不是上层 PDU 划分的最后一个信元。

第 1 比特为 1 表示网络维护管理信元，100/101 分别表示相邻/源和目标交换机之间的维护管理信元，110 表示资源管理（Resource Management，RM）信元，111 保留未用。

④　信元丢弃优先级（Cell Loss Priority，CLP）：1 比特，网络拥塞时 CLP 位置 1 指示先丢弃的信元。CLP 一般由源端填写，网络也可能将违反合约的信元的 CLP 比特由 0 置为 1。

⑤　首部差错控制（Header Error Control，HEC）：8 比特，因首部信息很重要，用于首部的差错控制，生成多项式为 CRC-8（见 4.4 节）。HEC 虽属信元首部，却由物理层处理，每个 ATM 交换机都重新计算 HEC，因为 VPI/VCI 和 CLP 等会发生变化。如果 HEC 校验错误，结点将丢弃信元。

（2）信元传输

ATM 层是面向连接的，连接是在信令协议的控制下建立的。ATM 连接也分为 PVC 和 SVC 两种。

ATM 连接用 VP 和 VC 表示。VC 是 ATM 层的基本元素，一个 VC 表示传送 ATM 信元的一条通道，用 VCI 标识。一个 VP 包含一组 VC，可达 65536 个，VP 用 VPI 标识。一个 VP 中的一组 VC 有同样的 VPI 和不同的 VCI。两个不同的 VP 中的 VC 可以有相同的 VCI，因此 VPI 和 VCI 一起（用 VPI/VCI 表示）才能唯一的识别一个 VC。VP 和 VC 是逻辑概念，一条实际的物理线路可以用 STDM 技术建立多条 VP 和 VC。

VPI 和 VCI 都只有本地意义。一个 VPI 或 VCI 只标识相邻两个结点之间的一段 VP 或一段 VC，而不是整个端到端的连接。每经过一个交换结点，VPI/VCI 都要根据转换表变化。

虚通道连接（VC Connection，VCC）表示两个 ATM 端点之间的虚通道级的连接，VCC 由一段段 VC 串接而成，每一段都用一个 VPI/VCI 标识。多条 VCC 的路径上可能经过一部分共同的路径（涉及到若干个共同的交换结点及其相同端口），比如都通过同一条 ATM 主干线路，那么，在这一部分共同的路径上，这些 VCC 可以捆绑在一起，形成一条虚通路连接（VP Connection，VPC）。VPC 由一段段 VP 串接而成，每一段用一个 VPI 标识。

ATM 层根据信元首部的 VPI/VCI 和 ATM 交换机的 VPI/VCI 转换表（路由表）转发信元。VPI/VCI 转换表是在建立连接时由信令协议在交换结点上建立的。转换表的基本信息是：

（入口端口号，入口 VPI/VCI；出口端口号，出口 VPI/VCI）

在交换结点上，从某一输入端口接收到一个信元后，查找转换表，根据端口号和信元首部的 VPI/VCI 得到出口的 VPI/VCI 和端口号，将出口的 VPI/VCI 填入信元首部，更新 VPI/VCI 字段，并将信元由查到的出口端口输出。这样利用 VPI/VCI 沿 VCC 逐结点转发信元，直至到达目的端。

图 6-10 是 ATM 信元传输的一个例子，包括 5 台 ATM 交换机，线路的端点标注了交换机的端口号。交换机之间的同一条物理线路对于不同的逻辑连接，有不同的 VPI/VCI。图的下方是交换机的 VPI/VCI 转换表。一个从源主机发出的 VPI/VCI = 4/15 的信元，经过 ATM 交换机 A→B→C 传输到目的主机，其 VPI/VCI 经历了下述变化：4/15→8/39→16/39→12/72。

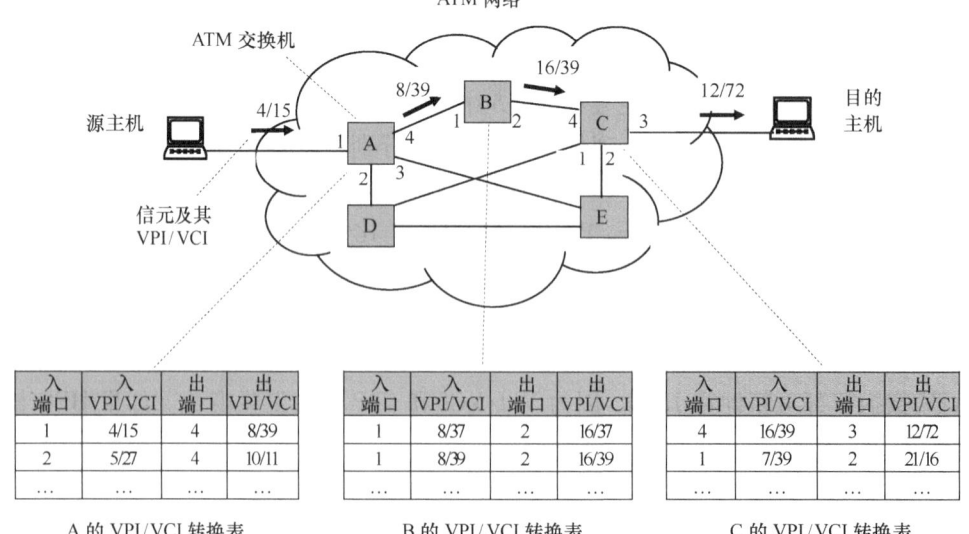

图 6-10　ATM 信元传输示例

ATM 的连接使用 VP 和 VC 两级方式可以简化路由处理，加快交换机的处理速度。当信元在连接的最后一段上的交换机到主机之间传输时必须有 VPI/VCI 为信元确定 VP 中的某一条 VC。而干线上的交换机之间的信元交换经常使用 VP 交换，只改变 VPI 而其内的 VCI 不变。

ATM 层并不提供可靠的信元传输服务，在传输中被丢弃的首部有差错的信元并不重传，数据的完整性由端点采取措施来保证。

ATM 信元传输过程中，ATM 信元是基于 VPI/VCI 来转发的，而不是使用目的端的物理地址，信元中也没有给出目的端的物理地址。实际上，ATM 网络的端系统是有 ATM 地址的，每个用户网络接口（UNI）都有一个唯一的 20B 的物理地址，用于建立连接时标识网上的端系统。

（3）信元的复用/解复用

信元的复用/解复用在 ATM 层和 TC 子层的接口处完成。发送端 ATM 层将具有不同 VPI/VCI 的各种业务的信元不加区分地都交给 TC 子层去发送，接收端 ATM 层接收信元，根据信元的 VPI/VCI 解复用，将信元交给不同的模块去处理。

3. AAL 层

AAL 层的作用是增强 ATM 层所提供的服务，对用户屏蔽 ATM 层的具体特性，实现端到端的通信，向上层用户提供所需要的服务。不同的上层数据，如文本、话音、视频等，通过 AAL 层的处理，都变成 48B 长度的数据块，然后交给 ATM 层，封装成 53B 的信元进行传送。

AAL 仅在 ATM 网络的端点（主机、IP 路由器等）实现，而在网络的中间交换结点（ATM 交换机）只需要 ATM 层和物理层。从这个角度看，AAL 层类似于 OSI 的传输层。图 6-11 是这一层次结构的示意图。

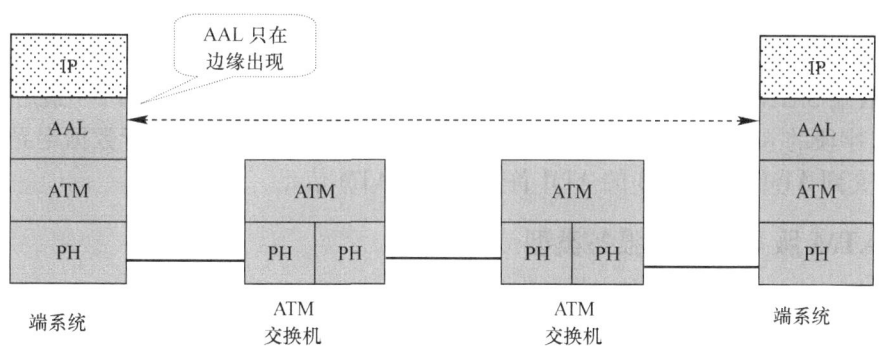

图 6-11　ATM 网络的协议结构

ITU 和 ATM 论坛制定了四种类型 AAL 协议，即 AAL1、AAL2、AAL3/4 和 AAL5。AAL5 称为简单有效的适配层（Simple and Efficient Adaptive Layer，SEAL），是应用最广泛的 AAL 层协议，下面进行介绍。

AAL5 分为汇聚子层（Convergence Sublayer，CS）和分段重组子层（Segmentation And Reassembly，SAR），SAR 在 CS 之下。CS 又分为特定业务汇聚子层（Service Specific CS，SSCS）和公共部分汇聚子层（Common Part CS，CPCS），CPCS 在 SSCS 之下。CPCS 为各种

类型的 AAL 服务处理公共的部分，而 SSCS 处理特有的部分，但 AAL5 的 SSCS 尚未定义，可视为空。

AAL5 进行数据处理的过程示于图 6-12。CPCS 的协议数据单元（CPCS-PDU）如图 6-12 的上部所示，CPCS 从上层接收数据作为它的净荷，1～65535B，然后用 PDA 填充，调整为 48B 的整倍数，PDA 后面是 8B CS 尾部，这样就形成了 CPCS-PDU。AAL5 的 CPCS 没有首部字段。

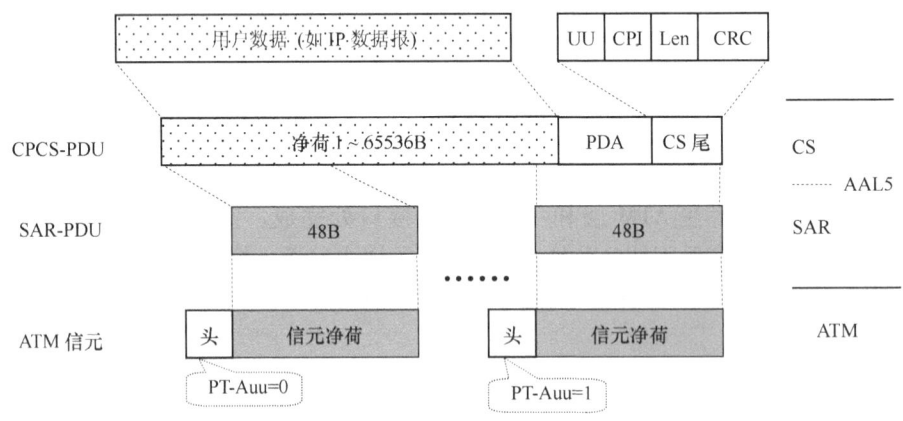

图 6-12　AAL5 数据处理

8B CPCS 尾部包含 3 个字段。1B 的用户到用户字段 UU 可以在端用户之间透明传递网络信息，1B 的公共部分指示字段 CPI 使得 CS 尾部达到 8B，目前没有使用。2B 的长度字段 Len 指明 CPCS-PDU 中用户数据的长度，不包括 PDA，可有 1～65 535B。但 IP 数据报在 AAL5 上传送时，TCP/IP 规定 IP 数据报的默认长度为 9 180B，若超过这一值，通信双方必须事先商定。4B 的 CRC 字段是 CPCS-PDU 的 CRC 校验码。

SAR 子层将来自 CS 子层的 CPCS-PDU 分段，成为 48B 的 SAR-PDU，它没有首部和尾部。在接收端 SAR 将分段进行重组。另外，SAR 还指导 ATM 层将 CPCS-PDU 最后一个信元首部的 PT 字段的 Auu 比特置"1"，以便接收端的 AAL5 重组时可以进行数据定界。48B 的 SAR-PDU 交到 ATM 层加上 5B 的 ATM 首部就构成 ATM 信元。

6.4.3　ATM 服务质量和服务类型

提供传输的 QoS 是 ATM 网络的重要特点。ATM 在建立连接时用户和网络可以达成一个通信量合约（Contract），说明网络服务类别，协商用户通信量参数和网络 QoS 参数。用户的传输要受合约规定的通信量参数的约束，在此前提下，网络则应采取措施满足合约规定的用户对网络 QoS 参数的要求。

1. 网络 QoS 参数和用户通信量参数

下面 3 个参数用来描述网络提供的 QoS。

①　信元丢失率（Cell Loss Ratio, CLR）：CLR 等于丢失的信元数与传送的信元数之比。每个信元的头部有一比特的 CLP 字段，网络拥塞时，首先丢弃 CLP=1 的信元。

②　信元传送时延（Cell Transfer Delay, CTD）：信元离开源 UNI 到达目的 UNI 所经历的时延。

③ 信元时延偏差（Cell Delay Variation，CDV）：时延偏差也称时延抖动，指信元传送时延 CTD 变化量的最大值，即 CTDmax-CTDmin，也称为峰峰 CDV（Peak to Pack CDV）。对时延抖动敏感的通信如音频和视频靠缓存来平滑时延抖动，时延抖动大需要的缓存就大。

以下 5 个参数用来描述用户的通信量，它们应该受到 ATM 的监视。

① 峰值信元速率（Peak Cell Rate，PCR）（信元数/s）：用户计划发送信元的最大速率，PCR 的倒数即最小信元间隔。

② 最小信元速率（Minimum Cell Rate，MCR）：用户能够接受信元的最小速率。

③ 持续信元速率（Sustained Cell Rate，SCR）：信元在一段时间 T 内的平均速率。突发数据时，SCR 大于长时间的平均信元速率。

④ 最大突发量（Maximum Burst Size，MBS）：在 PCR 下可连续发送的最大信元数。

⑤ 信元时延偏差容差（Cell Delay Variation Tolerance，CDVT）：信元之间间隔的偏差，即信元时延的抖动的范围。例如某源发主机发送 PCR = 100000 信元/s，每隔 10μs 就有一个信元到达，若 CDVT = 2μs，就意味着信元间的间隔最小是 8μs。对于 PCR 和 SCR，它是要被指定的。

2. ATM 服务类型

依据所提供服务的通信量特性，ATM 论坛制定了 5 种服务类型。

① 恒定比特率（Constant Bit Rate，CBR）：包括 PCM 编码的话音和未经压缩的视频信号的传输等，在整个连接期间信元的传输速率不变。其通信量由 PCR、CDVT 规定，网络的 QoS 由 CLR 和 MaxCTD、CDV 规定。

② 实时可变比特率（real-time Variable Bit Rate，rt-VBR）：用于具有严格实时要求的可变速率通信量，如电视会议。这种应用中，屏幕上的画面时而相对静止时而很快变化，当采用 MPEG 标准对视频信号进行压缩时，传输的比特率也随着屏幕的变化而有很大的变化。VBR 的用户通信量由 PCR、SCR、MBS 和 CDVT 描述，网络的 QoS 由 CLR 和 MaxCTD、CDV 规定。

③ 非实时可变比特率（non-real-time Variable Bit Rate，nrt-VBR）：用于没有严格实时要求的可变速率通信，如多媒体电子邮件和存放在媒体上的视像信息。用户通信量由 PCR、SCR、MBS 和 CDVT 描述，而网络的 QoS 由 CLR 规定，但不规定时延要求。

④ 不指明比特率（Unspecified Bit Rate，UBR）：用来支持"尽最大努力服务"的非实时应用，它们可以使用网络的剩余带宽，对时延不敏感。这类服务的例子是数据传输业务，如文件传输等。用户通信量由 PCR 和 CDVT 描述，不提供网络的 QoS 参数，服务质量不能保证。

⑤ 可用比特率（Available Bit Rate，ABR）：ABR 是对 UBR 的改进，其目的是使数据业务（非实时业务）能够动态地充分利用其他高优先级业务（CBR 和 VBR）剩下的可用带宽，而又不影响 CBR 和 VBR 连接的 QoS。当网络轻载时，ABR 用户可以按照 PCR 来发送数据，从而提高效率。ABR 服务根据网络的当前负荷情况依靠反馈机制调整源端点的发送速率，因而可获得较小的信元丢失率，而 UBR 不进行调整控制，这是 ABR 和 UBR 的主要区别。ABR 服务可用于数据传输服务，如浏览网页等。用户通信量由 PCR、CDVT 和 MCR 描述，网络的 QoS 参数由 CLR 规定。

表 6-1 汇总了 ATM 的 5 种服务约定的通信量参数和 QoS 参数。

表 6-1　ATM 的 5 种服务约定的参数

	CBR	rt-VBR	nrt-VBR	UBR	ABR
通信量参数：					
PCR，CDVT	✓	✓	✓	✓	✓
SCR，MBS		✓	✓		
MCR					✓
网络 QoS 参数：					
CLR	✓	✓	✓		✓
MaxCTD，峰峰 CDV	✓	✓			
常用的 AAL 类	1	2	3/4，5	3/4，5	5

6.4.4　ATM 通信量控制

ATM 通过对通信量进行控制实现网络的 QoS，避免拥塞，满足与用户达成的通信量合约。

ATM 通信量控制策略有资源预约（Resource Reservation）和接纳控制（Admission Control）、通信量整形和管制（Traffic Shaping and Policing），它们主要适用于 CBR 和 VBR 类服务，属于开环控制的范畴；对于 ABR 类服务，ATM 还设计了闭环控制（Closed Loop Control）机制进行拥塞控制。

1. 资源预约和接纳控制

对于 ATM 连接，可用带宽的限制是基于通信量合约，为了给连接指明带宽，端系统在建立连接时要进行网络资源预约，说明网络服务类别，协商用户通信量参数和网络的 QoS 参数，在传输过程中网络必须有足够的网络资源保证 QoS。若网络资源不够，新的连接请求将被拒绝，这称为接纳控制。资源预约必定伴随接纳控制，是一种预防性控制措施。

2. 通信量整形与管制

网络如何保证通信量合约被遵守呢？ATM 采用通用信元速率算法（Generic Cell Rate Algorithm，GCRA）对通信量进行整形和管制。

GCRA 使用漏桶算法对突发的不规则的通信量进行整形。若突发的通信量过猛，漏桶中信元溢出，说明通信量超出了合约规定的 PCR 和 CDVT 指标，溢出的信元规定为未遵守合约的信元，它们可以被简单地丢弃，或是被缓存。缓存时信元的丢弃优先级比特 CLP 置为1，在超载时它们首先被丢弃。对于说明了持续信元速率的服务类，漏桶算法对 SCR 参数同样进行管制。

3. ABR 拥塞控制

对于突发性强的通信量服务，如 ABR，其拥塞控制比其他服务更加困难，一般认为闭环反馈控制比较有效。闭环控制是把网络拥塞状态动态地反馈给数据源并据此调整其发送速率。

ABR 闭环拥塞控制设计了一种特殊的资源管理（RM）信元，（净荷类型 PT = "110"）发送端在发送 n 个数据信元（默认值为 32）之后发出一个 RM 信元，它由连接上的交换机处理，携带反映连接上拥塞状况的信息。当 RM 信元到达目的端后再返回发送端，发送端根据 RM 信元的拥塞信息调整信元发送速率。

ABR 有两种机制可以从连接上的交换机得到拥塞状况的反馈信息：

（1）简单的拥塞指示

每个数据信元的 PT 字段都会有一个显式前向拥塞指示 EFCI 比特，一个发生拥塞的交换机可以将该比特置 1，目的端对接收到的所有信元的 EFCI 进行检测。当一个 RM 信元到达时，如果最近收到的信元的 EFCI 为"1"，则将 RM 信元的拥塞指示（Congestion Indicator，CI）比特由初始值"0"变为"1"，并将 RM 信元发回发送端。

（2）显式的速率反馈

RM 信元还包含一个 2B 的显式速率（Explicit Rate，ER）字段，初值置为 PCR。在 RM 信元的往返传输过程中，路径上发生拥塞的交换机会将 ER 降为它所能支持的值，但不能加大（这会使原来交换机置入的较小 ER 值失效）。这样，ER 字段将被修改为传输路径上所有交换机的最小支持速率。

当 RM 信元返回发送端后，发送端会根据 CI 和 ER 值调整信元发送速率。如果 RM 信元丢失，发送端也要降低信元发送速率，因为 RM 信元丢失可能是网络拥塞所致。

思　考　题

6.1　分组交换和报文交换相比，把传送的数据单位从报文变成长度较小的分组，这带来什么好处？

6.2　数据报和虚电路分组交换各有什么特点？它们提供什么样的网络服务？

6.3　叙述 WAN 的分组转发机制。什么是源站无关性？

6.4　什么是默认路由？使用它的好处是什么？

6.5　什么是静态路由和动态路由？最优路径可以有哪些度量指标？

6.6　拥塞如何产生？什么是拥塞崩溃和死锁？

6.7　拥塞有哪些基本的控制策略？简单描述它们。

6.8　和 X.25 对比，简述帧中继技术的特点。

6.9　解释异步传输模式（ATM）一词中"异步"的含义。

6.10　从数据交换技术上讲，信元交换的特点是什么？

6.11　什么是虚通路（VP）和虚通道（VC）？叙述它们的作用和特点。

6.12　说明 ATM 层如何转发信元。

6.13　在 ATM 网络中，AAL 层在什么位置出现？ATM 交换机包含什么层次？

6.14　ATM 规定了哪几种服务类型？它们的特点是什么？

6.15　为了保证网络 QoS，ATM 规定了哪些说明用户通信量和网络 QoS 的参数？

6.16　叙述 ATM 对于 ABR 类服务的拥塞控制方式。

第7章 网络互连

7.1 概述

7.1.1 Internet 构造基础——网络互连

从本章开始至第9章，介绍五层体系结构的上3层，对应了 Internet 的上3层。主要讲述 Internet 的网际层、传输层和应用层的基本协议和技术。

若干个底层网络（LAN、MAN、WAN 乃至点对点链路等），通过路由器（Router）互连在一起便组成了互联网（Internet）。互联网是网络的集合。图 7-1 表示了一个互联网的例子，由 4 个 LAN 和一个 WAN 互连而成。

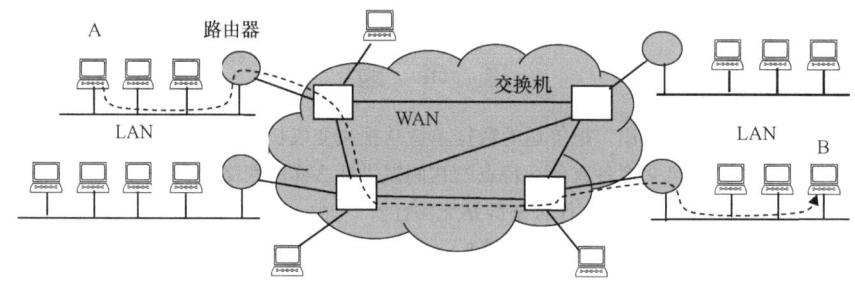

图 7-1   网络互连组成互联网

跨越使用不同标准的异构的网络进行通信，即实现网络互连，是构造互联网的基础。互联网技术在底层网络与用户之间加入了中间层次，互联底层网络，使它们互通，并屏蔽底层细节，向用户提供通用一致的网络服务。在用户看来，互联网是一个整体，虽然在物理上由很多异构的底层网络组成，但逻辑上是一个统一的网络，提供通用一致的网络服务。

实现网络互连是网络层的核心功能，网络层的协议实现了分组跨越互联网的传输。

图 7-1 中的路由器工作在网络层，是网络互连的关键设备，在网络层转发分组。我们可以想象，在主机 A 跨越互联网和主机 B 通信时，在主机 A—路由器—路由器—主机 B（跨越多个网络时会有更多的路由器）路径上的网络层，分组在横向流动，穿越互联网。图 7-2 从网络的层次结构表示了这一过程。因此，互联网可以看成是一个虚拟的分组传送网。在 Internet 中，网际层采用 IP 协议，这个虚拟的分组传送网称作 IP 网。支撑这个虚拟分组传送网的是其下的底层网络，在互联网看来，它们属于物理层和数据链路层（但它们本身的体系结构并不一定与这两层完全吻合）。而网络层上面的传输层解决端系统（ES）之间端到端的传输控制问题，不涉及传输路径中的中间系统（IS），应用层则面向用户提供通用一致的网络服务功能。

Internet 是覆盖全球的互联网。Internet 使用 TCP/IP 体系结构，TCP/IP 的宗旨就是实现网络互连，构造互联网。而网际层则承担了实现网络互连的基础和核心任务，它提供的跨网

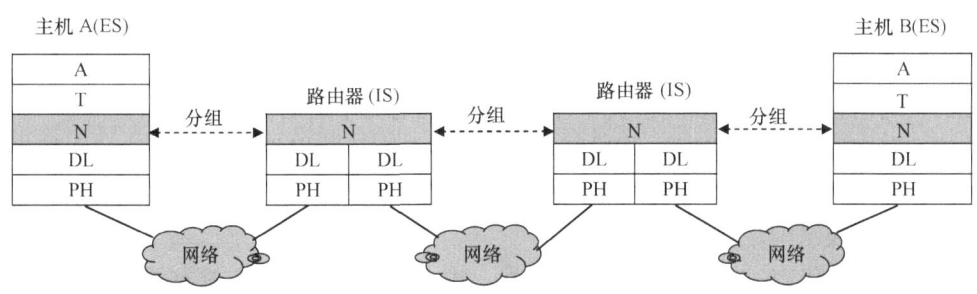

图 7-2　网络层实现分组跨越互联网的传输

络的分组传输服务是 Internet 所有应用赖以存在的基础。可以说，网络互连是构造 Internet 的基础。因其重要性，网际层的核心协议 IP 成为 TCP/IP 协议族的一个典型代表。

7.1.2　网络互连的关键设备——路由器

路由器是网络互联的关键设备，路由器系统构成了互联网基本的交通网络系统。路由器一般是一台专用的计算机，有两个或两个以上的 NIC，连接两个或两个以上的网络，在它所连接的子网间转发分组。路由器的基本结构如图 7-3 所示，主要包括四个部分。

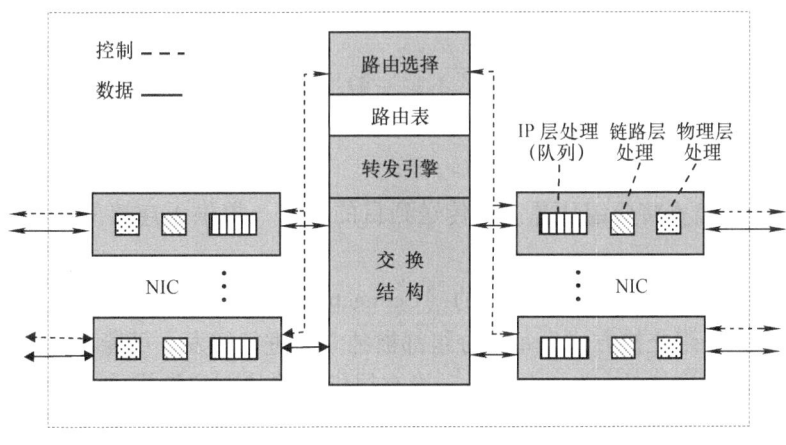

图 7-3　路由器

①　网络接口（NIC）：又称路由器的端口，实现和物理链路的连接。路由器一般有多个网络接口。

②　转发引擎（Forwarding Engine）：工作在 IP 层，根据 IP 数据报首部的信息，查找路由表，决策 IP 数据报的转发路径。

③　交换结构（Switching Fabric）：用于连接多个网络接口，在转发引擎控制下提供高速数据通路，分组由输入端口到输出端口的转发通过交换结构实现。交换结构有共享总线交换结构、共享内存交换结构和交叉开关（Crossbar）交换结构等不同形式。后者通过纵横交叉的网络连接输入端口和输出端口，每对输入端口和输出端口之间都有一个交叉开关，实现高速交叉互连，是更先进的交换结构。

④　路由选择模块（Routing Module）：Internet 环境下，网络拓扑和负载是不断变化的，路由不是一成不变的，路由选择模块在路由器之间不断交换路由信息（控制信息），动态更

新优化路由表。

路由器中一个非常重要的数据结构就是路由表（Routing Table），它包含了 IP 数据报转发路径的正确信息，在路由处理模块和转发引擎之间起着承上启下的作用。

传统的路由器是基于软件的，IP 协议根据路由表执行数据报转发等功能。在转发引擎的控制下，分组从输入端口经过交换结构送到输出端口输出，传统路由器一般是总线交换结构和共享内存交换结构。

路由器转发分组有一定的处理时延。另外，输入端口和输出端口都有缓冲区，当网络负载很大，可能引起分组在缓冲区排队，造成排队时延。今天多媒体信息流量迅猛增长，给路由器带来了巨大的负担和压力，它已成为高速通信的某些瓶颈。

根据交换器在 OSI 模型中所处的层次，第 3 层交换机是实现路由功能的基于硬件的设备，它也称作交换路由器。交换路由器使用专用集成电路 ASIC 对分组进行更迅速的处理，比传统的基于软件的路由器快得多。

高速交换路由器有吉比特交换路由器（Gigabit Switch Router，GSR）和太比特交换路由器（Terabit Switch Router，TSR）其中 1Tbit/s = 1000Gbit/s。目前商品化的交换路由器，支持 1/10Gbit/s 的以太网接口和 OC3/12/48/192 等 POS（Packet Over SDH）接口，时延和时延抖动为微秒数量级。另外高性能交换路由器还通过优先级控制等措施从尽力而为的服务向提供 QoS 的服务发展。

交换路由器得到越来越广泛的应用，不失一般性，下文中我们统称路由器。

7.1.3　网际层的服务和协议

Internet 网际层负责将分组从源主机传送到目的主机，提供无连接的、不可靠的但尽力而为的分组传送服务。

网际层服务最重要的特点是无连接的（Connectionless）。传输之前，通信双方并不建立连接，使用数据报分组交换方式，每个分组都被独立地进行转发，可能不按顺序到达。

网际层服务是不可靠的（Unreliable）。没有提供完善的可靠性措施，只是对数据报报头进行校验，而数据不校验，报头校验有差错的数据报也只是简单的丢弃。

网际层服务是尽力而为的（Best-Effort）。互联网软件会尽力发送每个分组，它并不轻易地放弃每个分组，只有当资源用尽或底层网络出现故障时才会放弃分组，出现不可靠性。

网际层实现这种服务的分组传送机制称为网际协议（Internet Protocol），通常称为 IP 协议 [RFC791，因特网标准]，它主要提供三个方面的内容：

- IP 定义了网际层的 PDU，即 IP 数据报，规定了它的格式。
- IP 软件实现数据报转发功能，选择数据报发送的路由并转发。
- IP 还包括了一组体现了不可靠、尽力分组传送的规则。这些规则规定了主机和路由器应该如何处理分组、何时及如何发出错误信息以及在什么情况下可以放弃分组等。

网际层最基本最重要的协议是 IP 协议，本节先介绍目前使用的第 4 版本 IPv4，最后介绍 IPv6。与 IP 配套使用的网际层协议还有：地址解析协议（ARP）和逆向地址解析协议（RARP）；因特网控制报文协议（ICMP）；路由选择协议 RIP、OSPF 和 BGP 等；因特网组管理协议（IGMP）以及多播路由协议 DVMRP 等。

7.2 网际协议

7.2.1 分类 IPv4 地址及子网划分

1. 分类 IPv4 地址

IP 地址由因特网名字与号码指派公司 ICANN 负责管理和分配，是标识 Internet 上的每台主机和网络设备的唯一的地址。严格来讲，IP 地址标识的是主机和网络设备与网络的连接。一般地，主机与网络只有一个连接，它只有一个 IP 地址，路由器和网络可以有多个连接，因此它们可以有多个 IP 地址。

IPv4 开始定义的是分类的 IP 地址，是最基本的编址方法；在分类 IP 地址基础上 1985 年又提出了划分子网（Subnetting），加入了子网编址方法；为应对 IPv4 地址即将耗尽的危机，1993 年又提出了构造超网（Supernetting）技术，即无类别编址方法。

IPv4 定义的 IP 地址是 32 比特长度的二级地址，包括三个字段：

- 类别字段。
- 网络号字段 net-id。
- 主机号字段 host-id。

IP 地址分为 A、B、C、D、E 5 类，其中 D 类为多播地址，将在 7.7 节介绍；E 类保留，今后使用；用户使用的是 A，B，C 三类，称为基本类，它们的字段结构如图 7-4 所示。

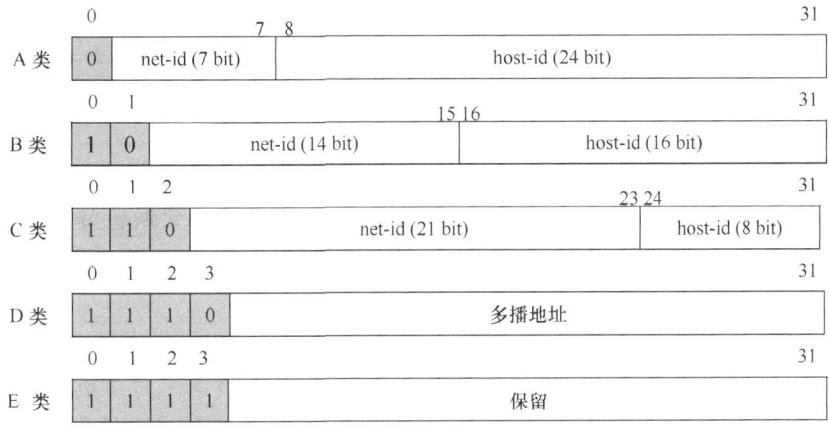

图 7-4 IP 地址格式

我们将会看到，二级的 IP 地址有如下特点：

- net-id：可用于将数据报转发到目的网络。
- host-id：可用于将数据报转发到本网络上的主机。
- 简化了路由表。

为书写和记忆方便，32 比特的 IP 地址常记为用点相连的 4 个十进制数，每个十进制数对应 8 比特的二进制，称为点分十进制记法（dotted decimal notation）。例如一个 B 类 IP 地址：

10000000 00100001 00000100 10000001 记为 128.33.4.129

全 0 或全 1 的网络号和主机号有特殊用途，较少使用，汇总于表 7-1 中。

表 7-1　特殊形式的 IP 地址

IP 地址		用　　途
网络号	主机号	
全为 0	全为 0	表示本主机，只作源地址，启动时用，之后获得了 IP 地址不再使用
全为 0	Host-Id	本地网络上主机号为 Host-Id 的主机，只作源地址
全为 1	全为 1	本地网络上有限广播（Limited Broadcast），各路由器都不转发，只作目的地址
net-id	全为 1	向 net-id 标识的网络定向广播（Directed Broadcast），只作目的地址
net-id	全为 0	标识一个网络
127	任意	本地软件回送测试（Loopback Test），Internet 上不能出现这种地址

由图 7-4 中的 IP 地址范围可以归纳出各类 IP 地址的使用范围，见表 7-2。

表 7-2　IP 地址的范围

类　　别	最大网络数	网络号范围	每个网络中最大主机数	主机号范围	IP 地址范围
A	126	1 ~ 126	16 777 214	0. 0. 1 ~ 255. 255. 254	1. 0. 0. 1 ~ 126. 255. 255. 254
B	16382	128. 1 ~ 191. 254	65 534	0. 1 ~ 255. 254	128. 1. 0. 1 ~ 191. 254. 255. 254
C	2 097 150	192. 0. 1 ~ 223. 225. 254	254	1 ~ 254	192. 0. 1. 1 ~ 223. 255. 254. 254

A、B、C 三类地址，网络数可达 211 万，主机数可达 37. 2 亿。

一个 LAN，在互联网中有一个网络号。中继器和网桥、二层交换机分别在物理层和数据链路层扩展局域网，扩展后仍为一个 LAN，具有同样的网络号 net-id。而路由器在网络层连接网络，所连接的多个网络分别具有各自的网络号。

2. 划分子网

一个 net-id 下可以接很多台主机，比如 B 类地址，可接 65 534 台主机。一个单位在一个网络号下有大量计算机并不便于管理，可以根据单位的所属部门及其地理分布位置等划分子网（Subnetting）［RFC950，因特网标准］，以便管理。IP 地址允许将单位自己控制的 host-id 字段中的前若干比特划分出来作为子网号（subnet-id），在本单位内使用路由器将各子网互连。子网号使用多少比特单位根据需要自己决定。

一个子网划分的示例如图 7-5 所示。其中图 7-5a 是一个 B 类 IP 地址，图 7-5b 从 host-id 中划分出了 4 比特的 subnet-id，那么可以在内部划分为 14 个子网，每个子网可包含 4094 台主机。划分的子网和子网中的主机，不使用全 0 和全 1 的子网号和主机号。

这种技术也被称为变长子网划分（Variable-Length Subnetting）。

不难看出，划分子网就相当于使用了三级地址。为了在划分了子网的网络中寻址，定义了子网掩码（Subnet Mask）。子网掩码长度也是 32 比特，它各个比特的赋值，对应 host-id

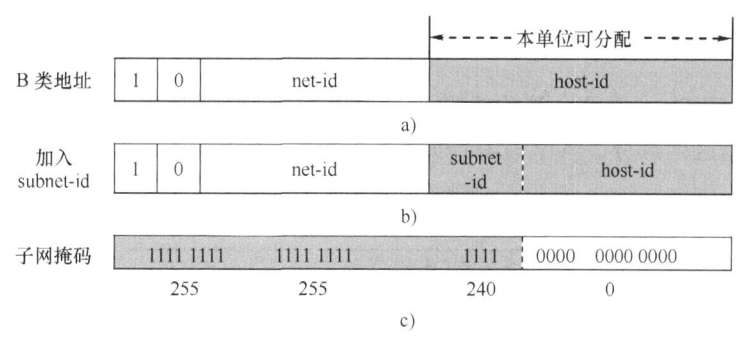

图7-5 子网号和子网掩码示例

的比特为 0，其余均为 1。图 7-5 例子中的子网掩码如图 7-5c 所示。

子网划分属于本单位内部的事，不必上报上级网管。从外部看，这个单位仍只有一个 net-id，看不到划分的子网。当外部的分组根据 net-id 传入本单位的入口路由器之后，本单位网络上的路由器使用子网掩码和目的 IP 地址进行布尔"与"运算，得到目的网络的 subnet-id，从而把分组在单位内部的子网转发，直至目的站。

若一个单位不进行子网划分，对于 A、B 和 C 三类地址，子网掩码分别是 255.0.0.0，255.255.0.0 和 255.255.255.0。

3. 私有地址

Internet 地址分配组织将 IP 地址分为两类：公有地址和私有地址。公有地址是在 Internet 上使用的全球唯一的 IP 地址。而私有地址是 Internet 保留的，不在 Internet 上分配。私有地址在企业内部网络中使用，与外部地址相独立。私有地址在 Internet 上是看不见的，Internet 不能访问到使用私有地址的主机，Internet 路由器将丢弃发往私有地址的分组；反过来，私有地址的主机也不能直接访问 Internet。使用私有地址可以节省 IP 地址空间。

Internet 地址分配组织保留了表 7-3 的私有 IP 地址〔RFC1918〕。

表7-3 私有 IP 地址

类 别	地 址 块	地 址 范 围
A	1	10.0.0.0～10.255.255.255
B	16	172.16.0.0～176.16.255.255
C	256	192.168.0.0～192.168.255.255

使用私有 IP 地址空间的企业不需要与 Internet 地址分配组织进行登记和协商，该地址空间可以被许多企业自由使用，仅在一个企业内部保证唯一即可。

私有地址能和公有地址在企业内混合使用，私有地址主机能与企业内的所有其他主机通信，包括公有地址和私有地址的主机。

如果私有地址的主机需要访问 Internet 服务，例如 Email 等，这些服务可由应用层网关来处理，把私有 IP 地址转换为对外的公有 IP 地址，这就是网络地址转换（Network Address Translation，NAT）。

实际上，只要不连接到 Internet，企业网络可以使用任何有效的 IP 地址，只要在企业内部保证唯一即可。但是，如果这个企业连接到 Internet 上，就可能产生冲突和麻烦。

7.2.2 IP 数据报格式

IP 数据报（IP Datagram），简称为数据报，其格式如图 7-6 所示，分为报头或称首部（Header）和数据区两部分。各字段解释如下。

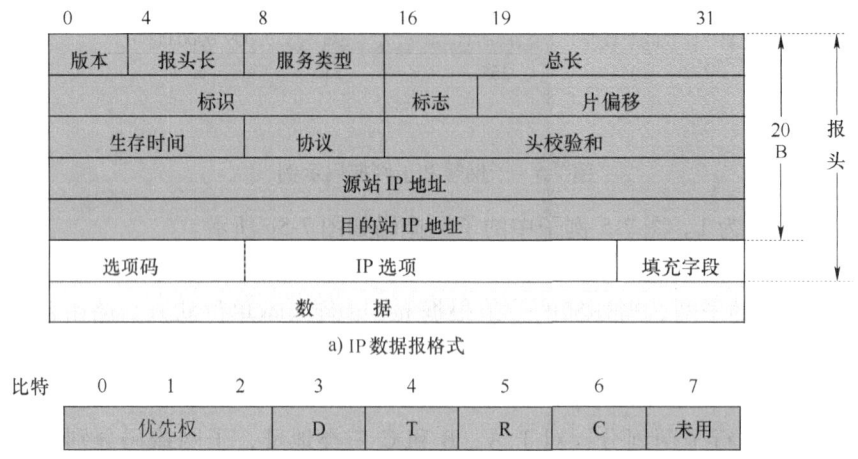

a) IP 数据报格式

b) 服务类型子字段结构

图 7-6 IP 数据报格式与服务类型子字段结构

① 版本（version）：4 比特，表示传送数据报的 IP 协议的版本号。IPv4 版本号为"4"。

② 协议（protocol）：8 比特，表示创建数据报数据区数据的协议类型，比如，TCP 为"6"、UDP 为"17"、ICMP 为"1"等。该字段将 IP 协议与使用它的传输层及本层的协议绑定在一起，以复用 IP 协议。协议类型代码统一管理，在 Internet 范围内全局一致。

③ 报头长（Header Length）：4 比特，指示 IP 数据报报头的长度，以 4B 为单位。报头中除 IP 选项和填充字段外，其他各字段都是定长的，定长字段长度之和为 20 个字节，因此，一个不含选项字段的数据报的报头长字段值为"5"。含有选项的数据报报头长度取决于选项字段的长度，选项的最大长度为 40 个字节。报头长应当是 4B 的整数倍，如不满足，由填充字段添"0"补齐。

④ 总长（Total Length）：16 比特，指示整个数据报（报头和数据区）的长度，单位为 B。总长最大可达 65535（64K）B。当数据报分片传送时，总长指分片后每片的长度。

⑤ 服务类型（Type of Service，TOS）：8 比特，规定对本数据报的处理方式。

如图 7-6b 所示，TOS 划分为 6 个子字段。3 比特的优先级子字段指示数据报的优先级，自低至高取值 0~7，0 表示一般优先级，7 表示网络控制优先级，优先级是由用户指定的。D、T、R 和 C 四位表示数据报所希望的服务类型。其中，D（Delay）代表低延迟，T（Throughput）代表高吞吐率，R（Reliability）代表高可靠性，C（Cost）表示费用低的路由。TOS 只是表示用户的请求，不具有强制性。实际应用中很少使用 TOS，路由器通常忽略该字段。

⑥ 头校验和（Header Checksum）：16 比特，用于保证数据报首部在传送中的正确性，校验和计算的具体算法见 4.4.3 节。传输中数据报每经过一个结点都要重新计算头校验和，因为生存时间、标志、片偏移等字段可能发生变化。

IP 数据报传送中只进行报头校验，而不对数据区进行校验，而且校验有差错时也只是简单的丢弃。这是 IP 层只能提供不可靠分组传输服务的重要原因。这给高层软件遗留下数据不可靠的问题，高层可根据具体情况，选择自己的差错控制方法。从另一个角度看，只进行报头的校验，可以提高路由器的处理效率。在 IPv6 中，连报头校验也不作了。

⑦ 地址：32 比特，有源站地址（Source Address）和目的站地址（Destination Address），分别表示数据报源和目的站的 IP 地址。在整个数据报传送过程中，可能经过不同的路径，也可能被分片，但这两个地址的值始终保持不变。

⑧ 生存时间（Time To Live，TTL）：生存时间 TTL 字段用于数据报的延迟监控。

由于路由器的路由表出错等原因，数据报可能会进入一条循环路径，无休止地在互联网中循环，称为路由环（Routing Cycle）。因此，IP 协议必须对数据报的传输延迟进行监控。

为此，设置了 TTL 字段。每当产生一新数据报，TTL 均设置成最大生存时间值，以 s 为单位，最大值为 120s。传送过程中，路由器要从该字段减去已经历的时间。一旦 TTL 减到 0，便将数据报从网中清除，并使用 ICMP 向源站报告出错信息。

TTL 要进行精确的计时需要网络中所有结点的时钟精确同步，难以做到。一般只是使用数据报所经历的最大跳数（Hop Count），其初始值由源站设置，一般为 32 或 64，最大为 255，路径上的路由器处理报头时，只简单地从 TTL 中减 1。

另外，对分片数据报采用了重组定时器，也可解决寻径圈引起的超时问题。

IP 数据报报头的其他字段，将在后面介绍。

7.2.3　IP 数据报分片与重组

1. IP 数据报封装中的问题

在 Internet 中，IP 数据报是封装在底层网络的帧中传送的，每跨越一个网络之前，都要按该网络的帧格式将 IP 数据报重新进行封装。

封装是影响传输效率的一个重要因素，因为因特网环境中一个 IP 数据报不一定恰好能在一个帧里封装。各种底层网络的数据帧，对可携带的净荷的上限有自己的规定，称为最大传输单元（Maximum Transfer Unit，MTU）。如以太网是 1 500B，X.25 是 576B，光纤分布数据接口（FDDI）是 4 500B 等。

IP 数据报的大小可以在一定范围内选择，最大不能超过 65 535B。那么，如何选择适当的数据报的长度来适应路径上各个网络的 MTU？如果以底层网络最大的 MTU 作为数据报的长度，MTU 较小的网络将装不下；如果以最小的 MTU 作为数据报的长度，在 MTU 较大的网络上将装不满，造成传输能力的浪费。因此，这是一个矛盾的问题。

那么，如何确定 IP 数据报的长度呢？IP 的作法是，在不超过版本规定的数据报大小的前提下，选择一个合适的初始数据报大小，使其在源站所在网络上能进行最大限度的封装。同时，IP 协议提供一种分片机制，在路径中如果经过 MTU 较小的网络，就将数据报分成若干较小的片进行传输。已经分过片的数据报，如果在后面的传输中又遇到 MTU 更小的网络，那么还要再次分片。分片总是出现在网络的交界处，由路由器负责。最终，分片到达目的站后，IP 将各分片重组，恢复成原数据报。

2. 数据报分片

分片（Fragmentation）的方法及片（Fragment）的格式用图 7-7 来说明。该图例表示了一个报头长为 20B，数据区长为 3 600B 的 IP 数据报到达连接 MTU 为 1 500B 的以太网的路由器时的分片情况，3 600B 的 IP 数据报，分为 1 480B、1 480B 和 640B 数据的三个片。

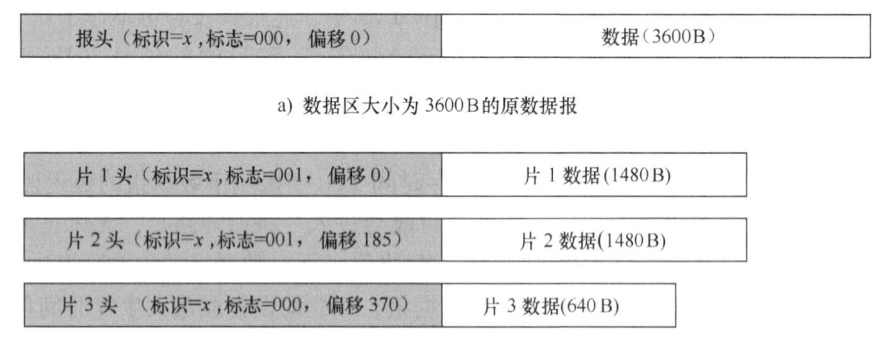

a) 数据区大小为 3600B 的原数据报

b) 在 MTU=1500B 网络上的 3 个分片

图 7-7　数据报分片示例

图 7-7 中片头字段基本上从初始数据报中复制而来（标志字段及片偏移字段除外），其长度为 20B（无选项数据报报头长度）。3 600B 的数据报数据以 1 480B（MTU 减片头长，1 500 – 20 = 1 480）为单位分成三片，其中最后一片 640B，不足 1 480B。最后一片不足一个 MTU 在数据报分片中是不可避免的。

图 7-7 中的偏移量以 B 为单位。由于片头中偏移量字段以 8B 为单位，所以图中偏移量除以 8 即为片头中该字段数值，那么，3 个分片偏移量字段的值分别为 0、185 和 370。

可见，分片应该满足两个条件：第一，各片尽可能大，但必须能为帧所封装，即片长度 ≤MTU；第二，片大小（以 B 为单位）必须为 8 的整数倍，否则无法表示其偏移量。

3. 片重组

片重组（Reassembly）是分片的逆过程，但片重组只在目的站进行，中途路由器不进行重组。这种重组方式简化了路由器的处理。但也有缺点，首先，如果数据报先通过 MTU 小的网络，而接下去又经过 MTU 大的网络，将导致网络带宽的浪费。其次，一个分片丢失将导致整个数据报不能重组，因此，分片越多整个数据报丢失的概率就越大。

4. 分片与重组控制

与分片和重组控制有关的字段在 IP 数据报报头中有三个，即标识（Identification）字段、标志（Flags）字段和片偏移（Fragment Offset）字段。

①　标识：源站赋予数据报的标识符，对于同一个原始的数据报，标识符必须是唯一的，目的站利用标识符和源站 IP 地址判断收到的分片属于哪个 IP 数据报，以便进行重组。分片时标识字段原样不动地复制到新的片头中。产生标识的一个可行的方法是在源站维持一个全局计数器，每产生一个新的数据报，计数器的值加 1。

②　标志：3 比特，只有低两位有效，各位的意义见表 7-4。

表 7-4　标志字段各位意义

标　志　位	意　　义
2	未用
1	不分片（Don't Fragment，DF），DF＝1，数据报不能分片。分片和重组是系统自动完成的，但 DF 位使程序员可以对分片过程进行人工控制，可用于软件调试等
0	片未完（More Fragment，MF），MF＝1/0 说明该片不是/是原数据报的最后一片

③　片偏移：指出本片在初始数据报数据区中的偏移量，以 8B 为单位，片重组时提供重组顺序。

图 7-7 数据报分片的示例中，标识、标志和片偏移 3 个字段的值也示于图中。

在接收端还设置了一个重组定时器（Reassembly Timer），用于分片的传输延迟控制。接收端收到某个数据报的第一个分片之后，立即启动一个重组定时器开始计时，如果在规定时间限制之内还未收到全部分片，则放弃整个数据报，并向源站报告出错信息。

7. 2. 4　IP 数据报转发

Internet 网际层的一项重要功能是进行 IP 数据报的转发（Forwarding）。源站和路由器参与数据报的转发，主要是路由器。路由器的转发处理是：从一个网络接口接收到数据报之后，首先要选择转发的路由，然后从选定的路由所对应的另一个网络接口将数据报发送出去。

如上一章所述，分组交换的 WAN 使用基于路由表的下一跳分组转发机制，这一转发机制也适用于 Internet。

1. 直接交付和间接交付

有直接交付（Direct Delivery）和间接交付（Indirect Delivery）两种转发形式。直接交付是指源站或路由器将数据报直接传送到目的站，中间不需要其他路由器转发，否则就是间接交付。

当目的站与源站在同一个网络上时，源站才能进行直接交付。数据报路径上的最后一个路由器也是直接交付，而在它之前进行转发的路由器都是间接交付。显然，源站或路由器传送数据报的过程，大部分都是间接交付。

发送者判断目的站是否在同一个网络上的方法很简单，发送者把目的 IP 地址中的网络号（net-id）和自己 IP 地址中的网络号相比较即可。

2. 路由表

和分组交换的 WAN 类似，最基本的 IP 路由表包含了如下的序偶：

（目的网络 IP 地址，下一跳 IP 地址）

其中，目的网络 IP 地址是将 IP 地址中 host-id 部分置为"0"，下一跳 IP 地址是到目的网络路径上的下一跳（Next Hop）的 IP 地址。

下一跳 IP 地址是通过单个底层网络直接可以到达的结点。在间接交付的情况下，下一跳是到达目的网络路径上的下一个转发的路由器。可见，路由表仅仅指明了到达目的网络路径上的下一跳，转发结点并不知道到达目的网络的全部路径。直接交付则简单得多，数据报中的目的站就是下一跳，只要在路由表中注明是直接交付，数据报的目的地址就是下一跳的 IP 地址。

因此，IP 的数据报转发机制是基于路由表的下一跳转发，整个传送过程是逐跳进行的。每个结点只负责转发到下一跳。IP 协议使用数据报的目的网络地址作为索引去查路由表，由匹配的表项得到下一跳的 IP 地址，从对应的端口转发出去。

路由表中目的地址只使用网络前缀的信息，这使路由表大大减小。在最后交付之前，转发到目的站和转发到目的站所在网络有着同样的意义。

除了基本信息，路由表中还包括一些其他信息，如转发数据报的端口，这样路由器知道从哪个端口转发，另外还有到达目的网络的跳数（Hop Count）等，可用于路由表的优化。

一个路由表的示例如图 7-8 所示。其中图 7-8a 给出一个包含 5 个网络的互联网，它们的网络 IP 地址示于图中，为 B 类地址。4 个路由器 R_1、R_2、R_3 和 R_4 的 IP 地址和其端口的对应关系示于图 7-8b，每个端口是一个 NIC，有一个物理地址，对应一个 IP 地址。图 7-8c 是 R_1 的路由表。例如，路由器 R_1 路由表的第二行序偶（128.2.0.0，128.1.0.2）表明，经 R_1 发往网络 128.2.0.0 的数据报的下一跳 IP 地址为 128.1.0.2。由图 7-8b 可知，它通过 ARP 绑定的物理地址将是 R_2 的端口 1；根据路由表，数据报封装在物理帧中后，R_1 要通过其端口 3 转发出去。

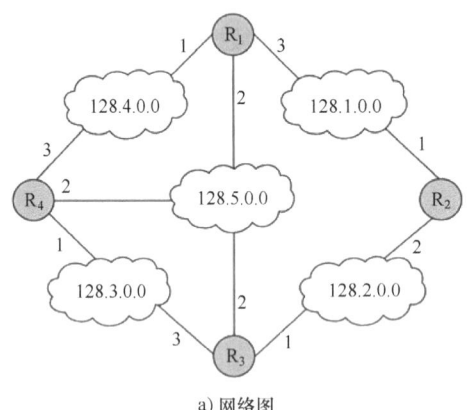

a) 网络图

路 由 器	端口 1 对应 IP 地址	端口 2 对应 IP 地址	端口 3 对应 IP 地址
R_1	128. 4. 0. 1	128. 5. 0. 1	128. 1. 0. 1
R_2	128. 1. 0. 2	128. 2. 0. 1	无
R_3	128. 2. 0. 2	128. 5. 0. 2	128. 3. 0. 1
R_4	128. 3. 0. 2	128. 5. 0. 3	128. 4. 0. 2

b）路由器端口和 IP 地址的对应关系

目的站所在网络	下一跳地址	转发端口	跳 数
128. 1. 0. 0	直接交付	3	1
128. 2. 0. 0	128. 1. 0. 2	3	2
128. 3. 0. 0	128. 4. 0. 2	1	2
128. 4. 0. 0	直接交付	1	1
128. 5. 0. 0	直接交付	2	1

c）路由器 R_1 的路由表

图 7-8　路由表示例

　　路由表中的下一跳 IP 地址指明下一步把数据报发往何处，IP 通过 ARP 把下一跳 IP 地址映射为一个物理地址，交给底层网络，使用这个物理地址形成一个帧，把数据报封装在该帧中发送出去。下一跳 IP 地址映射到一个物理地址后就被丢弃。

　　下一跳的 IP 地址需要通过 ARP 映射成对应的物理地址。那么，路由表直接使用物理地址不是更为简便吗？实际上问题并不这么简单。首先，各种各样的底层网络定义了格式各异的物理地址，不便于处理；其次，物理地址一般不包含所在网络的信息，不能按目的网络简化路由表；再者，若物理地址因接口更换而改变时，还要设法进行通告，以变更路由表中相应的表项。使用统一的 IP 地址就不存在上述问题，它在 IP 软件和高层软件之间提供了一个统一的、独立于硬件的接口，使 IP 协议隐藏了底层网络的细节和复杂性，建立了一个独立于底层的虚拟的 IP 网络，这正符合网际层设计的指导思想。

3. 默认路由与特定主机路由

　　和分组交换的 WAN 一样，IP 转发也使用默认路由（Default Route）。IP 首先在路由表中查找目的网络，如果表中没有相应的路由，则把数据报发给一个默认路由器。

　　如果一个网络只通过唯一的路由器接入因特网，使用默认路由尤为方便。对于该网络上的主机，整个路由决策过程就简化到只包括两个匹配尝试：一个用于本地网络，另一个用于默认的唯一路由器。若不使用默认路由，就会进行和目的网络数目同样多的匹配尝试。

　　进行 TCP/IP 网络设置时，除了要配置主机的 IP 地址和子网掩码外，还要配置默认网关（Default Gateway），就是指定默认路由。

　　路由表中一般使用目的主机所在的网络而不是单个主机，但作为特例，IP 也允许指定某个目的主机的路由，称为特定主机路由。特定主机路由使网络管理员对网络可以有更多的控制，比如，调试网络连接或路由表，进行测试以及安全访问控制等。

4. 基本的 IP 数据报转发流程

　　基本的 IP 数据报转发流程概括如下：

从数据报中提取目的站 IP 地址 D，并计算其网络前缀 N，查找路由表
if N 与任何直接相连的网络的地址匹配
　　then 通过该网络把数据报交付到目的地 D（其中涉及到把 D 转换成一个物理地址、封装数据报并发送该帧）
else if 路由表中包含一个到 D 的特定主机路由
　　then 把数据报发送到表中特定的下一跳
else if 路由表中包含到网络 N 的一个路由
　　then 把数据报发送到表中指定的下一跳
else if 路由表中包含一个默认路由
　　then 把数据报发送到表中指定的默认路由器
else 宣布数据报转发出错

----

5. 子网 IP 数据报转发流程

　　在划分了子网的内部网络中进行数据报转发，需要在目的 IP 地址中分辨出 subnet-id 和 host-id，以便将分组在子网间进一步转发。为此，基本路由表中要增加子网掩码，变为

（目的网络 IP 地址，子网掩码，下一跳 IP 地址）

其中目的网络 IP 地址包含 net-id 和 subnet-id，host-id 部分置为 "0"。

子网 IP 数据报转发的处理是：对于若干个子网路由表的表项，将 IP 数据报的目的 IP 地址和子网掩码进行布尔 "与" 运算，将得到的地址和表项中的目的网络地址进行匹配测试，若匹配成功，则由该表项得到下一跳 IP 地址，若不匹配，进入下一个表项的匹配测试。

子网 IP 数据报转发处理只用于目的网络地址在本网络内的情况。对于外部网络，虽然划分了子网，但仍视为一个整体，不需要进行子网 IP 数据报转发，使用基本的 IP 数据报转发流程即可。实际上发送者也不知道外部网络如何划分子网。数据报进入目的网络的入口路由器后，在目的网络内部，则需进行子网 IP 数据报的转发处理。

图 7-9 示例了 IP 数据报从外部网络 130.9.0.0 转发到网络 128.5.0.0 上的主机 128.5.3.1。网络 128.5.0.0 划分了 3 个子网：128.5.1.0、128.5.2.0 和 128.5.3.0，subnet-id 占 8 比特。使用路由器 R_1、R_2 将这 3 个子网相连，其中 R_1 还与外部网络相连。

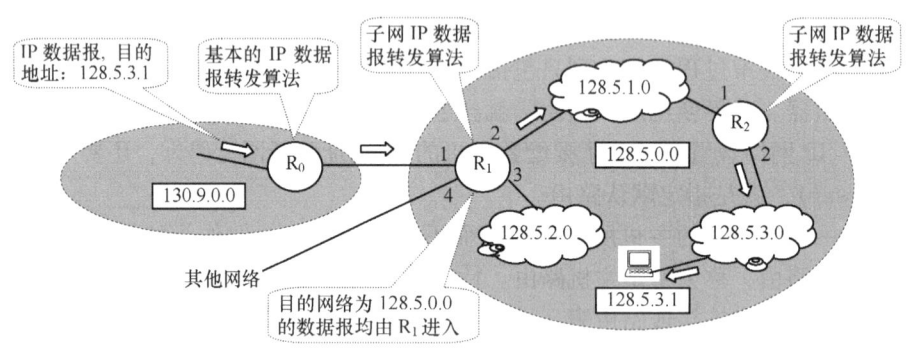

a) 从网络 130.9.0.0 向划分了子网的网络 128.5.0.0 转发数据报

R_1 路由表

目的网络	子网掩码	下一跳
128.5.1.0	255.255.255.0	直接（端口 2）
128.5.2.0	255.255.255.0	直接（端口 3）
128.5.3.0	255.255.255.0	R_2 端口 1
…	…	…

R_0 路由表

目的网络	下一跳
128.5.0.0	R_1 端口 1
…	…

b) R_0 路由表中到外部
网络 128.5.0.0 的表项

c) R_1 路由表中到网络内各子网的表项
（R_2 和网络内主机也有类似的表项）

图 7-9　子网 IP 数据报转发

6. 统一的 IP 数据报转发流程

如果允许使用任意形式的子网掩码，子网 IP 数据报转发处理就可以兼容基本的 IP 数据报转发处理，得到统一形式的数据报转发流程。为此，对子网掩码形式进一步进行规定：

- 划分了子网的网络，子网掩码规定不变。
- 不划分子网的网络，其子网掩码形式规定为 IP 地址的 host-id 部分对应的比特为 "0"，其余为 "1"。
- 特定主机路由，子网掩码规定为全 "1"。
- 默认路由，其 IP 地址记为 0.0.0.0，子网掩码则规定为全 "0"。

在这样的规定下，使用子网掩码的 IP 数据报转发流程就成为统一的 IP 数据报转发流程：

```
for 每一个路由表的表项
    do   把目的站 IP 地址 D 与该项子网掩码进行 "与" 得到目的网络地址 N
         将 N 和该表项中的目的网络地址进行匹配测试
    if   匹配成功
         then 把数据报发送到该表项下一跳地址指定的结点，
         else   循环进入下一个路由表表项
    if   在路由表中找不到匹配成功的表项
         then 宣布数据报转发出错
```

7.2.5 IP 数据报选项

IP 数据报中的 IP 选项（IP Options）字段主要用于网络测试或调试。虽然选项字段是任选的，但是选项的处理是 IP 协议的组成部分，标准的协议实现应该包括它。

IP 选项字段的长度为 1 ~ 40B 不等，取决于所选的项。在一个数据报中，选项是连续出现的，中间无须填加任何分隔符。

每个选项都由选项码（Option Code）开始，选项码如图 7-10 所示，由 1 比特的复制标志、2 比特的选项类和 5 比特的选项号组成。

图 7-10   选项码

① 复制标志（Copy）：控制路由器在数据报分片过程中对选项的处理。该标志置 "1" 时，这个选项应复制到所有分片中去；如果置 "0"，则仅把该选项复制到第一个分片中。

② 选项类和选项号（Option Class，Option Number）：用来指明选项的类别和在该类中的一个具体选项。选项类有 0 ~ 3 共 4 类，1 和 3 类目前未使用，只有 0 和 2 类使用。0 类表示数据报或网络控制，2 类表示调试。

表 7-5 列出了 IP 数据报中的部分选项，并给出了它们的选项类和选项号以及功能说明。

表 7-5 IP 选项

选 项 类	选 项 号	长　度	功 能 说 明
0	0	—	选项表结束
0	1	—	无操作。按 4B 对齐选项表，与填充字段功能一样
0	2	11	安全性和处理限制（用于军事应用程序）
0	3	可变	宽松的源站路由。源站指定一条数据报通过互联网的路径，选项中包含一个 IP 地址序列，数据报必须沿着 IP 地址序列传输，但是允许相邻的两个地址之间有多个网络跳
0	7	可变	记录所经过的路径
0	9	可变	严格的源站路由，源站指定一条数据报通过互联网的路径，选项中包含一个 IP 地址序列，数据报必须沿着 IP 地址序列传输
0	11	4	MTU 探测，用于发现路由 MTU
0	12	4	MTU 应答，用于发现路由 MTU
0	20	4	路由器警告，即使不是被访问的地址，路由器也要检查这个数据报
2	4	可变	时间戳，用于记录数据报路径上路由器的 IP 地址和处理数据报的时间

7.3　地址解析协议

7.3.1　IP 地址与物理地址

　　地址之间的映射（转换）称为地址解析（Address Resolution），IP 层专门提供了地址解析协议（Address Resolution Protocol，ARP），用于从 IP 地址到物理地址的映射。另外，还有逆向地址解析协议（Reverse Address Resolution Protocol，RARP），用于从物理地址到 IP 地址的映射。RARP 一般用于无盘机（Diskless Machine），现很少使用。

　　IP 层及以上使用 IP 地址寻址，数据链路层使用物理地址（MAC 地址，硬件地址）寻址。图 7-11 表示了互联网中 IP 地址和物理地址的使用，其中图的上部表示三个 LAN 用两个路由器互连起来。LAN_1 上的主机 H_1 要和 LAN_3 上的主机 H_2 通信，它们的 IP 地址分别为 IP_1 和 IP_2，物理地址分别为 HA_1 和 HA_2。路由器 R_1 和 R_2 都有两个 IP 地址，分别为 IP_3、IP_4 和 IP_5、IP_6，对应的物理地址分别为 HA_3、HA_4 和 HA_5、HA_6。这些地址标在了所在层次的两侧。

　　IP 层构成了一个虚拟的 IP 网，IP 数据报从 H_1 发往 H_2 的过程中，其首部始终使用 IP_1（源）到 IP_2（目的）的地址。IP 数据报要封装在数据链路层的 MAC 帧中传输，逐跳地通过底层网络，其间要使用物理地址。物理地址只作用于同一个底层网络，因此，在如图 7-11 所示的互联网中，在 LAN_1、LAN_2 和 LAN_3 的传输过程中，源和目的物理地址都在不断地进行调整。IP 数据报从 H_1 发往 H_2 的过程中，IP 地址和 MAC 地址的使用情况示于图 7-11 中，并汇总于表 7-6 中。

　　那么，转发过程中，转发站如何从 IP 数据报首部中不变的 IP_1 到 IP_2 的 IP 地址得到的 MAC 帧首部中变化的源和目的物理地址呢？这在 IP 层解决：

　　目的物理地址：IP 协议根据数据报的目的 IP 地址查找路由表，得到下一跳的 IP 地址，

比如上例中 R_1 根据目的地址 IP_2 查找路由表，得到的下一跳就是 R_2 的 IP_5。然后，R_1 通过 ARP，由下一跳 IP 地址解析出对应的物理地址，比如 R_1 由 IP_5 解析出 HA_5。

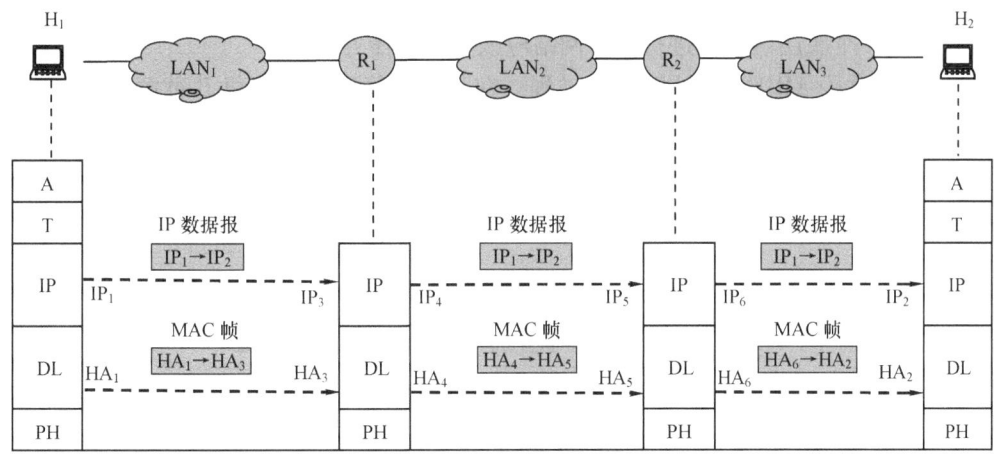

图 7-11   IP 地址和物理地址的使用

源物理地址：路由表中，对于每个目的 IP 地址，除提供下一跳的 IP 地址外，还包含转发端口的信息，比如路由器 R_1 的路由表中，对于发往 IP_2 的数据报，对应的转发端口的地址是 HA_4，即 MAC 帧的源物理地址。

以上路由器 R_1 中的地址查找和转换过程，在图 7-12 中表示。

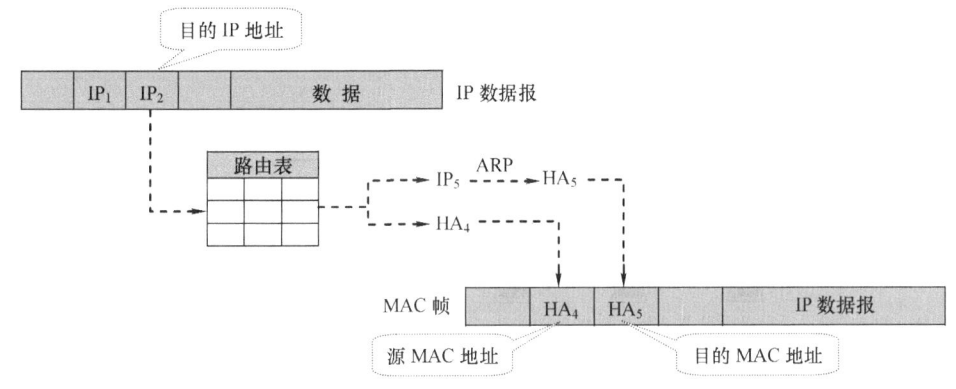

图 7-12 R_1 中地址的查找和转换

表 7-6   图 7-12 中 IP 地址和 MAC 地址的使用情况

作用范围	IP 数据报首部		MAC 帧首部	
	源地址	目的地址	源地址	目的地址
LAN_1，从 H_1 到 R_1	IP_1	IP_2	HA_1	HA_3
LAN_2，从 R_1 到 R_2	IP_1	IP_2	HA_4	HA_5
LAN_3，从 R_2 到 H_2	IP_1	IP_2	HA_6	HA_2

7.3.2 ARP 地址解析机制

ARP 设计了一种动态绑定（Dynamic Binding）方式进行 IP 地址到物理地址的转换。动态绑定是在同一个底层网络上进行的，网络应该支持广播方式。

图 7-13 示意了 ARP 的地址解析的过程。在某一网络上，某主机 B 欲解析主机 D 的 IP 地址 IP_D。B 先在本网络上广播一个 ARP 请求报文，请求 IP 地址为 IP_D 的主机回答其物理地址 HA_D。网上所有主机都将收到该 ARP 请求，但只有 D 识别出自己的 IP_D 地址，并做出应答，向 B 发回一个 ARP 响应报文，回答自己的物理地址 HA_D，应答使用单播方式。

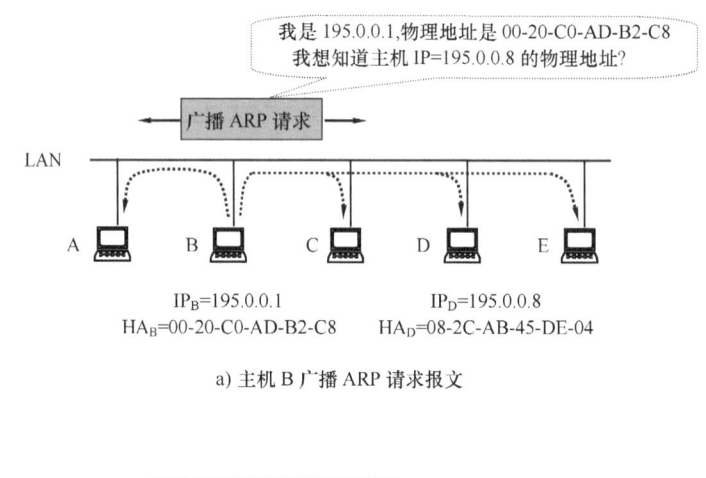

a) 主机 B 广播 ARP 请求报文

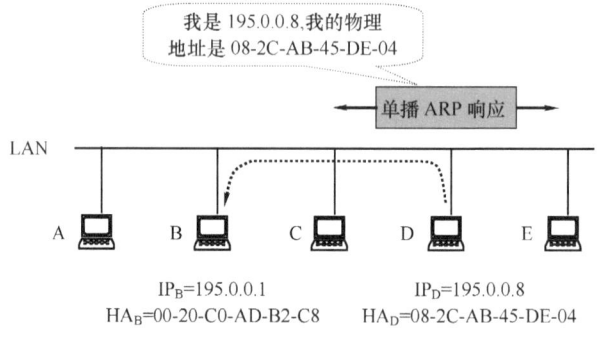

b) 主机 D 单播 ARP 响应报文

图 7-13 地址解析工作过程

ARP 使用缓存（Caching）技术来提高地址解析的效率。每台 ARP 的主机中，都保留了一个专用的 ARP 缓存（ARP Cache），存放最近获得的 IP 地址和物理地址的映射。每次收到 ARP 应答，主机就将目标机的 IP 地址和物理地址的映射存入 ARP 缓存。当需要进行地址解析时，首先在 ARP 缓存进行查找，若找不到，再通过网络进行地址解析。由于很多通信都需要持续发送多个报文，缓存技术可以大大提高 ARP 的效率。

为进一步提高效率，ARP 还采取了以下措施：

- 在 ARP 请求报文中也放入源站的 IP 地址和物理地址的映射，以免目标机紧接着为解析源站的物理地址而再进行一次 ARP 操作。
- 源站在广播自己的地址映射时，网上所有主机都将它存入自己的 ARP 缓存。
- 新的主机入网时，主动广播自己的地址映射，以免其他主机对它运行 ARP。

当 IP 数据报穿越由众多的网络组成的互联网时，从源站到目的站的路径上，每一步转发都要执行一次 ARP。

7.4　因特网控制报文协议

7.4.1　因特网控制报文协议及其报文格式

IP 是一种不可靠的传输协议，一旦发生传输错误，IP 协议本身并没有一种内在的机制获取差错信息并进行相应的控制。因特网控制报文协议（Internet Control Message Protocol，ICMP）〔RFC792，因特网标准〕弥补了 IP 可靠性方面的不足，提供了一定的差错报告和控制功能。

ICMP 报文是封装在 IP 数据报的数据部分中进行传输的，如图 7-14 所示。包含 ICMP 报文的 IP 数据报报头的"协议"字段应置为"1"，指明是 ICMP 报文。

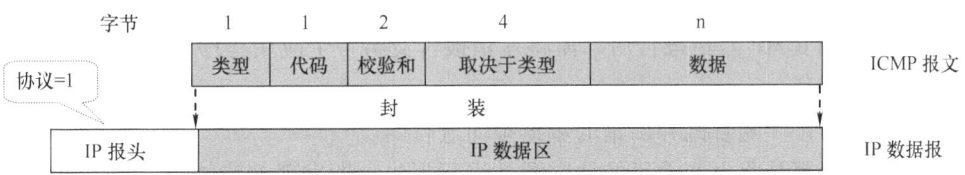

图 7-14　ICMP 数据的封装

虽然 ICMP 报文也像 TCP 和 UDP 那样由 IP 数据报传输，但不能把 ICMP 看作比 IP 更高层的协议，只是作为整个 IP 软件的一个模块，解决网际层中的一类特殊问题，不能构成上层协议赖以存在的基础，在概念上不能构成一个独立的层次。

ICMP 报文也分为报头和数据区两部分，其中报头的前 4 个字节在各种类型的 ICMP 报文中是共同的，后 4 个字节则与报文的类型有关。共同部分包括类型、代码和校验和 3 个字段：

① 类型（Type）：1 个字节，ICMP 报文的类型，见表 7-7。

② 代码（Code）：1 个字节，报文类型的进一步信息，同一类型又可细分为不同的情况。

③ 校验和（Checksum）：2 个字节，整个 ICMP 报文的校验和，其算法与 IP 数据报报头校验和算法相同。

数据区的长度和内容也取决于 ICMP 报文的类型，对于 ICMP 差错报告报文，它总是包含出错数据报的报头以及数据区的前 8 个字节数据。之所以提供这些信息是为了便于源站分析出错的数据报，确定涉及出错数据报的高层协议和应用程序，高层协议的一些重要信息如传输层的端口号和发送序号等包含在前 8 个字节数据中。

表 7-7　ICMP 报文类型

类　型　域	ICMP 报文类型
0	回应应答（Echo Reply）
3	目的不可到达（Destination Unreachable）
4	源抑制（Source Quench）
5	重定向（Redirect）
8	回应请求（Echo Request）
9	路币器通告（Router Advertisement）
10	路由器恳求（Router Solicitation）
11	数据报超时（Datagram Time Exceeded）
12	数据报参数错（Datagram Parameter Problem）
13	时间戳请求（Timestamp Request）
14	时间戳应答（Timestamp Reply）
17	地址掩码请求（Subnet Mask Request）
18	地址掩码响应（Subnet Mask Reply）

7.4.2　ICMP 报文

1. 差错报告报文

差错报告作为 ICMP 最基本的功能，具有以下特点：

① 差错报告报文基本的功能是提供差错报告，并不严格规定对差错应采取什么样的处理方式。源站接到 ICMP 差错报告后，需将差错报告交给一个应用程序或采取其他措施才能进行相应的差错处理。

② 差错报告是伴随着抛弃出错的数据报而进行的。

③ 差错报告都是路由器或目的站向源站进行报告，即发现差错的路由器或目的站向源站发出报告，并不通知有关的路由器。这是因为 IP 数据报只包含源站地址和目的站地址，并不知道出错数据报经过了哪些路由器。另外，报告给目的站是无意义的，传输错误与它无关。这种向源站报告方式的缺点在于差错报告有时不能真正解决问题。数据报传输错误并不一定是源站引起的，如果是中间路由器引起的，而它得不到差错报告，无法进行相应的处理。

ICMP 差错报告包括以下几种：

（1）目的不可到达报告

路由器可能发现目的不可达，比如目的站出现故障或关机，路由器不知道去往目的站的路径等。此时，路由器便向源站发送目的不可到达报文。

ICMP 目的不可达又通过代码字段细分为网络不可达、主机不可达、协议不可达和端口不可达。网络不可达说明可能有寻径故障。主机不可达可能是目的站不在运行中或故障，而寻径是正常的，因此，这类问题是转发路径中的最后一个路由器发现的。协议和端口不可达涉及到高层的协议，由目的站本身产生这两种报文。IP 数据报传送的数据可能通过不同的协议使用不同的端口交给目的站的应用程序，协议号和端口号可视为目的的一种层次概念。

（2）超时报告

为应对 IP 数据报寻径圈引起的传输超时，TCP/IP 采取了两种措施：一是数据报报头设置 TTL 字段，二是对分片数据报采用重组定时器技术。一旦 TTL 值减到 0 或重组定时器定时时间到，路由器或目的站立即抛弃该数据报，并向源站发送 ICMP 超时报告。ICMP 超时报文的代码取值 0 和 1，分别代表 TTL 超时和片重组超时。

在 TCP/IP 工具软件中，用户命令 traceroute 就是建立在 ICMP 超时报告的基础上。一个主机向目的站发送一系列的 IP 数据报，其中 TTL 字段的值逐步增 1，路径上的转发路由器将 TTL 减 1，当 TTL 值减到 0，路由器向源站发回 ICMP 超时报告，从而得知经过的路径。

（3）参数出错报告

参数出错报文报告数据报报头和数据报选项有错误的参数。代码只有 0 和 1 两种情况：0 码值报告一个出错参数，1 码值报告缺少必要的选项。

2. ICMP 控制报文

IP 层控制主要包括拥塞控制、路由控制两方面内容，ICMP 提供相应的控制报文。

（1）源抑制报文

TCP/IP 采用源抑制（Source Quench）技术进行拥塞控制。路由器周期性测试每条输出线路，监视拥塞的发生并向源站发送源抑制报文。路由器可以根据缓冲队列中数据报的排队情况判定是否发生拥塞。源站收到源抑制报文后，按一定的算法调节数据报传输速率，主要是由 TCP 协议实现拥塞控制。

（2）重定向报文

在 Internet 中，主机并不和路由器一起执行路由算法动态更新路由表。如果主机也参与，因为主机数量太大，会大大加重网络负担。主机启动时路由表一般是由人工配置，初始的路由表一般都比较小，例如可能只有一个默认路由器，可以保证主机将数据报发送出去，但初始的路径很难是最优的。

默认路由器一旦检测到某数据报经过了非优的路径传输，一方面继续将该数据报转发出去，另一方面将向主机发送一个路由重定向报文，如图 7-15 所示。重定向报文中包含了原数据报的报头（包含目的站 IP 地址）和前 8 个字节的数据以及重定向的最优路径上的下一跳路由器的 IP 地址。这样主机开机后路由表逐渐得到充实和优化。

ICMP 重定向机制保证主机拥有一个动态的、优化的路由表，它只用于同一网络上的主机与路由器之间，路由信息来源于连接在同一网络上的路由器。

显然，ICMP 重定向机制的前提是路由器知道优化的路径。互联网的动态路由问题除了主机路由的优化更新外，更重要的是路由器路由的优化更新，ICMP 重定向机制不解决这一问题，它是由路由器的路由选择协议来解决的。

3. ICMP 请求/应答（Request/Reply）**报文**

ICMP 请求/应答报文以请求—应答的方式双向传输，用于从网上获取某些信息。

（1）回应请求与应答

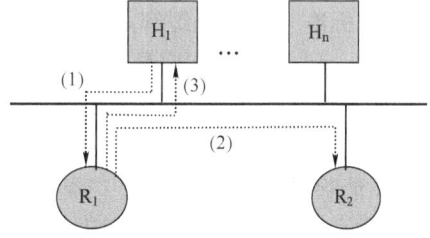

（1）主机 H₁ 发送 IP 数据报，通过路由器 R₁（默认路由器）转发

（2）路由器 R₁ 通过路由器 R₂ 转发 IP 数据报

（3）路由器 R₁ 向主机 H₁ 发送 ICMP 重定向报文

图 7-15　ICMP 路由重定向

回应请求/应答报文用于测试目的站的可达性。请求者向某目的站发送一个回应请求（类型 8），报文中包含一个任选的数据块。目的站收到请求后，发回应答报文（类型 0），其中包含请求报文中任选数据的拷贝。如果请求者收到一个应答，而且应答报文中的数据拷贝与请求报文中的数据完全一致，说明目的站可以到达，而且数据报传输系统工作正常。

在 TCP/IP 工具软件中，用户命令 ping 便是利用回应请求/应答报文测试目的站的可达性的。

（2）时戳请求与应答

互联网中各机器基本上都是独立运行，有各自的时钟。时戳请求/应答报文可用于时钟同步。利用时戳请求/应答报文从其他机器获取其时钟的当前时间，然后经估算后再同步时钟。之所以要经过估算，是因为传输线路上有延迟。

（3）子网掩码请求与应答

主机为了了解本地网络使用的子网掩码，向路由器发出子网掩码请求报文，路由器发回相应的应答。

4. 路由器发现（Router Discovery）**报文**

ICMP 支持一种路由器发现方式，使得主机在自举后能发现本地网络上至少一台路由器的地址。路由器恳求（Router Solicitation）和路由器通告（Router Advertisement）报文支持路由器发现。它们是 ICMP 新加的报文，不是所有系统都支持。

主机启动后可以广播或多播路由器恳请报文，一台或多台本地网络上的路由器响应一份路由器通告报文。另外路由器可以定期地广播或多播路由器通告报文。

7.5 无类别域间路由

7.5.1 无类别域间路由编址

Internet 上主机数的迅猛增长是 IP 地址的设计者始料未及的，目前 A 类和 B 类地址耗尽，剩余的基本上是 C 类地址。但大量的 C 类网络又加剧了路由表的膨胀，路由表的极度膨胀又将大大消耗路由器的资源。

1993 年发表的无类别域间路由（Classless Inter-Domain Routing，CIDR）［RFC1517 ~ 1520，建议标准］是一个缓解此危机的方法。与 IPv6 不同，CIDR 并不能根本解决地址空间耗尽的问题，但 IPv6 的实现是个巨大的工程，需要假以时日，CIDR 给了我们缓冲的时间。

CIDR 的出发点是把当时剩余的约 200 万个 C 类地址，切成大小可变的连续地址块来分配。这种方法明显减少了路由表的增长。

CIDR 消除了传统 A、B、C 三类地址的类别以及划分子网的概念，其基本思想是将地址空间分成大小为 2^n 的地址块，可为用户分配其中的一块。实际上，当 $n=8/16/24$ 时，就相当于 C/B/A 类地址。但 CIDR 中 n 可连续变化，例如，当 $n=8 \sim 16$ 相当于 2^{n-8} 个 C 类，即 1、2、4、8、16、32、64、128 和 256 个 C 类地址。因此，CIDR 地址切分的细度更大、分配更加灵活。

CIDR 地址为无类别的两级编址，包括网络前缀（Network-Prefix）和主机号。CIDR 使用斜线记法（Slash Notation），即在地址后加一斜线"/"，斜线之后写上网络前缀占的比特数。

前缀描述网络，余下的表示主机。

CIDR 仍使用掩码（屏蔽码，Mask）的概念，对应原来分类地址中划分子网时使用的子网掩码（但这里不再称子网掩码），它与 CIDR 地址"与"运算得到 CIDR 地址块的网络前缀，CIDR 地址斜线之后的数字也是获得网络前缀的掩码中"1"的比特数。

下面是一个 CIDR 地址的例子：

$$192.36.160.7/20$$

"/"之后的"20"表示其网络前缀占 20 比特，其余为主机号，占 12（32 – 20）比特。该地址相应的二进制表示为

$$\underline{11000000.00100100.1010}\ 0000.00000111$$
$$\text{网络前缀（20 比特）}\quad\text{主机号（12 比特）}$$

其掩码为

$$11111111.11111111.11110000.00000000$$
$$(\quad255.\qquad255.\qquad240.\qquad0\ )$$

这个 CIDR 地址所在的地址块有 $2^{12} = 4096$ 个地址，不难看出，其首地址和末地址分别为：

首地址：192.36.160.0　　11000000 . 00100100 . 10100000 . 00000000

末地址：192.36.175.255　11000000 . 00100100 . 1010 1111 . 11111111

全为 0 全为 1 的主机号一般不使用，只使用上述两个地址之间的 4094 个地址。

CIDR 地址的斜线记法，斜线前面的 IP 地址为地址块的首地址时，也可以表示一个地址块，如 192.36.160.0/20 就可表示上述包含 2^{12} 个地址的地址块。因此，见到一个斜线记法的地址应该根据上下文弄清它是一个单地址还是一个地址块。在不需要指明起始地址时，可以用"/n"表示一个包含 2^{32-n} 个地址的地址块。

CIDR 分配地址的原则如下：

- 为用户分配一块连续的地址空间，可包含 2^n 个 IP 地址。
- 这块地址的首地址应该是 2^n 的整数倍。
- 掩码的高 $32 - n$ 比特为 1，低 n 比特为 0。

下面我们举一个 CIDR 地址分配的例子。若某 ISP 拥有地址块 192.36.128.0/17，它包含了 $2^{15} = 32768$ 个地址，相当于 128 个 C 类地址。某企业有 3600 台计算机，从中分配了 192.36.160.0/20 的地址块，包含 $2^{12} = 4096$ 个地址，相当于 16 个 C 类地址。若按原分类地址方案分配一个 B 类地址，则要占用 65536 个地址空间，造成非常大的浪费。

假若这个企业下属 4 个部门：企业管理机关、一分厂、二分厂、三分厂，分别有 1800、900、450、450 台计算机，企业网络管理员为他们分配了相应的地址块，见表 7-8。

表 7-8　CIDR 地址分配的例子

单　　位	现有机器数	地　址　块	二进制地址的前缀部分	地址数（C 类）
ISP		192.36.128.0/17	11000000.00100100.1	32768（128）
企业	3600	192.36.160.0/20	11000000.00100100.1010	4096（16）
机关	1800	192.36.160.0/21	11000000.00100100.10100	2048（8）
一分厂	900	192.36.168.0/22	11000000.00100100.101010	1024（4）
二分厂	450	192.36.172.0/23	11000000.00100100.1010110	512（2）
三分厂	450	192.36.174.0/23	11000000.00100100.1010111	512（2）

7.5.2　路由聚合

由于 CIDR 地址块可以表示很多地址，可以用一个掩码将原来分类地址的多个网络地址聚合为单个 CIDR 网络地址，在路由表中可以使用它来查找目的网络，使得路由表中的一个表项就可以代替原来分类地址路由表中的多个路由表项，从而缓解路由表的膨胀问题，这称为路由聚合（Router Aggregation），也称作构造超网（Supernetting）。

表 7-8 的例子中，该企业分到的地址相当于分类地址连续的 16 个 C 类网络地址块。如果使用分类地址路由表，则外部路由器的路由表中到该企业的路由表项就会有 16 个。如果使用 CIDR 地址，企业又使用统一的对外连接的路由器，则外部路由器的路由表中，到该企业的路由表项将聚合为一项。而且，使用分类地址时，该企业还要在内部的各个网络之间进行路由。

如果可以申请到连续的 C 类网络地址，路由聚合使得这些网络看起来像个大的网络，并且可以使路由表大大减小。

7.5.3　最长前缀匹配

使用 CIDR 编址，转发 IP 数据报的路由表也要相应修改。原分类地址路由表的目的网络应该变为 CIDR 网络前缀代表的网络，即 CIDR 地址块的首地址。路由器收到数据报时，将目的地址和掩码做"与"运算，得到的值和目的网络逐一比较，找到匹配项，根据匹配项的下一跳地址进行转发。

但由 CIDR 编址可能产生多个匹配项。例如，表 7-8 的例子中，假如距离较远的三分厂希望 ISP 转发给他们的数据报时，直接发到三分厂而不经由企业的路由器转发，在 CIDR 路由表中，应该包含企业和三分厂的网络地址 192.36.160.0/20 和 192.36.174.0/23，它们的掩码分别为 255.255.240.0 和 255.255.254.0。现在 ISP 的路由器收到一个目的地址 $D =$ 192.36.175.8 的数据报，将 D 和 CIDR 路由表逐项地进行匹配测试，和掩码进行"与"运算，结果产生了 2 个匹配项：

D 与 11111111.11111111.11110000.00000000，结果和 192.36.160.0/20 匹配
（ 255.　　 255.　　 240.　　 0 ）

D 与 11111111.11111111.11111110.00000000，结果和 192.36.174.0/23 匹配
（ 255.　　 255.　　 254.　　 0 ）

因为目的地址 D 属于三分厂网络，显然路由应取后者，即匹配项中网络前缀最长的项。虽然这只是一个特例，但这种取法是普遍正确的。产生多个匹配项时，取匹配项中网络前缀最长的项，称为最长前缀匹配（Longest-Prefix Matching）。

7.6　路由协议

7.6.1　路由协议简介

第 6 章已经介绍，有静态和动态两种方式构造路由表：主机和路由器启动时设置路由，此后不再改变，称为静态路由（Static Routing）；主机和路由器启动时设置初始路由，而且

不断进行动态更新，称为动态路由（Dynamic Routing），它们也分别称为静态路由选择/动态路由选择，或非自适应/自适应路由选择。在 Internet 中使用动态路由。

主机或路由器在启动后都必须有一个初始的路由表，初始化的方式与操作系统有关。在某些操作系统中，启动时从硬盘中读取初始路由表并将其驻留在内存中。另一些操作系统把路由表初始化为空表，使用显式的命令来赋初值。对于动态路由，初始路由表建立起来之后还要动态地更新。

ICMP 重定向机制保证了主机拥有一个动态的、优化的路由表，但不能解决路由器路由的更新优化问题。路由协议（Routing Protocol），也称路由选择协议，用于路由器之间不断地交换路由信息，运行路由算法，优化更新路由。路由器上有一个路由守护程序（Routing Daemon），它运行于后台，执行路由协议。

整个 Internet 并不是采用一种全局性的一致的路由算法。Internet 的规模非常之大，路由器数量达几百万个，路由的动态变化要及时反映到全部路由表中非常困难，一旦发生变化会使路由表在一段时间内丧失一致性；而且，这种全局性的路由更新会占用很大的网络带宽。

为解决上述问题，整个 Internet 划分为许多较小的单位，称为自治系统（Autonomous System，AS）。一个 AS 是一个包含一定范围的互联网络，有一个全局管理的唯一的识别编号。AS 最重要的特点是它自己有权决定在本自治系统内部采用哪种路由协议。一般情况下，一个 AS 内部的所有网络属于某一个行政单位或一个 ISP 来管辖。

AS 之间的路由称为域间路由（Interdomain Routing），AS 内部的路由称为域内路由（Intradomain Routing），这实际上是两级路由。相应地，路由协议分为如下两类：

- 内部网关协议（Interior Gateway Protocol，IGP）：域内路由使用的路由协议，由 AS 自主决定。IGP 常用的有 RIP 和 OSPF 协议等。
- 外部网关协议（External Gateway Protocol，EGP）：域间路由使用的路由协议。运行 EGP 的路由器称外部网关。EGP 目前常用的是 BGP-4。

图 7-16 是一个简单的示例，由三个自治系统 AS1 ~ AS3 组成一个互联网，在 AS1 ~ AS3 内部使用 IGP，如 RIP 和 OSPF，而在 AS 之间使用 BGP。IGP 和 EGP 协同工作，使得全网范围都可以实现相互访问。在图 7-16 中：

AS1 中 $R_{1.1}$ ~ $R_{1.4}$ 运行内部网关协议 RIP，进行 AS1 内部的路由更新；AS2 中 $R_{2.1}$ ~ $R_{2.4}$ 运行内部网关协议 OSPF，进行 AS2 内部的路由更新；AS3 中 $R_{3.1}$ ~ $R_{3.4}$ 运行内部网关协议 OSPF，进行 AS3 内部的路由更新。

$R_{1.1}$、$R_{2.1}$ 和 $R_{3.1}$ 又是外部网关，它们又运行外部网关协议 BGP，在运行内部网关协议的基础上，交换在 AS 之间访问的路由。

7.6.2 路由信息协议

1. 距离矢量路由算法

路由信息协议（Routing Information Protocol，RIP）是基于距离矢量（Distance-Vector）算法的路由协议。距离矢量路由算法又称 Ballman-Ford 算法，是一种基本的路由算法，其原理很简单：如果某个结点在结点 A 和 B 之间的最短路径上，那么该结点到 A 或 B 的路径必定也是最短的。

距离矢量这个术语来源于路由器交换的信息内容。交换的报文包含（D，V）序偶的列

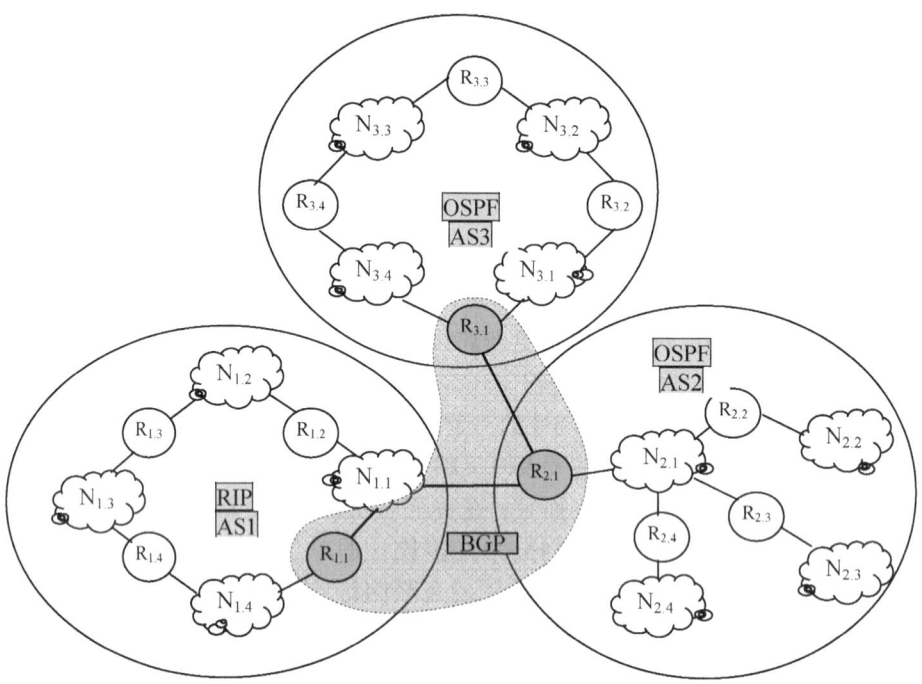

图 7-16　IGP 和 EGP

表，D 是到该目的网络的距离，V 标
识目的网络，称为矢量。所有的路由
器都要参与交换距离矢量信息，交换
处理的过程是一个分布式处理过程。

　　图 7-17a 所示的是一种抽象的网络
拓扑图。图中的圆圈表示结点，结点
之间用边连接。结点可以代表路由器
或 AS 等，边表示连接结点的链路，链
路可标有表示其某种属性的数值。可
以用距离、跳数（Hop Count）、费用、
时延、带宽和可靠性等作为链路属性
的度量（metric），它们可以统称为
"距离"。在不同的方向上，同一链路
的度量值可以相同，也可以不同。

　　我们以图 7-17 为例，说明距离矢
量算法。如图 7-17a 所示，假如求结点
A 到目的结点 D 的最短路径。为了到
达 D，A 必须通过与它直接连于同一
网络上的 B、G 或 F。如果已知 B、G
和 F 到 D 的最短距离分别是 5、7 和

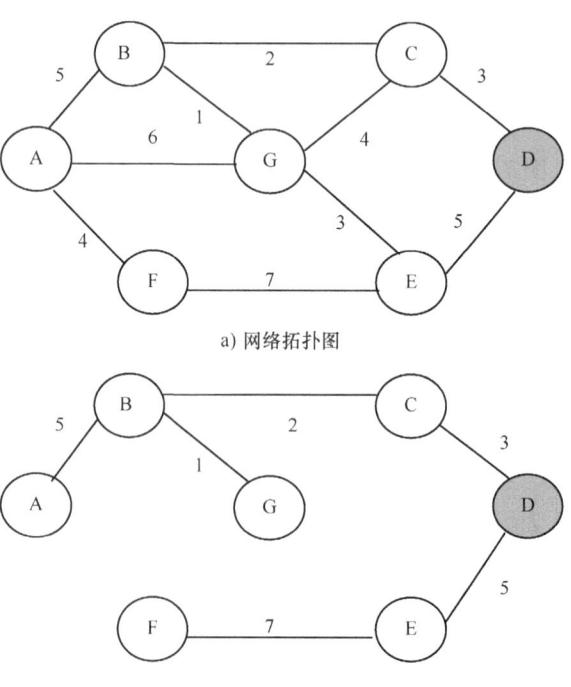

a) 网络拓扑图

b) 到目的结点 D 的最短路径树

图 7-17　距离矢量算法的例子

12，A 又知道它分别到达 B、G 和 F 的距离分别是 5、6 和 4，于是 A 通过 B、G 或 F 到 D 的距离就分别是 5 + 5 = 10、7 + 6 = 13 和 4 + 12 = 16。因此，A 到目的结点 D 的最短路径的下一跳应该是结点 B，最短距离是 10。

现在把距离矢量算法形式化。设

网络所有结点的集合为 N；

$D(i)$ 表示 N 中任意结点 i 到某一目的结点 d 的距离；

$L(i, j)$ 表示 N 中两个结点 i 和 j 之间的距离，$i \neq j$，并有如下原始数据：

当 i 和 j 直接相连接时，$L(i, j)$ 就是图 7-17 上所标的距离；

当 i 和 j 不直接相连接时，$L(i, j) = \infty$。

那么，求各结点 i 到目的结点 d 的最短距离 $D(i)$ 的算法如下：

---

(1) 初始化　$D(i) = \infty, i \in N$ 但 $i \neq d$；　　# 除目的结点外,所有结点到目的结点的距离初始化为 ∞ #

　　$D(d) = 0$。

(2) 更新最小距离　对每个 $i \in N$ 但 $i \neq d$：　# 除目的结点外,更新每个结点 i 到目的结点的距离 $D(i)$ #

　　$D(i) = \min_{j \in N 但 j \neq i} \{L(i,j) + D(j)\}$；　# 对于每个 i,求 i 经过其他所有结点到目的结点的距离,取其中的最小者为 $D(i)$ #

重复步骤(2),直至迭代中所有 $D(i)$ 不再变化。

对于图 7-17a 的网络，表 7-9 给出了距离矢量算法计算各个结点到目的结点 D 的距离，表中 $(k, D(i))$ 表示计算结果，其中 k 为当前最短路径的下一跳，初始化时下一跳置为 no，$D(i)$ 为结点 i 到 D 的最短距离。有阴影的表项表示在某轮次迭代中，路由得到更新。到第 4 次迭代，结果已经收敛。图 7-17b 就是最后得到的以目的结点 D 为树根的最短路径树 (Shortest Path Tree, SPT)。

表 7-9　图 7-17a 中各结点到目的结点 D 的路由的迭代过程

迭代轮次	结点 A	结点 B	结点 C	结点 E	结点 F	结点 G
初始化	(no, ∞)	(no, ∞)	(no, ∞)	(no, ∞)	(no, ∞)	(no, ∞)
1	(no, ∞)	(no, ∞)	(D, 3)	(D, 5)	(no, ∞)	(no, ∞)
2	(no, ∞)	(C, 5)	(D, 3)	(D, 5)	(E, 12)	(C, 7)
3	(B, 10)	(C, 5)	(D, 3)	(D, 5)	(E, 12)	(B, 6)
4	(B, 10)	(C, 5)	(D, 3)	(D, 5)	(E, 12)	(B, 6)

如果运行中网络拓扑发生变化，比如两个路由器之间的链路突然断开，双方都会收不到对方的路由表，它们之间的距离就变为 ∞。路由器不断执行距离矢量算法，优化自己的路由表，适应网络拓扑的变化。

距离矢量算法的前提是所有路由器周期性地和邻接路由器（称邻站，Neighbor）交换路由信息。邻站连接在同一个底层网络上，IP 数据报只是一跳传输。

路由器不用等到所有的邻站的路由信息报文都到达后再进行路由算法处理。每收到一个邻站的报文，就可进行路由更新，下面举例说明。设路由器 A 与 B 是邻站。当 B 收到 A 发来的 A 的路由表之后，检查它的每一个表项，进行路由更新。根据距离矢量算法原理，在下述 4 种情况下，B 将修改其路由表：

① A 知道去某个目的网络距离更短的路由。

② A 给出了 B 不知道的路由。

③ B 到某个目的网络的路由经过 A 而且 A 到该网络的距离有了变化（变小或变大）。

④ 在规定的时间内收不到 A 的路由报文，则下一跳为 A 的表项，距离修改为最大值。

图 7-18a、b、c 分别给出了路由器 B 原有的路由表、从路由器 A 传来的更新报文和路由器 B 更新后的路由表。其中箭头所指表项为引起更新的表项。

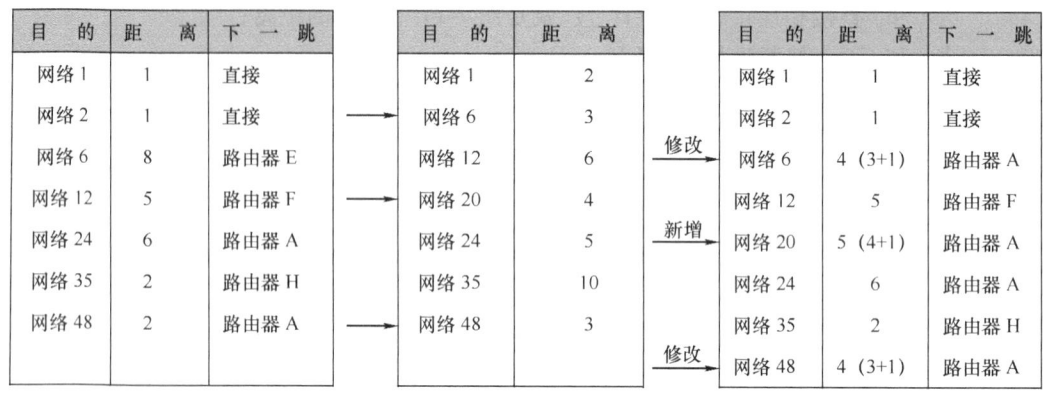

a) B 原有的路由表　　　　b) B 收到的 A 的路由表　　　　c) B 更新后的路由表

图 7-18　路由更新

当路由器 B 根据来自路由器 A 的报文添加或更新某个表项时，它把路由器 A 作为该表项的下一跳。如果 A 报告到某目的网络距离是 n，那么 B 中更新过的表项中距离就是 $n+1$。

除 A 外，B 一般还有其他邻站。在一个轮次内 B 收到全部邻站的报文并进行更新后，其路由器表的每一个表项都得到了当时到达某一网络的最短距离及对应的下一跳地址。

路由信息报文的交互顺序具有随机性，导致不同的路由更新过程，但不管顺序如何，在网络拓扑稳定的情况下，最终会收敛到同样的优化路由。

2. 路由信息协议（RIP）

在内部网关协议中使用最广泛的是 RIP［RFC1058，因特网标准］。1998 年 11 月又公布了 RIP2［RFC2453，因特网标准］，协议本身并无多大变化，但性能有所提高，如支持 CIDR 等，RIP2 向后兼容 RIP。1997 年提出的 RIPng［RFC2080，建议表准］，用于 IPv6。

RIP 的特点是非常简单的。RIP 协议规定"距离"为到目的网络所经过的跳数，便于处理，每经过一个路由器，跳数就加 1。跳数越少，路由就越优。RIP 不能在两个网络之间同时使用多条路径。

如果路由器与某一目的网络直接相连，RIP 规定距离为 1。RIP 允许一条路径的最大跳数为 15，达到 16 时，即认为距离无穷远，不可达。可见，RIP 只适用于小规模的网络。

RIP 的路由更新操作如下：互联网中每个 RIP 路由器每隔 30s 周期性地向所有邻站广播自己的路由表，由更新定时器（Update Timer）控制。路由器根据交换的路由信息使用距离矢量路由算法进行路由更新。

RIP 报文是在 UDP 中封装传输的，图 7-19 是 RIP2 报文及其在 UDP 中的封装格式。

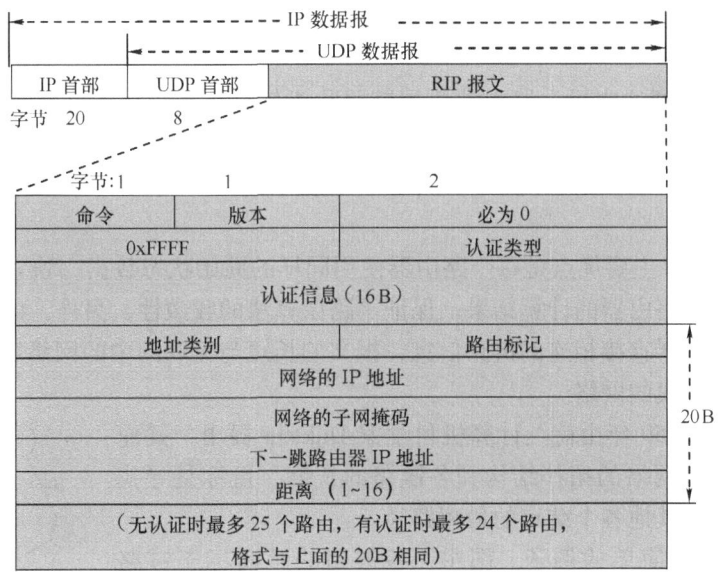

图 7-19 RIP2 报文格式

RIP2 的报文包括一个 4B 的首部以及若干个路由信息，还可以包含 20B 的认证（Authentication）字段。无认证时，一个 RIP 报文最多可携带 25 个路由，有认证时，最多可携带 24 个路由。

RIP2 支持数据包的认证，目前认证是简单的明文口令，认证类型为"2"。口令包含在 16B 的认证信息字段，不满 16B 最后补"0"。

RIP2 每个路由信息占 20 个字节，其中地址类别字段，目的网络的 IP 地址和到此网络的距离 3 个字段和 RIP 一样。在请求报文中，地址类别应设置为"0"，距离设置为"16"。在应答报文中，地址类别一般应设置为"2"，表示采用 IP 地址，距离设置为到该网络的跳数。

RIP2 路由信息中还包括路由标记、子网掩码和下一跳路由器 IP 地址，这是比 RIP 多的信息。在应答报文中，路由标记填写路由对应的 AS 号，可用于路由协议的交互。子网掩码字段使得 RIP2 支持 CIDR，而下一跳地址可用于防止不必要的跳。

RIP 报文使用广播，RIP2 报文还可以使用组播，组地址为 224.0.0.9，这可以减轻不接收 RIP2 报文的主机的负担。

7.6.3 开放最短路径优先协议

1. 最短路径优先路由算法

最短路径优先（Shortest Path First，SPF）路由算法也称为链路状态（Link State）算法。

与距离矢量算法不同，SPF 算法的特点是每个路由器都要知道全部的网络拓扑结构信息。互联网拓扑图描述了网络的拓扑结构，路由器实际上存储有网络拓扑图的信息。

SPF 路由器执行两项重要任务。第一，负责检测所有邻站的状态，探测其邻站是否处于活跃状态且可以到达。第二，周期性地向 AS 的其他所有路由器传播链路状态信息。链路状态报文只包括源发路由器与其邻站的链路状态信息，说明它与哪些路由器邻接，以及连接链路的度量。

链路状态报文到达之后，路由器使用链路状态信息更新自己的网络拓扑图。然后，依据链路状态的新数据，路由器使用著名的迪杰斯特拉（Dijkstra）最短路径算法，对网络拓扑图求最短路径。Dijkstra 算法可以从单个源点开始计算到其他所有目的结点的最短路径。

SPF 算法的一个主要优点是每个路由器使用同样的原始状态数据，独立地进行最短路由计算而不依赖中间路由器的计算结果，保证了路由算法的收敛性。另外，由于链路状态报文仅携带与单个路由器直接相连的链路信息，报文的长短与互联网中的网络数无关，所以 SPF 算法更适合于大规模的网络。

Dijkstra 算法 1959 年由荷兰计算机科学家 Dijkstra 提出，其前提条件是已知整个网络的拓扑结构和各链路的长度，目标是寻找源结点到网络中的其他各个结点的最短路径。

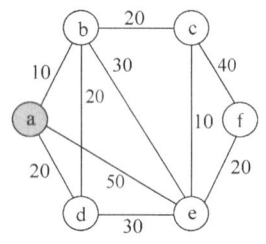

图 7-20 是一个简单的例子。图中，各链路的距离标于链路上，如 b 到 c 的链路距离为 20。设源结点为 a，Dijkstra 算法的目标是寻找源结点 a 到网络中的其他各个结点 b、c、d、e 和 f 的最短路径。

图 7-20　Dijkstra 算法示例

下面先给出 Dijkstra 算法的形式化表示，然后再给出图 7-20 示例的计算结果。

设：$D(i)$ 表示任意结点 i 到源结点 s 之间的距离，$i \neq s$；

$\quad L(i, j)$ 表示结点 i 和 j 之间的链路距离，$i \neq j$，

$\qquad$ 当 i 和 j 直接相连接时，$L(i, j)$ 就是图上所标的距离，

$\qquad$ 当 i 和 j 不直接相连接时，$L(i, j) = \infty$；

N 为一个集合，它包含了到 s 的最短距离已得到的诸结点，N^C 为其补集；那么，Dijkstra 算法可按下述步骤进行：

---

(1) 初始化　　$N = \{s\}$；　　　　　　　# 初始化时，N 中只有源结点#

$\qquad\qquad\quad D(i) = L(i,s)$，$i \in N^C$。　　# 初始化 $D(i)$#

(2) 迭代　　寻找结点 $j \in N^C$ 使得：　　# 求不在 N 中的、距离 s 最近的结点，然后放入 N 中#

$\qquad\qquad\quad D(j) = \min\limits_{i \in N^C} D(i)$；

将结点 j 加入集合 N；

如果 N^C 为空，结束；否则进入(3)。　　# 如果 N 包含了所有结点，结束；否则进入下一步#

(3) 更新最小距离　对每个结点 $i \in N^C$：　　# 对每个不在 N 中的每个结点 i，使用上步得到的

$\qquad\qquad D(i) = \min\{D(i), L(i,j) + D(j)\}$；　　$D(j)$，更新最小距离#

返回到(2)。

表 7-10 是对图 7-20 示例的网络求解的全部过程，上述步骤共执行了 5 次，因为网络有 6 个结点。表中 $(k, D(i))$ 表示计算结果，其中 k 为当前最短路径的下一跳，$D(i)$ 表示结点 i 到源结点 s 之间的距离，距离为 ∞ 时下一跳置为 no。表中的带"＊"的项是最终得到的最

短路径，有阴影的项表示在某轮次的迭代中，又发现了更短的路径。

表 7-10　图 7-20 网络的计算过程

迭代轮次	集合 N	结点 b	结点 c	结点 d	结点 e	结点 f
初始化	{a}	(a, 10)	(no, ∞)	(a, 20)	(a, 50)	(no, ∞)
1	{a, b}	(a, 10)*	(b, 30)	(a, 20)	(b, 40)	(no, ∞)
2	{a, b, d}		(b, 30)	(a, 20)*	(b, 40)	(no, ∞)
3	{a, b, d, c}		(b, 30)*		(b, 40)	(c, 70)
4	{a, b, d, c, e}				(b, 40)*	(e, 60)
5	{a, b, d, c, e, f}					(e, 60)*

经过上述计算，就可得到以 a 为根的最短路径树，如图 7-21 所示。由最短路径树可以清楚地看到由源结点 a 到网络中任意一个结点的最短路径。

从以上例子可见，Dijkstra 算法的过程是：从源站出发，从其邻站开始，按照最短距离的原则，逐步向外扩展，逐个找出与源站距离最近的结点，找出的结点不再参与迭代。

如果 $L(i, j)$ 代表的是链路传输的时延或费用等其他度量，则 Dijkstra 算法求出的最短路径树实际上是最小时延树或最小费用树，可统称为最小代价树。

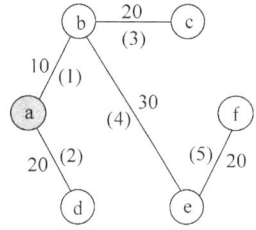

图 7-21　以 a 为根的最短路径树（括号内的数字表示第几次迭代得到结果）

2. OSPF 路由协议

OSPF（Open SPF）是基于 SPF 算法的路由协议，1990 年开始成为标准，新的版本是 OSPF2［RFC2328，因特网标准］。OSPF 的"开放"表明 OSPF 协议是公开发表的，不受某一家厂商控制。

OSPF 是一种分布式的链路状态协议，所有的 OSPF 路由器都维持一个链路状态数据库（LSDB），存储的链路状态信息描绘了整个 AS 的网络拓扑以及各个链路的度量。链路的度量用 1～65535 之间无量纲的整数来描述。而 RIP 路由器则不知道整个 AS 的网络拓扑结构。

为了描述动态的链路状态，OSPF 的每一个链路状态带有一个 32 位的序号，序号越大表示状态就越新。OSPF 规定链路状态序号增长的时间间隔不能小于 5s，32 位的序号空间使得 600 多年内序号不会重复。

OSPF 路由器之间要不断地相互交换链路状态信息并扩散到整个 AS，以保持 LSDB 的动态性和在 AS 范围内的一致性。AS 的所有路由器都有相同的 LSDB，即 LSDB 同步。路由器在此基础上执行 Dijkstra 算法，计算出以自己为根的最短路径树，再得到路由表。

如果 AS 很大，链路状态信息难以管理。实用中，OSPF 允许将一个 AS 划分成若干个区（area），每个区维护本区的 LSDB，并由专门的路由器负责跨区的链路状态信息交换。

OSPF 很复杂，下面简要介绍。

3. OSPF 报文

OSPF 设计有五种类型的报文。

类型 1：问候报文 Hello，建立并维护与邻站的邻接关系。

类型 2：数据库描述报文（DataBase Description，DBD），向邻站发出本站 LSDB 中链路状态的简要信息。

类型3：链路状态请求报文（Link State Request，LSR），向邻站请求发送某些指定链路的链路状态信息。

类型4：链路状态更新报文（Link State Update，LSU），用可靠的洪泛法向自治系统所有路由器发送链路状态，这是最重要的报文，对于不同的链路类型，有 5 种不同的格式。

类型5：链路状态确认报文（Link State Acknowledgment，LSAck），用来确认 LSU 报文。

OSPF 报文直接用 IP 数据报传送，IP 数据报报头的协议字段的值为 89。OSPF 报文格式如图 7-22 所示，前面是公共首部，后面是上述的 5 种类型的报文，首部各字段意义如下。

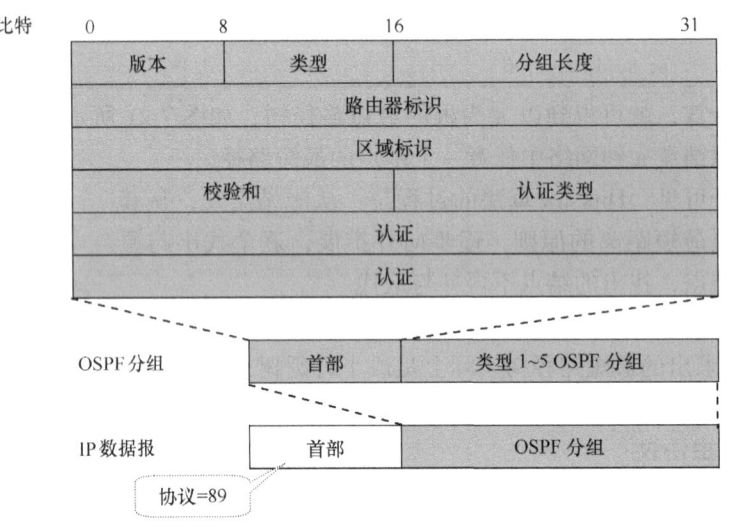

图 7-22　OSPF 报文格式

① 版本：当前版本号为 2。
② 类型：有 5 种类型的报文。
③ 分组长度：包括 OSPF 首部的分组长度，以 B 为单位。
④ 路由器标识：发送该分组的路由器的网络接口的 IP 地址。
⑤ 区域标识：分组属于的区域标识符。
⑥ 校验和：用于检测分组的差错。
⑦ 认证类型：目前只有两种："0" 不用，"1" 口令。
⑧ 认证：认证类型为 "0" 时填入 0，认证类型为 "1" 时填入 8 个字符的口令。

4. 单区 OSPF 操作

（1）建立并维护与邻站的邻接关系

物理上的邻站必须在建立了邻接（Adjacent）关系后才能交换链路状态信息。OSPF 路由器（比如 A）每隔 10s 由每个端口使用组地址 224.0.0.5 组播 Hello 报文给 OSPF 邻站，Hello 报文报头中包含了自己的 ID 即 IP 地址。邻站以 Hello 报文响应，并将收到的路由器 A 的 ID 加到自己 Hello 报文中。这样，A 就得知 B 的存在，与 B 建立了邻接关系。如果 40s 还没有收到某个邻站发来的 Hello 报文，就认为它不可达，应修改 LSDB。

（2）选举指定路由器和备份指定路由器

对于像以太网这样的多点接入的广播网络，网络上可能有多个路由器，它们物理上都是邻站，如果全部建立邻接关系并相互交换链路状态信息，就会增加网络的负担，此时选举指定路由器（Designated Router，DR）。DR 与广播网络上的其他路由器建立邻接关系，作为网络中链路状态更新的集散点，这就减轻了网络的负担。点对点网络不需要 DR。

选举 DR 也是通过 Hello 报文，优先级字段的值反映了网络管理员设置的优先级，优先级高的被选为 DR。若优先级相等，其中 ID 高的当选。次高优先级的当选为备份指定路由器（Backup DR，BDR），以防止 DR 故障。DR 和 BDR 的组地址为 224.0.0.6。

（3）同步 LSDB

建立了邻接关系，邻接的路由器可以使用 DBD 报文交换链路状态简要信息，包括链路状态 ID、链路类型和链路状态序号等。系统启动时，当邻接的路由器用 DBD 报文提供了新的链路状态，路由器便发回一个 LSR 报文，请求链路状态信息（详细信息）。邻接的路由器则用 LSU 报文通告请求的链路状态信息。

LSU 报文包括若干个链路状态通报（Link State Advertisement，LSA）。LSDB 也是由 LSA 组成，它们代表网络的拓扑结构并用来计算最短路径。LSA 有五种类型，即路由器、网络、路由器汇总、网络汇总和 AS 外部链路，有各自的内容和格式。

在运行过程中，若路由器发现它的链路状态发生变化，也会用 LSU 报文通告新的链路状态信息，并洪泛到全区所有的路由器，使 LSDB 动态地保持同步，适应网络的变化。即使链路状态没有发生变化，LSDB 也周期性地更新。每一个 LSA 条目有一个年龄定时器（Age Timer），默认值为 30min，到期后要用 LSU 报文刷新一次 LSDB 的链路状态信息。

比如，某多播网络上的一个路由器发现了链路状态变化，它会使用 LSU 报文通过组地址 224.0.0.6 向该网络的 DR 发送 LSA，DR 再使用 LSU 报文通过组地址 224.0.0.5 向该网络的路由器组播这些 LSA。如果某路由器还连接了另外的多播网络，它会转发给这个网络的 DR，DR 再在这个网络中组播；如果这个路由器连接的是点对点网络，它就转发给邻接的路由器。这种洪泛扩散会延续下去，直到全区范围。上述洪泛过程中，接收端会使用 LSAck 报文对 LSU 报文进行确认，称为可靠洪泛法（Reliable Flooding）。为了避免路由环，OSPF 路由器对同一个链路状态报文最多只向下游端口转发一次。

OSPF 路由器之间交换信息要经过认证，保证只有可信赖的路由表才能传送路由信息，以防网上恶意的伪造路由信息。

OSPF 路由器之间要不断地相互交换链路状态信息并扩散到全区，以保持 LSDB 的动态性和在全区范围内的一致性，即维护 LSDB 同步。

（4）计算最短路径树并生成路由表

路由器的 LSDB 存储的链路状态信息描绘了整个区的网络拓扑图以及各个链路的度量。在 OSPF 拓扑图中，每一个路由器、局域网或广域网都抽象为一个结点，它们用边连接。连接两个路由器的边是点到点的链路，连接路由器和网络的边表示该网络直接在该路由器上。实际上，每条边为方向相反的一对边，两个方向的度量可以相同也可以不同。从网络到路由器方向的链路的度量 OSPF 规定为 0。每一个路由器根据 LSDB 中的数据，使用 Dijkstra 算法计算出以自己为根的最短路径树，并由此生成路由表。

如果到同一目的网络有多条相同度量的路径，OSPF 可以将通信量分配给它们，这称为负载均衡（Load Balancing）。OSPF 路由表中最多可以有 4 条度量相等的路径。负载均衡也是 OSPF 的一个特点。

下面给出一个 OSPF 使用最短路径优先算法生成最短路径树的例子，如图 7-23 所示，这个例子计算以路由器 R_4 为根的最短路径树。

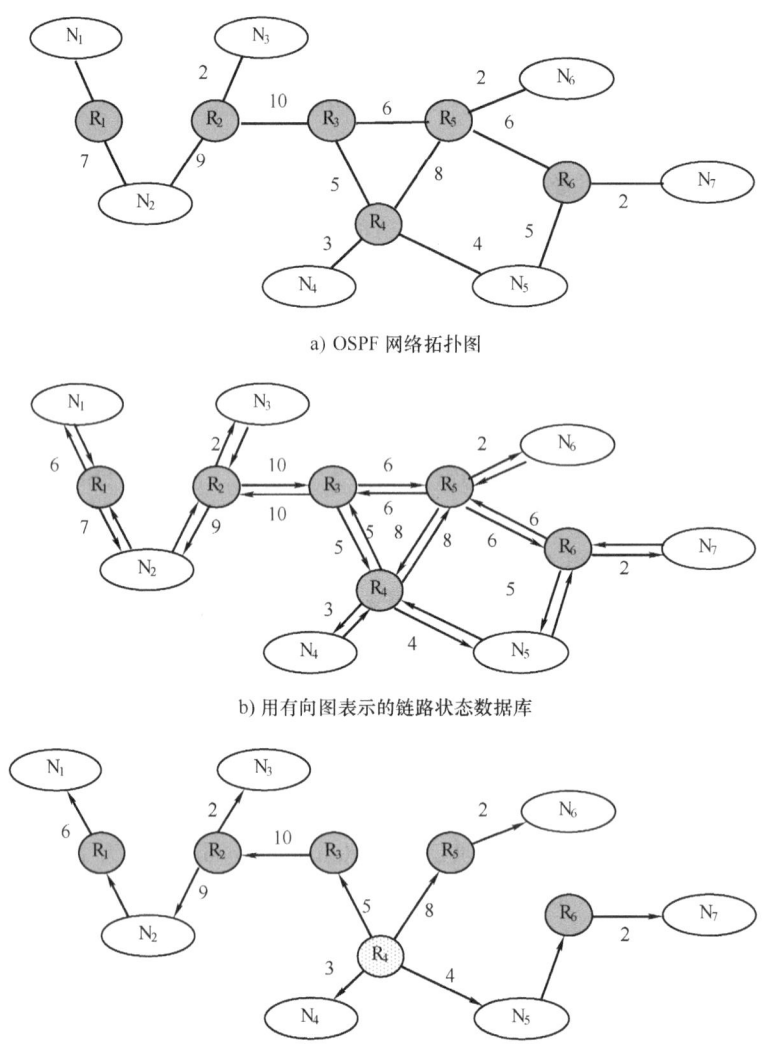

a) OSPF 网络拓扑图

b) 用有向图表示的链路状态数据库

c) 以路由器 R_4 为根的最短路径树

图 7-23　OSPF 最短路径优先算法的一个例子

5. 链路状态信息的分区管理

Internet 中有的 AS 很大，OSPF 可以将 AS 划分成若干个区，用 32 比特的区标识符标识，用点分十进制表示。

OSPF 采取层次结构的区划分，每个 AS 有一个主干区（Backbone Area），标识符为 0.0.0.0。用来连通所有的其他区，主干区内还有一个路由器和其他 AS 相连接。每个区至少有一个路由器连到主干区，都可通过主干区到达其他区。

每个区都有自己本区的 LSDB，区内的路由器交换链路状态信息，只知道本区的详细网络拓扑。这种链路状态信息的隔离，减小了 LSDB 的规模和网络上链路状态数据交换的流量。连接多个区的路由器需要有多个区的 LSDB，为每个区运行 OSPF 算法，并负责在区间传递路由信息。

一个 OSPF AS 分区管理的例子示于图 7-24，这个 AS 划分了 4 个区，包括一个主干区。

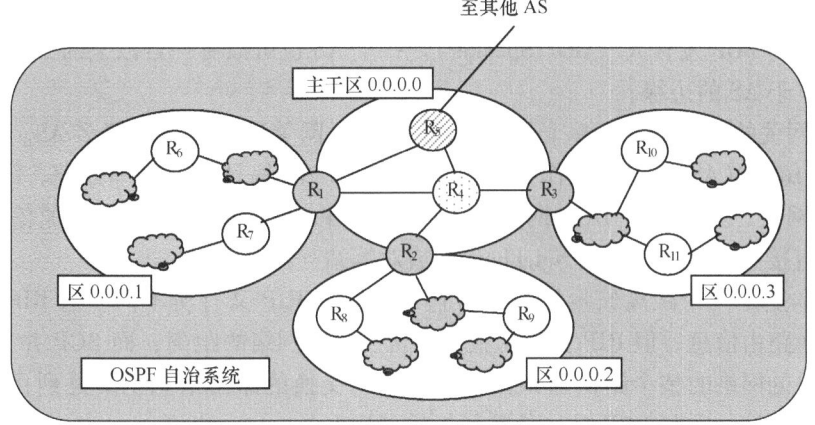

图 7-24 OSPF 自治系统分区示例

OSPF 的分区管理把路由器分为四类：

① 内部路由器（Internal Router）：只连接同一个区内网络的路由器，在本区范围运行路由算法，如图 7-24 中的 $R_6 \sim R_{11}$。

② 区界路由器（Area Boarder Router）：连接两个或多个区（包括一个主干区）的路由器，为每个区都运行路由算法，如图 7-24 中的 R_1、R_2 和 R_3。

③ 主干路由器（Backbone Router）：连接在主干区的路由器，包括主干区的内部路由器和所有区界路由器（至少有一个网络接口连接了主干区），在主干区运行路由算法，如图 7-24 中的 $R_1 \sim R_5$，区界路由器一定是主干路由器，如图 7-24 中的 R_1、R_2 和 R_3。

④ 自治系统边界路由器（AS Boundary Router）：连接到其他 AS 的路由器，它产生到外部 AS 的路由信息，如图 7-24 中的 R_5。

区界路由器一般连接本区和主干区，起着重要的桥梁作用：

- 计算本区的最短路径树，概括本区的路由信息并将其扩散到主干区，主干区再分发到其他区，概括的路由信息包括从区界路由器到本区各网络的路径距离。
- 计算主干区的最短路径树，得到到达所有区界路由器的最短路径。
- 从主干区接收其他区概括的路由信息，计算到区外所有网络的最短路径距离，并将此信息扩散到本区的内部路由器。

这样，每个内部路由器就可以得到整个 AS 内所有网络（包括到本区网络和到区外网络）的最短路径距离。其中跨区传送的路径分三段计算：从源到区界路由器的源区内路径段，源区和目的区之间的主干区路径段，目的区内路径段。

另外，区界路由器还从 AS 边界路由器得到外部 AS 路由信息并扩散到区内。AS 边界路由器要运行外部网关协议。

7.6.4 边界网关协议

边界网关协议（Border Gateway Protocol，BGP）是一种 EGP。1995 年发表了第 4 版本

BGP-4 ［RFC1771～1772，草案标准］，目前又有了新的文档 RFC4271～4278。下面 BGP-4 简记为 BGP。

BGP 用来在不同 AS 的路由器之间交换路由信息。运行 BGP 的路由器即 BGP 路由器或 BGP 网关，称为 BGP 发言人（BGP Speaker）。一个 AS 也可以有一台以上的 BGP 网关，BGP 网关一般是位于 AS 的边缘。

从 BGP 网关的角度来看，整个 Internet 是由 BGP 网关连接起来的很多 AS。BGP 要求每个 AS 有一个编号（AS number）作为它唯一的标识，AS 编号统一管理分配。每个 AS 至少有一个 BGP 网关。如果两个 BGP 网关共享一个网络，可以通过这个网络通信，则这两个 BGP 网关是直接相连接的邻站（Neighbour）或对等站（Peer）。

BGP 基本上是一个距离矢量协议，但它与一般的 RIP 又有所不同。与 RIP 一样，BGP 只与邻站交换路由信息。但 RIP 交换的报文包含到目的网络的距离，而 BGP 并不通报距离，它将到每个目的网络的整个路由通知其邻站。BGP 交换的路由信息主要是到目的网络的路径和目的网络地址，因此 BGP 是一种路径矢量（Path-Vector）协议。

BGP 不通报距离，就不能像 RIP 那样得到最短距离路由，BGP 协议是一种可达性协议，而不是最优路由协议。这有以下几方面的原因：

① Internet 规模太大，AS 之间的路由选择非常困难。主干网上的路由器应该对任何有效的 IP 地址都能在其路由表中找到匹配的网络前缀，目前主干网路由器的路由表已超过 5 万个网络前缀，这些网络的性能差异太大，如果使用 RIP 的跳数来度量这些路径的性能，难以反映真实情况。如果使用 OSPF 协议，每个路由器必须维持一个很大的 LSDB，计算最短路径的开销也太大。

② 对于各个 AS 之间的路由选择，计算最优路径也是不现实的。各个 AS 运行自己选定的内部路由协议，使用本 AS 指定的路径的度量指标，它们可能不同，即使相同，同样的度量值也可能代表不同的意义，因此难以得到一致合理的优化指标。

③ AS 之间的路由跨越不同国家和大洲，路由选择必须考虑有关策略。路由策略可以和费用、安全乃至政治因素有关。

图 7-25 是一个简单的示例，说明 BGP 路由选择的过程，图中的结点可以看作是 AS。图 7-25a 中列出了 G 的所有相邻结点发给它的目的结点 D 的路经信息。

结点 G 收到这些信息后要选择一个最优的路径。由 A 的路由信息看，A 到 D 要经过 G 本身，这会造成路由环，这一信息不能用。由 B 的路径信息看，B 到 D 要经过 C→D，不如直接用 C→D。因此要从经过 C 和 E 的两条路径即 G→C→D 和 G→H→D 中选择。这两条路径都可以到达 D，但并不包含有关路径的度量信息。因此，BGP 是一种可达性协议。

可达目的结点的路径可能有多条，必须作出决策，从中找出一种合适的。路由策略与一些相关因素有关，比如路径经过的 AS 数目。另外还和 BGP 之外的经济、安全乃至政治因素有关，比如，可以不选择通过一个发生战争的国家的路径，这些因素由系统管理员预先配置，存于策略信息库（Policy Information Base，PIB）中。可以定义一个函数根据路径的这些因素进行计算，返回一个非负的整数作为路径决策的优先级。

BGP 网关通过不断交换路由信息，就可构造出一个自治系统的连通图，它是树形结构，不存在环路，图 7-25b 是结点 G 到其他自治系统的连通图的例子。

因为 BGP 是将其到目的网络的整个路径通知其邻站，而不是像一般的距离矢量协议那

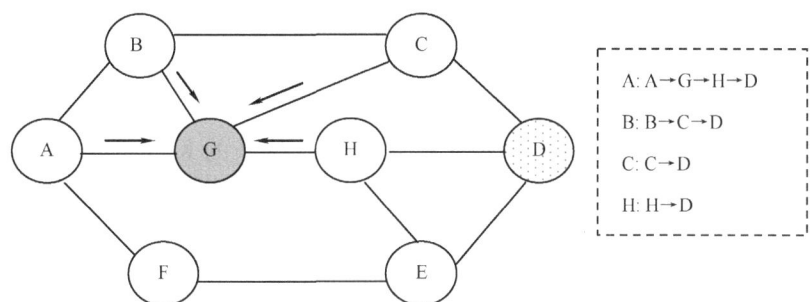

a) G 的相邻结点发给它的目的结点 D 的路由信息

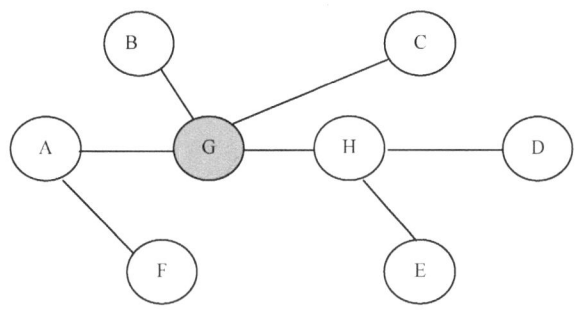

b) G 到其他自治系统的连通图

图 7-25　BGP 路由选择示例

样通报到目的网络的下一站，BGP 可以容易地解决一般的距离矢量协议中坏消息传得慢这个问题。在图 7-25a 的例子中，如果 H 出了故障，G 可以容易地选择路径 G→C→D。

BGP 协议中由 BGP 网关交换路由信息，参与交换信息的结点数目是 AS 数的量级，这要比这些 AS 中路由器数少很多，简化了协议。

BGP 开始运行时，与邻站交换整个 BGP 路由表，但以后只是在路由信息发生变化时才将变化的部分传输给邻站，减小了处理开销和网络负载，这与 RIP 也不同。

BGP 有三个功能步骤：

- 邻站关系的建立，即邻站探测（Neighbor Acquisition）。
- 邻站关系的维护，即邻站可达性（Neighbor Reachability）。
- 可达网络数据库的建立与维护，即网络可达性（Network Reachability）。

为了实现上述功能，BGP 使用 4 种报文交换 BGP 消息：

- 打开报文 Open。
- 保活报文 Keepalive。
- 更新报文 Update。
- 通知报文 Notification。

BGP 消息交换前首先要建立 TCP 连接，使用 179 号端口，然后在此连接上进行 BGP 会话（BGP Session）。TCP 连接提供了可靠的会话传输服务。

Open 用于与邻接的另一个 BGP 网关建立邻站关系。在双方能够交换路径信息之前，每一方都必须发送一个 Open，Open 要声明自己的一些参数，如 "AS 号"、"BGP 标志符"（一般用 BGP 网关的一个 IP 地址）和 "保持时间"。保持时间是以 s 计的保持邻站关系的时间，超过此时限，则认为发方不再可用，停止使用发方传送来的路径信息。收方接收到 Open，若同意建立邻站关系，则发送 Keepalive 进行确认。这样双方就建立了邻站关系。

邻站关系建立后，双方还要周期性地交换只有 19 个字节的 Keepalive，以维护邻站可达性，证实双方继续可用。BGP 推荐 Keepalive 的时间间隔为 Open 报文 "保持时间" 的三分之一，一般为 30s。

每个 BGP 网关建立并维护一个数据库，包含它能够到达的网络及其最佳路由。当数据库发生变化时，使用 Update 传送消息，这一消息将扩散到所有其他 BGP 网关，从而更新维护它们的数据库。Update 不但可以报告新的可达目的网络，而且还可撤销原来的路径。

Notification 用来通知检测到的错误，如报文的语法错误和保持时间计时器超时等。

下面以图 7-26 为例，介绍 BGP 的路由信息交换过程。

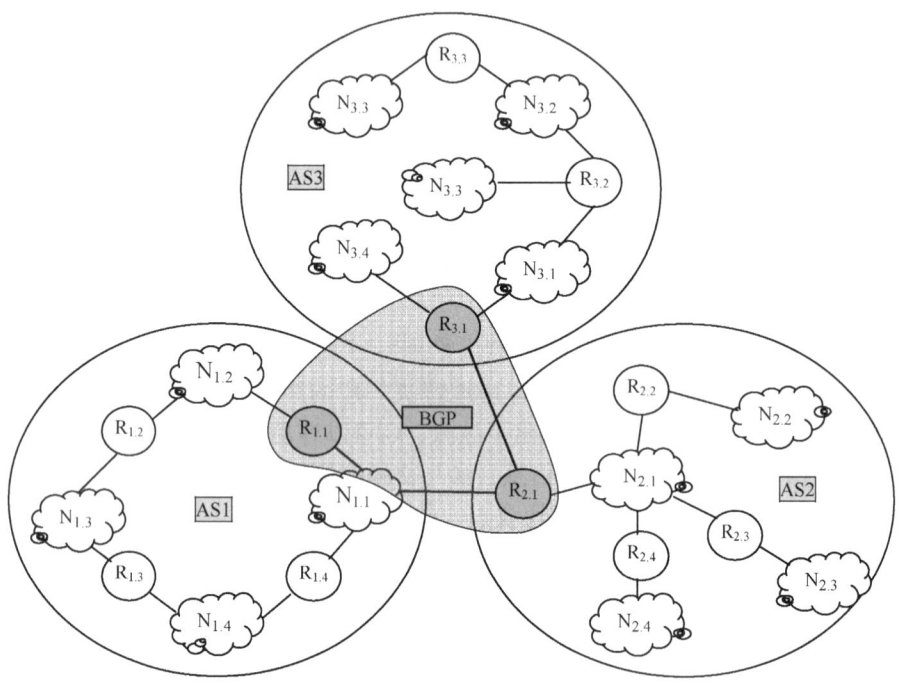

图 7-26 BGP 路由信息交换

图 7-26 中的 AS1 的路由器 $R_{1.1}$ 是一个 AS1 的 BGP 网关，和 AS2 的 BGP 网关 $R_{2.1}$ 是对等站，同时 $R_{1.1}$ 在 AS1 内部也是一个 RIP 内部网关，它知道 AS1 内部路由的信息。现在假设 $R_{1.1}$ 通过 RIP 得到了关于子网 $N_{1.2}$ 和 $N_{1.3}$ 的新的路由消息，$R_{1.1}$ 可以给 AS2 的 $R_{2.1}$ 发送一个 BGP Update 报文，报告这一新路由，主要路由信息是：

- AS path：AS1 标识。
- Next Hop：$R_{1.1}$ 的 IP 地址。
- NLRI：$N_{1.2}$ 网络 ID，$N_{1.3}$ 网络 ID。

这个报文告知 $R_{2.1}$：列在网络层可达信息（Network Layer Reachability Information，NLRI）项

目中的子网 $N_{1.2}$ 和 $N_{1.3}$ 经 $R_{1.1}$ 可到达，经过的自治系统路径只有 AS1。如果 $R_{2.1}$ 认为这个报文提供的路由是可以接受的，就将它加载到数据库中，并可通过 AS2 的内部路由协议 OSPF 通告 AS2 内的路由器。

$R_{2.1}$ 又和 AS3 的 BGP 网关 $R_{3.1}$ 是对等站，$R_{2.2}$ 通过一个新的 Update 报文将从 $R_{2.1}$ 收到的消息转发到 $R_{3.1}$：

- AS Path：AS2 标识，AS1 标识。
- Next Hop：$R_{2.1}$ 的 IP 地址。
- NLRI：$N_{1.2}$ 网络 ID，$N_{1.3}$ 网络 ID。

该报文告知 $R_{3.1}$：可以通过 $R_{2.1}$ 到达子网 $N_{1.2}$ 和 $N_{1.3}$，路由是 AS2 和 AS1 两个自治系统。如果 $R_{3.1}$ 认为这个报文提供的路由是可以接受的，它将其加载到数据库中。假若 $R_{3.1}$ 还连接了其他 AS，它可将到达目的网络 $N_{1.2}$ 和 $N_{1.3}$ 路由信息进一步转发到与它邻接的 BGP 网关。如此下去，可将关于子网 $N_{1.2}$ 和 $N_{1.3}$ 的新的路由消息通知全网。

AS Path 可以用来检测潜在的路由环，如果 AS 号码中有 BGP 发言人自己的号码，则该路由将被拒绝。

BGP 网关报告的下一跳（Next Hop）从外部来看应该是最佳的路由，比如 $R_{1.1}$ 报告给 $R_{2.1}$ 的有关到达 $N_{1.4}$ 网络的 Next Hop 应该是 $R_{1.4}$。

在各个 AS 内部，BGP 网关通过 BGP 得到的路由信息还要经过内部网关协议（IGP）向内部的路由器传送。这样 AS 内部也知道如何访问外部的网络。这样，整个网络就知道如何访问各个 AS 中的子网了。

7.7　IP 多播

7.7.1　IP 多播简介

1. 什么是 IP 多播

IP 多播指对网络中某些主机组成的子集传送 IP 数据报，这些主机可以位于同一或不同子网上，使用多播地址。多播也称组播。

IP 多播并不是发送者向多个目的站进行多次单播，即向多个目的站独立发送 IP 数据报。图 7-27 是一个 IP 多播的例子，图中带阴影的机器表示一个多播组，发送站向其 6 个组成员（H_1、H_3、H_4、H_5、H_7 和 H_9）进行多播。在多播过程中，仅在传输路径必须分岔时才将 IP 数据报复制后继续转发，如 R_1 将从 H_0 收到的数据报复制 1 次分别传送给 H_1 和 R_3。

如果不是多播，那么发送站 H_0 就得分别向这 6 个目的站各发送一个数据报，总共 6 个数据报。因此多播可以减少网络的负荷。

图 7-27 中，发送站 H_0 不一定是多播组成员，任意主机都可以向任何多播组发送多播数据报，多播组只用于确定某主机是否接收发往该多播组的数据报。

多播组的成员可以是动态的，一台主机可以在任何时候加入或退出一个多播组。而且，一台主机可以是多个多播组的成员。主机加入或退出某一个多播组是通过进程来实现的，主机上的进程可以要求主机加入或退出某个多播组。主机维护了一个包含进程及其所加入多播组的表。进程要加入到那个多播组，它自己应该是预先知道的。

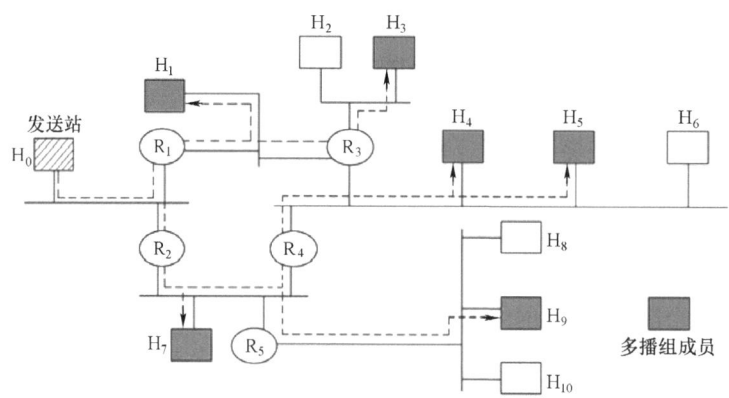

图 7-27　多播示例

IP 多播数据报传送还要依赖底层网络实现，一般情况下底层网络（如以太网等）支持多播，否则 IP 使用广播或单播交付 IP 多播数据报。

多播组成员可以在一个网络上，也可以在多个网络上，转发 IP 多播数据报需要特殊的多播路由器，通常是给常规的路由器增加多播功能。

2. IP 多播地址

IP 使用 D 类地址支持 IP 多播。IPv4 的 D 类地址的前缀是"1110"，占 4 个比特，其余 28 个比特可以标识超过 2.68 亿个组。D 类地址范围是 224.0.0.0 到 239.255.255.255。每台主机的单播地址和它所加入的多播组的地址是完全独立的。

有临时多播地址和永久多播地址两类多播地址。前者是在每次使用前必须创建的多播主机组，后者不需要每次都重新建立，是永久性的。多播地址是应用于一个多播组的，有时也称多播组地址或组地址。以下是 IANA 分配的几个永久多播地址的例子：

224.0.0.1—本地网络上所有的系统。

224.0.0.2—本地网络上所有的路由器。

224.0.0.4—本地网络上所有的 DVMRP 多播路由器。

224.0.0.5—本地网络上所有 OSPF 路由器。

224.0.0.9—本地网络上所有 RIP2 路由器。

IP 多播数据报传送依赖于底层网络，应用最广泛的以太网数据链路层支持多播功能。以太网的物理地址为 48 比特，其中第 1B 的最低位为 1 则为组地址。IANA 拥有高 24 位为 0x00005E 的以太网物理地址块，其中用于多播的以太网地址范围是 0x01005E000000 ~ 0x01005E7FFFFF，共有 2^{23} 个地址，有 800 多万个。当 IP 多播数据报交到底层以太网进行传送时，IP 多播地址要转换为以太网多播物理地址。

3. IP 多播协议

因特网组管理协议（Internet Group Management Protocol，IGMP）支持 IP 多播。IGMP 报文在同一个子网内传送，IGMP 在本地网络中指定主机如何和本地多播路由器交互，使多播路由器知道它每个端口所连接的网络上的主机当前所加入的多播组。

要实现 Internet 上的数据报多播，仅有 IGMP 是不够的，它解决不了互联网中多播路由器如何交换多播组成员信息、如何将多播数据报传送到位于不同网络上的所有多播组成员的问题，这使得 IGMP 的名称容易引起误解。要解决上述问题，还需要有多播路由（Multicast Routing）协议。

多播路由协议也分为域内和域间多播路由协议，前者用于一个 AS 内部，后者用于 AS 之间。已经提出的域内多播路由协议有距离矢量多播路由协议（Distance Vector Multicast Routing Protocol，DVMRP）、OSPF 多播扩展（Multicast extensions to OSPF MOSPF）、核心树协议（Core Based Trees，CBT）和协议无关多播（Protocol Independent Multicast，PIM）等，域间多播路由协议有 QoSMIC（QoS Sensitive Multicast Routing Protocol）、PTMR（Policy Tree Multicast Routing Protocol）和 BGMP（Border Gateway Multicast Protocol）等。

IP 多播协议比较复杂，下面主要介绍 IGMP 和 DVMRP。

7.7.2　因特网组管理协议

1989 年公布了 IGMP［RFC1112，因特网标准］，1997 年又推出了 IGMPv2［RFC2236，建议标准］，向后兼容，目前的新版本是 IGMPv3［RFC3376，建议标准］。

如 ICMP 一样，IGMP 也被当作整个 IP 协议的一部分，而不是一个独立的层次，所有接收组播的机器都需要 IGMP。

IGMP 报文也是通过 IP 数据报进行传输，其长度固定。图 7-28 显示了 IGMP 报文的封装及其报文格式，IP 数据报首部中协议字段的值应置为 "2"。IGMPv2 报文有 4 个字段：

①　类型：IGMP 报文类型见表 7-11。

IGMP 报文主要是成员关系查询（Query）和成员关系报告（Report），离组报告是可选的。

②　响应时间：指定主机对查询报文响应的最大时间，默认值是 10s，间隔为 0.1s。

③　校验和：对整个 IGMP 报文进行校验，计算方法和 ICMP 协议相同。

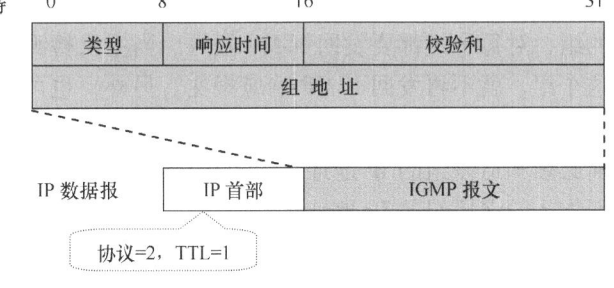

图 7-28　IGMP 报文格式及其封装

④　组地址：为 D 类 IP 地址，在查询报文中组地址设置为 0，当查询特定的组时，多播路由器就填入该组的地址，在报告报文中组地址字段要填入欲加入的多播组的地址。

表 7-11　IGMP 报文类型

类　型	组　地　址	发　送　者	意　义
0x11	填入 0	路由器	一般组成员关系查询
0x11	使用	路由器	特定组成员关系查询
0x16	使用	主机	组成员关系报告
0x17	使用	主机	离组
0x12	使用	主机	组成员关系报告（IGMPv1 使用）

多播路由器的多个端口连接不同的网络，对每个端口它都动态地维护一张多播组表，表中记录了与该端口连接的网络上的主机当前所加入的多播组地址。路由器收到多播数据报

时，根据该数据报的组地址，就可以在表中查到相应的端口并通过它转发出去。对于每个端口，不管是一台还是多台主机属于某一个多播组，表中只包含一个该组的组地址。因为多播路由器只关心一个端口连接的网络中有还是没有主机加入某一多播组，并不关心有多少台主机属于这个组，不管是一台还是多台，它都会向这个端口转发该组的数据报。

主机如果欲加入某一新的多播组，通过发送 IGMP 报告报文来声明。携带报告报文的 IP 数据报的目的地址使用欲加入的多播组的 IP 地址，IGMP 报文中的组地址字段也填入这个地址，IP 数据报的源地址为主机的 IP 地址，TTL = 1（本地网络传送）。本地多播路由器接收到这个报告报文后，检查接收该报文的端口的多播组表，如果没有声明的组地址，便将它加入表中。另外，本地多播路由器还要使用多播路由协议将这一组成员关系传播给因特网上的其他多播路由器。

组成员关系是动态的。多播路由器是通过周期性地（典型是 125 s）轮询本地网络上的主机，动态维护多播组表。轮询通过发送 IGMP 查询报文实现。组地址 224.0.0.1 作为携带 IGMP 查询报文的 IP 数据报的目的地址（每个多播的主机必须加入永久多播组 224.0.0.1），源地址使用轮询的多播路由器的地址，TTL = 1。IGMP 查询报文的组地址字段置为 0。多播路由器必须向它的每个端口都发送 IGMP 查询。

主机通过发送 IGMP 报告报文来响应多播路由器的查询。携带报告报文的 IP 数据报的目的地址使用欲继续维持的多播组的 IP 地址，IGMP 报文中的组地址字段也填入这个地址，IP 数据报的源地址为该主机的 IP 地址，TTL = 1。一个主机中可能有一个或多个进程加入不同的组，对每个组都要发回 IGMP 报告。当主机检测到参加某个组的进程全部都退出后，对于这个组，就不再发回 IGMP 响应报文。另外，也可使用离组报告报文声明退出多播组。

IGMP 并未提供主机发现多播组 IP 地址的功能，应用程序在使用 IGMP 加入某一多播组之前必须知道该组的 IP 地址。主机中应该维护一个表，它包含了所有参与多播的进程和它们所加入的多播组的 IP 地址。

为了提高效率，减少网络负担，IGMP 采用了一些措施：

① 多播路由器周期性地轮询本地网络的查询报文，一般并不针对某一多播组（虽然也可以使用特定成员关系查询），这样可以减少网络的使用负担。

② 当同一个网络上有多个多播路由器时，它们会有效地选择其中一个负责查询主机的多播成员关系（比如 IP 地址小的一个）。

③ 当一台主机上有多个进程要求加入同一个多播组时，则只有一个进程发出声明成员关系的报告报文。多播路由器并不关心一台主机上有多少个进程加入同一组（但主机是关心的）。

④ 当主机收到查询后，延迟一个随机时间再响应，延迟时间在 0 至最大时间内随机选择（默认值是 10 s），间隔为 0.1 s。这样在同一网络上属于同一多播组的多台主机发送响应报文的时间将在 0 ~ 10 s 的 101 个时间内随机分布。由于响应报文的目的 IP 地址是多播组的组地址，因此，后发送响应的主机在等待发送过程中就可能收到本地其他同组主机相同的 IGMP 响应报告，它们就不必再发送自己的响应报文了。

7.7.3 距离矢量多播路由协议

距离矢量多播路由协议（DVMRP）是在 Internet 中第一个使用和普遍支持的多播路由协

议。DVMRP 是 RIP 协议的扩展，但又有所不同。RIP 是确定通往目的网络的下一跳，而 DVMRP 反过来确定逆向通往多播源的下一跳，得到逆向通往多播源的路径。DVMRP 对 IGMP 进行了扩展，定义了新的报文类型，用于多播路由器之间传送多播组成员关系和路由信息。

1. 逆向路径转发和广播树

DVMRP 多播路由器使用逆向路径多播（Reverse Path Multicasting，RPM）算法构造了一个以多播源为根的多播树，多播路由器通过多播树转发数据报的副本。

RPM 基于广播和剪枝（Broadcast and Prune）策略。广播使用逆向路径转发（Reverse Path Forwarding，RPF）算法，RPF 又称逆向路径广播（Reverse Path Broadcasting，RPB）。RPF 在多播数据报的传送过程中构造一个以多播源为根的广播树，广播树又经剪枝生成多播树。

多播树适合描述多播路径，应该具有以下特点：

- 多播数据报的路径不构成环路。
- 多播数据报的路径应该是最短路径。
- 接收者能够收到且只能收到一个多播数据报副本。
- 应该支持动态的多播组成员关系。

RPF 的逆向路径转发处理过程是：

① 当多播数据报到达路由器时，记住其输入端口（记为 I），并提取多播数据报的源网络地址（记为 S）。

② 反过来把 S 作为目的网络地址查找常规的单播路由表，在匹配的表项中找到对应的转发端口。如果这个端口与 I 一致，路由器就从除 I 之外的所有其他端口都转发一个多播数据报副本；如果与 I 不一致，则丢弃该数据报。

因为单播路由表是经过优化的，也就是说从路由器到多播源的路径是最优的。DVMRP 使用跳数作为距离的度量，逆向路径是对称的，也是最优的。因此，对于某一个源发送的多播数据报，RPF 路由器实际上只转发由最优路径传送来的多播数据报。这样，最终到达目的站的多播数据报走过的路径也是最优的，非最优路径上的多播数据报中途被路由器丢弃。路由器只把每个多播数据报转发一次，多播数据报不会反复通过一个环路。

下面以图 7-29a 为例说明 RPF 算法。图中网络标识后面的数字表示该网络中的主机参加的多播组号。图中多播源 S 在网络 N_1 中，发送多播数据报。

多播路由器 R_1 收到 S 发来的数据报后，记住其输入端口是 R_1-1。然后，RPF 将源 S 的网络地址反过来作为目的地址在本地单播路由表中进行查找，找到了对应的转发端口也是 R_1-1，与数据报的输入端口一致，它就从除 R_1-1 外的其他下行端口（R_1-2、R_1-3 和 R_1-4）各转发一个多播数据报的副本。R_2 接收到 R_1 转发的数据报后，也同样记住其输入端口是 R_2-1，然后将源 S 的网络地址反过来作为目的地址在本地单播路由表中进行查找，找到它对应的端口也是 R_2-1，因为本例中 R_2 到 S 的最优路径是从端口 R_2-1 出发的，与数据报的输入端口一致。R_2 就从除 R_2-1 外的其他的两个端口（R_2-2 和 R_2-3）各转发一个多播数据报副本。上述 R_1 和 R_2 的转发过程在图 7-29a 中用带箭头的粗线表示。如果 R_2 接收到由 R_4 转发的 S 的数据报，其输入端口是 R_2-3，与在本地单播路由表中查找到的到 S 的最短路径的转发端口 R_2-1 不一致，R_2 将丢弃该数据报。后续的 RPF 过程，读者可自行分析。

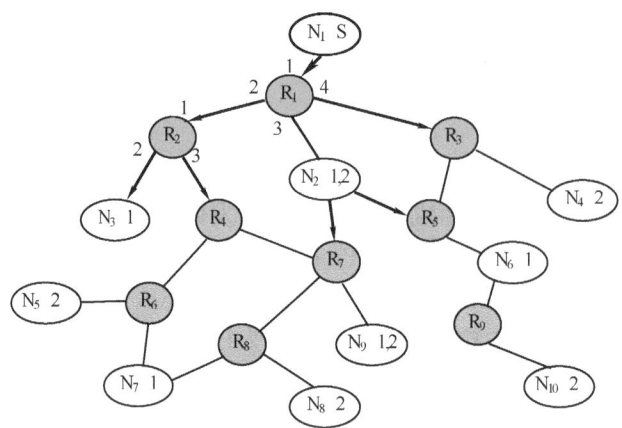

a) 一个互联网例子和 RPF 转发

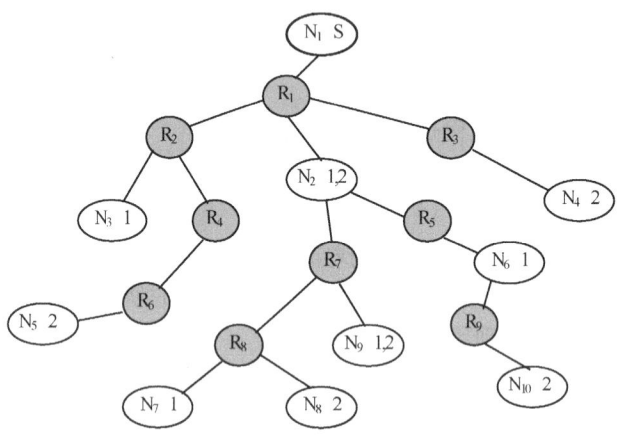

b) 以 S 为根的广播树

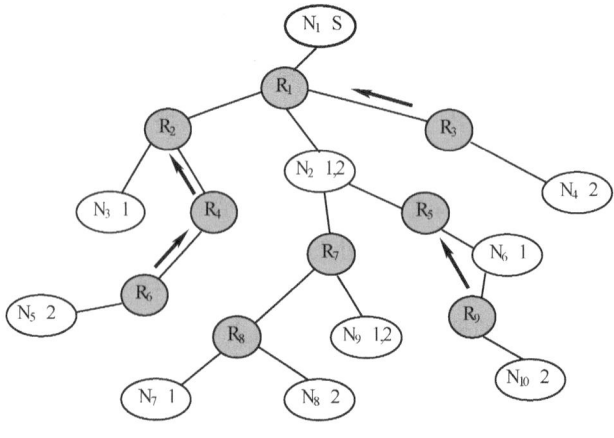

c) 剪枝消息

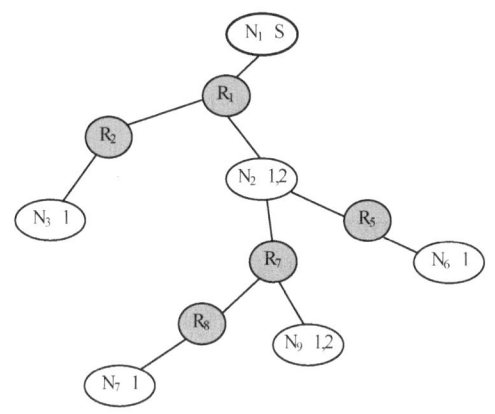

d) S 为根的多播组 1 的多播树

图 7-29 构造多播树

但 RPF 仍然存在问题，它不能保证每个网络只收到一个多播数据报的副本。原因是转发是根据源地址而不是目的地址。比如在图 7-29a 中，网络 N_7 有两个父结点，可能从路由器 R_6 和 R_8 各收到一个 S 的多播数据报的副本。因此，对于一个特定的源，每个网络应该指定一个父路由器。可以选择到源站路径最短的路由器作为父结点，因为邻站周期性地交换路由信息，它们容易确定哪一个到源站的路径最短。如果有多个合格，就选择 IP 地址最小的一个。这样，多播组成员只能接收到一个数据报副本。

这样，RPF 算法转发的路径就构成了以多播源为根的广播树。对每一个多播源，都生成一个广播树。广播树包含了网络上的所有路由器和网络，保证了多播数据报从树根发送到每个网络，多播组成员都能且只能接收到一个多播数据报的副本，广播树是到达所有网络的最短路径树，没有环路。图 7-29b 是以 S 为根的广播树。

2. 逆向路径多播和多播树

对于多播，RPF 存在很大的问题。在那些既没有多播组成员又不通向有多播组成员的网络上传输多播数据报是对网络带宽的浪费。解决的方法是由广播树构造多播树。

DVMRP 使用逆向路径多播（RPM）算法由广播树构造多播树，RPM 在 RPF 基础上使用了剪枝（Prune）技术。RPM 构造多播树的处理过程是：

① 源结点发送第一个多播数据报时，使用 RPF 构造广播树。

② 对广播树剪枝，构造多播树。

①已在前文介绍，下面介绍②。当多播数据报到达广播树末端的叶路由器，如果叶路由器某一端口连接的网络没有多播组成员，该端口就被剪枝。如果叶路由器所有端口所连接网络都没有多播组成员，该叶路由器就被剪枝，并生成一个剪枝消息，沿逆向路径发给它的上游路由器。如果上游路由器从它所有的下游路由器都收到了剪枝消息并且它自己所连接的网络也不包含多播组成员，该上游路由器也被剪枝，并生成一个剪枝消息，沿逆向路径发给它的上游路由器。如此下去，剪枝消息进一步上传，最远可以到根。图 7-29d 是以 S 为根的多播组 1 的多播树，它由图 7-29b 的广播树剪枝得到，图 7-29c 则显示了剪枝消息。

对每一个多播组，都由同一个多播源的广播树剪枝生成一个多播树。因此，每个多播源，对应一个广播树；而每个（多播源，多播组）序偶，都对应一个多播树。多播树是广播树的一个子树，它是传送某一多播组所必需的子集。多播树是以多播源为根到所有多播组成员的最短路径树（Shortest Path Tree，SPT），更准确地说是最短逆向路径树。

因为对于每个（多播源，多播组）序偶都对应一个多播树，因此，当有 m 个多播组，每组平均有 n 个多播源时，路由器要构造 $m \times n$ 个多播树，路由器的开销很大。DVMRP 在大规模网络中性能不好，多用于一个 AS 内。

多播树应该动态地变化以支持动态多播组成员关系。一台主机要退出或加入多播组，它使用 IGMP 告知本地路由器，然后 DVMRP 修改多播树。

如果一个新的成员要加入某多播组，则使用接枝（Graft）强制将先前剪掉的分枝接到多播树上。本地路由器得知某主机要加入某一多播组，它会查阅自己的多播组记录，查看以前向哪个上游路由器发送过剪枝消息，获得该路由器的地址。本地路由器会给该上游路由器发送一个接枝消息，以恢复该主机在这个多播组的成员关系。如果该上游路由器也发送了剪枝消息，从该多播组剪掉，那么，它也将给它的上游路由器发送一个接枝消息，直至找到一个未被剪枝的上游路由器。

如果多播组中有的成员要退出多播组，可以通过剪枝消息修剪多播树。

DVMRP 剪枝报文还有一个字段定义剪枝寿命，包含一个计时器，默认值为 2h，在指定的寿命期间维持该剪枝状态，到期之后，将自动恢复。如果恢复后又引起不必要的传输，则重新启动剪枝机制。

3. 多播隧道

DVMRP 使用多播隧道（Multicast Tunneling）解决互联网多播存在的一个现实问题：并非所有的路由器都支持多播。隧道技术将一个多播数据报由一个多播路由器穿过一组没有多播功能的中间路由器送到另一个多播路由器。

图 7-30 示例了多播隧道技术，为了使得子网 1 和子网 2 上的主机交换多播数据报，路由器 R_1 和 R_2 的管理员配置了一个多播隧道。图中，若子网 1 上的主机 H_1 发送一多播数据报，子网 2 上的 H_3 是该多播组成员。多播路由器 R_1 会将多播 IP 数据报封装在常规的单播 IP 数据报之中，并通过不支持多播的互联网发给另一台多播路由器 R_2。当 R_2 收到该数据报后，它从单播数据报中提取多播数据报，然后再转发到 H_3。

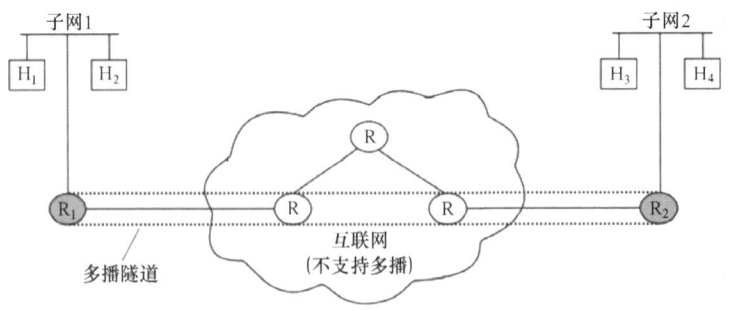

图 7-30　多播隧道

多播隧道是以单播方式传播多播数据报。隧道技术传输数据报的封装方式称为 IP-in-IP，即多播 IP 数据报（第一个 IP）封装于单播 IP 数据报（第二个 IP）。

从 1992 年起在 Internet 上开始构建多播主干网 Mbone（Multicast backbone）。Mbone 使用 DVMRP，是 Internet 上的一个实验性的数字音频视频广播系统。一些重要的科学会议（如 IETF 会议等）和事件（如航天飞机的发射等）曾在 Mbone 上广播。从概念上讲，Mbone 是构建在 Internet 之上的一个虚拟网络，它由若干多播岛经多播路由器连接而成。多播岛是支持多播功能的底层网络，每个多播岛都有一个或多个多播路由器，它们通过点到点的连接互连在一起，多播隧道就是一种连接方式。

7.8　下一代网际协议 IPv6

7.8.1　IPv6 简介

Internet 规模爆炸式的增长远远超出互联网的先驱们制定 TCP/IP 协议时的想象，目前 IPv4 只有 C 类地址还有剩余，地址空间将在近几年消耗殆尽，有人称为"网络泰坦尼克危机"。另外，Internet 规模的迅速增长也导致了路由表的极度膨胀。

为此，Internet 工程部 IETF 在 1992 年 6 月就提出要制订下一代 IP，即 IPng（IP Next Generation）。IPng 称为 IPv6（中间的 IPv5 打算用作面向连接网际层协议）。1998 年的 IPv6 RFC 文档［2460 ~ 24642］已成为因特网的草案标准，相应的 ICMP 新版本是 ICMPv6 ［RFC2463，草案标准］。

IPv6 和 IPv4 一样，仍是无连接的传送。IPv6 和 IPv4 不兼容，但它与 Internet 上层的 TCP、UDP 协议兼容。IPv6 和 IPv4 相比，主要的改进和特点如下：

- 大大地扩充了地址空间（128 比特），多级地址结构，无类别地址。
- 新的简化的首部格式。首部由 IPv4 的 13 个字段减少到 8 个，使用固定长度的首部和扩展首部。
- 简化了协议，加快了数据报的转发速度。例如，取消了数据报首部差错检验，改进了分片机制。
- 对流的支持。流是特定源和目的之间的数据报序列，IPv6 首部中有专门的流标号字段，提供对流的支持。
- 安全功能。IPv6 将 IP 安全 IPsec 的认证首部 AH 和封装安全净荷 ESP 作为标准配置，规定了身份认证扩展首部和封装安全载荷扩展首部，保证信息在传输中的安全。
- 即插即用（plug & play）功能。计算机接入 Internet 时可自动获取 IP 地址。端点设备可以将路由器发来的网络前缀和本身的网卡地址综合，自动生成自己的 IP 地址，提供了极大的方便。

7.8.2　IPv6 数据报格式

1. IPv6 数据报

IPv6 数据报的格式如图 7-31 所示。最前面是基本首部（Base Header），其后有可选的 0 至多个扩展首部（Extension Header），后面是数据区。

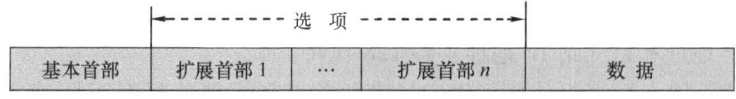

图 7-31　IPv6 数据报的一般形式

2. IPv6 数据报基本首部

IPv6 基本首部的格式如图 7-32 所示，长度为 40B。IPv6 基本首部的很多字段和 IPv4 首部中的字段意义相同。

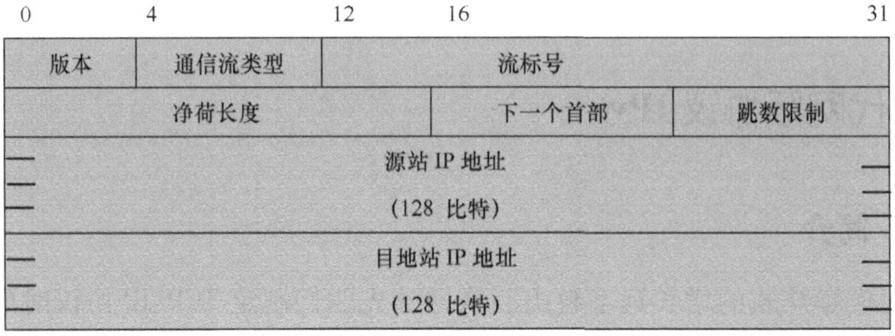

图 7-32　IPv6 数据报基本首部格式

IPv6 基本首部中的各字段解释如下：

① 版本（version）：4 比特，指明了协议的版本，IPv6 的该字段为 6。

② 通信流类型（Traffic Class）：8 比特，为了区分不同的 IPv6 数据报类别或优先级，特别是为音频和视频等实时的传输提供支持。

③ 流标号（Flow Label）：20 比特。实验性的字段。多媒体传输对带宽要求高、持续时间长，为此 IPv6 引入流的概念以适应对多媒体传输的处理。流是指从一个特定源站传送到一个特定目的站的以某种方式相互关联的（如服务质量、身份认证等）一个数据报序列。

所有属于同一个流的数据报都具有相同的流标号。源站在建立流时是在 $2^{20}-1$ 个流标号中随机选择。流标号 0 保留，指明没有采用流标号。任何一个非零的流标号都不具有特定的意义。路由器将一个数据报与一个特定的流相关联时，使用数据报的源地址、目的地址和流标号的组合，而不只是流标号，所以随机选择流标号并不会因为偶然的同号而产生矛盾。

例如，从某主机的一个进程到另一台主机的一个进程之间的数据报流可能有严格的延迟要求，因此需要预留带宽，可以建立一个流。路由器收到流中数据报后，根据流标号查找路由器中保存的流的信息，对流中的数据报进行同样的处理，以保证指明的 QoS。

④ 净荷长度（Payload Length）：16 比特。指明除定长的基本首部以外数据报所包含的字节数，包括扩展首部和数据，最多有 64KB。

⑤ 下一个首部（Next Header）：8 比特。每个中间的路由器以及最终目的站对数据报进行处理时，要使用这个字段对数据报进行分析。当数据报有扩展首部时，"下一个首部"字段标识基本首部之后的扩展首部（即第一个扩展首部）的类型；当没有扩展首部时，则指明其后的数据区的数据类型，这时与 IPv4 数据报首部中的"协议"字段含义相同，如 TCP = 6、UDP = 17 等。

⑥ 跳数限制（Hop Limit）：8 比特。相当于 IPv4 首部中的 TTL 字段，用来防止数据报在网络中无限期地生存。源站在每个数据报发出时设定一个跳数限制，每个路由器转发时将其减 1，当减为零时，就要将它丢弃。8 比特的长度意味着数据报最多可经过 254 个路由器。

⑦ 源站 IP 地址和目的站 IP 地址：各 128 比特。

与 IPv4 相比，IPv6 数据报使用了固定长度的首部和扩展首部而不是 IPv4 不定长度的首部加选项；IPv6 数据报基本首部中没有了头校验和字段，它不再进行头校验；去掉了分片控制有关的字段，转发的路由器不再进行分片处理，只在源站进行分片，源站有两种分片方式，使用 1280B 的最小保证 MTU 或使用路径 MTU 发现技术。

3. IPv6 数据报扩展首部

IPv6 的扩展首部与 IPv4 的选项相似，通过使用某些可选的扩展首部指明源站希望对数据报进行的某些特殊处理。目前已定义的 6 种 IPv6 扩展首部见表 7-12。

表 7-12　IPv6 扩展首部

扩展首部	功　　能
逐跳选项（Hop By Hop Options）	给路由器的各种信息
路由选项（Routing Options）	源站指定严格或宽松的路由
分片选项（Fragmentation Options）	数据报的分片控制
目标选项（Destination Options）	给目标的附加信息
身份认证选项（Authentication Options）	对发送主机身份的验证
载荷安全封装选项（Encapsulating Security Options）	为数据报提供加密

和基本首部一样，每个扩展首部也包含一个"下一个首部"字段，标识下一个扩展首部的类型，比如，如果下一个扩展首部是路由选项"下一个首部"字段的值 43。数据报的最后一个扩展首部的"下一个首部"字段，则指明其后的数据区的数据类型，如 TCP = 6、UDP = 17 等。图 7-33 表示了有一个路由选项首部然后封装了 TCP 报文段的 IPv6 数据报。

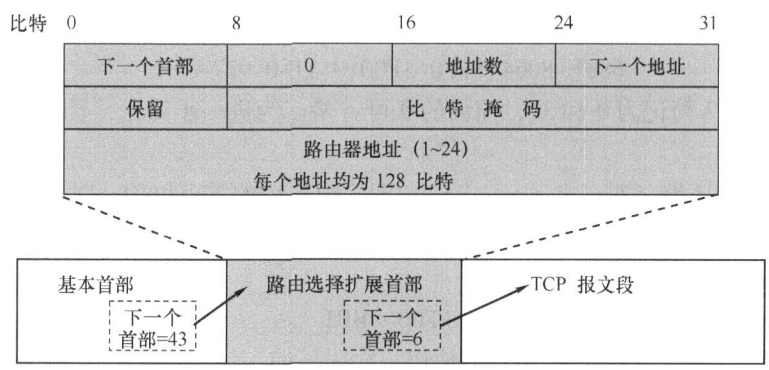

图 7-33　有路由选择扩展首部的 IPv6 数据报

下面以路由选择为例来说明扩展首部。路由选择扩展首部用于源站路由，如图 7-33 上部所示，它具有如下一些字段：

① 下一个首部（8 比特）：标识该扩展首部之后的下一个扩展首部的类型。

② 路由选择类型（8 比特）：当前为零。

③ 地址数（8 比特）：在此扩展首部中的地址数（1~24）。

④ 下一个地址（8 比特）：下一个要访问的路由器地址的索引，这个字段在初始化时为零，以后每经过一个路由器，此字段的值加 1。

⑤ 比特掩码（24 比特）：每一个比特依次对应于路由器 24 个地址中的一个。若某比特为 1，表示所对应地址是严格的源站路由，即该地址必须是路径上的下一跳；若为 0，则表示是宽松的源站路由，即该地址不一定是路径上的下一跳，中间还可以经过其他路由器。

⑥ 路由器地址（128 比特）：源站用 1~24 个路由器 IP 地址指明数据报的路由。

7.8.3　IPv6 地址

1. IPv6 地址空间

IPv6 数据报的目的地址可以包括以下三种基本类型的地址：

- 单播（Unicast）：点对点通信。
- 多播（Multicast）：一点对多点的通信。IPv6 没有采用广播的概念，而是将它看作多播的特例。
- 任播（Anycast）：IPv6 增加的地址类型。任播地址只能作目的地址，它可以表示一个机构或连接于一个特定网络的一组机器。发到一个任播地址的数据报只交付给该组的某一个成员，通常是距离最近的一个。

IPv6 128 比特的地址空间包容 3.4×10^{38} 个地址，比 IPv4 地址空间要大 7.9×10^{28} 倍，它可以让地球上每个人都拥有大约 6×10^{28} 个 IP 地址，可见，IPv6 的地址空间是何等巨大。当然，实际分配的可用总数要小得多，但也是一个巨大的数字。IPv6 的地址空间被划分为若干大小不等的地址块，用前面不等长的类型前缀规定了地址块的应用类型。

2. IPv6 地址记法

如果还用点分十进制记法来标记 IPv6 地址就显得太长，使用起来颇为不便。为此，IPv6 地址使用冒分十六进制记法（Colon Hexadecimal Notation，Colon Hex）标记地址，它把每 16 比特的量用十六进制值表示，各量之间用冒号分隔。例如：

$$686E:8064:FFF0:3F00:0:1180:927A:32$$

其中，0000 和 0032 简记为 0 和 32，前面的 0 可省略。为进一步简化，冒分十六进制记法还采用以下两种技术：

第一，允许零压缩（Zero Compression），即多个连续的零可以用一对冒号来代替，如：

$$FF06:0:0:0:0:0:0:BB1$$

可以写成如下简洁形式：

$$FF06::BB1$$

IPv6 规定，在一个 IPv6 地址中只能使用一次零压缩。

第二，可以和点分十进制记法的后缀联合使用。这种方法在 IPv4 向 IPv6 的过渡阶段特别有用。例如，下面是一个合法的冒分十六进制记法：

$$0:0:0:0:0:0:192.10.12.17$$

在这种记法中，冒号所分隔的每个值是一个 16 比特的量，而每个点分十进制部分是一个字节的值。再使用零压缩即可得出：

$$::192.10.12.17$$

另外，CIDR 斜线表示法在 IPv6 地址表示中仍然适用。例如，一个有 80 比特前缀的子网，可使用下面的格式：

$$204A:0:0:B5::/80$$

3. 全球单播地址

全球单播地址（Global Unicast Address）是 IPv6 最主要的地址形式，用来给全世界接于 Internet 上的主机分配单播地址，其结构如图 7-34 所示。

IPv6 全球单播地址采用 3 级层次结构，包含 3 个字段，各字段长度设计为固定长度，分

比特		48	16	64
(001)	全球路由选择前缀		子网标识	接口标识

图 7-34　IPv6 全球单播地址

别是：

①　全球路由选择前缀（Global Routing Profix）48 比特，分配给各公司和组织，用于因特网网中路由器的路由选择。各地区的因特网登记机构可以自己决定如何划分这部分地址空间。其中：最前面 3 比特规定为 001，表示是全球单播地址；其余 45 比特可进行分配，相当于 IPv4 地址中的网络号字段，可以分配 2^{45} = 35 万亿个网络。（目前，全球每人均可分到约 2.6 万个）。

②　子网标识（Subnet ID）16 比特，用于各公司和组织标识自己进一步划分的子网；若不再划分子网，可以置为全 0。

③　接口标识（Interface ID）64 比特，标识特定的网络接口，相当于 IPv4 地址中的主机号字段。64 比特的接口标识足以适应物理地址的直接编码，把物理地址编入 IP 地址会导致如下两个后果：

- 不再使用 ARP 进行地址解析；
- 为了保证互用性，所有的物理地址须使用统一的格式规范。

接口标识选择 64 比特的原因是基于 64 比特的 IEEE EUI-64 地址格式规范。IEEE 定义的全球统一的物理地址格式被称为 EUI-64。EUI-64 和 EUI-48 类似，前 24 个比特为组织唯一标识符 OUI，后面的 40 个比特是扩展标识符。

IPv6 还定义其他一些地址形式。本地链路单播地址只有本地意义，一般只能在每个单位内使用。映射 IPv4 的 IPv6 地址，它们将 IPv4 地址嵌入到 IPv6 地址中。另外还有任播地址和多播地址等。

7.8.4　IPv4 向 IPv6 过渡

实现到 IPv6 网络的转变是相当困难的，IPv6 和 IPv4 将共存很长的时间。RFC 1933 首先提出的解决 IPv4 向 IPv6 过渡的两种基本技术是双协议栈（Dual Stack）和隧道（Tunneling），RFC 1933 在 2000 年更新为 RFC 2893 ［建议标准］。

1. 双协议栈技术

IPv6 和 IPv4 不兼容，但它们向上与 TCP、UDP 协议兼容，向下与 IPv4 使用同样的底层网络，因此，双协议栈技术在主机或路由器的 IP 层同时安装 IPv6 和 IPv4 协议，具有 IPv6 和 IPv4 两种地址，结点可以转发 IPv6 和 IPv4 分组。双协议栈结点和 IPv6 结点通信时，使用 IPv6 数据报和 IPv6 地址，而和 IPv4 结点通信时使用 IPv4 数据报和 IPv4 地址。

双协议栈主机如何知道目的主机是采用哪一种地址呢？这可通过 DNS 来查询，若 DNS 返回的是 IPv6 地址，双协议栈源主机就使用 IPv6 地址，若 DNS 返回的是 IPv4 地址，双协议栈源主机就使用 IPv4 地址。为此 DNS 的解析软件需要升级。

图 7-35 是一个双协议栈技术传送的例子。设源站 A 向目的站 F 传输 IPv6 数据报，中间依次经过 4 个转发路由器 B、C、D、E，各结点的协议配置情况在图上部标出，其中 B、E 为双协议栈。

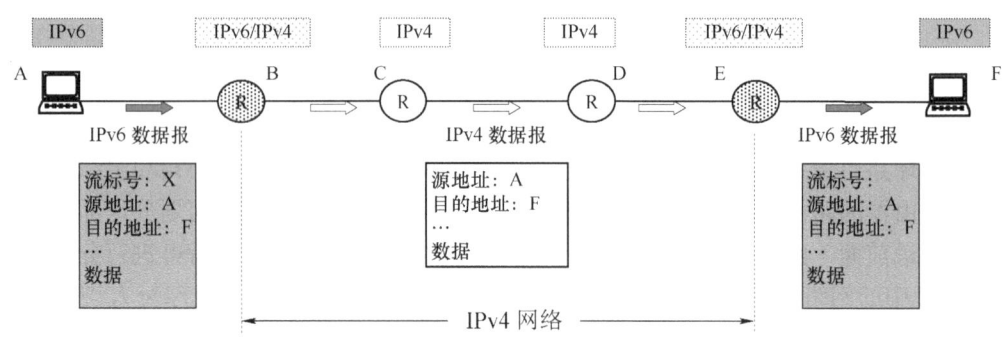

图 7-35 双协议栈传送 IPv6 数据报示例

那么，数据报的传输和转换过程依次是：

① A→B 传输：运行 IPv6 协议，传输 IPv6 数据报。

② B 转换：双协议栈结点将 IPv6 格式的数据报转换为 IPv4 格式的数据报。

③ B→C→D→E 传输：运行 IPv4 协议，传输 IPv4 数据报。

④ E 转换：双协议栈结点将 IPv4 格式的数据报再转换为 IPv6 格式的数据报。

⑤ E→F 传输：运行 IPv6 协议，传输 IPv6 数据报。

这样，IPv6 数据报就由源结点最终传输到目的结点，中间经过了 IPv6→IPv4→IPv6 的格式转换。但数据报格式转换的过程中，却丢失了部分信息，IPv6 数据报首部的某些字段如流标号等在上述步骤②B 结点将 IPv6 格式转换为 IPv4 格式时丢失，在步骤④E 结点逆向转换时也无法恢复，只能空缺，这是双协议栈技术无法避免的。下面的隧道技术不存在这个问题。

2. 隧道技术

隧道技术是实现端对端的 IPv6 over IPv4 的 IPv6 数据报传输的一种可行的方法。在隧道两端使用 IPv6/IPv4 双协议栈结点，它们将 IPv6 数据报作为无结构无意义的数据，封装于 IPv4 数据报的净荷部分，同时将 IPv4 数据报首部"协议"字段的值置为"41"（表示净荷为 IPv6 数据报），源地址和目的地址分别置为隧道首末端结点的地址。这种数据报的封装方式即 IPv6-in-IPv4。携带了 IPv6 数据报的 IPv4 数据报将穿过若干 IPv4 路由器组成的隧道，到达隧道的末端。在隧道的末端，进行 IPv4 数据报的解封，将 IPv6 数据报从 IPv4 数据报中剥离出来，通过 IPv6 送往目的结点。

图 7-36 是隧道技术的示意图。图中，E-1 和 E-2 为运行 IPv6 的两个以太网，路由器 R_1 和 R_7 运行 IPv6 协议，路由器 R_3、R_4 和 R_5 运行 IPv4 协议，隧道两端是使用 IPv6/IPv4 双协议栈的路由器 R_2 和 R_6。图中的实线箭头是 E-1 上的主机 H_1 发给 E-2 上的主机 H_3 的 IPv6 数据报，虚线箭头表示 IPv4 数据报穿过隧道，该数据报用 IPv6-in-IPv4 方式封装，其格式示于图 7-36 的下半部。

由于隧道的链路是虚拟的，因此，这些 IPv6 孤岛所互连而成的网络就被看作是一个虚拟网络。隧道的类型取决于封装和解封数据报结点的类型，有路由器对路由器、主机对路由器、主机对主机和路由器对主机等类型。隧道需要管理，由起始点维护隧道的配置信息。

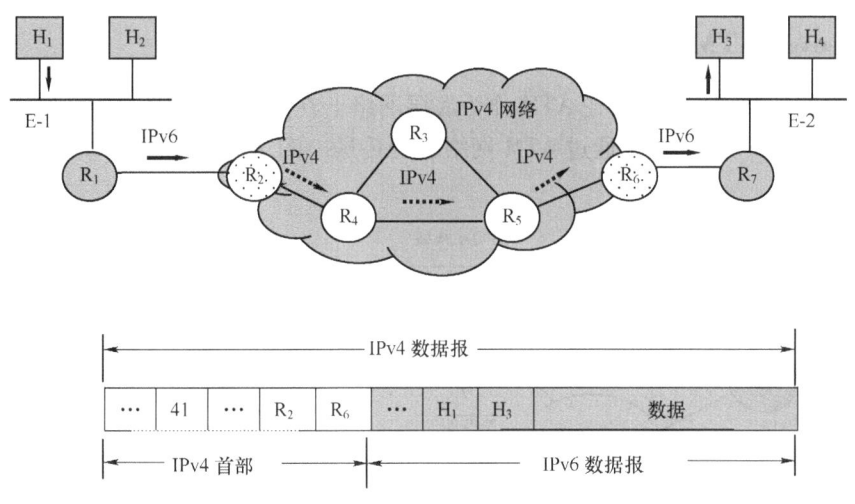

图 7-36　隧道技术

6to4 隧道技术是一种自动构造隧道的技术，它采用特殊的 6to4 格式的 IPv6 地址，使得在 IPv4 海洋中的 IPv6 孤岛能相互连接。

Internet 编号管理部门 ICANN 专门为 6to4 机制分配了一个永久性的网络前缀 2002∷/16，一个 6to4 地址为 2002：IPv4Addr∷/48。

6to4 机制使 IPv6 的出口路由器与其他的 IPv6 域建立隧道连接。当隧道端口的 6to4 路由器接收到 IPv6 分组时，从首部的 6to4 地址域中提取出隧道末端的 IPv4 地址，将 IPv6 报文封装在以此 IPv4 地址为目的地址的 IPv4 报文的数据字段，同时将 IPv4 首部中的"协议"字段设置为"41"，将数据报穿过 IPv4 路由器组成的隧道。隧道末端结点的操作正好相反，将 IPv4 数据报解封得到 IPv6 报文，将此报文在本地 IPv6 结点中传送。

6to4 技术的优点在于只需要 IPv4 地址便可以建立 IPv6 站点间的连接，而不需要向地址注册机构申请 IPv6 地址空间，站点可以很快升级到 IPv6，这也简化了 ISP 的管理工作。

1996 年 IETF 创建了世界上规模最大的全球范围的 IPv6 试验床（Testbed）6bone。6bone 不是独立于 IPv4 因特网，而是利用隧道技术将各个国家和地区组织维护的 IPv6 网络连接在一起。到 2002 年，6bone 的规模已经扩展到 57 个国家和地区，连接了近千个站点，成为 IPv6 的主要研究实践平台。1998 年我国 CERNET IPv6 Testbed 加入 6bone，同年即成为其骨干成员。2004 年 3 月，CERNET2 实验网开通。CERNET2 建成后将是目前世界上规模最大的纯 IPv6 国家级主干网，主干网传输速率为 2.5～10Gbit/s，连接北京、上海、广州等 20 个城市的 CERNET2 核心结点，将实现全国 200 余所高校的 IPv6 接入，并与国内及国际下一代互联网实现高速互联。

7.9　IP 主干网

IP 数据业务量急剧增长，改造提升高速的 IP 主干网成为非常重要的问题。各种高速 IP 主干网技术应运而生，主要有 IP over ATM（ATM 上运行 IP）、多协议标记交换（MPLS）、IP over SDH 和 IP over WDM 等，大大促进了高速 Internet 的发展。

7.9.1 IP over ATM

IP over ATM，简称 IPOA，把 ATM 作为底层网络，在其上运行 IP，承载 IP 业务，把 IP 数据报封装在 AAL5 的 PDU 中通过 ATM 网络进行传送。图 7-37 给出了传统 IPOA 的一种网络结构：

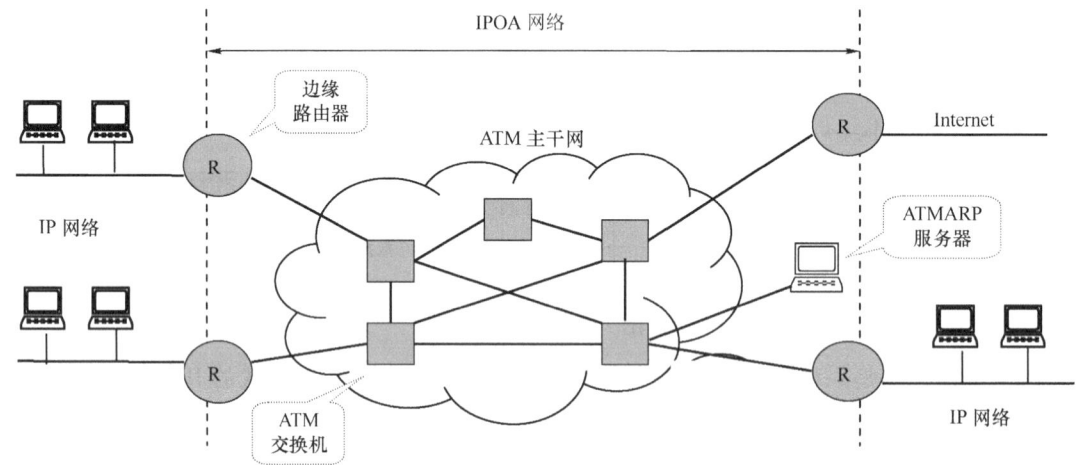

图 7-37　传统 IPOA 网络示例

图 7-37 的例子中 ATM 主干网有 5 个 ATM 交换机，实际的 ATM 主干可以跨越大陆，可以有十几个甚至上百个 ATM 交换机。图中 ATM 主干网有提供 Internet IP 流量的 4 个入口/出口点，每一个入口/出口点都是一个 IP 路由器，称为边缘路由器。大多数 ATM 主干在每一对入口/出口点上都有一个永久虚电路（PVC）。

对于 4 个边缘路由器来说，ATM 主干网看上去就像一个逻辑链路，ATM 将这 4 个路由器互连，就像以太网来连接这 4 个路由器一样。我们将数据报进入 ATM 网络时所在的路由器称为"入口路由器"，数据报离开 ATM 网络时所在的路由器称为"出口路由器"。

每一个边缘路由器需要有两个地址，与 Internet 中一般的路由器一样，需要有一个 IP 地址，并且还要有一个 ATM 地址。

现在来看一下图 7-37 中 IP 数据报如何穿过 ATM 网络。

① 首先，入口路由器需要做以下工作：
- 根据 IP 数据报的目的地址从 IP 路由表中查找出下一跳路由器的 IP 地址，也就是 ATM 主干网边缘转发 IP 数据报的某出口路由器的 IP 地址。
- 入口路由器将 ATM 主干网看成是 IP 层下面的数据链路，根据出口路由器的 IP 地址解析出该出口路由器的 ATM 地址。
- 入口路由器将得到的出口路由器的 ATM 地址与 IP 数据报一起交给 ATM 主干网。

② 下面的工作就由 ATM 网络进行处理了，主要是：
- 确定通向该 ATM 目的地址的 VPI/VCI，在发送端维持了一个从 ATM 地址到 VPI/VCI 的映射表，查表就可以得到。因为这里使用的是 PVC，映射表是静态的。
- 在该虚通道的发送端（入口路由器的 ATM 接口）将 IP 数据报封装在 AAL5 的 PDU 中，经 AAL 层的处理分割成 48B 的数据单元，再交给 ATM 层形成 53B 的信元，通过

ATM 主干网传输到出口路由器。

③ 最后，出口路由器的 AAL5 将 ATM 信元恢复为 AAL5 PDU，取出 IP 数据报，输出到 IP 网络。

入口/出口路由器是双协议栈，它们与 ATM 主干通信使用 ATM 协议，与 IP 网络通信使用 IP 协议。图 7-38 表示了图 7-37 中跨越 ATM 主干网的两台主机之间通信使用的协议结构。

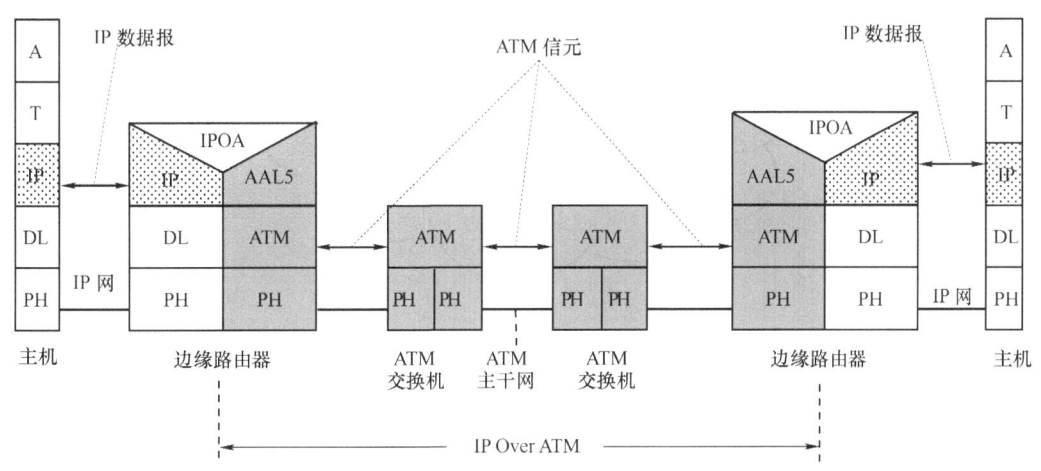

图 7-38　IP over ATM 协议结构

在普通 IP 网络中，地址解析使用 ARP，但它只用于广播网络，而 ATM 不是广播网络，因此入口路由器如何根据下一跳（某出口路由口）的 IP 地址解析出 ATM 地址，要比普通 ARP 复杂。传统的 IPOA 网络的地址解析使用 ATM 地址解析协议（ATMARP）和逆向 ATM 地址解析协议（InATMARP），它们由 ARP 和 RARP 修改而来。图 7-37 中的 ATMARP 服务器就是用来进行地址解析的。

7.9.2　多协议标记交换

传统的 IPOA 方式，IP 在 ATM 协议之上运行，把 ATM 网看成了 IP 的数据链路层，这种 IPOA 方式称为重叠模型，属于这种方式的还有 ATM 局域网仿真（LAN Emulation，LANE）和 MPOA（Multi Protocol Over ATM）等。但重叠模型的 IP 数据报传输效率比较低。另一种模型称为综合模型，它将第 3 层的路由功能与第 2 层的交换功能综合在一起。IETF 制定的通用综合模型标准称为多协议标记交换（MultiProtocol Label Switching，MPLS）。MPLS 可适用于多种网络层协议和底层网络，但主要是 IP 与 ATM 的结合。

图 7-39 是 MPLS 网络结构的一个例子。组成 MPLS 网络的重要设备称为标记交换路由器（Label Switching Router，LSR）。LSR 分为两类：位于 MPLS 网络内部的为核心 LSR，位于 MPLS 网络边缘的为边缘 LSR，又称为标记边缘路由器（Label Edge Router，LER）。LER 对内与核心 LSR 连接，对外与普通的 IP 路由器连接，以便将 MPLS 网络嵌入到 Internet 之中。

核心 LSR 集成了第 3 层的路由功能和第 2 层的交换功能，路由功能使用 OSPF 等路由协

议与其他路由器交换路由信息进行路由选择，交换功能根据 MPLS 转发表将打上标记的分组
进行快速转发。

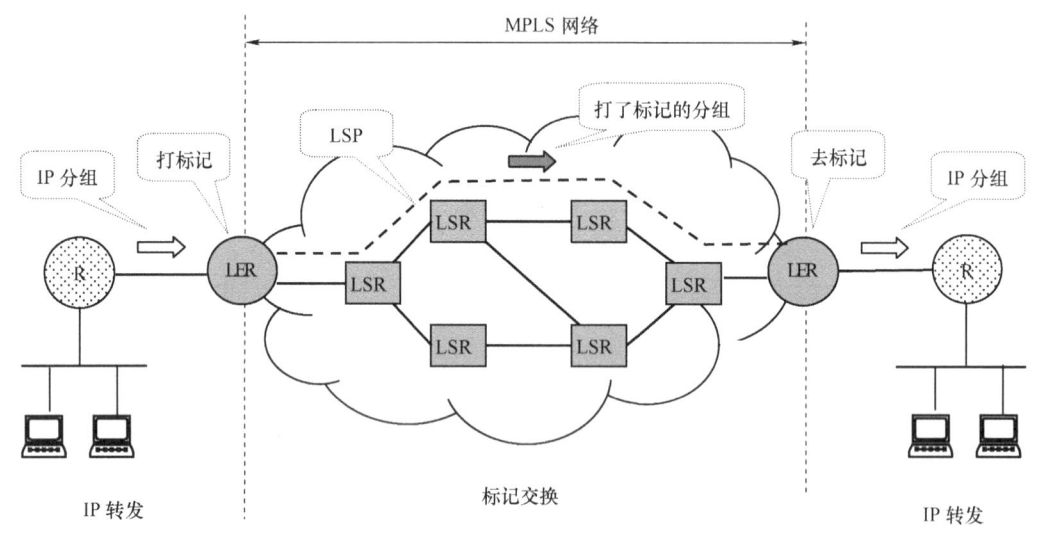

图 7-39　MPLS 网络示例

在图 7-39 MPLS 网络的两边，IP 分组在 IP 路由器 R 和 LER 之间传送，使用通常的 IP
协议，基于 IP 地址进行转发。在交界处的入口 LER，为传入 MPLS 网络的 IP 数据报打上初
始的标记。进入 MPLS 网络后，核心 LSR 不再到第 3 层使用 IP 地址进行转发，而是使用标
记进行转发，只涉及到第 2 层。到了 MPLS 网络出口的 LER，标记被剥去，又恢复为第 3 层
的 IP 转发。

MPLS 运行在多种第 2 层协议之上，不同底层网络的 MPLS 标记可以不同，ATM 信元的
VPI/VCI 可以用作标记。

核心 LSR 中都有一个 MPLS 转发表，它含有输入端口、输入标记和输出标记、输出端口
的映射，其表项数目较一般第 3 层的路由表的表项数目少，可以通过硬件来处理，处理速度
快得多。

MPLS 标记转发使用 MPLS 转发表进行直接检索，确定下一跳，在 LSR 输出端口用新的
标记替换原有标记，这样携带新标记的报文便逐跳地向目的地转发。标记只有本地意义，每
经过一个交换结点，要按照转发表进行标记对换（Swap）。

根据初始标记和 MPLS 转发表，IP 报文就确定了在 MPLS 网络端点之间的传输路径，称
为标记交换路径（Label Switched Path，LSP）。MPLS 支持点到点、点到多点、多点到点和多
点到多点的标记交换路径。

MPLS 转发表是使用 MPLS 的标记分配协议（Label Distribution Protocol，LDP）来建立和
维护的，LDP 提供一套信令机制实现标签的分配及相关处理功能。

7.9.3　IP over SDH

电信骨干传输网很多采用 SDH/SONET 技术，全世界运营的 SDH/SONET 环有几十万

个，我国省级以上骨干网大多也是采用 SDH/SONET。可以让 IP 包直接在 SDH/SONET 网上传输，即所谓的 IP over SDH，或 IP over SDH/SONET，也称 POS（Packet Over SDH）。

图 1-10 所示的美国 Abilene 主干网，就使用 SDH/SONET。

IP over SDH 有两个标准，一个是 IETF 的 RFC2615［建议标准］，一个是 ITU-T 的 X.85。它们都以 SDH/SONET 网作为 IP 数据报的物理传输网络，但前者使用 PPP 对 IP 数据报进行封装，然后把 PPP 帧映射到 SDH 净荷，封装到 SDH 帧中，按 SDH 各级同步传输速率进行传输，因此这一技术也称为 IP over PPP over SDH；而后者使用 SDH 上的链路接入协议（Link Access Procedure SDH，LAPS）对 IP 数据报进行封装，即 IP over LAPS over SDH。

LAPS 是 ITU-T X.85 定义的，与 PPP 非常类似，它提供数据链路服务及协议规范，可以用来承载 IP 包。值得提及的是，LAPS 是由我国武汉邮电科学研究院余少华博士提出的。

图 7-40 表示 IP over SDH 的协议结构。分别接于两个 LAN（如以太网）上的运行 TCP/IP 协议的主机通过 SDH 传输 IP 包。接入结点是双协议栈，将 IP 包封装于 PPP/LAPS 帧中，再装入 SDH 帧中，跨越由高速交换路由器连接的 SDH 网络。

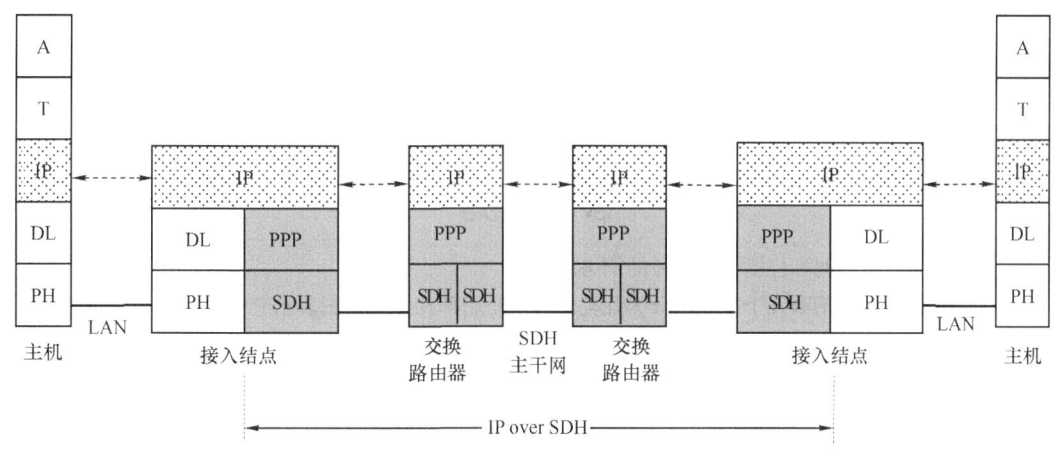

图 7-40　IP over SDH 协议结构

在 IP over SDH 中，SDH 以传输链路方式来支持 IP 网，它的作用是将路由器以点到点的方式连接起来，提高点到点之间的传送速率。但整体传输性能的提高还要依赖于路由器转发速度的提高，IP over SDH 的一个技术核心是高速交换路由器，它为 IP over SDH 的实现奠定了基础。

和 IPOA 相比，IP over SDH 通过 PPP/LAPS 将 IP 包直接映射到 SDH 帧，省去了中间的 ATM，简化了网络结构，提高了传输效率，降低了成本。但 IP over SDH 提供的 QoS 较差，对于集数据、语音、图像的多业务传输，不如 IPOA。

7.9.4　IP over WDM

波分多路复用 WDM 在一根光纤上传输多个不同波长的光信号，比 SDH/SONET 更充分利用了光纤巨大的带宽资源。

IP over WDM 不使用 ATM 和 SDH/SONET 设备，在光纤上直接传输某种帧格式封装的 IP

数据报。用高速交换路由器进行 IP 数据报的路由选择和转发，采用光通信技术将高速交换路由器之间的多个高速信道相连。高速交换路由器具有光接口，直接连接 WDM 光纤，控制波长的接入、交换、路由和保护。这种 WDM 技术和高速交换路由器 IP 数据报路由选择和转发功能的结合称为 IP over DWM 或 IP over DWDM（主要使用 DWDM），也称 IP over Optical，即直接在光上运行 IP。

IP over WDM 在光纤上直接传输 IP 数据包，需要选择一种帧格式，即选择一种分帧方法。目前主要使用两种帧格式：SDH 帧格式和以太网帧格式。

在 WAN 上进行远距离传输时，除了需要进行光放大以外，为了防止光色散使波形畸变造成误码，每隔一定距离要加一个电再生器（2.5Gbit/s 速率时约为 600km）。目前多数现代通信的再生器使用 SDH 帧，在这种线路上构建 IP 网，就须采用 SDH 帧格式。SDH 帧与 IP 数据报的格式不同，在路由器的 SDH 线路卡中要有分拆重组电路。SDH 帧格式的优点是在其帧头中携带有网络管理信息，有助于系统故障诊断，但 SDH 也需要有大量内部开销用于故障监控。

采用千兆位以太网帧格式是一种经济有效的方法。IP 数据包封装于以太网帧中，不需要复杂的分拆重组处理。这种系统中不使用电再生器，交换路由器同时起电再生器的作用。WAN、MAN 和 LAN 使用统一的以太网帧格式，可以实现无缝连接。

IP over WDM 是一种最简单直接的 IP 传输体系，减少了网络设备和功能重叠，提高了传输效率。IP over WDM 代表着新一代高速 Internet 主干网的发展方向。

思 考 题

7.1 用一句话概述网际层提供什么样的网络服务。

7.2 IPv4 的地址包括哪几个字段？分为几类？用户使用哪几类？画图表示它们的结构。它们各适用于什么规模的网络？IP 地址使用什么记法表示？你们单位的 IP 地址网络号字段是什么？是几类的？

7.3 说出特殊形式的 IP 地址及其意义。

7.4 如果没有进行子网划分，A、B 和 C 类 IP 地址的子网掩码各是什么？

7.5 某单位的网络使用 B 类 IP 地址 166.111.0.0，如果将网络上的计算机划分为 30 个子网，subnet-id 应该取几位？子网掩码应该是什么？每个子网最多可包含多少台计算机？试用二进制和点分十进制记法对应地写出 subnet-id 最小的子网上 host-id 最小和最大的主机的 IP 地址。

7.6 一个 A 类 IP 网络 17.0.0.0，欲划分为 6 个子网，子网掩码应该是什么？给出每个子网的 IP 地址的范围。

7.7 ARP 进行的是哪两种地址的转换？ARP 如何进行地址的转换？它采取哪些措施提高地址转换的效率？

7.8 IP 数据报首部的定长域的长度是多少？最大首部长度是多少？IP 数据报可携带的数据长度最多是多少？

7.9 IP 对数据报的什么部分进行差错校验？其优、缺点是什么？IP 在什么结点进行差错校验？为什么？

7.10 IP 如何进行数据报传输延迟监控？

7.11 什么是最大传输单元（MTU）？IP 数据报传输中为什么要进行分片与重组？分片在何处进行？重组在何处进行？

7.12 无选项 IP 数据报携带 5 000B 数据，它下一步经由 MTU 为 1 500B 的以太网，数据报如何分片？用图形表示分片的情况，并标明每个分片的片头中"片偏移"字段的数值。

7.13　什么是直接交付和间接交付?

7.14　最基本的路由表包含什么信息? IP 采用什么样的数据报转发机制? 叙述基本的数据报转发流程。

7.15　对于图 7-8 所示的网络图与路由器端口和 IP 地址的对应关系,请给出路由器 R_2 和网络 128.3.0.0 上的某一计算机的基本路由表 (表中只包含目的网络和下一跳地址)。如果有多种选择,只要给出一种跳数最小的就可以。

7.16　设路由器 R 的不完整的路由表如下:

序　　号	目 的 网 络	子 网 掩 码	下 一 跳	转 发 端 口
1	166.111.64.0	255.255.240.0	R_1 端口 1	Port-2
2	166.111.16.0	255.255.240.0	直接交付	Port-1
3	166.111.32.0	255.255.240.0	直接交付	Port-2
4	166.111.48.0	255.255.240.0	直接交付	Port-3
5	0.0.0.0 (默认路由)	0.0.0.0	R_2 端口 2	Port-1

现路由器 R 收到下述分别发往 6 个目的主机的数据报:

H_1: 20.134.245.78, H_2: 166.111.64.129, H_3: 166.111.35.72,

H_4: 166.111.31.168, H_5: 166.111.60.239, H_6: 192.36.8.73。

请回答下列问题:

(1) 表中序号 1~4 的目的网络属于哪类网络? 它们是由什么网络划分出来的?

(2) 假如 R_1 端口 1 和 R_2 端口 2 的 IP 地址的 host-id 均为 5 (十进制),请给出它们的 IP 地址。

(3) 到目的主机 H_1~H_5 的下一跳是什么? (如果是直接交付写出转发端口)

7.17　ICMP 报文如何传输? 简述 ICMP 在 TCP/IP 体系中的地位?

7.18　ICMP 差错报告的特点是什么? 简要介绍主要差错报告报文。

7.19　ICMP 主要有哪些控制报文? 它们的功能是什么?

7.20　路由协议的作用是什么? 有哪两类路由协议?

7.21　对于下图,如果目的结点为结点 D, 列表表示用距离矢量路由算法求各结点到目的结点的最短路径的迭代过程,并画出以 D 为根的最短路径树。

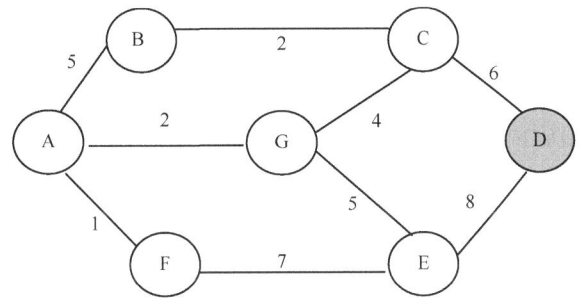

7.22　表 (a) 和 (b) 分别给出了路由器 B 原有的路由表和从邻接的路由器 A 传来的更新报文,据此给出路由器 B 更新后的路由表,用箭头指明的为引起更新的表项。

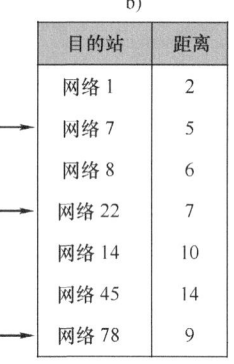

目的站	距离	下一跳
网络1	0	直接
网络3	0	直接
网络7	8	路由器D
网络8	5	路由器E
网络14	7	路由器C
网络45	13	路由器F
网络78	6	路由器A

a)

目的站	距离
网络1	2
网络7	5
网络8	6
网络22	7
网络14	10
网络45	14
网络78	9

b)

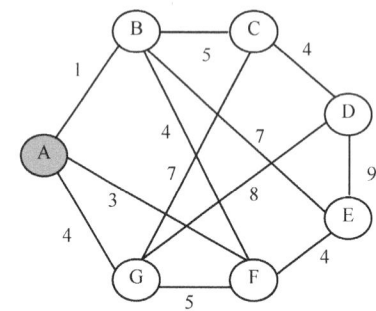

7.23 已知网络拓扑和各链路长度如下图所示，请用 Dijkstra 算法计算由源结点 A 到网络的其他各结点的最短路径，用表格表示出计算过程，并画出最短路径树。

7.24 什么是自治系统（AS)？自治系统内部使用哪类路由协议？目前主要有什么协议？

7.25 IP 如何表示多播组地址？以太网如何表示组地址？用于多播的以太网地址范围是什么？

7.26 叙述 IGMP 的工作机制。为了提高效率，IGMP 又采用了什么措施？

7.27 说明 RPF 的逆向路径转发处理方式，并以图 7-27 的路由器 R_1 和 R_3 转发源站 H_0 的多播数据报为例进行说明。

7.28 列表写出 /13、/14、…、/24 CIDR 地址块的以下形式：

（1）掩码（点分十进制形式）（2）包含的地址数（3）包含的 B/C 类网络数

7.29 （a）一个单位有下面的 6 个/24 CIDR 地址块，试进行最大程度的路由聚合，写出聚合后的 CIDR 地址块。

 （1）211.98.136.0/24　　　（2）211.98.137.0/24　　　（3）211.98.138.0/24

 （4）211.98.139.0/24　　　（5）211.98.140.0/24　　　（6）21198.141.0/24

（b）如果这个单位再增加下面两个/24 CIDR 地址块，进行最大程度的路由聚合，写出聚合后的 CIDR 地址块。

 （7）211.98.142.0/24　　　（8）211.98.143.0/24

7.30 IPv6 和 IPv4 兼容吗？IPv6 和 Internet 上层的 TCP、UDP 兼容吗？IPv6 和 IPv4 相比，主要的改进是什么？

7.31 IPv6 的地址长度是多少？地址空间有多大？

7.32 IPv6 全球单播地址的用途是什么？它的结构如何？说明各字段的意义。

7.33 IPv6 地址使用什么记法表示？该记法中还采用了什么规定使它更为简便和实用？试举例说明。

7. 34   为了简化 IPv6 地址的表达，可采用什么技术？写出下列 IPv6 地址的简洁形式：

（1）211B: 0052: 0000: 0000: 0000: 0000: 03DE: AF45

（2）15CB: 0000: 0000: CD76: 0000: 0000: 0000: 0000

（3）0000: 0000: 0000: 0000: 192. 124. 36. 1

7. 35   试说明 IPv4 向 IPv6 过渡使用的双协议栈技术及存在的问题。

7. 36   试说明 IPv4 向 IPv6 过渡使用的隧道技术。

7. 37   描述 IP 数据报如何通过 IPOA 网络（入口路由器、ATM 网络和出口路由器所做的主要工作）。

7. 38   画图描述 MPLS 网络结构，描述 IP 分组通过 MPLS 网络的过程。

7. 39   简要说明 IP over SDH 和 IP over WDM 技术。

第 8 章　传　输　控　制

8.1　概述

传输层（Transport Layer）也称为运输层，在网络层之上，提供传输控制服务。Internet 传输层有两个并列的协议：传输控制协议 TCP［RFC793，因特网标准］和用户数据报协议 UDP［RFC768，因特网标准］。本章主要介绍 TCP 和 UDP。

从上一章我们已经看到，在 Internet 中，网际层把数据报从源主机转发到了目的主机。那么，在网际层之上为什么还要设置一个传输层呢？

实际上，互联网上两个主机之间的通信是位于这两个主机上的两个应用进程之间的通信。IP 协议虽然将数据报从源站传送到了目的站的 IP 层，但并不能交到目的站的应用进程。而且，主机中常常同时存在多个应用进程，数据包承载的数据最终必须交付给其中某一个应用进程，即目的应用进程。

传输层为用户的应用进程提供了传输控制服务，提供一条端到端（End To End）的逻辑通道，它连接源站和目的站的两个传输层实体，不涉及路径中间的路由器，它们没有传输层实体。传输层协议对这条逻辑信道进行数据传输过程的控制，把传输数据交给目的应用进程。

网际层提供的是不可靠的数据报传送服务，传输层的另一个重要目的是要加强数据传输的 QoS，在不可靠的 IP 服务基础上，提高传输的可靠性。这主要体现在传输控制协议（TCP）上。为提高传输的可靠性，TCP 采取了以下措施：传输之前发送方和接收方先建立连接，传输过程中进行流量控制和拥塞控制，接收方接收到数据发现有传输差错时发送方要进行重传。TCP 精心设计了这一系列可靠性措施，在 TCP/IP 协议族中地位重要，设计完美，它和 IP 一起成为 TCP/IP 协议族的典型代表。

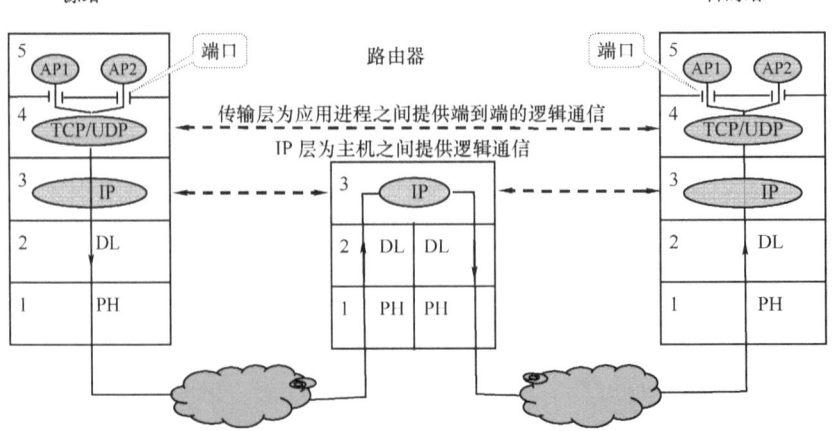

图 8-1　基于端口机制，传输层为应用进程之间提供了逻辑通信

UDP 是非连接的，不使用 TCP 的那些可靠性传输控制措施，不能提供可靠的传输服务，但较 TCP 简便快捷，服务效率高。在 IP 电话、视频会议等实时通信的应用场合更受青睐。

网际层使用标识主机的 IP 地址进行寻址，而传输层使用端口号进行寻址。端口（Port）是 TCP/IP 传输层的一个概念，它标识应用层中的进程，不同的端口号代表了不同的应用进程。

如图 8-1 所示，传输层基于端口机制，为源和目的应用进程之间提供了端到端的逻辑通信，由两个端点的传输层实体协作实现。而 IP 层使用 IP 地址，为主机之间提供了逻辑通信，实现这一通信，须有若干中间路由器 IP 层实体的转发协作。

8.2 传输层端口

在进程通信的意义上，网络通信的最终地址就不能只是主机地址了，还应包括可以关联应用进程的某种标识，支持多个进程的通信。为此，TCP/UDP 使用了协议端口（Protocol Port）的概念，协议端口简称端口。TCP/UDP 通过端口与上层的应用进程交互，端口标识了应用层中不同的进程。端口相当于 OSI 传输层与上层接口处的服务访问点（SAP）。

端口是一种抽象的软件结构，包括一些数据结构和输入、输出缓存队列。应用程序与端口绑定（Binding）后，操作系统就创建输入和输出缓存队列，容纳传输层和应用进程之间所交换的数据。

为了标识不同的端口，每个端口都拥有一个叫做端口号（Port Number）的整数标识符。由于 TCP 和 UDP 是完全独立的两个软件模块，它们的端口也相互独立，可以同号，并不冲突。TCP 和 UDP 协议都规定使用 16 比特的端口号，均可提供 65 536 个端口。

端口号如何分配？一台主机上的应用程序如何知道网上另一台主机上的应用程序所使用的端口号呢？为了解决这些问题，TCP/IP 设计了一套有效的端口分配和管理办法，将端口分为两大类，一类是保留端口，一类是自由端口。

保留端口以全局方式进行统一分配并公布于众，因此这种端口又称为周知端口（Well-Known Port）。保留端口分配给服务器进程使用，每一种标准的服务器都分配有一个周知端口号。不同机器上同样的标准服务器，有着同样的端口号。保留端口只占一小部分，TCP 和 UDP 均规定号码为 0 ~ 1023 的端口才能作为保留端口。它们现在由 Internet 名字和号码分配公司 ICANN 管理。表 8-1 和表 8-2 中给出常用的几种 TCP 和 UDP 保留端口的例子。

表 8-1 UDP 保留端口示例

端 口 号	描 述
53	域名服务器（DOMAIN）
67	自举协议服务器（BOOTPS）
69	简单文件传输（TFTP）
111	SUN 微系统公司 RPC（SUNRPC）

自由端口以本地方式进行分配，用户可自由使用。当某一进程与远地的进程通信之前，首先要在本地申请一个自由端口，然后使用周知端口与远地服务器进行通信。自由端口占大部分，号码为 1024 及以上的端口都是自由端口。

表8-2　TCP 保留端口示例

端　口　号	描　　　　述
20	文件传输服务器（数据连接）（FTP-DATA）
21	文件传输服务器（控制连接）（FTP）
23	远程终端服务器（TELNET）
25	简单邮件传输服务器（SMTP）
80	万维网服务器（HTTP）

在网络环境中，为了唯一地标识传输层的一个通信端点，不论是 TCP 或是 UDP，应该包括主机 IP 地址和进程的端口号，即如下的二元组：

(主机 IP 地址，端口号)

TCP 是面向连接的，在通信之前要建立连接，TCP 连接应该包括本地和远程的一对端点。一个 TCP 连接实际上用如下的四元组描述：

(源主机 IP 地址，源端口号；目的主机 IP 地址，目的端口号)

传输层的 TCP/UDP 要和应用层的多个进程交互，使用端口标识了不同的进程，传输层通过端口机制提供了复用（Multiplexing）和解复用（Demultiplexing）的功能。每个应用程序在发送用户数据之前与操作系统进行交互，获得协议端口。在发送端，多个应用层进程可以通过不同的端口复用 TCP/UDP 发送数据。在接收端，则根据其中的目的端口进行解复用，交给不同的应用进程。基于端口的 TCP/UDP 复用和解复用也可以从图 8-1 中看出。比如，在发送端，应用进程 AP1 通过一个端口和接收端的应用进程 AP1 通信，而另一个应用进程 AP2 则通过另一个端口和接收端的应用进程 AP2 进行通信。

8.3　用户数据报协议

8.3.1　UDP 用户数据报

UDP 报文称作用户数据报。UDP 是建立在 IP 之上，整个 UDP 用户数据报封装在 IP 数据报的数据区中传输，IP 报头的协议类型字段为 17，如图 8-2 所示。

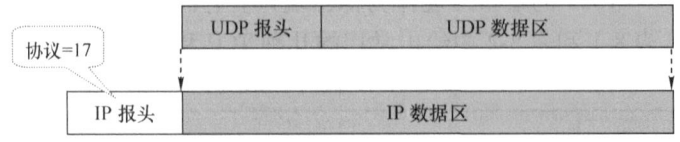

图 8-2　UDP 报文封装

UDP 用户数据报格式非常简单，分为报头和数据区两部分，定长的报头只有 8 个字节，其格式如图 8-3 所示。

UDP 用户数据报报头各字段的含义如下：

①　源端口（Source Port）：发送端 UDP 端口，当不需要返回数据时，该域为 0。

②　目的端口（Destination Port）：接收端 UDP 端口。

③　长度（Length）：用户数据报总长度，以 B 为单位，最小值为 8（报头长）。

④ 校验和（Checksum）：UDP 校验和是一个可选字段，如果值为"0"就表示不计算校验和。当应用程序对传输效率的重视程度高于可靠性时，就可以选择不进行校验。UDP 校验和的计算方式与 IP 数据报报头校验和计算方法一样。

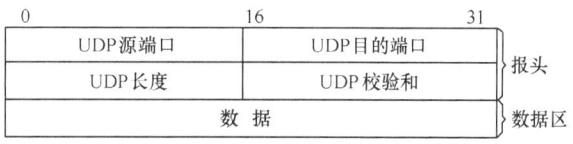

图 8-3　UDP 报文格式

因为校验和算法是以 16 比特的位串为单位，当数据字段不是双字节的整数倍数时，要用 0 补齐。

由图 8-3 可以看出，用户数据报中不指定源站和目的站的 IP 地址，传输层只需识别端口，识别主机的任务由 IP 层完成。

8.3.2　UDP 伪报头

伪报头（Pseudo Header）是 UDP 计算校验和使用的。计算校验和时，除用户数据报本身进行计算外，伪报头也参与计算。伪报头并不是用户数据报的有效成分，只是计算校验和时临时与用户数据报组合在一起，校验和计算之后就丢弃，所以称为伪报头。TCP 计算校验和也使用伪报头。伪报头共 12B，格式如图 8-4 所示，其中：

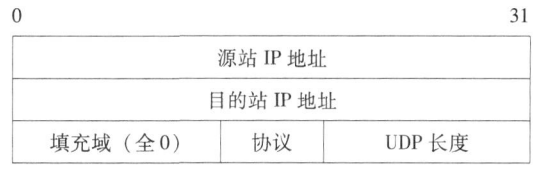

图 8-4　UDP 伪报头格式

① 协议（Protocol）：含协议类型码（"17"）。
② UDP 长度：UDP 用户数据报的长度，不含伪报头。
③ 填充域：使伪报头长度为 16 比特的整数倍。

伪报头的信息取自于 IP 报头，在计算校验和之前，UDP 必须从 IP 层得到伪报头的有关信息。

伪报头参与校验和的计算是为了验证用户数据报是否传到正确的目的地址。用户数据报的地址应该包括两部分：IP 地址和端口号，但用户数据报本身只包含端口号，由伪报头补充了 IP 地址。

8.3.3　UDP 的特点

和 TCP 相比，UDP 有以下特点：

（1）可靠性差

UDP 校验和是检验数据正确传输的唯一手段，而且还是可选的。即使选择校验和计算，当出现校验差错时，UDP 也不进行差错控制，可由上层处理。另外，UDP 传输是非连接的，UDP 也不进行流量控制和拥塞控制。因此，基于 UDP 的应用程序须根据情况自己采取适当的传输差错处理。

（2）效率高

实际应用中，通信双方经常有交换短报文的情况，而且一次通信过程往往只有一来一回两次传输，如果采用面向连接的 TCP 方式效率会很低。如果使用 UDP，即使偶有差错重传，总的开销比每次都要建立和关闭连接还是要小。另外，UDP 报文首部只有 8 个字节的开销，而 TCP 是 20 个。

（3）适合传输实时数据

IP 电话、视频会议等多媒体实时应用的特点是要求主机以恒定的速率发送数据，允许在网络发生拥塞时丢失一些数据，但不希望数据有大的时延和时延抖动。UDP 不进行拥塞控制，当 Internet 上出现拥塞时不会降低数据发送速率。适合多媒体信息传输的实时传输协议（RTP）与实时传输控制协议（RTCP）就是使用 UDP。

8.4 传输控制协议

8.4.1 TCP 的编号与确认

1. 数据流、报文段和编号

传输控制协议（TCP）提供的是流（Stream）传输机制，流即数据流，指的是无结构的字节序列。为了便于每次的传输，又把数据流划分为若干个段，称为报文段（Segment），每个报文段作为 TCP 的 PDU 封装到 IP 数据报中传输，这和图 8-2 所示的 UDP 报文的封装是一样的。报文段到达目的站后，TCP 再将它们组装为原来的数据流。

TCP 对数据流按字节编上序号，而不是按报文段编号。TCP 将报文段所携带的数据的第一个字节的序号放在报文段首部的序号字段中。

序号的空间应该足够大，在 TCP 报文段格式中规定为 32 比特，以便使序号循环一周的时间足够长，不致于在短时间内产生相同的序号。

TCP 定义了最大报文段生存时间（Maximum Segment Lifetime，MSL），RFC793 规定为 120s，不同的 TCP 实现中也有不同的值。因为 TCP 报文段是由 IP 数据报封装传送的，因此 MSL 不应大于 IP 数据报的 TTL（120s）。

同时出现相同序号的报文段会给接收方 TCP 造成混淆，也就是说序号循环一周的时间应该大于 MSL。产生相同的序号有以下两种情况：

一种情况是不同的 TCP 连接出现相同的初始序号（Initial Sequence Number，ISN）。ISN 不应该每次连接都从 0 或 1 开始，否则会导致不同的 TCP 连接出现重复的 ISN。如果一个 TCP 连接使用序号 0 刚刚发送了报文段，在小于 MSL 的时间内就崩溃了，之后它又迅速恢复并建立了新的连接，再次从序号 0 开始发送，在网上就会出现重复的序号 0。TCP 使用基于计数器的 ISN 方案，规定 ISN 每 4ms 加 1，可以看作一个 32 比特的计数器，循环一周的时间远大于 120s，使不同 TCP 连接的 ISN 在 MSL 内不可能相同。ISN 是双方在建立连接的过程中商定的，双方的 ISN 各自选取，使用各自计数器当时的值。

另一种情况是同一 TCP 连接中出现相同序号。这与数据发送的速率直接相关。32 比特的序号的空间，序号循环一周要发送 2^{32} 个字节，在 T3 线路（45Mbit/s）上需要（$2^{32} \times 8$）$\div$（45×10^6）=764s，但在 622 Mbit/s 的 OC-12 线路上仅需要 55s。可见，同样的序号空间，传输速率越高序号循环一周的时间越小，有可能小于 MSL。为此，可使用 TCP 的时间戳选项，发送方 TCP 在每个发送的报文段首部插入 32 比特的时间戳，接收方将收到的时间戳也插入到 ACK 报文段中作为确认。这样，32 比特的时间戳和 32 比特的序号组合在一起就可以解决这一问题。这称为防止序号回绕（Protect Against Wrapped Sequence numbers，PAWS）。

2. TCP 确认机制

TCP 采用累计确认（Cumulative Acknowledgement）方式，接收方确认已正确收到的、积累的连续数据流。TCP 使用数据流的序号进行确认，确认序号是正确收到的字节序列的最高序号加 1，表明该序号之前的数据流已正确收到，指明期望接收的下一个报文段的起始序号。TCP 实现中，通常是每隔一个报文段发回一个确认。

为了提高传输效率，TCP 的实现可以使用延迟确认算法（Delayed ACK Algorithm）［RFC2581］。TCP 不必每收到一个报文段后就立即发回确认，可以推迟一段时间，在收到 1 个以上的连序报文段之后再发回确认。但延迟确认的延迟时间不能超过 500ms，太长的确认延时可能导致发送方不必要的超时重传。若在延迟等待期间接收方也有了发给发送方的数据，接收方 TCP 可以使用数据捎带确认（Piggybacking ACK）。

若 TCP 收到了失序（Out of Order）的报文段，即接收的数据流出现了间断，就立即发出一个对期望接收序号的确认，以便通知发送方可能出现了报文段丢失。对于这个失序但没有差错的报文段，接收方应该如何处理？TCP 标准没作明确规定，TCP 实现中去解决。一种方法是将它丢弃，这相当于回退-N ARQ；另一种方法是先将它暂存于接收缓存，若后来接收到的一个报文段全部填满了接收数据中的空隙，则立即发出一个累计确认，如果只是部分填满接收数据中的空隙，则立即发出一个对期望接收序号的确认。后面这种策略相当于选择重传 ARQ。

TCP 后来又引入了负确认 NAK 选项，见下一节。

8.4.2 TCP 报文段

1. TCP 报文段的格式

TCP 软件之间传输的协议数据单元（PDU）为报文段，通过报文段的交互来建立连接、传输数据、发出确认、通知窗口大小以及关闭连接。图 8-5 给出了 TCP 报文段格式。

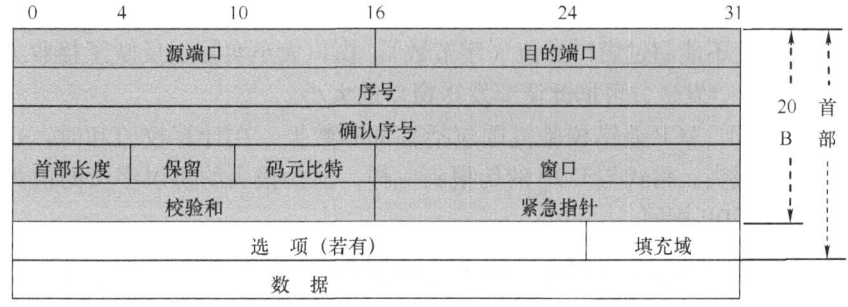

图 8-5 TCP 报文段的格式

TCP 报文段首部的前 20 个字节是固定的，后面可以有选项，选项的字节长度应为 4 的倍数，因此，TCP 首部最小是 20B。首部固定部分各字段的意义如下。

① 源端口和目的端口：各占 2B。

② 序号：4B 发送序号，是本报文段所携带数据的第一个字节的序号。序号字段有 32 比特长，可对 $2^{32} = 4GB$ 的数据进行编号。

③ 确认序号：4B，用于接收方对发送方发出的数据的累计确认。

④ 首部长度：4 比特，指示 TCP 报文段首部的长度。因为首部中的选项字段长度是不确定的，因此首部长度也不固定。首部长度的单位是 32 比特字长的字。该字段后面还留有 6 比特是保留字段，目前置为 0。

⑤ 码元比特：共 6 比特，这 6 比特说明报文段各种性质，其意义规定如下：

- 紧急比特 URG：置 1 使 16 比特的紧急指针（Urgent Pointer）字段有效，发送方通知接收方，数据流中有紧急数据传输。

  数据流中有需紧急处理的数据（如紧急中断远端程序运行的命令），TCP 将停止向发送缓冲区增加数据，尽快将已有的数据发送出去。TCP 将发送一个 URG 置 1 紧急报文段，其紧急指针指示紧急数据的末字节相对于报文段序号的偏移量，两者相加可以得到紧急数据末字节在数据流中的位置。即使此时接收方通知的窗口大小为 0，中止了连接上的数据流，发送方仍可以发送紧急报文段。

  接收方收到 URG 比特置 1 的报文段，使接收方应用程序进入紧急模式尽快处理紧急数据。接收方应用程序处理的数据超过紧急指针指示的位置，便恢复到正常操作状态。

- 确认比特 ACK：用于 TCP 确认，当 ACK = 1 时确认序号字段有效，为 0 时无效。

- 急迫比特 PSH：早期的应用程序使用 PUSH 操作强迫 TCP 立即发送缓冲区积累的数据，PUSH 操作使 PSH = 1，通知接收方 TCP 立即将数据交给应用程序，不再等待后续数据。

- 复位比特 RST：RST = 1 表明出现严重差错（比如主机崩溃等），必须释放连接，然后再重新建立。

- 同步比特 SYN：用于建立连接。当报文段的 SYN = 1 和 ACK = 0 时，表明它是一个连接请求；若对方同意建立连接，应在响应的报文段中置 SYN = 1 和 ACK = 1。

- 终止比特 FIN：用于释放连接，FIN = 1 表明数据已经发送完，要求释放 TCP 连接。

⑥ 窗口：2B。接收方通过窗口字段通知发送方：在收到接收方的下一次确认之前，能够发送的数据长度不能超过窗口的值（字节数）。窗口大小实际上反映了接收方目前可用的接收缓冲区的大小，发送方可据此调节发送窗口的大小。

⑦ 校验和：2B。TCP 差错校验范围包括首部和数据，在计算校验和时，也要在报文段前面加上一个伪报头，格式与 UDP 的伪报头一样，但伪报头的协议字段的值为"6"。校验和的计算方法与 UDP 相同。

⑧ 选项：长度可变。原来 TCP 只规定了最大报文段长度 MSS 选项（Maximum Segment Size Option），为了改进 TCP 的性能，后来又提出了窗口比例因子选项（Window Scale Option）、时间戳选项（Timestamp Option）和负确认选项 NAK（NAK Option）等。

2. TCP 报文段选项

各选项的格式如图 8-6 所示，其中各字段括弧内的数字是该字段的字节数。

最大报文段长度选项：

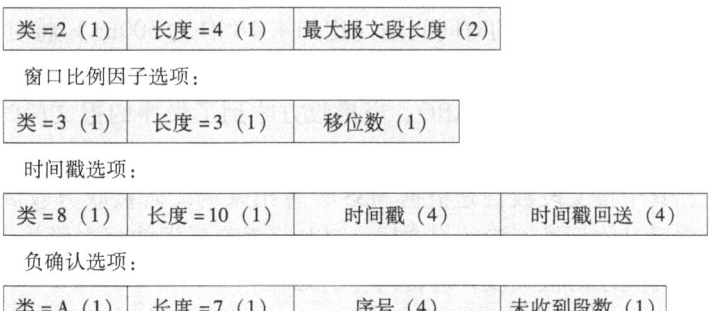

| 类 = 2 （1） | 长度 = 4 （1） | 最大报文段长度 （2） |

窗口比例因子选项：

| 类 = 3 （1） | 长度 = 3 （1） | 移位数 （1） |

时间戳选项：

| 类 = 8 （1） | 长度 = 10 （1） | 时间戳 （4） | 时间戳回送 （4） |

负确认选项：

| 类 = A （1） | 长度 = 7 （1） | 序号 （4） | 未收到段数 （1） |

图 8-6 TCP 选项格式

（1）最大报文段长度选项

MSS 指的是 TCP 报文段所携带数据的最大长度，单位为 B。在建立 TCP 连接时，双方的 TCP 使用选项字段协商 MSS。

在互联网环境中，选择合适的 MSS 是很困难的。TCP 报文段是封装在 IP 数据报中传输的，IP 数据报又是封装在底层网络的帧中传输的，每个报文段除了数据之外还要加上至少40B 的 TCP 和 IP 首部。因此，选择小的 MSS 会降低网络利用率。

但 MSS 的值也不能取得过大。大的报文段通过 MTU 较小的底层网络时，IP 不得不进行分片。分片越多丢失或出错的可能就越大，增加了数据报重传的概率，降低了网络的性能。

实际应用中，TCP 使用如下简单方法选择 MSS：取建立连接时双方声明的 MSS 的较小者；如果一方没有声明，MSS 取默认值 536B。

（2）窗口比例因子选项

TCP 当年定义的仅 16 比特的窗口字段限制了连接上的传输带宽。为此，TCP 规定了窗口比例因子选项，扩大窗口的数值。窗口比例因子双方在建立连接时商定。

16 比特的窗口字段只能通知最大 64KB 的发送窗口值，发送方只有经过一个往返时间 RTT（Round Trip Time）才能发出数据并收到确认，之后才能向前滑动发送窗口并继续发送。因此，TCP 最多只能在 RTT 时间内发送 64KB 的数据，TCP 连接上的最大容量为传输速率与 RTT 的乘积，即往返时延带宽积，显然，它的值不能超过窗口的大小。随着技术的发展，网络带宽的提高，当初设计的最大 64KB 的窗口已经不够用了。

RTT 在不同链路下是一个变化的值，一个 LAN 的 RTT 只有几个毫秒，而 Internet 上的长距离传输可能要几秒，一条穿越美国的 T1 线路的 RTT 有 60ms 左右。当初 TCP 面对的是56kbit/s 的线路，假定 RTT 为 100ms，那么往返时延带宽积只有（$56 \times 10^3 \times 0.1$）/8 = 700B，对于 1.544Mbit/s 的 T1 线路，往返时延带宽积为 19.3KB，它们都小于当初 64KB 的窗口值。但是，现在网络带宽大大提高，比如对于 622Mbit/s 的 OC-12 线路，在 100ms RTT 的假定下，其往返时延带宽积则有 $118.6 \times 64KB$。显然，64KB 的窗口就远不够用了。

TCP 用窗口比例因子选项扩展窗口值，其格式示于图 8-6 中。窗口比例因子表示原来 16 位的窗口值向左移位的次数，每移一次，窗口值翻一番。窗口比例因子的最大值为 14，窗口最大可扩大 $2^{14} = 16\ 384$ 倍，所以扩展后的窗口可达 $2^{30} = 16\ 384 \times 64KB$。

（3）时间戳选项

在 8.4.1 节已谈到，在高速线路上 32 比特的序号字段因序号循环加快可能引起报文段重号的问题。TCP 定义了时间戳选项，可以防止序号回绕。

TCP 标准推荐，每 $1ms \sim 1s$ 的时间间隔（比如 4.4BSD 为 500ms）将时间戳的值加 1。

（4）负确认选项

负确认选项可以用于选择重传 ARQ。当接收方收到了失序的报文段时，TCP 将失序的报文段缓存，并给发送方发送一个 NAK，指明空缺数据的首字节序号以及报文段的数目，请求发送方发送，其中报文段数目是根据 MSS 计算出来的。若接收方收到了有序但校验错误的报文段并且之后又收到了正确的报文段，TCP 将丢弃错误的报文段并将后面正确的报文段缓存，这也就变为失序的报文段，进行同样的处理。

发送方在收到 NAK 之后，根据接收方在 NAK 中指明的信息重发报文段。接收方收到后，连同原来缓存的报文段的数据一起向发送方发回累计确认。

8.4.3 TCP 连接管理

1. 建立 TCP 连接

TCP 是面向连接的协议，TCP 连接有如下特点：

- 两端点之间点对点的连接，不支持一点对多点的传输和广播。
- 全双工连接，支持双向传输，允许端点在任何时间发送数据，TCP 能够在两个方向上缓冲输入和输出的数据。
- TCP 连接采用 C/S 模式，主动发起连接请求的进程为客户，被动等待连接请求的进程是服务器。
- TCP 连接的端点用 IP 地址和端口号二元组来标识，而一个连接则由本地和远程的一对端点，即一个四元组（本地 IP 地址，本地端口号；远程 IP 地址，远程端口号）来标识，它是唯一的。

TCP 使用三次握手（Three-Way Handshake）的方式建立连接。三次握手的过程如图 8-7 所示，主机 A 的端口 1 和主机 B 的端口 2 建立连接，共交换了 3 次报文段。

① 主机 A 发起握手，目的端点：主机 B 的端口 2。

- 生成一个随机数作为它的初始发送序号 x。
- 发出一个同步报文段，SYN $=1$，发送序号 seq $=x$，ACK $=0$。

② 主机 B 监听到端口 2 上有连接请求，主机 B 响应，并继续同步过程。

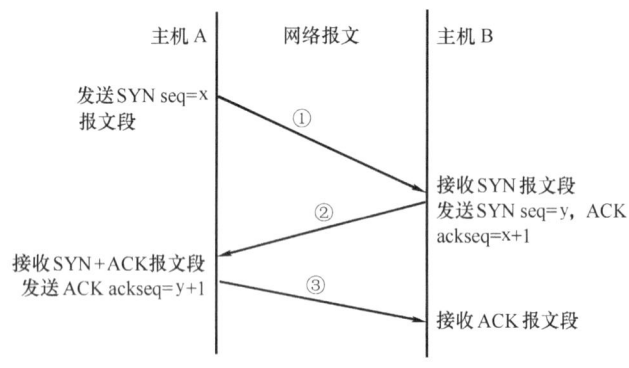

图 8-7 三次握手的报文序列

- 生成一个随机数作为它的初始发送序号 seq $= y$。
- 发出同步报文段并对主机 A 端口 1 的连接请求进行确认，SYN $= 1$，发送序号 seq $= y$，ACK $= 1$，确认序号 ackseq $= x + 1$。

③ 主机 A 确认 B 的同步报文段，建立连接过程结束。

- 发出对 B 端口 2 的确认，ACK $= 1$，确认序号 ackseq $= y + 1$。

这样双方就建立了连接，数据就可双向传输了。

三次握手时，前两个报文段不携带数据，而在第 3 次握手时主机 A 可以把数据（seq = x + 1）放在握手的报文段中连同对主机 B 的确认信息（ACK = 1，ackseq = y + 1）一起发送出去。

是否可以用两次握手？两次握手的情况下，如果发生异常情况，比如有延迟的连接请求报文段突然又传送到了主机，就可能产生错误。

考虑这样一种情况：主机 A 发出连接请求报文，但它在某些中间网络结点延迟的时间过长，主机 A 的重传定时时间到，于是又重发一次连接请求，这次 B 收到了连接请求，发回确认，A 收到确认，建立了连接，而且 A 只发送很短的数据，这样很快就传输完毕并释放了连接。

但是，主机 A 的第一个连接请求报文段没有真正丢失，此时姗姗来迟到达主机 B。B 无法鉴别这种情况，误认为 A 又发出一次新的连接请求，于是向 A 发出确认报文段，同意建立连接。A 由于并没有要求建立连接，因此不会理睬 B 的确认，但 B 却以为传输连接就这样建立了，并一直等待 A 发来数据，浪费了主机 B 的资源。可见，两次握手会产生问题。

采用三次握手的办法可以防止上述不正常现象的发生。由图 8-7 的三次握手过程，若发生了上述同样的情况，虽然连接已经发生了前两次握手，但主机 A 知道这是不正常的连接，第三次握手不能正常继续进行，而是主机 A 发送一个复位报文段清除这一连接，如图 8-8 所示。

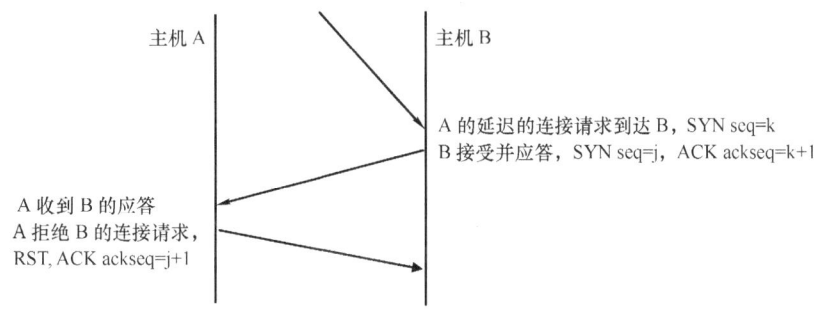

图 8-8　三次握手清除延迟的连接请求

在三次握手建立连接的过程中，双方 TCP 可以完成以下三方面的工作：

- 使每一方都确知对方存在，知道对方已准备就绪。
- 双方确定了初始传输序号，如图 8-7 所示。
- 双方还可以协商一些通信参数，如窗口大小、MSS 和窗口比例因子等。

2. 关闭 TCP 连接

TCP 的连接是全双工的，可以在两个不同方向上进行数据的独立传输。当某一方（主机 A 或 B）的数据已发送完毕时，TCP 将单向地关闭这个连接。此后，TCP 就拒绝在该方向上传输数据。但在相反方向上，连接尚未关闭，还可以继续传输数据。这种状态称为半关闭（Half-Close）状态。

TCP 协议使用 4 次报文段交互来关闭连接，如图 8-9 所示。

① 主机 A 关闭 A 端口 1 到 B 端口 2 的传输连接。

- 应用程序发完数据，通知 TCP 关闭连接。

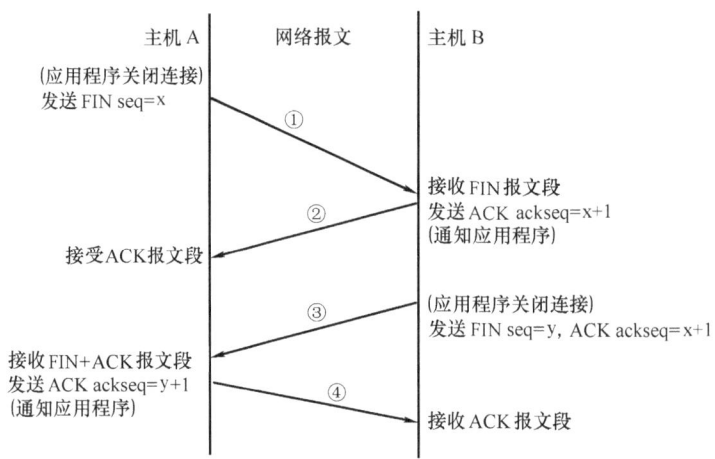

图 8-9 关闭 TCP 连接

- TCP 收到对最后数据的确认后，发送一个 FIN 报文段，FIN = 1，seq = x，x 为 A 发送数据的最后字节的序号加 1。虽然是关闭连接，报文段的交换中也要使用序号。

② 主机 B 响应。

- TCP 软件对 A 的 FIN 报文段进行确认，ACK = 1，确认序号 ackseq = $x + 1$；
- 通知本端的应用程序：A 方传输已结束。

此时，A 到 B 方向上的传输连接已关闭，TCP 拒绝在该方向上传输数据，但在相反方向上，连接尚未关闭，主机 B 还可以继续发送数据。连接处于半关闭状态。

③ 主机 B 关闭 B 端口 2 到 A 端口 1 的传输连接。

- 应用程序发完数据，通知 TCP 关闭连接。
- TCP 收到对最后数据的确认后，发送一个 FIN 报文段，FIN = 1，seq = y，y 为 B 发送数据的最后字节的序号加 1，ACK = 1，ackseq = $x + 1$。

④ 主机 A 响应。

- TCP 软件对 B 的 FIN 报文段进行确认，ACK = 1，确认序号 ackseq = $y + 1$。
- 通知本端的应用程序：B 方传输已结束。

至此，双方的全双工的连接就彻底关闭了。

3. 复位 TCP 连接

前面所讲述的是应用程序传输完数据之后正常地关闭连接，但有时也会出现异常情况不得不中途突然地关闭连接，TCP 为此提供了复位措施。

欲将连接复位，发起方发出一个报文段，其码元字段的 RST 置 1。对方对 RST 报文段的反应是立即退出连接。TCP 要通知应用程序出现了连接复位操作。连接双方立即停止传输并释放这一传输所占用的缓冲区等资源。异常的突然复位可能丢失发送的数据。

8.4.4 TCP 重传机制

1. 自适应重传机制

重传机制是为了进行差错控制，是 TCP 可靠性的一个重要措施。每发出一个报文段，TCP 保存该报文段的副本，同时启动一个重传定时器（Retransmission Timer，RT）。RT 设定一个超时重传时限（Retransmission Time Out，RTO），如果该报文段中的数据还没有得到确认时，RT 的计时值超过 RTO，TCP 就认为该报文段已经丢失或损坏，从而重传该报文段。

　　LAN 数据链路层的控制机制也使用重传定时器。然而，TCP 是针对互联网环境的协议，互联网比 LAN 要复杂得多。首先，同一个源站发送的报文段到不同的目的站的路径不同，报文段经过的路径可能有很大差别，所需要的时间也会大不相同；其次，每个路由器产生的时延与网络负荷密切相关，互联网的负荷经常发生变化，负荷大时可能发生拥塞，这使报文段在不同时间经过相同的路径所需要的时间也不同。可见，在 Internet 环境中，传输层数据报的往返时间的变化很大。

　　图 8-10 表示了 LAN 数据链路层往返时间的概率密度和 TCP 中往返时间的概率密度的分布情况。前者方差很小，RT 的 RTO 容易设定，比如图中的 T_1。而后者方差很大，如果把 RTO 设小（如图中的 T_2），则会产生大量的不必要的重传；如果把 RTO 设大（如图中的 T_3），则一旦分组丢失，过长的重传时延会导致网络性能下降。因此，TCP 采用自适应重传算法（Adaptive Retransmission Algorithm）计算 RTO 以适应互联网时延的变化性。

2. 往返时间估计与超时重传时限

　　TCP 的自适应重传算法随时估算每个连接的传输时延，据此调整 RT 的定时时限。

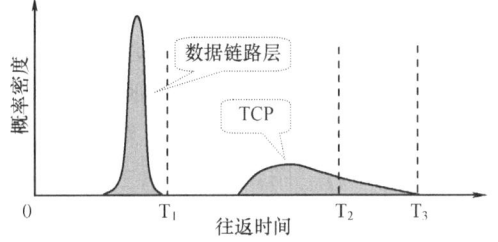

图 8-10　数据链路层和
TCP 往返时间的概率密度

　　对每次传输，TCP 都记录下报文段发送出去的时间和确认返回的时间，由这两个时间值TCP 计算出报文段往返所经历的时间，称为报文段样本往返时间（Round Trip Time，RTT）。

　　估计的往返时间称为平滑往返时间（Smoothed Round Trip Time，SRTT），使用式（8-1）进行加权平均可以求出 SRTT：

$$\mathrm{srtt}(k) = \alpha \times \mathrm{srtt}(k-1) + (1-\alpha) \times \mathrm{rtt}(k) \tag{8-1}$$

　　式（8-1）中，$0 \leqslant \alpha \leqslant 1$，建议值为 $0.8 \sim 0.9$，实际使用 0.875；k 为计算的步数；$\mathrm{srtt}(k)$ 和 $\mathrm{rtt}(k)$ 两个变量分别存储第 k 步估计的平滑往返时间和第 k 步测得的样本往返时间。式（8-1）相当于一个低通滤波器，可以平滑 $\mathrm{rtt}(k)$ 中快速变化的成分。

　　由式（8-1）不难看出，选用的 α 值越接近于 1，则 SRTT 对短暂的时延变化越不敏感；而 α 值越接近于 0，则 SRTT 对时延变化越敏感，能够越快地跟随时延的变化。

　　发送分组时，TCP 计算出 RTO，用它设置 RT。RTO 是当前的往返时间估计值 SRTT 的函数。早期运行的 TCP 协议使用加权因子 β（$\beta > 1$），使 RTO 大于当前往返时间估计值SRTT：

$$\mathrm{rto}(k) = \beta \times \mathrm{srtt}(k) \tag{8-2}$$

　　如何确定合适的 β 值呢？在检测到报文段的丢失后，希望能迅速地将该报文段重发出去，这样可以提高网络的吞吐率，减少 TCP 重传之前的不必要的等待时间。为此，RTO 要尽可能接近当前的往返时间，即希望 β 接近于 1。然而如果 β 接近于 1，当网络有小的时延变化引起当前实际往返时间比估算值略大时，就会导致不必要的重传，因此 β 也不能太接近于 1。最初的规范推荐 $\beta = 2$。

　　以上就是最初的自适应重传算法，以后又有了改进，不使用固定的 β，引入了实测值

$rtt(k)$和估计值$srtt(k)$偏差的平滑值$d(k)$：

$$d(k) = \gamma \times d(k-1) + (1-\gamma) \times |rtt(k) - srtt(k)| \qquad (8\text{-}3)$$

式中，$0 \le \gamma \le 1$，实际使用 0.75；$d(k)$要设定初值。然后使用偏差的平滑值$d(k)$修正$srtt(k)$，得到重传定时时限$rto(k)$：

$$rto(k) = srtt(k) + 4d(k) \qquad (8\text{-}4)$$

其中系数 4 是一个实验得到的数值。

实际使用时，式（8-1）和式（8-3）采用如下等效的形式：

$$srtt(k) = srtt(k-1) + 0.125(rtt(k) - srtt(k-1)) \qquad (8\text{-}5)$$

$$d(k) = d(k-1) + 0.25(|rtt(k) - srtt(k)| - d(k-1)) \qquad (8\text{-}6)$$

式（8-5）和式（8-6）再加上式（8-4）就构成 RTO 的自适应重传实用算法。式中的参数为实际采用的值（$\alpha = 0.875$，$\gamma = 0.75$），这样，这 3 个式子的计算都很简单，乘法的运算可以通过简单的移位实现，从而减小了开销。

3. Karn 算法

在出现超时重传时，TCP 计算 RTT 还存在问题，Karn 算法提供了解决方案。

下面看一下重传的情况。发送方将一个报文段发送出去，由于 RT 到时没有收到 ACK，又重传了一次，之后收到了 ACK。由于这两个报文段完全相同，ACK 也相同，发送方无法分辨出 ACK 是对原报文段还是对重传报文段。这种现象称为确认的二义性（Acknowledgement Ambiguity）。图 8-11a 表示主机 A 的数据传输中丢失，RT 超时后重传；图 8-11b 表示主机 B 对原报文段的 ACK 延迟，主机 A 的 RT 也超时后重传。主机 A 都无法分辨出收到的 ACK 是对原报文段还是对重传报文段。如果认为 ACK 是对原报文段的，图 8-11a 的情况就不对；如果认为是对重传报文段的，图 8-11b 则不对。

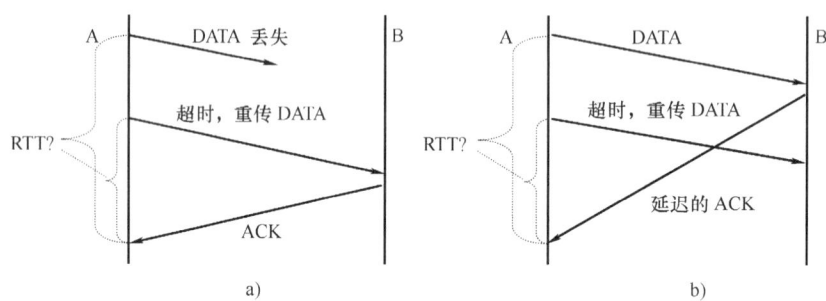

图 8-11 确认的二义性

如果认为确认是对原来的报文段，对于图 8-11a 的情况，计算出的 RTT 的值比实际值大，那么当互联网频繁丢失报文段时，会使 SRTT 不断地增长。这使得后面的传输 TCP 设定的 RTO 增大，降低了网络的传输效率。如果认为确认是对最近的报文段，对于图 8-11b 的情况，则会使计算出的 RTT 比实际值小，使得 SRTT 减小。这使得后面的传输 TCP 设定的 RTO 减小。RTO 减小又进一步加剧了重传的发生，浪费了网络的带宽。

可见，不论认为 ACK 是对原报文段还是对重传报文段，计算 RTT 都会存在问题。

业余无线电爱好者 Phil Karn 提出了一个实用的方法，避免确认的二义性所带来的问题。在式（8-1）中，TCP 不使用重传报文段的样本而只使用发送一次的报文段的样本，用这些往返时间 RTT 对估计值 SRTT 进行调整。因此，避免了确认二义性带来的问题。

这种简单的 Karn 算法也带来了新问题，因为它忽略了重传对往返时间的影响。出现重传意味着网络传输延时加大了，应该加大 SRTT 和 RTO。如果继续使用原来没有重传时计算的、小于目前实际情况的 RTO 的值，将会使重传继续下去。因此，应该利用重传的信息对 RTO 进行调节。

针对这种情况，Karn 算法使用定时器补偿策略把超时重传的影响估计在内。仍然使用上面的公式来计算 RTO，但是每当出现超时重传时，TCP 就使用下述公式加大 RTO：

$$\mathrm{rto}(k) = \delta \times \mathrm{rto}(k-1) \tag{8-7}$$

式中，δ 是一个常数因子，它的典型值是 2。为了避免定时时限的无限增加，在 TCP 的实现中可以规定 RTO 的上限。

总之，Karn 算法的思路是：计算往返时间估计值时，忽略重传报文段的样本，但当出现超时重传时，要使用定时器补偿策略。实践表明，Karn 算法在分组丢失率很高的网络上也能很好地工作。

8.4.5 TCP 流量控制

流量控制用来保证发送方发送的数据在任何情况下都不会"淹没"接收方的接收缓冲区，而且还应使传输达到理想的吞吐率。由接收方控制发送方的数据流量乃是流量控制的一个基本思路，这不仅适用于数据链路层，而且也适用于传输层。第 4 章讲到，数据链路层定义了滑动窗口机制进行流量控制，在此基础上，TCP 使用可变滑动窗口机制进行端到端的流量控制。

1. 可变窗口流量控制

图 8-12 是 TCP 发送方滑动窗口的示意图。窗口中有 3 个指针。位于滑动窗口左边界的指针 1 把已经发送并得到确认的字节与尚未得到确认的字节区分开来。指针 3 标出了窗口的右边界，指出序列中可以发送的最高字节的序号。指针 2 位于窗口的内部，它划分出已经发送的字节和尚未发送的字节之间的界限。TCP 软件可以不加延迟地发送窗口内的字节，窗口内的指针会随之从左向右移动。

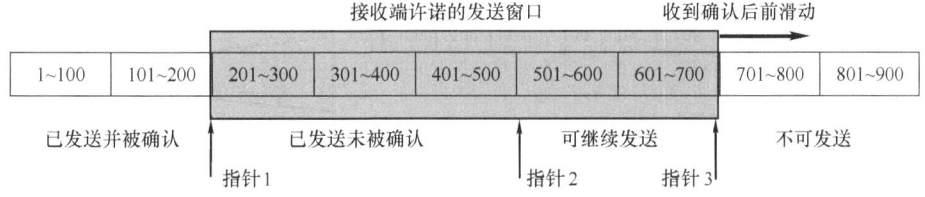

图 8-12 TCP 数据流编号与滑动窗口示意

图 8-12 示意发送方要发送的数据共 9 个报文段，每个报文段 100 个字节长，而接收方通知的窗口大小为 500 个字节。发送窗口当前的位置表示序号为 1 ~ 200 的两个报文段已经发送过并已收到了接收方的确认。在当前接收方许诺的窗口大小下，发送方可以在未收到确认前连续发送序号为 201 ~ 700 的 500 个字节。假定发送方已发送了 201 ~ 500 的 300 个字节但未收到确认，那么它还可以发送 501 ~ 700 的 200 个字节。

如果发送方收到接收方发来的确认，就可将发送窗口向前移动。比如，此时发送方收到了接收方已正确收到 201 ~ 400 的确认，那么发送窗口就向前滑动 300 个字节，701 ~ 900 又落入了发送窗口之中，窗口内的数据为 401～900，其中 401～500 是已发送但未收到确认的，发送方此时可发送 501～900 的数据。在接收方也有一个和发送方类似的接收窗口，把接收到的字节序列拼接到一起。

在数据链路层的滑动窗口机制中，数据按帧编号，而在 TCP 滑动窗口机制中数据按字节编号，如图 8-12 所示。

TCP 使用可变滑动窗口机制。接收方使用确认报文中的窗口字段，反映了接收方当前可用接收缓冲区的大小，反馈给发送方，发送方对发送窗口的大小在向前滑动时进行调节，使之等于接收方反馈的窗口大小，从而调节了发送数据的流量，以适应接收方的接收能力。

图 8-13 的例子说明可变的滑动窗口进行流量控制的过程。主机 A 向主机 B 发送数据。假设每一个报文段长度是 100，初始序号为 1，双方开始商定的窗口的大小是 400B，图中的序号是每个报文段的初始序号。数据发送和确认的流程共包括 13 个步骤，其中有 4 次改变窗口大小以调节发送流量。图 8-13a 是发送站 A 的发送窗口变化情况，窗口中的指针指示第某步之后已发送出去但尚未收到确认的报文段与未发送报文段之间的分界。图 8-13b 是发送报文段和确认报文段往返的流程。读者可结合图 8-13，详细描述 13 个步骤的流量调节过程。

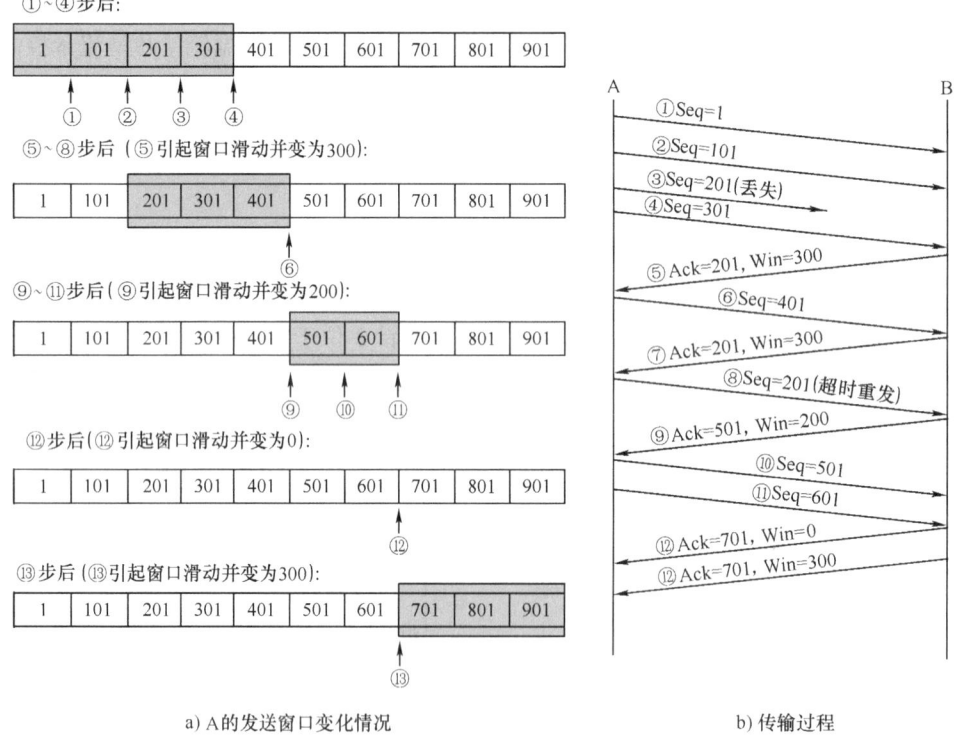

a) A 的发送窗口变化情况   b) 传输过程

图 8-13   TCP 可变窗口流量控制示例

当接收方的接收缓冲区已经饱和，接收方可以使用大小为 0 的零窗口（Zero Window）通知发送方停止连接上的数据流；当接收缓冲区又有空间后，再用一个非零窗口激活数据流。

实际使用中，零窗口可能带来一个问题。考虑下述情况：接收方发出了一个零窗口，发送方将发送窗口大小调整为 0，暂停发送。一段时间之后，接收方缓冲区又有了空间，接收方发送一个非零窗口报文，激活数据流。但不幸的是这一非零窗口的报文丢失了，发送方和接收方都等待对方的动作，因而造成了死锁。

TCP 解决这种死锁的办法是使用坚持定时器（Persistence Timer）。当发送方接收到零窗口的确认后，启动坚持定时器，当定时器设定的时间到，发送方发送一个探测报文段。接收方对探测报文段的响应包含了窗口的大小。如窗口不为 0，则发送方调整发送窗口进行发送；若窗口为 0，则重新设定坚持定时器重复上述过程。

2. 糊涂窗口综合症及其对策

TCP 用可变窗口进行流量控制是一个行之有效的措施，但也还有一些问题需要进一步研究。比如，应用程序从接收缓冲区取走多少数据后接收方 TCP 更新窗口字段？是不是应用程序将数据送到发送窗口后发送方 TCP 就马上发出去？TCP 如何掌握发送时机？这些问题 TCP 标准中并没有明确规定，而是留给了实现软件去解决。

早期 TCP 研究人员发现，在发送方或接收方的应用程序工作速度很慢时，TCP 会出现短报文段传输的问题，影响了网络的传输效率。

首先看接收方的应用程序工作速度很慢的情况。假设接收应用程序每次仅能读取一个字节。在建立了传输连接之后，发送方应用程序快速生成了数据，发送方 TCP 传输的报文段很快会装满接收方的缓冲区，发送方 TCP 得到确认，窗口大小为 0，暂时无法发送后续数据。当接收方应用程序从饱和的缓冲区读取了 1 个字节后，缓冲区就有了 1 个字节可用空间，TCP 生成一个确认，其窗口大小为 1 个字节。发送方 TCP 得到确认后，会发送包含 1 个字节数据的报文段。接收方应用程序读取了下一个字节后，TCP 又发回了窗口为 1 个字节的确认，这使发送方 TCP 又发送了含有 1 个字节数据的报文段。这样，最终形成了一个稳定的传输，但每次只传输仅包含 1 个字节数据的短报文段，而整个 IP 数据报却要有 41 个字节，大大地降低了传输效率。上述的问题，即每个确认报文通知了小的窗口，使每个报文段仅携带少量的数据，这种现象称为糊涂窗口综合症（Silly Window Syndrome，SWS）〔RFC813〕。以上 SWS 的现象示于图 8-14。

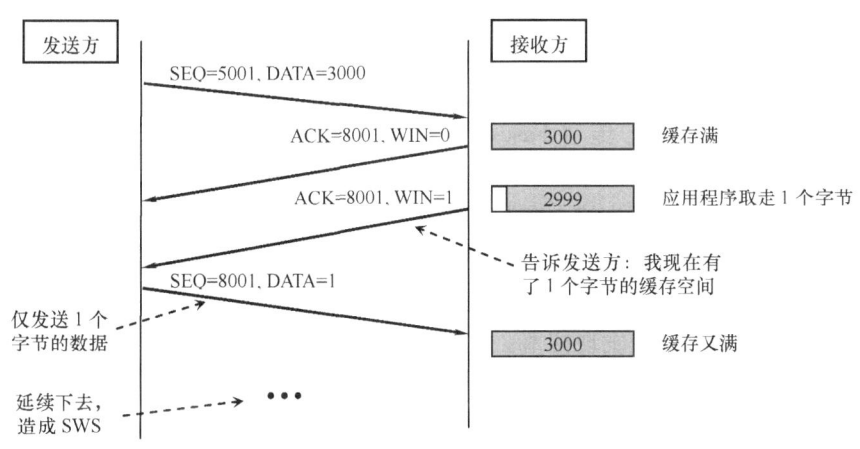

图 8-14　接收应用程序工作慢引起的 SWS

再看发送端应用程序工作速度很慢的情况。比如一个 TELNET 连接，受限于人工键盘操作的速度，发送方应用程序每次也可能只生成 1 个字节的数据，发送方 TCP 软件每次发送仅包含 1 个字节数据的短报文段。

可见，当发送应用程序产生数据很慢，或接收应用程序接收数据很慢，甚至两者兼有，TCP 将发生短报文段传输问题，即糊涂窗口综合症，大大降低了网络的传输效率，应该予以解决。

接收方应对 SWS 的策略有两种方法：

① Clark 方法：接收缓冲区满之后，发出零窗口通知，此后应用程序取走了下一个（或少量）字节时，TCP 并不发回窗口大小为 1 个（或少量）字节的确认，而是等待应用程序逐步取走数据，使缓冲区可用空间达到 MSS 或缓冲区总空间的一半之后，才更新窗口的大小。

② 延迟确认：TCP 延迟一段时间后再发送确认。

发送方应对 SWS 的策略称为 Nagle 算法。Nagle 算法工作过程是：

① 当应用程序产生第一个数据块时，TCP 会立即发送出去，即使只有一个字节。

② 发送端 TCP 在输出缓存中积累数据，并等待下列事件之一发生，触发一次新的发送。

- 收到接收端发送的一个确认。
- 数据已积累到一个 MSS。这使得当应用程序生成数据的速率比较快时，发送的报文段将包含足够多的数据，从而达到较大的传输流量。

③ 以后的传输，重复步骤②。

8.4.6 TCP 拥塞控制

拥塞是网络中的分组交换结点超载引起的，是分组交换网络共同的问题，在 WAN 和 Internet 中都存在。产生拥塞的原因和基本的控制策略已在 6.2.3 节作了介绍。

在 Internet 中使用无连接的分组交换技术，拥塞控制十分重要。6.2.3 节介绍了 Internet 中上的路由器在网际层采用的一种称为随机早期检测 RED 的分组丢弃策略。Internet 的拥塞控制主要在传输层实现，本节介绍 TCP 的拥塞控制策略。

TCP/IP 拥塞控制最根本的措施是减慢源站的发送速率，即源抑制（Source Quench）。为了避免和控制拥塞，TCP 推荐使用以下几种技术：慢启动（Slow Start）、拥塞避免（Congestion Avoidance）、快速重传（Fast Retransmission）和快速恢复（Fast Recovery）[RFC2581，建议标准]。

使用这些技术的前提是认为绝大多数的报文丢失都是由拥塞所致，因为在目前的通信技术条件下，由于通信线路问题引起的误码而造成报文丢失的概率已经很小。

TCP 的拥塞控制机制是闭环控制，首先要通过直接或间接的反馈信息了解当前网络的拥塞状态，TCP 可以由以下途径发现拥塞：报文段的重传定时器到时以及收到 ICMP 的源抑制报文。

接收方用报文的窗口字段反馈其接收能力，限制发送方的发送流量。为了进行拥塞控制，TCP 又设置了一个拥塞窗口（Congestion Window）。当发生拥塞时，拥塞窗口将发送流量进一步限制到小于接收方的接收能力，缓解网络拥塞状况。

发送方发送数据时，既要考虑到接收方的接收能力又要考虑到拥塞状况，因此，发送窗口按式（8-8）取接收方通知的窗口和拥塞窗口中较小的一个：

$$swnd = \min(cwnd, rwnd) \qquad (8\text{-}8)$$

式中，变量 swnd、rwnd 和 cwnd 分别为发送方的发送窗口、接收方通知的窗口和拥塞窗口。

为了进行拥塞控制，对每个 TCP 连接除了设置 cwnd 变量，还设置了另一个变量：慢启动门限（Slow Start Threshold），它用来分界慢启动和拥塞避免策略，用变量 ssthresh 表示。TCP 规定：

- 当 cwnd < sssthresh，使用慢启动策略。
- 当 cwnd > ssthresh，使用拥塞避免策略。
- 当 cwnd = ssthresh，既可使用慢启动策略也可使用拥塞避免策略。

慢启动和拥塞避免策略是早就提出的拥塞控制策略，我们结合图 8-15 的示例具体说明。图中是拥塞控制过程的曲线，横坐标是传输次数，总共 25 次传输。发送方发完本次发送窗口中的全部报文段并都收到了确认，称为"传输 1 次"。在 swnd = cwnd < rwnd 的情况下，传输 1 次所用的时间大约是 RTT，报文段发送用时比在传输线路上传输用时一般要少得多。

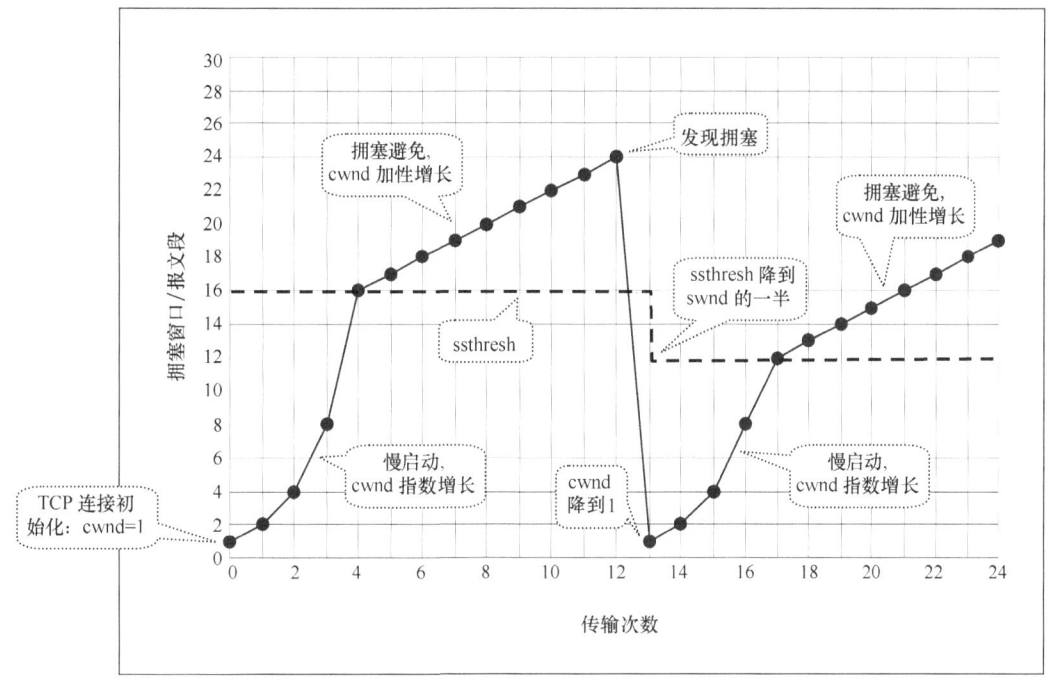

图 8-15　慢启动和拥塞避免拥塞控制策略示例

① 当一个 TCP 连接初始化时：

- 设置拥塞窗口初值，不能大于两个报文段长度 MSS，一般是 cwnd = 1MSS（B）。为方便计算，下面使用 MSS 为单位。图 8-15 的例子中，设置拥塞窗口初值 cwnd = 1。一个 TCP 连接上的传输也是从慢启动开始，这可探测可用的网络带宽。
- 设置慢启动门限初值，没有具体规定初值的大小，一般使用接收方通知的窗口的值。图 8-15 的例子中，设置慢启动门限初值 ssthresh = 16。

② TCP 开始发送过程，发送窗口 swnd 按式（8-8）计算，一般地，窗口 rwnd 足够大，它限制了 swnd 的上限不超过 rwnd，swnd 实际上等于 cwnd。

③ 每次传输都调节一次拥塞窗口，进而调节了发送窗口，调节方式如下：

- 当 cwnd < ssthresh 时，执行慢启动。cwnd 从初值 1 开始，每收到一个对新报文段的 ACK，cwnd = cwnd + 1。这样，第 1 次传输完，收到 1 个 ACK，cwnd 增加到 2；第 2 次传输完，收到两个 ACK，cwnd 增加到 4……因此，cwnd 按指数规律增长，即每传输 1 次，cwnd 加倍，图 8-15 中，TCP 从开始到第 4 次传输，执行慢启动过程。

- 当 cwnd ≥ ssthresh 时，转入拥塞避免。cwnd 从 ssthresh 开始，每收到一个对新报文段的确认 ACK，cwnd = cwnd + 1/cwnd。每传输 1 次，收到 cwnd 个 ACK，cwnd 增加 1。此时，发送窗口减慢增加速度，变为加性增长（additive increase）。图 8-15 中，当第 4 次传输完，cwnd 达到设定的慢启动门限值 16，之后，cwnd 变为加性增长，直至再次检测到拥塞。在 cwnd 加性增长的过程中，swnd 要受式（8-8）的约束，最大到 rwnd。

④ 如果在某时刻 TCP 发现发生了拥塞，则：

置 ssthresh = max（swnd/2，2），即将 ssthresh 降到拥塞发生时 swnd 的一半，但不能小于 2，并令 cwnd = 1，即拥塞发生后，慢启动的 cwnd 初值为 1，开始慢启动过程。

图 8-15 中，当进行到第 13 次传输时，重发定时器出现超时，发生了拥塞。此时 cwnd 已增长到 24（假设 rwnd 大于 24），那么此时 swnd 也为 24，于是 TCP 令 ssthresh = swnd/2 = 12，cwnd = 1，cwnd 回到慢启动的起点，TCP 又开始进入慢启动过程。

从以上过程可以看出，"慢启动"指每出现一次拥塞，拥塞窗口都要降到 1 MSS 的起点，数据以最小的流量开始注入网络。不过慢启动的名词并不十分确切，因为拥塞窗口是按指数增长，增长的速率并不慢。实际上它是"低启动"，拥塞发生之后拥塞窗口设置为 1，传输过程从低起点启动。

"拥塞避免"是指当拥塞窗口增大到慢启动门限值之后，连接上的流量已增大到一定程度，就将拥塞窗口增长速率由指数增长变为加性增长，以避免再次出现拥塞。

后来人们又提出了拥塞控制算法的修改建议，即快速重传和快速恢复技术，它们一般是一起使用。

在 TCP 发生报文丢失后，接收方会收到失序的报文段。接收方的响应是立即发出一个确认，让发送方知道接收方收到一个失序的报文段，并告诉对方自己希望收到的序号，即丢失报文段的序号。在该报文段没有收到的情况下，接收方每收到一个后续的报文段，都会尽快发出一个重复的确认。因此，根据接收到重复确认报文的信息也可以发现报文丢失或滞留在网络中。

快速重传和快速恢复算法如下：

① 收到 3 个重复的确认（共 4 个 ACK）后，令 ssthresh = max（swnd/2，2），和慢启动算法一样。

② 重传报文段，并令 cwnd = ssthresh + 3。这和慢启动算法置 cwnd 为最小值 1 不一样。收到 3 个重复的 ACK 说明有 3 个报文段已经离开了网络，进入接收方缓冲区，将 cwnd 在 ssthresh 基础上又加 3。

③ 收到一个重复的确认时，令 cwnd = cwnd + 1。重复的确认说明又有一个报文段已离开了网络，将 cwnd 加 1。

④ 若发送窗口允许，就发送一个新的报文段。

⑤ 当新的非重复的确认（这是对第②步重传报文段的确认，重传报文段已到接收方）到达时，令 cwnd = ssthresh，即原来报文段丢失时 cwnd（即第①步的 cwnd = swnd）的一半，然后使用拥塞避免算法。

以上算法中，当收到第 3 个重复的确认时，就认为报文丢失，发生了拥塞，因此重传报文段，而不必等到重传定时器到时，故称快速重传。下面取消慢启动而执行快速恢复，并不把 cwnd 降到 1。取消执行慢启动的原因是由于收到接收方的重复确认，不仅仅告诉发送方一个报文段丢失了，而且还表明接收方成功地接收到了失序的报文段，TCP 连接上仍然有数据流在传输，因而不必执行慢启动锐减数据流。

现在广泛使用的是 TCP Reno 版本，采用了快速重传和快速恢复算法，在建立连接和超时重传时则使用慢启动和拥塞避免。

TCP Reno 版本的拥塞控制算法的拥塞窗口 cwnd 的折线图如图 8-16 所示。实际上，根据上述算法的描述，在第 13 次传输过程中，cwnd 还有一些小的调整变化（步骤②、③），最终如图 8-16 所示，cwnd 降到原来报文段丢失时的一半（步骤⑤）。

与只使用慢启动和拥塞避免的拥塞控制算法（图 8-15）相比，TCP Reno 版本的拥塞控制算法（图 8-16）显然有能力使网络提供更大的吞吐量。实际上，图 8-15 和图 8-16 中，cwnd 折线和横坐标之间的面积就是这 25 次传输中网络提供的以报文段为单位的总传输量。定性地看，图 8-16 中的面积要大于图 8-15 中的面积。将 25 次传输的报文段累加，也可以定量地计算出网络提供的总传输量，图 8-15 是 334 个报文段，而图 8-16 是 405 个报文段，增加了 21%。如果只比较拥塞后的部分（第 13 步到 24 步），图 8-16 与图 8-15 相比，总传输量由 139 个报文段增加到了 210 个报文段，增加了 51%。

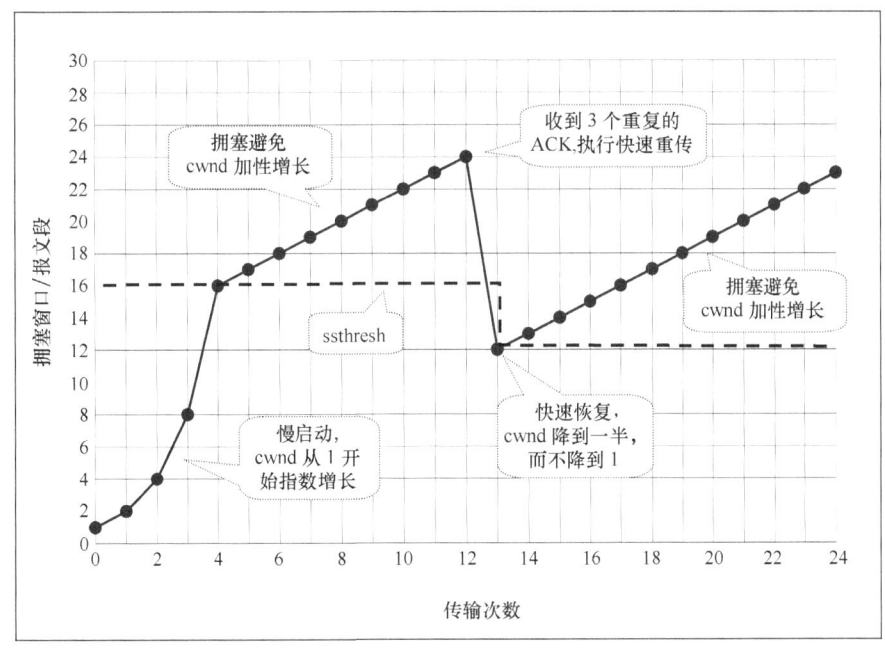

图 8-16　TCP Reno 拥塞控制策略示例

思 考 题

8.1 简要说明 TCP/IP 传输层的作用。它主要包含哪两个协议？它们的主要特点是什么？

8.2 简述协议端口及其作用。有哪两类协议端口？它们如何分配和管理？

8.3 UDP 用户数据报报头共几个字节？哪几个字段？为什么不包含目的地址和源地址？

8.4 UDP 用户数据报的伪报头的作用是什么？为什么称为伪报头？

8.5 UDP 提供了什么样的传输可靠性措施？

8.6 UDP 的特点是什么？

8.7 什么是 TCP 的数据流和报文段？TCP 对什么进行编号？TCP 采用什么确认的方式？TCP 的确认序号是什么意思？

8.8 设 TCP 的最大报文段生存时间 MSL 分别为 120s 和 60s，均使用 32 比特的序号空间。问：同一 TCP 连接中在 MSL 内不出现相同序号的最大数据传输速率分别是多少？TCP 采取什么措施避免同一连接上在 MSL 内出现相同的序号？

8.9 光纤理论上可以达到 75Tbit/s 的数据传输速率，如果 TCP 的最大报文段生存时间 MSL 仍取 120s，问：为避免出现相同序号的问题而扩大序号空间，TCP 应该使用至少多少比特的序号空间？对于光纤的这一速率，如果仍使用 32 比特的序号空间，MSL 最大有多大？

8.10 在 TCP 连接上，主机的发送窗口 64kB，线路的往返时间是 50ms。问：①主机能达到的最大数据传输速率是多少？②若在此线路上使用窗口比例因子选项实现 155Mbit/s 的数据传输速率，窗口比例因子至少应该选多大？扩展后的窗口可达多少字节？

8.11 TCP 报文的窗口字段反映了什么信息？在 TCP 的流量控制中它起什么作用？

8.12 在 TCP 连接上，主机 A 向主机 B 传输 1 100B 的数据，双方 TCP 协商的 MSS 为 300B，主机 B 通知的窗口为 1 200B，又设主机 A 和 B 的初始序号 ISN 分别为 1 000 和 2 000，参照图 8-7、图 8-9 和 8-13b 画出主机 A 和主机 B 建立连接—传输数据（A→B）—关闭连接的全过程示意图，图中标明重要的协议参数。

8.13 TCP 为什么使用坚持定时器？

8.14 简述拥塞控制与流量控制产生的原因和所解决的问题。它们解决问题的根本途径是什么？

8.15 TCP 发现拥塞的途径是什么？

8.16 解释拥塞窗口和慢启动门限值。TCP 拥塞控制主要采用哪几种技术？简要解释这些技术的特点。

8.17 图 8-15 中，当进行到第 11 次传输和第 19 次传输时发生拥塞，重发定时器出现超时，其他条件和参数与图 8-15 相同。发生拥塞后，慢启动门限变为多少？参照图 8-15 画出采用慢启动和拥塞避免的拥塞控制策略的传输过程中拥塞窗口和慢启动门限的变化曲线。

8.18 试说明 TCP 的快速重传和快速恢复技术拥塞控制机制。

8.19 TCP 的重传机制是保证什么性能的重要措施？UDP 具有重传机制吗？

8.20 TCP 为什么要用自适应算法计算重传定时器定时时限？

8.21 Karn 算法提出的原因是什么？简述 Karn 算法。

8.22 什么是最大报文段长度 MSS？选择合适的 MSS 的困难何在？如何选择？

8.23 为适应网络技术的发展，TCP 提出了新的窗口比例因子选项，原因是什么？窗口比例因子选项如何扩大窗口值？

8.24 在 TCP 建立连接的过程中，通信双方可以为数据传输做哪些准备工作？

8.25 设 TCP 连接上报文段的往返时间（RTT）的初始值 rtt（0）= 24ms，随后的值分别是 32ms、16ms、40ms、28ms、36ms 和 22ms。根据 TCP 的重传策略，计算报文段的平滑往返时间 srtt（k）和重传定时时限 rto（k）（k = 1，2，3，4，5，6）。计算中，假设 SRTT 的初始值 srtt（0）= rtt（0），RTT 和 SRTT 偏差的平滑值的初始值 d（0）= rtt（0）/3。

第9章 网络应用

9.1 网络应用模式

计算机网络的各种应用层协议都是为了解决某一类应用问题，这些问题的解决通常是通过位于不同主机上的多个应用进程之间的通信并协同工作来实现的。

Internet 应用层中，应用进程以什么方式相互通信和协作呢？最主要的应用进程交互方式就是客户—服务器（Client/Server，C/S）模式。在 Web 环境下，C/S 模式又演进为基于 Web 的客户—服务器模式，称为浏览器—服务器（Browser/Server，B/S）模式。Internet 中的很多网络应用如 FTP、DNS、Email、WWW 和 Socket 等提供的网络通信机制都采用 C/S 模式。

C/S 模式是从计算机网络和分布式计算的基础上发展起来的。所谓客户和服务器，它们分别是两个应用进程，可以位于 Internet 的两台不同主机上，它们分工协作，为用户提供各种网络应用服务。在 C/S 模式中，服务器被动地等待服务请求，客户向服务器主动发出服务请求，服务器做出响应并返回服务结果。

采用 C/S 模式作为应用程序间相互作用的最主要形式，主要原因如下：

（1）适应通信发起的随机性

Internet 上不同主机进程之间进行通信，其重要特点是主机发起通信完全是随机的，一台主机上的进程不知道另一台主机的进程会在什么时候发起一次通信。C/S 模式能够很好地解决这种随机性问题，每次通信过程都由客户随机地主动发起，而服务器进程从开机起就处于等待状态，随时准备对客户的请求做出及时的响应。C/S 模式为通信进程建立了联系，为它们之间的数据交换提供同步。

（2）充分地利用网络资源

C/S 模式的一个重要特点是非对等性相互作用，客户请求服务，服务器提供服务。一般提供服务的计算机要比请求服务的计算机拥有更好更多的硬、软件资源和更强的处理能力，这样就充分地利用了网络资源。

（3）优化网络计算，提高传输效率

比如数据库（DB）查询，客户接收用户的查询请求，形成查询报文传给 DB 服务器，服务器执行数据库的查询，之后将查询结果传回给客户，客户进行结果显示，提供友好的人机界面。因此，客户和服务器分工合作，协同完成计算，而网络上传输的只是简短的查询请求和结果。

客户发出请求完全是随机的，可能会有两个甚至多个请求同时到达同一个服务器，这就是所谓的并发请求，服务器应该具有处理并发客户请求的能力。有两种处理并发请求的服务器方案。

一种服务器方案是并发服务器（Concurrent Server），它用主从服务器的方式解决并发请求的问题。主服务器（Master）是一个守护进程（Daemon），系统启动它就运行。如果没有客户请求到达时，主服务器处于等待状态。一旦有客户请求到达，主服务器立即为之产生一个子进程，由子进程响应请求，而自己回到阻塞状态，等待新的客户请求。子进程称为从服务器（Slave）。当又有下一个客户请求到达时，主服务器再为这一新的客户请求产生一个新的从服务器来响应它，然后又回到等待状态。如果有 n 个客户在使用同一台机器上的服务器，就会有 $n+1$ 个服务器并发运行。可见，这种主从服务器的方式巧妙地解决了并发请求的问题。

并发服务器的一个优点是从服务器不依赖于主服务器而独立响应请求，不同从服务器可以按不同的方式响应请求，具有很大的灵活性。因为多个从服务器在并发地响应不同的请求，因此并发服务器的另一优点是实时性好。但并发服务器因产生了多个子进程会增加系统开销。

另一种服务器方案是重复服务器（Iterative Server）。重复服务器不产生从服务器。重复服务器包含一个请求队列，客户请求到达后，首先进入队列之中，服务器按先进先出（First In First Out，FIFO）原则对这些请求逐一做出响应。

万维网（World Wide Web，WWW 也称 Web）产生后，Web 环境下的应用也广泛采用 C/S 模式。在 Web 的 C/S 模式中，客户是浏览器（Browser），万维网文档所驻留的计算机运行服务器程序，即万维网服务器（Web Server）。这种 Web 环境下的 C/S 模式称为浏览器—服务器模式，即 B/S 模式。B/S 模式使客户端使用通用的浏览器，操作统一简化，便于应用。

B/S 模式可以提供多层次连接，常常是浏览器—万维网服务器—应用服务器的形式，其中广泛使用 browser/Web server/DB server 三层连接，Web server 和 DB server 连接并可读取数据库中不断更新的数据，这样 browser 就可以在网页中浏览到动态的数据。

9.2 域名系统

人们上网浏览时愿意使用易于记忆的域名（Domain Name），也称主机名（Host Name），但通信时还需转换为 IP 地址。早期的 ARPANET 时代，整个网络上只有数百台计算机。那时使用一个叫做 hosts 的文件，放在斯坦福研究院，它列出所有主机名及其对应的 IP 地址。下载这个文件，根据主机名就可以将其转换成 IP 地址。随着 Internet 上主机数量迅速增加，hosts 的管理越来越困难。

1983 年开始，Internet 采用层次结构的命名树作为主机的名字空间，并使用域名系统（Domain Name System，DNS）［RFC1034、1035，因特网标准］进行域名解析。

9.2.1 Internet 域名结构

任何一个连接在 Internet 上的主机或路由器，都有一个唯一的层次结构的名字，称为域名，在应用层使用。域（domain）是指名字空间中一个可被管理的子空间，还可以进一步划分为子域。域名是个逻辑概念，与主机所在的物理位置没有必然联系。

层次结构的域名分为若干等级，各等级域名之间用小数点连接：

…… 三级域名. 二级域名. 顶级域名

每一级域名均由英文字母和阿拉伯数字组成，不超过 63 个字符，不区分字母大小写。

各级域名自左向右级别越来越高，顶级域名（Top Level Domain，TLD）在最右边。一个完整的域名总字符数目不能超过 255 个。域名系统不规定一个域名必须包含多少个级别。

这样，整个 Internet 层次结构的名字空间就构成一棵命名树，根结点是无名的，根下面就是 TLD 结点。用这种方法可使每一个名字都是唯一的，而且也容易设计出一种搜索域名的机制。

各级域名由其上一级的域名管理机构管理，而顶级域名由 Internet 名字和号码分配公司 ICANN 负责管理。

现在顶级域名（TLD）有三类：

（1）国家顶级域名（ccTLD，cc：country code）

国家顶级域名有 247 个，如 cn（中国）、us（美国）、jp（日本）等。国家顶级域名下注册的二级域名均由该国家自行确定。

（2）通用顶级域名（gTLD）

最早的通用顶级域名共 7 个，即 com（公司企业），net（网络服务机构），org（非赢利性组织），edu（教育部门，美国专用），gov（政府机关，美国专用），mil（军事部门，美国专用），int（国际性的组织）。

由于 Internet 的用户数量急剧增大，现在又提议新增通用顶级域名 11 个：

biz（商业），info（网络信息服务组织），pro（有证书的专业人员），name（个人），museum（博物馆），coop（合作团体），aero（航空业），mobi（移动产品与服务的用户和提供者），travel（旅游业），jobs（人力资源管理），cat（加泰隆人的语言和文化团体）。

（3）基础结构域名（Infrastructure Domain）

目前只一个，即 arpa，用于反向域名解析，又称为反向域名。

我国将 cn 下注册的二级域名分为类别域名和行政区域名两类。类别域名 7 个：

gov（政府机关）；com（工、商、金融等企业），edu（教育部门），ac（科研机构），net（互联网络的有关机构），org（非盈利性组织），mil（国防机构）。

行政区域名有 34 个，适用于我国的各省、自治区、直辖市，如 bj（北京市），hb（河北省）等。

在二级域名 edu 下申请注册三级域名由中国教育科研网 CERNET 网络中心负责，在 edu 之外的其他二级域名下申请注册三级域名，由中国互联网网络信息中心 CNNIC 负责。

一个单位拥有了一个域名，它可以自己决定是否要进一步地划分子域。如果要划分，那么如何划分也由自己决定，没有统一规则，而且也不必将子域的划分情况报告上级有关机构。

域名有相对域名和绝对域名之分。绝对域名就是上文讲到的完整的域名。绝对域名又称为完全限定域名（Full Qualified Domain Name，FQDN）。相对域名是指在某一级域名的下级域名。

9.2.2 域名解析

DNS 是一个联机分布式数据库系统，采用 C/S 模式。进行域名查询的机器运行客户端软件，称为域名解析器，也称名字解析器。在专门设立的计算机上运行域名服务程序，称为域名服务器，也称名字服务器。在 Internet 上，有大量的域名服务器在运行，它们的数据库中存放着各自管辖范围的域名—IP 地址的映射表，它们之间又可以相互联络和协作，实现域名解析。

DNS 使用 UDP 传输域名解析请求和响应报文，使用周知端口 53 进行所有的有关通信，一旦解析器获得服务器所在机器的 IP 地址，便可以与域名服务器软件通信。

1. 域名服务器系统

Internet 上所有的域名服务器相互联络和协作形成一个统一的域名服务器系统，负责进行域名解析。域名服务器系统的组织有以下特点：

1）域名服务器系统基本上是按照域名的层次来设置的，但它们的层次并不严格相同。Internet 允许根据具体情况将某一域名空间划分为一个或多个域名服务器管辖区，多个管辖区是不重叠的。

2）在每个管辖区设置相应的授权域名服务器（Authoritative Name Server，ANS）。管辖区内的主机必须在 ANS 处注册登记，ANS 的 DNS 数据库中记录了辖区内主机域名和 IP 地址的映射表，负责对本管辖区内的主机进行域名转换工作。

有几种特殊的域名服务器：

- 本地域名服务器（Local Name Server，LNS）：对每个管辖区内的所有主机来说，该管辖区内的 ANS 即 LNS，辖区内的所有主机都知道它的 IP 地址，是默认域名服务器。
- 顶级域名服务器（TLD Name Server，TNS）：Internet 域名空间的每一个顶级域，不管是通用顶级域还是国家顶级域，都有自己的域名服务器，即顶级域名服务器。一个顶级域可以有多个顶级域名服务器。
- 根域名服务器（Root Name Server，RNS）：管理顶级域名服务器。Internet 上共有 13 个 RNS，域名分别为 a. rootserver. net 至 m. rootserver. net，均由 ICANN 统一管理。其中 10 个放置在美国，欧洲有两个，分别位于英国和瑞典，亚洲有 1 个，位于日本，如图 9-1 所示。

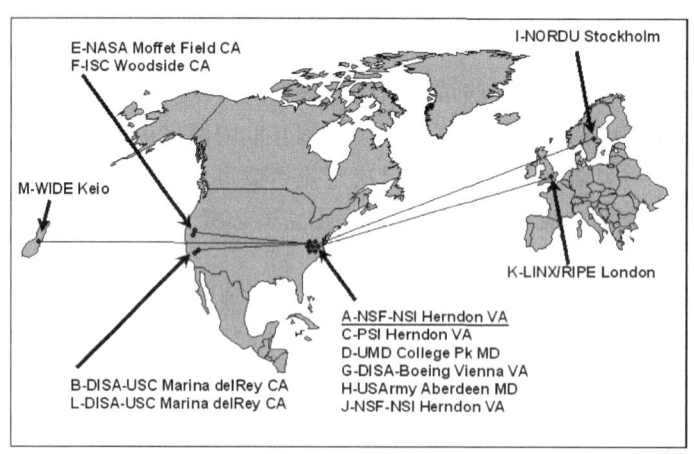

图 9-1　根域名服务器分布（引自参考资料 9）

13 个 RNS 却不止 13 台计算机，到 2006 年底已经安装了 123 台，分布在世界各地，这样可以使地址解析就近实现。比如 f. rootserver. net 就在 40 个地点安装了镜像服务器，我国就有 3 台，分别在北京、香港和台北。

3）分散在世界各地的域名服务器形成了一个联合协作的系统，需要时域名服务器之间可以协作完成解析，为此，

- 每个域名服务器都知道 RNS 的 IP 地址。
- 每个域名服务器都知道其下一级域名服务器的域名和 IP 地址。

2. 域名解析方式

域名解析又有两种方式：

第一种方式称为递归解析（Recursive Resolution），此时域名服务器又是解析器，它不能解析某域名时，就变为解析器请求其他域名服务器进行解析，如此递归，直至得到解析结果。

第二种方式称为反复解析（Iterative Resolution），客户访问的域名服务器不能解析时，返回下一个域名服务器的 IP 地址，供客户下一次访问，如此客户反复进行解析，直至得到结果。

递归解析将复杂性和负担交给服务器软件，反复解析将复杂性和负担由解析器软件承担。图 9-2 说明了两种方式的域名解析算法。

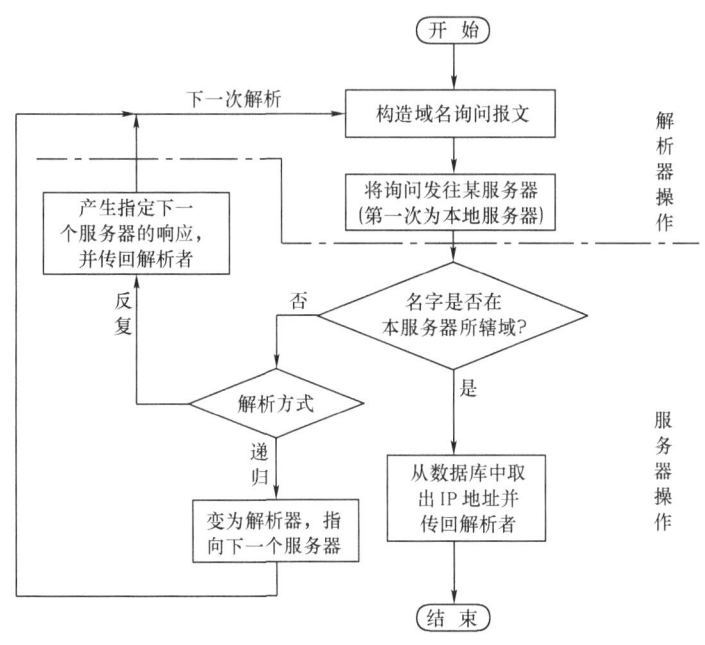

图 9-2 TCP/IP 域名解析算法

3. 域名解析过程

域名系统进行域名解析过程分为两步进行：

第一步：解析者访问 LNS。当一主机的某一个应用需要进行域名解析时，主机的解析器首先访问 LNS。此时解析者一般都是要求 LNS 进行递归解析。LNS 查找 DNS 数据库，如果能找到对应的 IP 地址，就放在应答报文中返回；否则转入第二步，LNS 变为解析器，代替主机继续解析过程。

第二步：访问其他域名服务器，进行一次自顶向下的搜索。LNS 以客户身份先访问 RNS，RNS 不能解析时，再请求顶级域名服务器；顶级域名服务器不能解析时，再请求其下一级域名服务器……如此下去，完成一次自顶向下的搜索，最后终将找到该域名的 ANS，实现域名解析。

以下举一个例子说明域名解析的过程。图 9-3 是一个域名服务器管辖区划分的示意图，每一个闭合环包围的范围是一个管辖区，假设管辖区内最上方的名字是这个管辖区的域名服务器的域名，管辖区之间的连线表示它们之间的上下级关系。

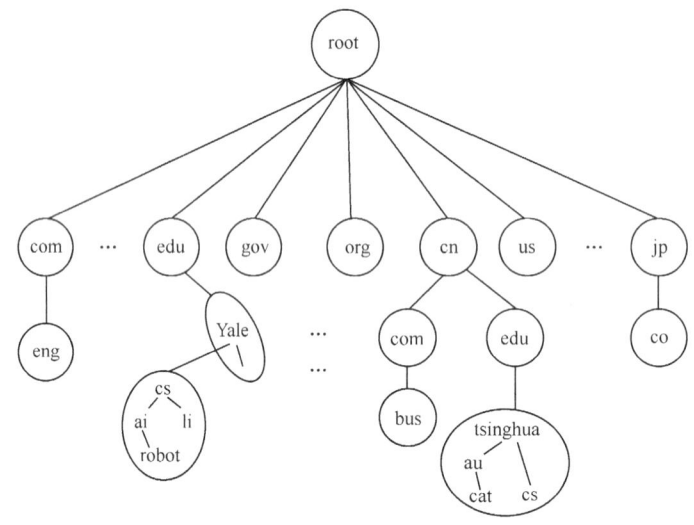

图 9-3　域名管辖区划分的例子

如图 9-3 所示，假若清华大学自动化系的一个主机 cat. au. tsinghua. edu. cn 要访问耶鲁大学计算机系的一个域名为 li. cs. yale. edu 的主机，解析其 IP 地址，一种域名解析过程如图 9-4 实线 1 ~ 10 步所示：

第 1 步：主机的解析器首先访问 LNS（tsinghua. edu. cn）。

第 2 步：LNS 中没有欲解析域名的 IP 地址，LNS 成为解析器，此后使用反复解析的方式，首先向 RNS（root）发出解析报文。

第 3 步：RNS 中也没有欲解析的 IP 地址，RNS 将顶级域名服务器（edu）的 IP 地址告知 LNS。

第 4 ~ 8 步：LNS 反复进行解析。

第 9 步：找到了该域名的 ANS（cs. yale. edu），ANS 返回了域名对应的 IP 地址（198. 54. 231. 20）。

第 10 步：LNS 将 IP 地址 198. 54. 231. 20 返回给主机。

另一种域名解析过程如图 9-4 的（1）~（10）步所示，域名服务器全部使用递归解析方式，读者对解析过程可自行分析。

4. 域名缓存

对于非本地域名的解析都要进行一次自顶向下搜索，增加了网络的负担。为了提高解析效率，域名解析也使用缓存技术。

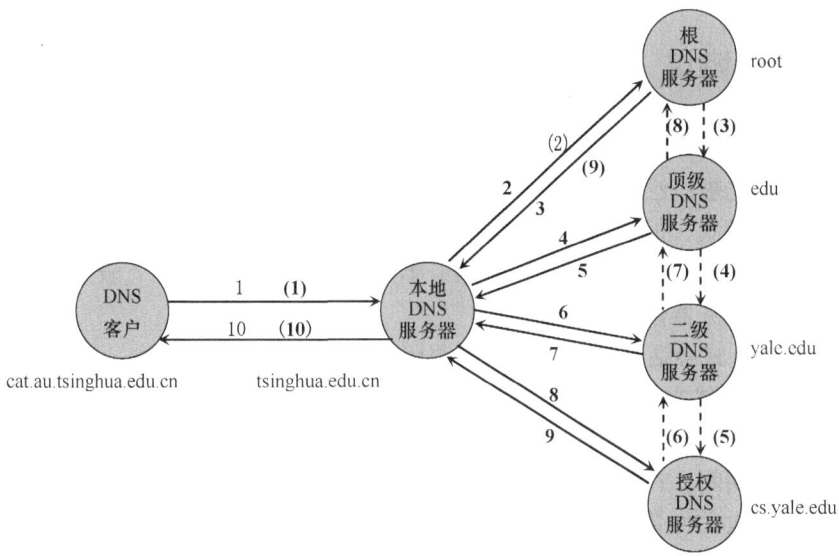

1. IP（li. cs. yale. edu）= ?　2. IP（li. cs. yale. edu）= ?　（1）、（2）、（3）、（4）、（5）：
3. 请查询 edu　　　　　　　4. IP（li. cs. yale. edu）= ?　IP（li. cs. yale. edu）= ?
5. 请查询 yale. edu　　　　　6. IP（li. cs. yale. edu）= ?　（6）、（7）、（8）、（9）、（10）：
6. 请查询 cs. yale. edu　　　 8. IP（li. cs. yale. edu）= ?　IP = 198. 54. 231. 20
9. IP = 198. 54. 231. 20　　 10. IP = 198. 54. 231. 20

图 9-4　域名解析过程的例子

　　域名缓存用来存放近期解析过的域名—IP 地址的映射，而且对于每一个映射，还存放提供此映射的 ANS 的地址。在 LNS 解析过程中，如果在数据库中搜索不到相关的记录，就使用域名缓存。

　　域名缓存中域名—IP 地址映射的有效性问题是需解决的重要问题。假如服务器中的映射已经改变而缓存中的映射未作相应更新，过时的映射会导致解析的错误。为此，缓存技术采取了以下两种措施：

　　1）服务器向解析器报告域名缓冲信息时，注明这是非授权的，并且给出提供此映射的 ANS。如果解析器注重解析效率，则可使用域名缓存的非授权的映射；反之，如果解析器注重解析的准确性，则与该 ANS 联系，得到当前的映射。

　　2）为缓冲区中的每一映射维护一个生存时间（Time To Live，TTL），限定该映射的有效时限。一旦某个映射的 TTL 到时，将从缓存中删除。TTL 是由响应域名查询的 ANS 给出的，在其响应中附加一个 TTL，因为 ANS 的本地管理机构对它所管辖的域名是最了解的，可以给出合适的 TTL。

　　域名缓存机制不仅用于域名服务器，也用于主机，这进一步提高了解析效率。许多主机运行一种功能很强的解析器软件，系统启动时这种解析器软件从 LNS 获取一个完整的域名—IP 地址映射数据库的副本，并维护一个近期使用过的域名—IP 地址映射的缓存。主机进行域名解析时，先使用自己的域名缓存进行解析，如果搜索不到再访问域名服务器。

9.3 文件传送协议

文件传送协议（File Transfer Protocol，FTP）[RFC959，因特网标准] 是 Internet 中一个很早开始而且目前仍被广泛使用的协议。

FTP 使用 C/S 模式，但它比较复杂，与一般 C/S 模式有所不同，它使用双重连接：控制连接和数据连接，并涉及 5 种进程：主服务器进程、客户控制进程、服务器控制进程、客户数据传送进程和服务器数据传送进程。

FTP 是一个交互式会话系统，客户每次调用 FTP，便与服务器建立一个会话（Session）。一个 FTP 会话，需要建立一个控制连接和若干个数据连接，控制连接负责传送控制信息，数据连接负责传送文件。会话以控制连接来维持，使用 quit 命令退出 FTP 会话，控制连接就结束。会话保持期间，控制连接一直存在。数据连接则不然，FTP 为每次文件传送都建立一个数据连接，一次文件传送结束，其数据连接就撤销。控制连接和数据连接均使用 TCP 连接。

先看控制连接。开机后服务器使用分配给 FTP 的 TCP 周知端口 21，主服务器进程最先运行，通过该端口等待客户的请求。

当客户端的用户使用 ftp 命令进入 FTP 后，先建立一个客户控制进程，客户控制进程申请一个本地的 TCP 自由端口（例如 1817），并通过周知端口 21 向服务器发出连接请求。

主服务器进程接到连接请求后，产生一个子进程作为服务器控制进程，服务器控制进程与客户控制进程之间建立了控制连接。

此后，主服务器进程进入阻塞状态，等待新的客户请求，属于并发服务器的方式。

再看数据连接。数据连接依赖于用户为某种文件操作发出的请求。客户控制进程在操作结束时为数据连接选择一个自由端口号（例如 1818）给客户数据传送进程使用，客户数据传送进程通过该端口接受来自服务器的数据连接请求。

客户控制进程通过控制连接把该端口号（1818）发送给服务器控制进程，告知该端口号。服务器上的服务器数据传送进程，通过该端口（1818）向客户数据传送进程发送连接请求，建立起数据连接。

服务器数据传送进程总是使用周知端口 20，但与一般 C/S 模式不同的是，在建立连接过程中它作为请求方。它不能像一般的服务器周知端口那样可以接受任意的数据传输连接。

在控制连接上传送的是客户和服务器端的命令（请求）和应答，以网络虚拟终端（Network Virtual Terminal，NVT）编码形式传送。NVT 定义了数据和命令通过 Internet 传输的规范形式，FTP 和远程登录协议 TELNET 都使用它。NVT 编码格式是在 ASCII 码基础上的扩展，也称 NVT ASCII。NVT 也将信息分为数据和控制两类，在 NVT 中，所有可打印字符使用 ASCII 字符，意义不变。对于控制字符，NVT 只使用了 ASCII 码中的 CR（移到当前行的左端）、LF（垂直移到下一行）等 8 个。

FTP 用户命令有几十个。例如，help 可列出 FTP 的所有命令和给出命令的解释，list 列表显示文件或目录，get 可获取一个远程文件，put 和 send 可传送一个本地文件到远地主机，quit 命令退出 FTP 等。

FTP 有严格的 FTP 访问控制和匿名访问控制两种访问控制方式。严格的 FTP 访问控制要求客户给出文件所在主机上的一个合法账号，包括登录名和口令，才能访问文件。匿名访问控制给用户提供了一种方便的访问方式，它是一种非严格访问控制，即所谓的匿名 FTP（Anonymous FTP）。服务器常常将匿名访问限制在某一个目录下的公共文件，如/usr/ftp。

客户在支持匿名 FTP 的服务器上访问公共文件时，只需使用下述公开的账号：

登录名：anonymous

口令：guest

就可以与服务器建立会话。guest 是早期系统的匿名访问口令，如今许多 FTP 版本常常要求用户使用其电子邮件地址作为口令，这样，万一发生问题时远程 FTP 程序可发送电子邮件通知用户。

9.4　电子邮件

9.4.1　电子邮件简介

早在 20 世纪 80 年代初就制定了 ARPANET 上的电子邮件（Email）标准——简单邮件传送协议（Simple Mail Transfer Protocol，SMTP）［RFC821，因特网标准］和电子邮件文本报文格式［RFC822，因特网标准］，两个文档后来修订为 RFC2821 和 RFC2822。目前世界上仍广泛使用 SMTP。

SMTP 原来只能传送文本邮件，为了能够传送多媒体信息，1993 年又制定了多用途因特网邮件扩充（Multipurpose Internet Mail Extensions，MIME）［RFC2045～2049，草案标准］。MIME 支持传送多种数据类型，如文本、声音、图像以及视像等。

邮局协议（Post Office Protocol，POP）是用于对电子邮件信箱进行远程访问协议，现在普遍采用的是第 3 版本 POP3［RFC1939，因特网标准］。另一种邮件访问软件是因特网报文存取协议（Internet Message Access Protocol，IMAP），1996 年的版本为 IMAP4［RFC2060，建议标准］。

CCITT 和 OSI 也参与了电子邮件标准的制定工作。CCITT 曾制定了报文处理系统的 MHS 的标准，即 X.400 建议书。OSI 制定了一个面向报文的电文交换系统（Message Oriented Text Interchange System，MOTIF）的标准。1988 年，CCITT 又参照 MOTIF 修改了 X.400。然而 MOTIF 和 X.400 设计得太复杂未能广泛使用，但它们提出的一些概念如用户代理（User Agent，UA）和报文传送代理（Message Transfer Agent，MTA）等已被人们所接受和采用。

本节介绍 Internet 上的电子邮件系统。

9.4.2　电子邮件系统

1. 电子邮件系统组成

图 9-5 示意了电子邮件系统的组成和电子邮件在 Internet 上的传送过程。

电子邮件系统包含三个部分：用户主机、邮件服务器（Mail Server）和电子邮件协议。用户主机运行用户代理（UA），邮件服务器运行报文传送代理（MTA）。电子邮件系统与 Internet 相连，使用简单邮件传送协议（SMTP）和邮局协议（POP）等传送电子邮件。

UA 包含一个在本地运行的用户接口，用户通过它来交付、读取和处理邮件，UA 的主

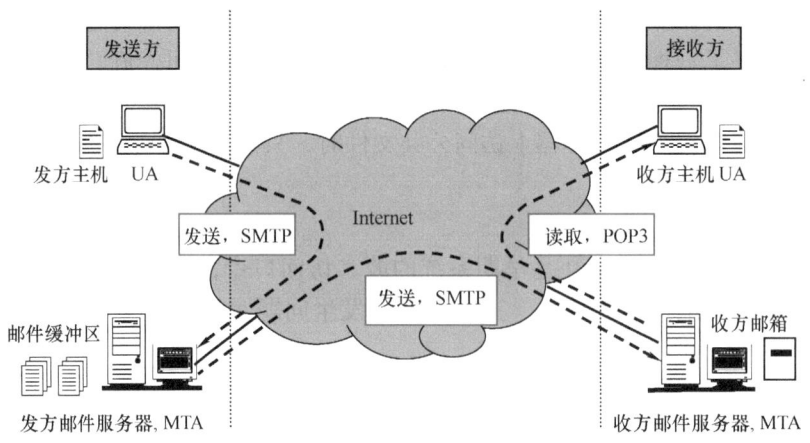

图 9-5 电子邮件系统的组成

要功能如下：

- 发件撰写：给用户提供编辑邮件的环境。
- 收件显示：显示收件内容，包括邮件附的声音和图像等。
- 收件处理：如删除、存盘和打印等。
- 交付和读取邮件：使用 SMTP 将邮件传送到它的邮件服务器；使用 POP 从邮件服务器读取邮件到用户主机。

几乎每个 ISP 都设置有邮件服务器，它们相当于邮局。邮件服务器设有邮件缓存区和用户邮箱，MTA 运行在 ISP 的邮件服务器上，其主要功能如下：

- 邮件发送：接收本地用户发送的邮件，存于邮件缓存区待发，定期进行扫描并发送。如果在一定时间内某邮件发不出去，就将其从发件缓存中删除，并通知发件人。
- 邮件接收：接收发到本地用户的邮件，存放在收信人的邮箱中，供用户随时读取。
- 邮件传送情况报告：将邮件传送的情况向发件人报告。

2. 邮件传送过程

电子邮件的传送处理过程及涉及处理主体和相关协议如下：

1）发方用户主机调用 UA 编辑邮件，作为 SMTP 客户将邮件交付发方邮件服务器，发方邮件服务器将其用户的邮件存储于邮件缓冲区，等待发送。

2）发方邮件服务器每隔一段时间对发送邮件缓冲区进行一次扫描，如果发现有待发邮件，发方邮件服务器上的 SMTP 客户向收方邮件服务器上的 SMTP 服务器开始发送邮件，若有多个邮件，则一一发送完毕。

3）收方邮件服务器接收到邮件后，将它们放入收信人的邮箱中，等待收信人随时读取。

4）收方用户主机使用 POP 协议读取邮件。POP 也运行在 C/S 模式下，收方用户主机作为 POP 客户从收方邮件服务器检索邮件，收方邮件服务器作为 POP 服务器配合检索工作。下载邮件后，收方计算机就可以独立地阅读、处理邮件。

3. 电子邮件地址

TCP/IP 体系的电子邮件系统中，电子邮件地址（Email Address）的格式规定如下：

收信人邮箱名@邮箱所在主机的域名

其中@读作 at，表示"在"的意思。邮箱名在邮箱所在主机中应当是唯一的，和在 Internet 上唯一的主机域名组合在一起，就保证了电子邮件能够在 Internet 范围内准确地投递。

9.4.3 电子邮件的信息格式

1. 文本报文格式

RFC2822 规定了电子邮件文本报文格式，邮件信息由 ASCII 文本组成，包括两个部分，中间用一个空行分隔。第一部分是一个首部（Header），包括有关发送方、接收方、发送日期和信息格式等，采用标准形式。第二部分是主体（Body），包括信息主体的文本，用户撰写，但也必须是 ASCII 码信息。

电子邮件首部使用标准格式。首部的每一行首先是一个关键字，接着是一个冒号，然后是附加的信息。有些关键字是必须的，另一些是可选的。每个首部必须包含以关键字 To 开头的行，引出一个或多个电子邮件地址。Subject 也是一个重要的关键字，引出邮件的主题。关键字 From 后是发送方的电子邮件地址，系统自动填入。常用关键字举例如下：

To：接收方邮件地址。

From：发送方邮件地址。

Cc：发送副本的邮件地址。

Date：发送的日期和时间。

Subject：邮件的主题。

X-Charset：使用的字符集。

Reply-To：回复邮件的地址。

2. MIME

MIME 继续使用 RFC2822 格式，并且仍使用 SMTP 进行传送（它只能传送 ASCII 码信息）。但是，为了适应各种不同的数据类型，MIME 扩充了邮件首部，增加了关键字，定义了邮件内容的多种数据类型，规定了它们的编码方式，称为内容传送编码。经过内容传送编码后，非 ASCII 码信息都转换为 ASCII 码格式，仍使用 SMTP 协议进行 MIME 邮件的传送。

MIME 的主要内容包括以下三个方面：

（1）邮件首部扩充

MIME 对 RFC822 邮件首部进行了扩充，增加了有关 MIME 的 5 个关键字：

- MIME-Version：MIME 版本。
- Content-Description：邮件内容描述。
- Content-ID：邮件标识符。
- Content-Type：邮件内容的数据类型。
- Content-Transfer-Encoding：内容传送编码，将邮件内容转换为 ASCII 码所使用的编码方式。

（2）邮件内容类型

MIME 定义了邮件内容的数据类型，即关键字 Content-Type 所包含的类型。MIME 标准规定 Content-Type 关键字必须含有两个标识符：内容类型（Content Type）和子类型（Subtype），中间用"／"分开。

MIME 标准定义了 7 种基本内容类型以及每种类型的子类型，见表9-1。

表 9-1 MIME 邮件内容的数据类型

内 容 类 型	子 类 型	说　　　　明
Text（文本）	plain	无格式的文本
	richtext	包含少量格式命令的文本
Image（图像）	gif	GIF 格式的静态图像
	jpeg	JPEG 格式的静态图像
Audio（音频）	Basic	音频邮件
Video（视频）	mpeg	视频邮件，MPEG 格式的活动图像（如影片）
Application（应用程序）	octet-stream	不间断的字节序列
	postscript	PostScript 可打印文档
Message（文件）	rfc822	RFC822 邮件
	partial	为传送方便将邮件分割成多个小部分
	external-body	从网上获取的邮件
Multipart（多部分）	mixed	包含多个独立的部分，可有不同的类型和编码。如祝贺生日的一个邮件可包含文字祝词和生日快乐的音乐歌曲
	alternative	单个邮件含有同一内容的多种数据格式表示。如发送的内容既包含 ASCII 文本也包含图形，从而有图形功能计算机的用户可选用图形文档进行查看；否则只能看文本
	parallel	含有必须同时查看的多个部分。如一段 MTV 的视频和音频部分，它们应该一起播放
	digest	一个邮件含有一系列其他邮件，它们都是完整的邮件。如关于一个专题学术研讨会的一系列电子邮件

（3）内容传送编码

内容传送编码有以下几种：

1）一般的英文文本文件：使用 ASCII 码。

2）非英文的文本文件：使用可打印字符编码（Quoted-Printable Encoding），它适用于数据中主要是 ASCII 码，而有少量非 ASCII 码的情况。其编码方法是：对于除等号"＝"外的可打印的 ASCII 码均不改变；对"＝"和不可打印的 ASCII 码以及编号超过 127（0x7F）的非 ASCII 码，将每个字节的二进制代码用两个十六进制数字表示，每个十六进制数字都表示为相应的可打印 ASCII 字符，然后在前面加一个引用符"＝"。例如，对不可打字的 C9，拆成 C 和 9，最后编码为 3D 43 39，其中 3D 是"＝"的 ASCII 码。因为 $2^8 = 16^2$，因此两位十六进制数字就可以对 8 比特二进制数据全部进行编码。

- -

比如，如下 3 个字节：

十六进制：　41　　　　　C9　　　　3D

打印形式："A"　　非 ASCII 码　　"＝"

这 3 个字节 quoted-printable 编码的各种形式为：

十六进制：　　　　41　　　3D　　　43　　　39　　　3D　　　33　　　44

打印字符编码："A"　　"＝"　　"C"　　"9"　　"＝"　　"3"　　"D"

这 3 个字节编码后转换成了可打印的 ASCII 码，字符串为"A＝C9＝3D"。

- -

3）任意的二进制文件：使用 64 个基本字符编码，即 base64 编码（base 64 encoding）
［RFC2045］。在这个方法中，二进制数据分成 3 字节即 24 比特的组，每组再分成 4 个 6 比
特的单位，每个单位编码为一个合法的 ASCII 字符发送。这样，3 字节的组编码后为 4 个字
节，因此编码开销为 1/3。6 比特二进制有 0 ~ 63 共 64 个值，它们依次编码为"A"、…、
"X"（26 个大写英文字母），"a"、…、"x"（26 个小写英文字母），"0"、…、"9"，"+"
和"/"共 64 个 ASCII 码。若最后一组不足 24 比特的一组，只有 8 或 16 比特，就分别转换
为 2 个或 3 个 ASCII 字符，再在尾部分别填充"＝＝"或"＝"。

比如，对于如下 3 个字节进行 base64 编码：

二进制：	00000001	01000100	11001110
6 比特单位：	000000	010100	010011	001110
base64 编码：	"A"	"U"	"T"	"O"（base64 编码字符串为"AUTO"）

9.4.4 简单电子邮件传送协议

简单电子邮件传送协议（SMTP）规定在两个通信的 SMTP 客户进程和服务器进程之间
如何交换信息及信息格式。

SMTP 使用 C/S 模式，在 TCP 连接上传送 ASCII 码邮件。负责发送邮件的 SMTP 进程是
SMTP 客户，负责接收邮件的 SMTP 进程是 SMTP 服务器。

发送前要先建立 TCP 连接，SMTP 客户使用周知端口 25 与目的主机的 SMTP 服务器建立
TCP 连接。在这个连接上，可以发送多个电子邮件。接收的邮件通常不需要差错校验，因为
TCP 提供了可靠的字节流传输服务。当电子邮件都发送完之后，TCP 连接就被释放。

SMTP 主要用于两个 MTA 之间进行邮件传送。此外，UA 将邮件交付本地的邮件服务器
也使用 SMTP，但与 MTA 不同，它只能向自己的邮件服务器发送邮件，而且需要身份认证，
而 MTA 可以和任何邮件服务器的 MTA 之间相互传送邮件，也不需要身份认证。MTA 运行
在邮件服务器上，设有专门的邮件缓存区和用户邮箱，昼夜不停地为用户发送和接收邮件。

SMTP 客户和服务器之间的交换信息由可读的 ASCII 文本组成。SMTP 规定了 14 条命令
和 21 种应答信息。每条命令用 4 个字母组成，而每一种应答信息一般只有一行信息，由一
个 3 位数字的代码开始，后面可以附上（也可不附）简单的文字说明。下面的简单例子介
绍 SMTP 通信的大致过程并介绍几个主要的 SMTP 命令和应答信息。

Server：220 xyz. edu SMTP Service ready   （开始的三行是客户 abc. com 和服务器 xyz. edu 建立了 TCP 连接后交

Client：HELO abc. com   换的信息，作好传送的准备。HELO 是命令，220 和 250 是应答代

                                                                                        码）

Server：250 xyz. edu OK

Client：MAIL FROM：< zhang-3@ abc. com >   （从 MAIL 命令开始，进行邮件传送）

Server：250 OK

Client：RCPT TO：< li-4@ xyz. edu >

Server：250 OK（或 550 No Such user here）

Client：DATA   （从 DATA 命令开始，要传送邮件主体了）

Server：354 Start mail Sending；end with < CR LF >. < CR LF >

Client：Happy birthday to you.   （发送邮件的主体）

Client: < CR LF >. < CR LF >   （邮件发完，发 < CR LF >. < CR LF > 结束邮件）
Server: 250 OK
Client: QUIT   （退出，关闭 TCP 连接）
Server: 221 xyz. edu closing transmission channel

9.4.5　邮局协议

在图 9-5 中，如果把 MTA 也装在用户主机上，电子邮件系统不就简化了吗？但是，PC（尤其是通过拨号上网的 PC）并不适合于运行 MTA 的 SMTP 服务器程序。原因很简单，SMTP 服务器程序必须昼夜不间断地运行并且始终连通网络，准备随时接收发来的邮件，否则就可能使邮件丢失，用户的 PC 很难做到这一点。因此电子邮件系统中使用设置了用户信箱的邮件服务器负责这一工作，同时还专门设计了对信箱进行远程访问的协议，通过它用户从信箱中读取自己的邮件。

信箱访问协议使用最多的是邮局协议（POP），POP 建立在 TCP 连接之上，使用 C/S 模式，提供用户对信箱的远程访问。图 9-6 是使用 POP 接收邮件的示意图。

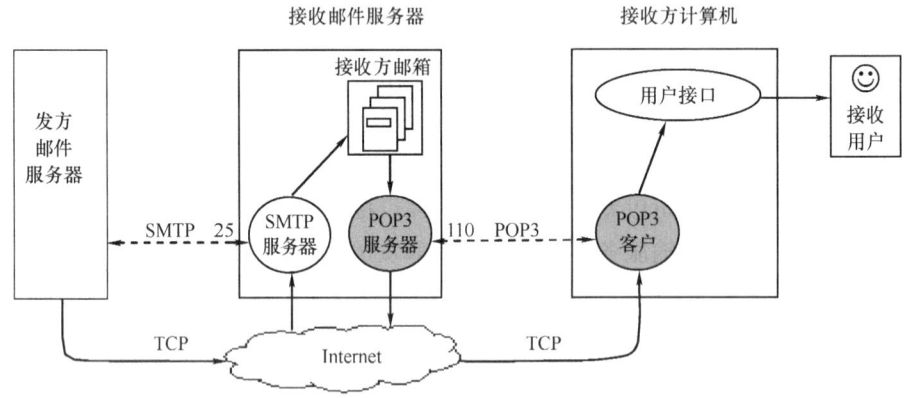

图 9-6　使用 POP 接收邮件

POP 客户与 POP 服务器进行通信，也是在建立 TCP 连接的基础上进行的，POP 客户使用周知端口 110 与服务器建立 TCP 连接。

如图 9-6 所示，POP 系统允许用户的邮箱安放在某个运行 SMTP 服务器程序的邮件服务器上，从网上收到的本地用户的邮件传送到这个邮件服务器的邮箱中，用户主机的 UA 不定期地连接到这台邮件服务器上，通过使用登录名和口令可以读取和处理邮件。

接收过程中，接收邮件服务器上要运行两个服务器程序，一个是 SMTP 服务器，一个是 POP 服务器。SMTP 服务器通过 SMTP 协议与 SMTP 客户进程通信，负责从 Internet 上接收邮件。POP 服务器与用户主机中的 POP 客户进程通过 POP 协议通信，负责向本地用户提供邮箱中的邮件。

IMAP 和 POP 一样，也是基于 C/S 模式工作。还有一种基于 Web 方式的邮件访问协议，例如 Hotmail 和 Yahoo! Mail。UA 基于普通的 Web 浏览器，用户访问邮件服务器上的邮箱收看邮件使用 HTTP 实现，用户将撰写的邮件交付给它的邮件服务器也使用 HTTP，但邮件服务器之间传送邮件仍使用 SMTP。这种方式使用方便，但速度较慢。

9.5　万维网

9.5.1　万维网简介

万维网，亦称环球信息网，英文简称为 WWW 或 Web。万维网是 Internet 发展中的一个重要里程碑，现在 Internet 上 Web 的应用远远超过其他的应用。

万维网并不是某一种类型的计算机网络，实际上，万维网是 Internet 的一个大规模的提供海量信息存储和交互式超媒体信息服务的分布式应用系统。

万维网是日内瓦的欧洲原子核研究委员会（CERN）于 1989 年提出的。CERN 有几台高级加速器分布在几个国家的物理学家的实验室中，当初开发万维网的目的是为了使分布在这些国家的科学家们能更方便地交流信息，协同工作。

万维网以浏览器-服务器（B/S）模式工作。浏览器向万维网服务器发出信息浏览请求，服务器向客户送回客户所要的万维网文档，显示在客户的屏幕上，称为页面（Page），其中默认为封面的万维网文档信息称为主页（Homepage）。

1993 年 2 月，第一个名为 Mosaic 的图形界面的浏览器开发成功，它的作者后来离开美国国家超级计算应用中心（NCSA）创办了 Netscape 通信公司。1995 年著名的 Navigator 浏览器面市。现在使用最广泛的浏览器是微软公司的 Internet Explorer 和 Navigator。

万维网是一个分布式的超媒体（Hypermedia）系统，超媒体系统是超文本（Hypertext）系统信息多媒体化的扩充，超媒体是万维网的基础。hypermedia 一词的后缀"media"意思是信息的载体，可以是各种多媒体。前缀"hyper –"意思是，一个超媒体是使用超链（Hyperlink）将多个信息源链接而成的。超链是包含在每一个页面中能够链接到其他万维网页面的链接信息。利用一个链接可以由一个文档找到一个新的文档，由这个新文档又可链接到其他的文档……如此链接下去，可以在全世界范围内连接于 Internet 上的超媒体系统中漫游。

为了标识分布在整个 Internet 上的万维网文档，万维网使用了统一资源定位符（Uniform Resource Locator，URL），使得每一个万维网文档在 Internet 的范围内都具有唯一的标识。

为了使万维网文档在 Internet 上传送，实现各种超链的链接，万维网使用超文本传送协议（Hyper Text Transfer Protocol，HTTP），客户和服务器程序之间得交互遵守 HTTP。HTTP 在 TCP/IP 体系中是一个应用层协议，基于传输层的 TCP 协议进行可靠的传输。HTTP 与平台无关。

万维网文档的基础编程语言是超文本标记语言（Hyper Text Markup Language，HTML）。后来又有了扩充的编程语言。

9.5.2　万维网工作原理

1. 浏览器访问 Web 服务器

浏览器访问 Web 服务器的工作过程如下：每个 Web 网点都持续不断地运行一个 Web 服务器进程，它通过 TCP 的周知端口 80 监听浏览器向它发出的连接请求。用户如果要上网访问，浏览器就通过 URL 指向某个 Web 服务器发出连接请求，该服务器监听到客户的连接请求，双方建立起 TCP 连接。然后，浏览器向服务器发送浏览某个页面的请求，服务器作出响应返回浏览器所请求的页面。最后，TCP 连接释放。

如果浏览器的用户用鼠标单击了网页上的一个关于清华大学招生信息的链接，它对应一个指向另外一个页面的超链，假设该超链的 URL 是 http：//www. tsinghua. edu. cn/chn/zsxx/index. htm，那么，处理过程如下：

1）浏览器分析页面的 URL。

2）浏览器向 DNS 请求解析服务器的域名 www. tsinghua. edu. cn 的 IP 地址，DNS 解析出 IP 地址并应作出应答。

3）浏览器使用服务器的 IP 地址和周知端口 80 与服务器建立 TCP 连接。

4）浏览器发出取文件 HTTP 命令：GET/chn/zsxx/index. htm。

5）服务器响应，将文件 index. htm 发送给浏览器。

6）双方释放 TCP 连接。

7）浏览器在本地显示文件 index. htm 表示的清华大学招生信息的页面。

2. 浏览器

万维网浏览器的结构比较复杂，图 9-7 是浏览器的结构框图。图中空心箭头表示数据流向，细箭头表示控制关系，图中未画出客户和相应解释程序之间的数据联系，这种联系是存在的。

一个浏览器主要包括一组客户、一组解释程序以及一个控制程序。控制程序是核心部件，它管理调度客户和解释程序，解释鼠标的点击和键盘的输入，调用有关的程序来执行相应的操作。

浏览器必须包含 HTTP 客户，HTTP 客户用来与服务器建立连接和交换数据。浏览器还可以包含 FTP 和 Email 等可选

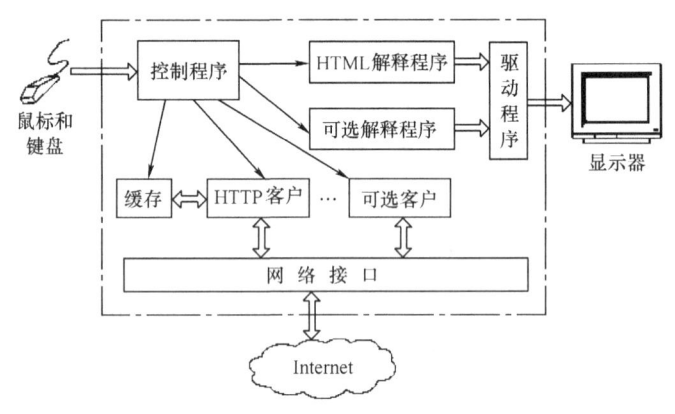

图 9-7　浏览器的结构

客户，使浏览器也能够用来获取文件传送服务、发送和接收电子邮件。浏览器屏蔽了许多细节，用户并不能感觉到它执行了一个可选客户。

HTML 解释程序是必需的，而其他的解释程序则是可选的。解释程序对 HTTP 客户从服务器得到的 HTML 文档进行解释，并转换为适合用户显示硬件的命令来处理版面的细节，显示驱动程序将页面在显示器上展现出来。

如图 9-7 所示，在浏览器中还可设有一个缓存，浏览器将它取回的页面副本都存入本地磁盘的缓存中。当用户浏览某个页面时，浏览器首先检查本地的缓存。若缓存中保存了该页面，浏览器就直接从缓存中读取而不必通过网络得到，因而提高了运行速度。但问题的另一面是，如果缓存中保存的是用户今后不再浏览的页面，反而会因为徒劳地进行磁盘操作而降低性能。因此，浏览器一般允许用户调整缓存策略，例如，用户可以设置页面缓存的时限等。

3. Web 服务器

Web 服务器执行的任务相对比较单纯：等待浏览器请求，建立 TCP 连接，根据浏览器发来的请求从磁盘读取文件并发回浏览器，然后关闭连接，再等待下一个请求。

服务器的响应速度受到磁盘访问时间的限制，如 SCSI 接口磁盘的平均访问时间是 5ms 左右，这就限制了 Web 服务器每秒最多可处理 200 次请求。

一种常用的改进方法是在内存中维护一个缓存，保存最近访问过的文件。服务器在从磁盘读取文件之前，先访问缓存，这样可减少磁盘访问。

进一步的措施是使服务器变为多线程模式和 Web 服务器场（Server Farm）方案等。

4. 万维网代理

可以使用万维网代理（Web Proxy）进行万维网的访问。Web 代理一般是运行于本地 LAN 上的一台主机上的一个进程，许多 ISP 也运行万维网代理。为了使用代理技术，浏览器也要做相应的配置，使得所有的页面访问请求都发送给代理。

运行万维网代理的主机使用缓存技术，它的磁盘上存储了大量的它近期访问 Internet 上的 Web 服务器所得到的网页的拷贝，它们可以在后来的同样访问中使用，很多浏览查询在本地 LAN 就可以响应，提高了访问效率。

5. 搜索引擎

万维网有着海量的信息资源，分布在全球数以百万计的 Web 服务器上，如何能快捷方便地查找到自己所需要的信息就是一个重要的问题。搜索引擎（Search Engine）就是为此而产生的信息搜索工具。搜索引擎以万维网页面标题或内容中的关键词作为索引，将搜索到的相关的链接返回给用户。著名的搜索引擎有 Google（http：//www. google. com）、Yahoo（http：//www. yahoo. com）和百度（http：//www. baidu. com）等。

9.5.3 统一资源定位符

统一资源定位符（URL）[RFC1738、1808，建议标准] 给 Internet 上的资源的位置和访问方式提供一种抽象的表示方法。对于与 Internet 相连的机器上的任何可访问的对象来说，URL 是唯一的，可以将 URL 想像为一台计算机上的文件名系统在整个 Internet 范围的扩展。

URL 不仅用于用户漫游万维网，而且也能用于 FTP、Email 和 TELNET 等，这样将几乎所有因特网访问统一为一个程序，即万维网浏览器。

URL 的格式如下：

访问方式：//服务器域名 [：端口号] /路径/文件名

URL 一般使用小写字母，但它对字母大小写不敏感。URL 的前面（冒号左边）部分指明了 URL 的访问方式。URL 可使用多种访问方式，如：

- http：超文本传送协议。
- ftp：文件传送协议。
- telnet：用于交互式会话。
- mailto：电子邮件地址。

对于万维网的网点的访问要使用 HTTP 协议。HTTP 的 URL 的一般形式是：

http：//服务器域名 [：端口号] /路径/文件名

HTTP 的默认端口号是 80，可以省略。如果 URL 在服务器域名后使用了非默认的端口号，则不能省略。"路径/文件名"用于直接指向服务器中的某一个文件；如果省略路径和文件名，则 URL 就指向了 Internet 上的某个主页。

9.5.4　超文本传送协议

超文本传送协议（HTTP）是万维网上交换各种信息的基础，目前使用的版本为 HTTP 1.0［RFC1945，草案标准］和 HTTP 1.1［RFC2616，草案标准］。

HTTP 是应用层的协议，它使用传输层的 TCP。TCP 协议实现面向连接的可靠的传输服务。HTTP 使用了 TCP 连接，但它本身是无连接的，在交换 HTTP 报文前不建立 HTTP 连接。HTTP 1.0 为每次请求都要建立一次 TCP 连接，服务器发回响应后 TCP 连接就被释放，这称为非持续连接。HTTP 1.1 作了改进，支持持续连接（Persistent Connection）并把它作为默认选择。对于用户连续的多个访问请求，TCP 连接不被释放，因而提高了效率。IE 6.0 的默认设置就是使用 HTTP 1.1。

HTTP 也没有可靠性传输机制，其可靠性也是建立在 TCP 的基础上。

应用层的 HTTP 服务器进程通过 TCP 的周知端口 80 监听客户向它发出的请求报文。

HTTP 有两类报文：HTTP 客户的请求报文和服务器的响应报文，HTTP 客户和服务器交互的是 ASCII 码文本的请求和类似于 MIME（MIME-like）的响应。

图 9-8a、b 是这两种报文的结构，图中阴影的部分为空格，CR LF 为回车换行。

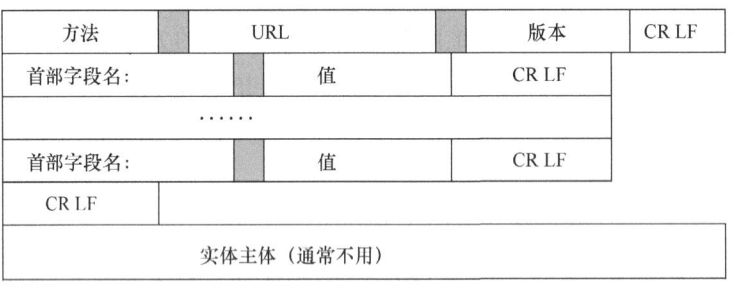

图 9-8　HTTP 的报文结构

如图 9-8 所示，请求报文和响应报文都是由三部分组成，第一行分别为请求行和状态行，最后一行都为实体主体，中间的都为首部行，下面简单介绍。

（1）请求行和状态行

请求报文中的第一个行是请求行，它有三个内容：方法（Method）、请求资源的 URL 以及 HTTP 的版本。所谓方法就是对所请求的对象进行的操作，下面是常用方法的例子。

- GET：最常使用的命令，请求读取 URL 所标识的页面。
- HEAD：与 GET 相似，但请求读取的只是页面的首部。
- PUT：与 GET 的功能相反，PUT 是存入一个页面，用于新增和更改页面。使用 PUT 要检验请求首部行中的授权（Authorization），未得到授权的人不得随便用 PUT。

响应报文的第一个行是状态行，包含三项内容：HTTP 的版本、状态码（Status-Code）以及解释状态码的短语。状态码由三位数字组成，分为五类。

- 1××：表示通知信息，如 100，服务器同意客户的请求。
- 2××：表示成功，如 200 OK，请求成功，又如 204，没有内容存在。
- 3××：表示重定向，如 301 Moved Permanently，请求对象已永久性转移，新的 URL 在本响应报文的 Location 首部指出。
- 4××：表示客户的差错，如 400 Bad Request，服务器无法理解客户的请求，又如 404，页面未找到。
- 5××：表示服务器的差错，如 505 HTTP Version Not Supported，服务器不能支持请求的 HTTP 版本。

（2）首部行

用来说明浏览器、服务器和报文主体的一些信息，首部行的行数不固定。例如：

- User-Agent：用于请求报文，客户将其浏览器、操作系统等属性信息告知服务器。
- Accept：用于请求报文，指出什么 MIME 类型是可以接受的。
- Accept-Encoding：用于请求报文，指出什么编码方式是可以接受的。
- Keep-Alive：用于请求报文，指出一个最长时间或最大请求数目，其间可保持 TCP 持续连接。
- Server：用于响应报文，关于服务器的信息。
- Content-Encoding：用于响应报文，指明实体主体的编码方式。
- Content-Type：用于响应报文，指明实体主体采用的 MIME 类型。

（3）实体主体

请求报文一般不包含实体主体，响应报文的实体主体可包含任意长度的字节序列。HTTP 能够传送多种媒体类型的内容，类似 MIME（MIME-like）的实体在浏览器应如何解释，取决于相关首部行的说明。

9.5.5 超文本标记语言

1. 超文本标记语言的格式与标签

超文本标记语言（HTML）是一种制作万维网页面的标准语言，万维网上的不同种类的计算机使用这种与平台无关的语言进行信息交流。

HTML 文档由两个主要部分组成：首部（Head）和主体（Body）。首部在文档的前面，包含文档的标题（Title）等，当浏览器显示 HTML 页面时，文档的标题显示在最上面的标题条中，文档的主要信息包含在主体中。HTML 文档主体部分由若干个更小的元素组成，如段（Paragraph）、表格（Table）和图像（Image）等。

HTML 中的词"Markup"的意思就是设置标记，这些标记指明信息显示的格式，如在何处用何种字体显示等，因此也可以将 HTML 译为超文本排版语言。HTML 定义了许多标签

（Tag），用于说明排版的格式。例如，〈B〉表示后面开始用黑体字排版，而〈/B〉则表示黑体字排版到此结束。各种标签嵌入到万维网的页面显示的信息中就构成了 HTML 文档，它是可以用任何文本编辑器创建的 ASCII 码文件。当浏览器从一个 Web 服务器读取某个页面的 HTML 文档后，浏览器根据所使用的显示器的具体尺寸和分辨率大小并按照 HTML 文档中的各种标签说明，重新进行排版并显示该页面。

HTML 标识一个元素是用一对标签或几对标签，一对标签包括一个开始标签和一个结束标签。表 9-2 的每一行即是一对标签，其中尖括号内是标签名，不区分大写和小写。结束标签在标签名前面加了一个斜杠"/"。有一些标签可以省略结束标签。

表 9-2　常用的 HTML 标签

标　　签	描　　述
〈HTML〉...〈/HTML〉	声明是用 HTML 编写的万维网文档
〈HEAD〉...〈/HEAD〉	页面首部
〈TITLE〉...〈/TITLE〉	定义标题，不在浏览器的显示窗口显示
〈BODY〉...〈/BODY〉	页面主体
〈Hn〉...〈/Hn〉	n 级标题，$n = 1 \sim 6$，1 级最高
〈B〉...〈/B〉	设置为粗体字
〈I〉...〈/I〉	设置为斜体字
〈UL〉...〈/UL〉	设置为无序的列表，每一表项前出现一个圆点
〈OL〉...〈/OL〉	设置为有序的列表，每一表项前有一个编号
〈MENU〉...〈/MENU〉	设置为菜单
〈LI〉	表项的开始（可不用〈/LI〉）
〈BR〉	换行
〈P〉	一段的开始
〈HR〉	水平线
〈PRE〉...〈/PRE〉	预格式化文本，浏览器显示时不需要重新排版
〈IMG SRC ="..."〉	装载图像文件
〈A HREF ="..."〉...〈/A〉	定义超链接

HTML 可以在页面中插入表格。插入表格要使用标签〈TABLE〉。与〈TABLE〉标签配套使用的还有其他标签，主要用来说明表格的细节，如：〈CAPTION〉（表格的标题），〈TR〉（表格的行）等。

HTML 支持在页面中插入图像，标签〈IMG〉表明在当前位置插入一幅图像。HTML 没有规定图像的格式，但大多数的浏览器都支持 GIF（Graphic Interchange Format）文件和 JPEG（Joint Photographic Experts Group）文件，它们都是位图（Bit Map）文件（.bmp），使用不同亮度、色调的像素矩阵来创建图。在插入图像时，在标签〈IMG〉中可以使用一些参数进行具体的说明。例如，参数 SRC 给出了图像文件的 URL；参数 ALIGN 给出图像定位；参数 HEIGHT 和 WIDTH 是指明图像装入时在屏幕上显示尺寸的大小。

只有一个文件名的后缀为 .html（或 .htm）时，浏览器才把它作为 HTML 文档，对它的各种标签进行解释。

2. HTML 的超链

超链标签是最重要的一个 HTML 标签。

定义超链的标签是〈A HREF = ″…″〉…〈/A〉，字符 A 表示锚（Anchor），比喻建立一个超链好像抛出一个锚，这个锚扎到超链的终点。每个超链都有一个起点和终点，超链的起点表示一个超链在万维网页面中从何处引出，它可以是一个页面中的一个字符串或一幅图等，单击它们，就从该处出发链接到一个新的页面。在 HTML 的语法中，终点用这个新页面的 URL 表示，而起点用单击的字符串或一幅图的文件名表示。

在 HTML 文档中定义一个超链的语法如下：

$$\langle A\ HREF = ″terminal\text{-}URL″\rangle\ start\ \langle /A\rangle \tag{9-1}$$

式中，start 是超链的起点，如果起点是字符串，start 就是该字符串，如果起点是一幅图，start 还要使用图像文件的标签〈IMG SRC = ″…″〉，图的文件名放在引号中；terminal-URL 是超链终点的 URL，放在 HREF = "…" 的引号中。HREF 与字符 A 中间应有一个空格。HREF 中，"H" 代表超文本，"REF" 代表 Reference，是 "引用" 的意思。

例如，在中国教育网的一个介绍中国大学教育发展的页面上提到清华大学，这时就可以将 "清华大学" 四个字的字符串作为一个超链的起点，链接到清华大学的主页：

〈A HREF = ″http：//www. tsinghua. edu. cn″〉清华大学〈/A〉

如果这个超链的起点是一幅代表清华大学的标志性的照片，此照片的文件名为 tsinghua. gif，那么定义这个超链的 HTML 文档就变为

〈A HREF = ″http：//www. tsinghua. edu. cn″〉〈IMG SRC = ″tsinghua. gif″〉〈/A〉

命名锚（Named Anchor）是 HTML 链接到同一个文件中某个位置的一种链接方法。在一个很长的万维网文档中，当需要查找其中的某些内容时，往往要利用滚动条在成百成千行的信息中反复查找，操作很不方便。对于这种情况，一个比较好的解决方案是：在文件的开始设计一个索引目录，目录中的每一项都是一个超链的起点，超链的终点则是同一个文件中被指明的特定位置。HTML 将这种链接的终点称为命名锚，每一个链接终点有一个不同的命名，以区分多个链接终点。式（9-2）用来定义一个命名锚：

$$\langle A\ NAME = ″named\ anchor″\rangle\ terminal\text{-}characters\ \langle /A\rangle \tag{9-2}$$

式中，NAME 后面引号中的 named anchor 写入命名锚的名字；结束标签〈/A〉前面的 terminal-characters 具体指明该链接终点位置；terminal-characters 是这个位置开始的一个字符串。

链接到一个命名锚的语法是：

$$\langle A\ \ HREF = ″\#named\ anchor″\rangle\ start\ \langle /A\rangle \tag{9-3}$$

其中字符#后面的 named anchor 就是命名锚的名字，式（9-3）指明了一个超链的起点 start 和终点的名字 named anchor，但终点的名字和具体位置 terminal-characters 还要由式（9-2）来定义。因此式（9-2）和式（9-3）应联合使用，缺一不可。

使用命名锚也可链接到本地的其他 HTML 文件上，这时式（9-3）中的字符#前应加上该文件的名字，但命名锚不能链接到其他网点的文件上。

HTML 也存在一些问题，它把内容和结构信息混合在一起，因此某些情况下应用不方便。可扩展标记语言（eXtensible Markup Language，XML）用一种结构化的方法来描述 Web 的内容，可扩展样式语言（eXtensible Style Language，XSL）以一种独立于内容的方式来描述格式。

9.5.6 动态网页技术

最基本的万维网文档是静态文档（Static Document）。静态文档创作完毕后存放在万维网服务器中，在用户浏览时，页面内容不会改变，只有程序员修改了静态文档，显示页面才会改变。动态文档（Dynamic Document）是另一种广泛应用的万维网文档，由动态文档所看到的是动态页面，内容可以动态变化，如企业的生产数据和股市行情等。

1. 通用网关接口（CGI）

通用网关接口（Common Gateway Interface，CGI）是一种较早的实现动态文档的典型技术。

从浏览器的角度看，静态文档和动态文档并没有什么区别，都是 HTML 格式，无法判别收到的是静态还是动态文档。它们之间的差别主要是创建方法不同，体现在服务器一端。

为实现动态文档，CGI 从两个方面对 Web 服务器进行了改进：

一方面，增加了一个应用程序，称作 CGI 程序，用来处理浏览器发来的数据并创建动态文档。浏览器访问 Web 服务器时可以启动 CGI 程序，CGI 程序对浏览器发来的数据进行处理并即时生成 HTML 格式的文档，Web 服务器将此文档作为响应发回给浏览器。由于对浏览器每次请求的响应都是即时生成的，因此通过动态文档所看到的页面内容是变化中当前最新的信息。

另一方面，增加了一个机制，通过它 Web 服务器和 CGI 程序进行交互。增加的这个机制就称为 CGI。CGI 是一种标准，它规定了 Web 服务器如何与这个新增的 CGI 程序交互。

新增加的 CGI 程序的正式名字称为 CGI 脚本（CGI script）。脚本是解释执行，运行起来较一般的编译程序要慢，但脚本更容易编码，适合于一些功能有限的小程序。CGI 并没有指定特定的编程语言。有一些语言专门作为脚本语言，如 Perl、JavaScript 等，C、C++ 等也可以编写脚本。CGI 脚本又称为 cgi-bin 脚本，这是因为在早期的程序中，所有的 CGI 脚本都放在目录/cgi-bin 下。

CGI 脚本驻留在 Web 服务器上，当 CGI 脚本被调用时，服务器将一些参数传递给它，参数的值一般由浏览器提供。这样，在不同的情况下使用不同参数，就可以用一个 CGI 脚本产生细节不同的动态文档。

CGI 最初的设计是运行在 UNIX 操作系统的平台上，Web 服务器将参数传递给 CGI 脚本的方法是将这些参数置于 UNIX 的环境变量中，CGI 脚本再从环境变量中将参数值读取出来。不同的操作系统可以根据自己的情况采用不同的方法向 CGI 脚本传递参数。

CGI 脚本由来自浏览器的请求激活。例如，Web 页面中某个超链接中的 URL 指向一个 CGI 应用：

〈A HREF = "http：//www. website. com/cgi-bin/cgiprog"〉

其中，cgiprog 是 Web 服务器 www. website. com 上的一个 CGI 脚本，放在目录/cgi-bin 下。当浏览器向 Web 服务器发送这个超链接请求时，服务器检查到这个 URL 指向目录 cgi-bin 下的一个 CGI 脚本 cgiprog。服务器把 HTTP 请求报文头部的信息放到环境变量中，并启动 cgi-prog。cgiprog 从环境变量中得到参数并运行，运行的结果送给服务器。服务器形成 HTTP 响应报文发回给浏览器。浏览器显示这一动态文档的页面。

CGI 的名称中出现"网关（gateway）"一词是因为 CGI 脚本还可以访问其他的应用服务

器资源，它的作用有点像网关。CGI 脚本的一种经常的应用是作为网关访问数据库。通过
CGI 形成了 Browser/Web server/DBMS 这样的应用形式，如图 9-9 所示。

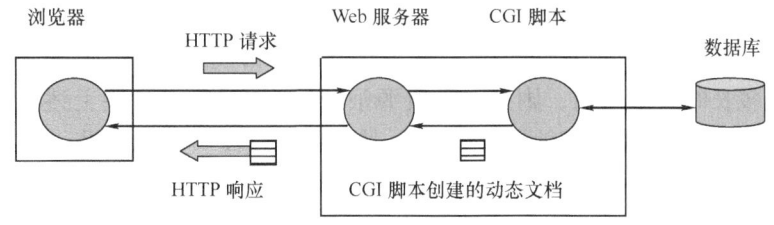

图 9-9　通过 CGI 形成 Browser/Web server/DBMS 应用形式

2. 表单

表单（Form）用来将用户数据从浏览器传递给 Web 服务器，这在创建动态文档时是很
有用的。表单和 CGI 程序经常配合使用，来创建动态文档。

表单在浏览器的屏幕出现时，可以有一些选择框和按钮，可供用户选择和单击，有的方
框可让用户录入数据，这样浏览器就可以收集不同用户的不同数据，传递给服务器。

在 HTML 文档的主体中使用表单标签〈FORM〉和〈/FORM〉来定义一个表单，在
〈FORM〉和〈/FORM〉中间插入一些标签，来指明表单中所包含项目的细节。在〈FORM〉
标签中首先要说明一个 ACTION 参数，ACTION 参数后面的引号中指出在万维网服务器中的
CGI 脚本的位置，一般就是一个 URL。

从浏览器向服务器上的 CGI 脚本发送的一般是用户输入的数据，CGI 脚本负责解释和处
理这些数据。比如，这些数据可以写入到一个有关的数据库中，供浏览器浏览查询。

3. PHP、JSP 和 ASP

CGI 还有一些替换技术用于生成动态页面，它们能够处理表单，能够与服务器上的数据
库进行交互，可以接受来自表单的信息，在数据库中查找信息，然后利用这些信息生成动态
HTML 页面。

一种替换技术称为超文本预处理器 PHP（PHP: Hypertext Preprocessor）。生成动态 HT-
ML 页面使用 PHP 脚本，可以放在 <? PHP...? >HTML 标签内。服务器要求包含 PHP 的
Web 页面文件的扩展名为 .php，而不是 .html /.htm。在支持 PHP 的 Web 服务器上，运行
PHP 脚本就创建了动态 Web 文档。

另一种替换技术是 Sun 公司开发的 Java 服务器页面（Java Server Pages，JSP），它与
PHP 相似，但生成动态 HTML 页面的部分要使用 Java 语言编写而不是使用 PHP 编写，页面
文件的扩展名为 .jsp。

还有一种替换技术是 Microsoft 公司开发的活动服务器页面（Active Server Pages，ASP）
技术，它使用 Microsoft 的脚本语言 Visual Basic Script 来生成动态 HTML 页面内容，页面文件
的扩展名为 .asp。

9.6　动态主机配置协议

动态主机配置协议（Dynamic Host Configuration Protocol，DHCP）［RFC2131、2132，草

案标准〕提供了动态配置 IP 地址的机制，最近又有新的文档 RFC3396、3442。

IP 地址一般是人工事先分配好的，适用于相对静态的环境。当计算机可能经常改变在网络上的位置时，需要经常改变配置参数。即使是相对静态的环境，对于一个大规模的网络，人工管理和分配大量的 IP 地址容易出现重复分配等错误。而且，如果某些计算机分配了 IP 地址而又较长时间不使用，则是一种资源浪费。DHCP 就是解决上述问题的动态配置 IP 地址的协议。DHCP 除了动态地提供 IP 地址外，还可以提供子网掩码、默认路由器 IP 地址和域名服务器 IP 地址等配置信息，实现即插即用连网（Plug-And-Play Networking）。

DHCP 使用 C/S 模式。DHCP 在本地网络上设置一台或多台 DHCP 服务器，它们本身使用一个固定的 IP 地址，并拥有一个由一定数量的 IP 地址组成的 IP 地址池（Address Poll）。申请 IP 地址的计算机配置成 DHCP 客户，向服务器租用 IP 地址，服务器根据客户的要求把 IP 地址池的 IP 地址按一定的期限分配给他们使用。DHCP 使用了租约（Lease）的形式。

DHCP 使用 UDP 传输 DHCP 报文，DHCP 服务器使用的 UDP 端口是 67，DHCP 客户使用的 UDP 端口是 68。

如果一个工作站配置为 DHCP 客户，在它启动时会向本地网络广播一个发现报文 DHCP-DISCOVER，请求一个 IP 地址。之所以使用全 1 的广播地址是因为 DHCP 客户此时还不知道服务器的 IP 地址。DHCP 客户此时还没有 IP 地址，发现报文的源地址设置为 0.0.0.0。本地网络上的主机都收到请求报文，但只有 DHCP 服务器作出响应，发回提供报文 DHCPOFFER，提供 IP 地址等信息。如果 DHCP 客户的 DHCPDISCOVER 请求没有得到响应，它会进行多次尝试。

可能有不止一个 DHCP 服务器响应 DHCPOFFER 报文，DHCP 客户从服务器提供的地址中选择一个 IP 地址，一般是第一个收到的提议，并广播一个请求报文 DHCPREQUST，提供 IP 地址的服务器发回一个单播确认报文 DHCPACK。客户收到确认后，IP 地址租约正式生效，DHCP 客户就可以使用这个 IP 地址了。客户的 DHCPREQUST 报文使用广播，可以使发回 DHCPOFFER 的各个服务器知道客户接受的是谁的提议。

DHCP 服务器还会向客户提供一个 IP 地址的租用期（Lease Period），指出说明该地址可以租用的时间 T。租用期的具体时间由 DHCP 服务器决定，它的提供报文选项中包含租用期的数值，用 4B 的二进制数表示，单位为 s，因此租用期范围可达 1s 到 136 年。

租约生效后，客户会设置三个定时器 T_1、T_2 和 T_3，它们的定时时限分别为 $0.5T$、$0.875T$ 和 T。根据租用期，客户可以提前终止租用，也可以更新租用期续租 IP 地址。

如果客户欲在租用期到期之前提前终止租约，只需向提供 IP 地址的 DHCP 服务器发送一个释放报文 DHCPRELEASE。

如果客户欲续租 IP 地址，在三个定时器到时后的三个阶段，将进行如下动作：

（1）定时器 T_1 到时

DHCP 客户从租用期的一半开始进行更新租用期的尝试，直接使用已租用到的 IP 地址向原来提供 IP 地址的 DHCP 服务器请求更新，发送请求报文 DHCPREQUST，此时又有三种情况：

● DHCP 服务器同意客户更新租用期的请求，发回确认报文 DHCPACK，客户得到新的租用期，并重新设置定时器。一般情况下，DHCP 服务器会尽量满足客户的续租请求；

- DHCP 服务器不同意客户更新租用期的请求，发回否定确认报文 DHCPNACK，使租约立即结束，该 IP 地址会返回 DHCP 服务器的 IP 地址池，客户则回到初始状态，在使用 IP 前需要租用一个新的 IP 地址；
- DHCP 服务器没有响应（不可达或关机等），客户会继续尝试，直至定时器 T_2 到时为止。

（2）定时器 T_2 到时

如果到租用期的 87.5% 之后原来提供 IP 地址的 DHCP 服务器仍没有响应，客户将向本地网络广播一个请求报文 DHCPREQUST。其他的 DHCP 服务器可能会同意更新租用期（DHCPACK），客户得到新的租用期；也可能否认（DHCPNACK），这使租用期立即结束。

（3）定时器 T_3 到时

租用期期满客户一直没有得到更新租用期的响应，客户就停止使用这个 IP 地址，回到初始状态，重新开始申请。这种情况很少发生。

DHCP 可以使用 DHCP 中继代理（Relay Agent）。DHCP 中继代理可以用于没有 DHCP 服务器的网络，它配置了 DHCP 服务器的 IP 地址信息，可以是跨网络的 DHCP 服务器。中继代理将 DHCP 客户广播的发现报文以单播形式转发给已知的 DHCP 服务器，并在报文中指明该请求源自哪个子网，这样，服务器就可以把提供报文 DHCPOFFER 发给客户。

在 Microsoft Windows 操作系统中，设置计算机使用 DHCP 服务是从"控制面板"→"网络连接"，选择"TCP/IP 协议"，按"属性"按钮，进而选择"自动获得 IP 地址"，就可以使用 DHCP 租用动态 IP 地址。

思 考 题

9.1 什么是 C/S 模式？什么是 B/S 模式？为什么采用 C/S 模式作为互联网应用程序间相互作用的最主要形式？

9.2 什么是域名？叙述 Internet 的域名结构。什么是域名系统（DNS）？

9.3 叙述域名服务器系统的组织方式。

9.4 描述域名解析方式和解析步骤。

9.5 为提高域名解析的效率，DNS 采取了什么措施？

9.6 FTP 为用户提供什么应用服务？什么是匿名 FTP？

9.7 FTP 运行采用什么模式？FTP 会话建立什么样的连接？涉及哪几种进程？

9.8 电子邮件系统中，用户代理和报文传送代理的功能是什么？

9.9 简述 RFC822 定义的电子邮件的格式，其信息使用什么编码？

9.10 IETF 定义 MIME 的目的是什么？MIME 主要包括哪几部分的内容？

9.11 对于如下 3 个字节数据 01001000 10111100 00110101，请给出其 quoted-printable 编码，并用二进制、十六进制、十进制和打印形式表示。

9.12 对于 9.11 题的 3 个字节数据，请给出其 base64 编码，并用打印形式、二进制、十六进制和十进制表示。对另外 3 个字节数据 00001101 10100001 01111101，重复上述过程。

9.13 SMTP 工作于什么模式？它使用传输层的什么协议？它传输的信息使用什么编码？

9.14 使用 POP 协议的原因是什么？

9.15 万维网是一种网络吗？它是一个什么样的系统？采用什么模式工作？使用什么传输协议？

9.16 什么是超媒体？什么是超链？

9.17 描述用户鼠标单击万维网页面上某一个链接后万维网产生的处理过程。

9.18 浏览器主要由哪几个部分组成？它们的作用是什么？浏览器设置缓存的目的是什么？

9.19 简述 Web 代理技术。

9.20 HTTP 在 TCP/IP 体系结构中处于什么层次？它使用传输层的什么协议？HTTP 监听连接请求使用的周知端口是多少？什么是持续连接和非持续连接？HTTP 协议定义了几类报文？

9.21 HTML 的超链的起点和终点表示什么？如何定义一个超链？

9.22 什么是命名锚？如何定义一个命名锚？

9.23 为实现动态文档，CGI 对 Web 服务器作了什么改进？

9.24 HTML 中表单的功能是什么？如何定义一个表单？

9.25 DHCP 的作用是什么？一台计算机如何通过 DHCP 获得一个 IP 地址？

9.26 DHCP 中，如何续租 IP 地址？

第10章　网络安全

10.1　概述

　　网络安全是计算机网络技术发展中的一个至关重要的问题。在网络经济时代，越来越多的单位和个人都从 Internet 中得到了巨大的商机和便利，但与此同时，人们也必须面对 Internet 的开放性所带来的对数据安全和机密的严重威胁。如果 Internet 上传输的重要数据得不到有效的保护，被不法分子窃取和利用，必然给国家、单位和个人带来重大的损失。

　　网络安全也是 Internet 的一个薄弱环节。当初设计 TCP/IP 协议族时对网络安全性考虑甚少，但 Internet 商业化之后，电子商务、网上金融、电子政务、网上购物等容易引入恶意攻击的业务日益增多，防范网络攻击提供网络安全服务越来越重要，受到人们的极大重视。

　　对网络的攻击大致可分为下面几类。

- 截取（Interception）：攻击者通过监控网络或搭线窃听等手段截取网上传输的信息，这是对访问控制的攻击。
- 篡改（Modification）：攻击者截获传输的信息并篡改其内容后再进行传输，这严重破坏了数据的完整性。
- 伪造（Fabrication）：攻击者假冒合法用户伪造信息在网上传送。
- 中断（Interruption）：使系统中断，不正常工作甚至瘫痪。如破坏通信设备，切断通信线路，破坏文件系统等。除了上述物理性破坏之外，攻击者还通过对特定目标发送大量的信息流，使目标超载乃至瘫痪，不能正常提供网络服务。

　　网络安全的设计中，应该充分考虑到抵御上述各种攻击的能力。1989 年国际标准化组织在 ISO7498-2 中提出了网络安全结构（Security Architecture，SA），称为 ISO—SA，它规定的计算机网络安全服务涉及以下五个方面。

- 身份认证（Authentication）：鉴别某一成员的身份是否与其声称的身份一致，比如进入电子商务之前应该确定自己在和谁通信，以便防御假冒攻击。
- 访问控制（Access Control）：即对访问网络的权限加以控制，规定每个用户对网络资源的访问权限，以使网络资源不被非授权用户所访问和使用。在一个用户被授权访问资源之前，应该先通过身份认证。
- 数据保密（Data Confidentiality）：为用户提供保密通信服务，使得网上传输的信息不被非授权用户所获知，保密性技术是基于密码机制的。
- 数据完整（Data Integrity）：使数据在传输过程中不被未授权者修改、替换和删除等。
- 不可否认（Nonrepudiation）：为通信用户提供保护以免对方否认所进行的信息交换，不可否认包括发送者和接收者的不可否认。

　　除上述网络攻击外，计算机病毒也属于利用传播恶意程序（Rouge Program）进行的一类网络攻击，一般使用防病毒的软件进行预防和杀毒。

10.2 两种密码体制

10.2.1 密码学基础

将信息加密后进行传输是传统保密通信的主要手段，计算机网络安全中的信息加密、数字签名、身份认证等也都是以密码学（Cryptology）为基础的。密码学包括密码编码学（Cryptography）和密码分析学（Cryptanalysis），前者是密码的设计学，而后者研究从密文分析出明文和密钥的技术。

原始的未经加密处理的信息称为明文（Plaintext），它是一段有意义的文字或数据。经过加密处理的信息称为密文（Ciphertext），表面上看密文是一串杂乱无序的无意义的符号和数字。把明文变换成密文的过程称为加密（Encryption），反之，将密文恢复成明文的过程称为解密（Decryption）。加密和解密过程要使用密钥（Key），它控制加密和解密算法。密钥是独立于明文的，同一个明文用同一个算法但不同的加密密钥进行加密将产生不同的密文。接收者在收到密文后利用解密算法和解密密钥将密文还原为明文。

使用密码技术古已有之。早期的密钥密码体制中，有两种常用形式，一种是替换密码（Substitution Cipher），另一种是变位密码（Transposition Cipher）。

替换密码是将明文中每个（或每组）字母由另一个（或另一组）字母所替换。最古老的一种替换密码是凯撒密码（Caesar Cipher）。如将英文的 26 个字母 a，b，…，z 分别替换成 g，h，…，f，密钥为 6，于是明文 timebombwillblowupatfive 就变成了密文 zoskhushcorrhrucavgzloyk，这里相差了 6 个字符。

变位密码是按照某一规则重新排列报文中的字符顺序，一种常用的置换密码是列置换密码，下面是一个简单的例子，使用密钥 bridge 对明文 timebomb will blowup at five 进行加密：

密钥：	b	r	i	d	g	e
顺序：	1	6	5	2	4	3
明文：	t	i	m	e	b	o
	m	b	w	i	l	l
	b	l	o	w	u	p
	a	t	f	i	v	e

根据密钥给出的顺序，按列的顺序由小到大重新安排明文字符的位置，加密变换得到的密文是：tmbaeiwiolpebluvmwofiblt。

现代密码学有两种密码体制，即对称密钥密码体制（Symmetric Key Cryptography）和公开密钥密码体制（Public Key Cryptography），它们的典型算法分别是 DES 和 RSA。20 世纪70 年代后出现的 DES 加密算法和公开密钥密码体制及其算法，为现代密码学和数据加密技术的发展作出了卓越的贡献。

在现代密码学研究中，加密和解密算法是要经过极大的努力进行设计、测试和安装的，难于频繁地改变，一般要经过几年才会更新，将加密和解密算法本身进行保密的做法在现实中是不可行的。而密钥是相对较短的字符串，可以容易地频繁地改变。密码技术中的一个原则是：加密和解密算法是公开的，而密钥是保密的。这称为 Kerckoff 原则（Kerckoff's Principle），军事密码学家 Auguste Kerckoff 在 1833 年首先提出了这一思想。

保守密钥的秘密无疑是防止攻击的关键。对于攻击者来说，密钥的穷举猜测是一种重要攻击手段。但当密钥足够长且随机分布时，以当时的计算水平，穷举猜测实际上难以实现。比如，当密钥长度为二进制 128 比特，则密钥空间为 2^{128}，约 3.4×10^{38}，即使计算机对密钥空间的搜索速度可以达到每微秒 100 万次，那么完成密钥空间全部搜索的时间也将超过 10^{11} 亿年，我们称这样的密钥是计算上不可破译的。实用的密码体制一般都是计算上不可破译的，而不是理论上不可破译的。

10.2.2　对称密钥密码体制与 DES 算法

1. 对称密钥密码体制

对称密钥密码体制的特点是解密时使用的解密密钥和加密时使用的加密密钥是通信双方共享的同一密钥，它称为共享密钥（Shared Key）。对称密钥密码体制也称传统密码体制或常规密码体制。原来的密码体制一般都是对称密钥密码体制，公开密钥密码体制是后来提出的。前文介绍的替换密码与变位密码也属于对称密钥密码体制。

对称密钥密码体制的加密和解密变换过程示于图 10-1，加密和解密过程都包括一个算法和一个密钥。图 10-1 中，用 $C = E_K(P)$ 表示使用加密算法 E( ) 和密钥 K 对明文 P 加密得到密文 C，类似地，用 $P = D_K(C)$ 表示使用解密算法 D( ) 和密钥 K 对密文 C 解密得到明文 P，那么，$D_K(E_K(P)) = P$。

密文 C 在公开信道中传输时，可能受到攻击者的攻击，比如截取和篡改等。

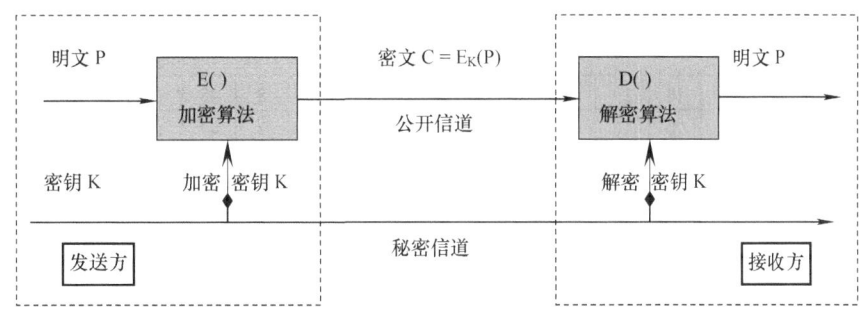

图 10-1　对称密钥密码体制

2. 数据加密标准（DES）

对称密钥密码体制中最重要的算法是数据加密标准（Data Encryption Standard，DES）。DES 是 IBM 开发的，1977 年被美国政府采纳为非机密信息的加密标准。DES 基本算法现在已不太安全，但由它改进的算法仍在使用。

DES 算法是一种块密码（Block Cipher）算法，明文被分成 64 比特的块，逐块进行加密。DES 的密钥长 64 比特，但每个字节的第 8 比特是奇校验位，所以有效长度是 56 比特。

DES 算法工作原理如图 10-2 所示，对 64 比特明文的处理分 4 个过程共 19 个步骤：

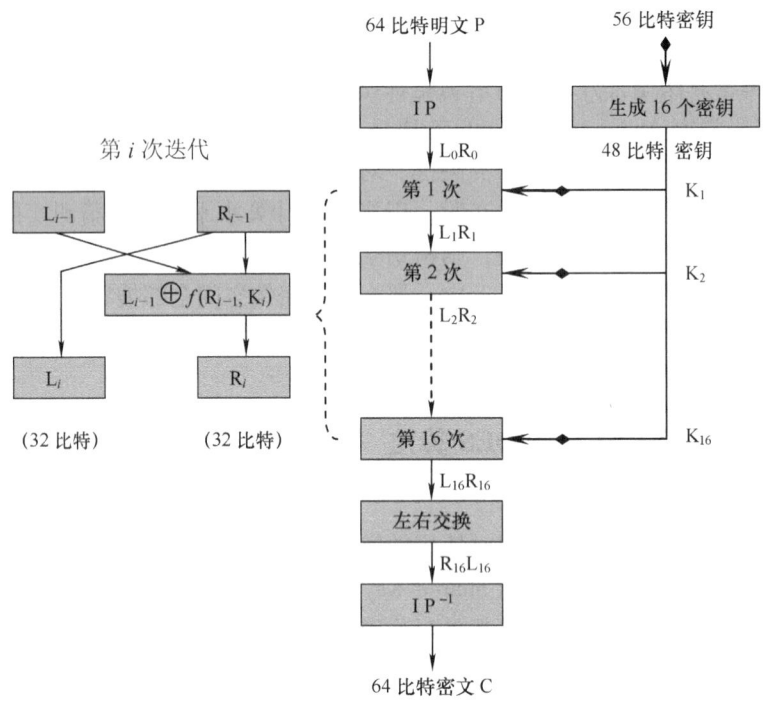

图 10-2 DES 加密算法

（1）初始置换（Initial Permutation，IP）

对 64 比特的明文 P 进行 IP。IP（P）将 P 的 64 比特的排列顺序变换，打乱 P 的 ASCII 码字划分的关系。结果得 P_0，其左半边和右半边的 32 比特分别记为 L_0 和 R_0。图 10-3 左边表示了初始置换。

IP(P)									$IP^{-1}(R_{16}L_{16})$							
58	50	42	34	26	18	10	2	1~8 比特	40	8	48	16	56	24	64	32
60	52	44	36	28	20	12	4	9~16	39	7	47	15	55	23	63	31
62	54	46	38	30	22	14	6	17~24	38	6	46	14	54	22	62	30
64	56	48	40	32	24	16	8	25~32	37	5	45	13	53	21	61	29
57	49	41	33	25	17	9	1	33~40	36	4	44	12	52	20	60	28
59	51	43	35	27	19	11	3	41~48	35	3	43	11	51	19	59	27
61	53	45	37	29	21	13	5	49~56	34	2	42	10	50	18	58	26
63	55	47	39	31	23	15	7	57~64	33	1	41	9	49	17	57	25

P 的第 1,2,…,64 比特 →IP(P)的第 40, 8, …, 25 比特

$R_{16}L_{16}$ 的第 40, 8, …, 25 比特 → $IP^{-1}(R_{16}L_{16})$ 的第 1, 2, …,64 比特

图 10-3 初始置换和逆置换

（2）16 次迭代加密

对 P_0 进行 16 次迭代运算。用 P_i 表示第 i 次（$i=1$，2，…，16）的迭代结果，其左半边 32 比特和右半边 32 比特分别记为 L_i 和 R_i，则变换算式为

$$L_i = R_{i-1} \tag{10-1}$$

$$R_i = L_{i-1} \oplus f(R_{i-1}, K_i) \tag{10-2}$$

每次迭代要进行左右半边交换以及 $f()$ 函数变换、模 2 加运算（异或）。16 次迭代后得出 $P_{16} = L_{16}R_{16}$。其中，K_i 是 48 比特密钥，从原 64 比特的种子密钥经过变换生成。

式（10-2）中的函数变换 $f()$ 比较复杂，说明如下。$f(R_{i-1}, K_i)$ 中的 R_{i-1} 为 32 比特，K_i 为 48 比特，变换后 $f(R_{i-1}, K_i)$ 为 32 比特。变换分为以下 4 步：

① 将 32 比特的 R_{i-1} 经扩展变换 E()，扩展为 48 比特的 $E(R_{i-1})$，E() 如图 10-4 所示。

扩展变换E(): 32 比特 —— 48 比特					
32	1	2	3	4	5
4	5	6	7	8	9
8	9	10	11	12	13
12	13	14	15	16	17
16	17	18	19	20	21
20	21	22	23	24	25
24	25	26	27	28	29
28	29	30	31	32	1

图 10-4　扩展变换 E()

② 将 $E(R_{i-1})$ 与密钥 K_i（均 48 比特）进行模 2 加，得结果 B，并将 B 顺序地划分为 8 个 6 比特长的组 $B_1 \sim B_8$：

$$B = E(R_{i-1}) \oplus K_i = B_1B_2B_3B_4B_5B_6B_7B_8$$

③ 将 $B_1 \sim B_8$ 经 S() 变换分别转换为 4 比特的组 $G_1 \sim G_8$，即

$$G_j = S_j(B_j), (j = 1, 2, \cdots, 8)$$

这里使用了 8 个不同的函数 $S_1() \sim S_8()$，称为 S 盒（S-box）。每个 $S_j()$ 都是固定的 4×16 矩阵，元素为 $0 \sim 15$ 的整数。例如 $S_1()$ 如图 10-5 所示。

	0	1	2	3	4	5	6	7	8	9	10	11	12	13	14	15
0	14	4	13	1	2	15	11	8	3	10	6	12	5	9	0	7
1	0	15	7	4	14	2	13	1	10	6	12	11	9	5	3	8
2	4	1	14	8	13	6	2	11	15	12	9	7	3	10	5	0
3	15	12	8	2	4	9	1	7	5	11	3	14	10	0	6	13

图 10-5　$S_1()$

对于每个 6 比特长的 $B_j = b_1b_2b_3b_4b_5b_6$，由它求 G_j，令

$$p = b_1b_6 \in \{0, 1, 2, 3\}, \quad q = b_2b_3b_4b_5 \in \{0, 1, \cdots, 15\}$$

那么，由 $S_j()$ 矩阵的第 p 行第 q 列元素就得到 G_j，且 $G_j \in \{0, 1, \cdots, 15\}$，二进制为 4 比特长度。

这样，就可得到 32 比特的 $G = G_1G_2G_3G_4G_5G_6G_7G_8$。

④ 将 G 进行一次 P() 置换，如图 10-6 所示，最后得 32 比特的 $f(R_{i-1}, K_i) = P(G)$。函数变换 $f()$ 完成。

上述 16 次迭代加密中，每一次都从初始的 64 比特的种子密钥 K 导出 48 比特的密钥 K_i，在函数变换 $f(\ )$ 中使用。生成 K_i 的过程如下：

① 将 K 删掉 8 个比特（第 8，16，24，32，40，48，56，64 比特）；用一个置换 PC-1( ) 置换 K 余下的 56 比特的 K_{56}，得 $C_0D_0 = PC\text{-}1(K_{56})$，其中 C_0 和 D_0 分别表示左、右的 28 比特。PC-1( ) 置换如图 10-7a 所示。

② 对第 i 次迭代加密（$i = 1$，2，…，16），计算 K_i。先左循环移位：

$$C_i = LS_i(C_{i-1}), \quad D_i = LS_i(D_{i-1})$$

P( )置换			
16	7	20	21
29	12	28	17
1	15	23	26
5	18	31	10
2	8	24	14
32	27	3	9
19	13	30	6
22	11	4	25

图 10-6　P( ) 置换

其中 $LS_i(\ )$ 表示 1 位（当 $i = 1$，2，9，16）或 2 位（当 i 为其他 12 个值）的左循环移位；然后对 C_iD_i 进行 PC-2( ) 置换，最后得到 48 比特的密钥 $K_i = PC\text{-}2(C_iD_i)$。PC-2( )置换如图 10-7b 所示。

PC-1( )置换						
57	49	41	33	25	17	9
1	58	50	42	34	26	18
10	2	59	51	43	35	27
19	11	3	60	52	44	36
63	55	47	39	31	23	15
7	62	54	46	38	30	22
14	6	61	53	45	37	29
21	13	5	28	20	12	4

PC-2( )置换: 56bit → 48bit					
14	17	11	24	1	5
3	28	15	6	21	10
23	19	12	4	26	8
16	7	27	20	13	2
41	52	31	37	47	55
30	40	51	45	33	48
44	49	39	56	34	53
46	42	30	36	29	32

a)　　　　　　　　　　b)

图 10-7　PC-1( ) 置换和 PC-2( ) 置换

（3）左右交换

将 $P_{16} = L_{16}R_{16}$ 左右交换，得 $R_{16}L_{16}$。

（4）逆置换 IP^{-1}

将 $R_{16}L_{16}$ 进行 IP^{-1}，如图 10-3 的右边所示，最后输出 64 比特的密文 $C = IP^{-1}(R_{16}L_{16})$。以上就是 DES 的加密过程。

DES 的解密过程和加密过程使用的算法相同，输入密文 C，但以逆顺序生成 16 个密钥，即 $K_{16}K_{15}...K_1$，输出将是明文 P。

DES 算法主要使用异或、位循环、替代置换等初级运算，硬件和软件运算都很快，可以用于大量数据的加密。

3. DES 的发展

（1）DES-CBC（DES Cipher Block Chaining）

DES 实际上就是一种长度为 64 比特的块替代，工作在电子代码本（Electronic Code-Book，ECB）的模式。它有一个明显的缺点：相同的明文块生成相同的密文块，增加了破译的机会。为了提高 DES 的安全性，可采用密码块链接 CBC 技术，构成 DES-CBC。

DES-CBC 加密解密过程：64 比特的明文块 P_0 先和一个随机选择的初始向量（Initialization Vector，IV）逐比特进行异或，然后进行加密 E（），得到密文 C_0；再将 C_0 和下一个明文块 P_1 进行异或，然后再加密，得出 C_1……以后各块都用上述方法操作。这样，在块之间引入了关联性，相同的明文块则生成不同的密文块。

DES-CBC 加密解密过程如图 10-8 所示：

DES-CBS 加密过程

$$C_0 = E_K（P_0 \oplus IV）$$
$$C_1 = E_K（P_1 \oplus C_0）$$
$$C_2 = E_K（P_2 \oplus C_1）$$
…

DES-CBS 解密过程

$$P_0 = D_K（C_0）\oplus IV$$
$$P_1 = D_K（C_1）\oplus C_0$$
$$P_2 = D_K（C_2）\oplus C_1$$
…

图 10-8　DES-CBC 加密解密过程

（2）三重 DES（Triple DES）

DES 的另一个问题是密钥的长度较短。56 比特长的密钥意味着密钥空间为 2^{56}，约有 7.2×10^{16} 种密钥。假若一台计算机 $1 \mu s$ 可执行 100 次 DES 算法，并假定平均只需搜索密钥空间的一半即可找到密钥，那么破译 DES 需要 11.42 年。

1997 年美国 RSA 数据安全公司在 RSA 安全年会上，公布了一项密钥挑战竞赛，悬赏 1 万美元破译 56 比特的 DES 密钥。1997 年一些在 Internet 上合作的人，用了 96 天破译了 DES 密钥。现在已经设计出搜索 DES 密钥的专用芯片，对 DES 构成了威胁。1998 年 7 月，电子边境基金会使用一台 25 万美元的专用计算机，花了 56 小时破译了 DES 密钥。1999 年 1 月，他们又把破译的时间缩短到 22 小时 15 分。

三重 DES 加密算法使用两个密钥，长度共 112 比特，密钥空间增加到 2^{112}，目前还没有破译的报道。1985 年三重 DES 成为美国的一个商用加密标准。

三重 DES 执行三次 DES 算法：

$$加密：C = E_{K1}（D_{K2}（E_{K1}（P）））$$
$$解密：P = D_{K1}（E_{K2}（D_{K1}（C）））$$

三重 DES 加密过程采用 E-D-E 而不是 E-E-E。加密和解密过程都是两个 64 比特数之间的一种映射，从密码角度上来看，这两种映射的作用是一样的。

4. 对称密钥密码体制的其他加密算法

在 DES 之后又出现了著名的国际数据加密算法（International Data Encryption Algorithm，IDEA）。IDEA 使用长达 128 比特的密钥，不易被攻破。IDEA 和 DES 相似，也是先将明文划分为一个个 64 比特长的数据块，然后经过 8 次迭代和一次变换，得出 64 比特的密文。

由两位年轻比利时密码学家 Rijmen 和 Daemen 提出的 Rijndael 也是非常优秀的对称密码算法，已成为美国联邦信息处理标准，它使用 128 ~ 256 比特的密钥。

10.2.3　公开密钥密码体制与 RSA 算法

1. 公开密钥密码体制

公开密钥密码体制的概念是由 Stanford 大学的 Diffie 和 Hellman 于 1976 年提出的。与对称密钥密码体制不同的是，公开密钥密码体制使用一对不相同的加密密钥与解密密钥，因此公开密码体制也称为非对称密钥密码体制（Asymmetric Key Cryptography）。

加密密钥使用公开密钥，简称公钥（Public Key，PK），是公开信息，而解密密钥使用秘密密钥，简称私钥（Private Key），为了区别记为 SK，私钥 SK 是需要保密的。加密算法 E( ) 和解密算法 D( ) 也都是公开的。虽然私钥 SK 是由公钥 PK 决定的，但却不能根据 PK 计算出 SK。因为公钥 PK 是可以公开的，这给密钥的使用和管理带来了方便。

公开密钥密码体制的算法过程如图 10-9 所示。

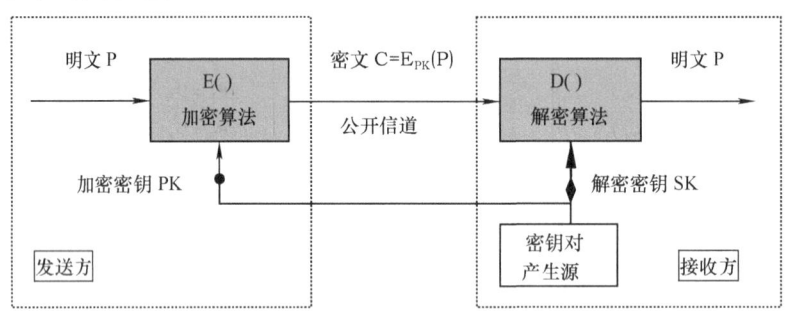

图 10-9　公开密钥密码体制

发送者用加密密钥 PK（接收者的公钥）对明文 P 加密后，接收者用解密密钥 SK（接收者的私钥）解密即可恢复出明文，即 $D_{SK}(E_{PK}(P)) = P$。因为只有 SK 的拥有者才能解密，这就保证了消息的保密性。

公开密钥密码体制有以下特点：

- 加密密钥是公开的，但不能解密，即 $D_{PK}(E_{PK}(P)) \neq P$。
- 解密密钥是接收者专用的秘密密钥，对其他人必须保密。
- 加密和解密算法都是公开的。
- 加密和解密的运算可以对调，即 $E_{PK}(D_{SK}(P)) = P$（这在数字签名中得到应用）。
- 在计算机上可以容易地产生 PK 和 SK 对。
- 从已知的 PK 推导出 SK 在计算上是不可能的。

2. RSA 算法

公开密钥密码体制中最著名的是 RSA 公开密钥密码算法，由美国的 Rivest、ShaMir 和 Adleman 于 1978 年正式发表，并以他们的名字命名。

RSA 算法基于数论中大数分解的原理：寻求两个大素数比较简单，而将它们的乘积分解开则极其困难。

RSA 中，每个用户有两个密钥：加密密钥 PK = {e, n} 和解密密钥 SK = {d, n}。其中，n 为两个大素数 p 和 q 的乘积，素数 p 和 q 一般为 100 位以上的十进数，而 e 和 d 满足一定的关系。当第三者已知 e 和 n 时却不能求出 d。用户把加密密钥公开，使得系统中的任何其他用户都可以使用，而解密密钥中的 d 则要保密。

RSA 算法如下：

（1）加密和解密算法

若用整数 P 表示明文，用整数 C 表示密文（P 和 C 均小于 n），则加密和解密运算为：

$$C = P^e \bmod n \quad （加密） \tag{10-3}$$

$$P = C^d \bmod n \quad （解密） \tag{10-4}$$

（2）密钥的生成

RSA 算法中密钥的生成方法如下：

① 计算 n：n 称为 RSA 算法的模数，秘密地选择两个大素数 p 和 q，计算出 $n = pq$。

② 计算 $\phi(n)$：计算 n 的欧拉函数 $\phi(n) = (p-1)(q-1)$，$\phi(n)$ 定义为不超过 n 并与 n 互素的数的个数。

③ 选择 e：从 $[0, \phi(n) - 1]$ 中选择一个与 $\phi(n)$ 互素的数 e 作为公开的加密指数。

④ 计算 d：计算出满足式（10-5）的 d 作为解密指数：

$$e \times d = 1 \bmod \phi(n) \tag{10-5}$$

式（10-5）表示 $e \times d$ 和 1 对模 $\phi(n)$ 同余。

⑤ 最后得出公共密钥 PK 和秘密密钥 SK：PK = $\{e, n\}$，SK = $\{d, n\}$。

以下用一个简单的例子来说明 RSA 算法：

① 选择两个素数，设为：$p = 3$，$q = 11$，计算出 $n = pq = 3 \times 11 = 33$。

② 计算 $\phi(n) = (p-1)(q-1) = 2 \times 10 = 20$。

③ 从 $[0, \phi(n) - 1] = [0, 19]$ 中选择一个与 20 互素的数 e，选 $e = 7$。

④ 根据式（10-5），有 $7d = 1 \bmod 20$，解出 $d = 3$。

⑤ 于是得出密钥：公开密钥 PK = $\{e, n\}$ = $\{7, 33\}$，秘密密钥 SK = $\{d, n\}$ = $\{3, 33\}$。

下面使用上例得到的密钥进行加密和解密。首先将明文划分为一个个分组，使得每个明文分组的二进制值不超过 n，即不超过 33。现在设明文的一个分组为 $P = 9$。

使用式（10-3）用公开密钥 PK = $\{7, 33\}$ 加密：先计算 $P^e = 5^7 = 4782969$，再除以 33，余数为 15。这就是对应于明文 5 的密文，即 $C = 15$。

使用式（10-4）用解密密钥 SK = $\{3, 33\}$ 解密：先计算 $C^d = 15^3 = 3375$。再除以 33，得余数为 9。此余数即解密后应得出的明文，即 $P = 9$。

使用上述密钥对一个英文字符串 TSINGHUA 加密解密过程的简单例子见表 10-1，每个英文字符为一个明文分组，字符用其顺序数字代表，每个分组的二进制值不超过 33。表中左边和右边分别为发送方和接收方的加密和解密计算。

表 10-1　加密解密过程的例子

明文字符	数字	P^7	密文 $P^7 \bmod 33$	C^3	数字 $C^3 \bmod 33$	明文字符
T	20	1280000000	26	17576	20	T
S	19	893871739	13	2197	19	S
I	9	4782969	15	3375	9	I
N	14	105413504	20	8000	14	N
G	7	823543	28	21952	7	G
H	8	2097152	2	8	8	H
U	21	1801088541	21	9261	21	U
A	1	1	1	1	1	A

以上只是一个说明 RSA 算法的简单例子，例子中难以选择大素数计算。实用中，当选择 p 和 q 大于 100 位十进制数时，则 n 大于 200 位十进制数（即大于 664 比特二进制数），这样就可一次对超过 83 个字符的字符串（一个字符用 8 比特编码）进行加密。

我们注意到，对于 RSA 算法，同样的明文加密为同样的密文。

RSA 体制的保密性在于对大数进行因数分解要花费很长的时间。RSA 算法的三位首创者选择模数 n 为 129 位的十进制数，并预言需要经过 40×10^{15} 年才能破译。然而一个世界范围的研究组，最近在因特网上用 1600 台计算机协同工作，仅用了 8 个月就破译了。随着技术的发展，在使用 RSA 加密时，必须选择足够长的密钥。一般认为，对于当前的计算机水平，只要选择 1024 比特长的密钥（相当于约 300 位十进制数字）就可以认为是计算上无法破译的。

对称密码体制如 DES 算法主要使用异或、逐位与、位循环等初级运算，硬件和软件运算都很快，常常用于大量数据的加密。而公钥密码体制如 RSA 算法涉及到大整数指数运算，计算量非常大，加密、解密速度慢，因此很少用于大量数据的加密，广泛用于密钥分发。公钥密码体制有私钥和公钥两个密钥，更容易实现数字签名。

10.3 数字签名和报文摘要

10.3.1 数字签名

现实生活中，文件、书信、财务单据等可以通过亲笔签名或加盖印章来证明其真实性。为了证明计算机网络中传送的各种电子文件、电子证书、电子合同等的真实性，又如何进行签名或盖章呢？数字签名（Digital Signature）就可解决这样的问题。对网络中传送的各种电子文件本节中统称报文（Message），为保证报文的真实可靠，数字签名应满足以下三点：

- 报文认证：接收者能够核实报文确实是由发送者签发。
- 报文完整性：无法被中途窃取者和接收者所篡改、伪造。
- 不可否认：发送者事后无法否认是他签发的报文。

数字签名一般采用公开密钥算法，要比采用对称密钥算法更容易实现，下面进行介绍。

发送者 A 用其加密密钥 SK-A 对所发报文 P 进行加密运算，将结果 $D_{SK-A}(P)$ 传送给接收者 B。B 收到后，用已知的 A 的公开密钥 PK-A 解密得出 P：$E_{PK-A}(D_{SK-A}(P)) = P$，这一过程示于图 10-10a。

上节曾谈到，公开密钥算法的加密和解密的运算可以对调，上述数字签名过程中就是如此，这样签名者先使用自己的加密密钥加密明文，起到签名的作用，接收者使用公开密钥解密核实签名。

因为报文 P 要用 A 的公开密钥 PK-A 才能解密，所以报文是用 A 的加密密钥 SK-A 加密的，因此，B 可以认证 P 一定是 A 签发的。因为 P 只能用 A 的私钥 SK-A 进行签名，中途窃取者和接收者无法进行篡改和伪造。假若 A 欲否认曾签发 P 给 B，则 B 可将 P 及 $D_{SK-A}(P)$ 出示给第三者，第三者很容易用 PK-A 由 $D_{SK-A}(P)$ 得到 P，证实是 A 签发了 P，A 无法否认。可见，数字签名满足上述对报文传输可靠性的三点要求。

如图 10-10a 所示的数字签名过程对报文进行了签名，但对报文 P 本身是不能保密的。

因为在网上截取了 $D_{SK-A}(P)$ 并知道发送者身份的攻击者，通过查阅手册等可以得到其公开密钥 PK-A，因而可以从 $D_{SK-A}(P)$ 得到原报文 P。可以通过进一步的处理给报文 P 也加密，这一过程如图 10-10b 所示，读者可自行分析。

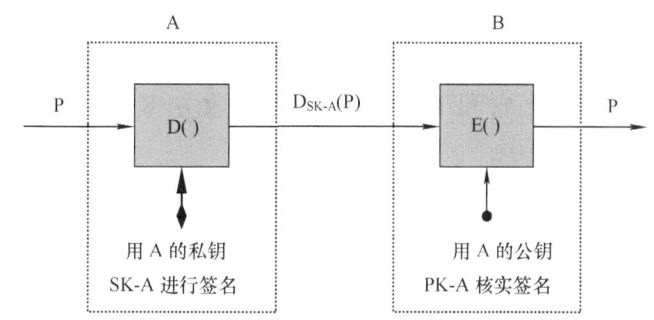

a）数字签名

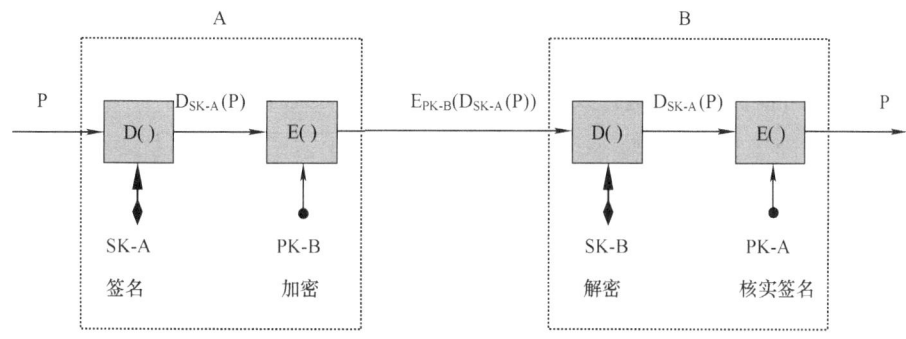

b）具有加密的数字签名

图 10-10　采用公开密钥算法的数字签名

10.3.2　报文摘要

数字签名存在一个问题，数字签名一般采用公开密钥算法，用密钥对整个报文进行加密和解密处理，要花费较长的处理时间，尤其是长的文件问题就更为严重。而且，在网络应用中许多报文并无加密要求（但也需要防止篡改、伪造和否认），对于不需要加密的报文进行加密和解密，也给计算机增加了不必要的负担。因此，需要新的算法以提高处理效率，报文摘要（Message Digest，MD）又称消息摘要就是一种有效的方法。

报文摘要是由发送的整个报文映射的一个短的位串。报文摘要是一种单向的散列函数（One-Way Hash Function，也称哈希函数）。对于输入的一个可变长度的位串 P，散列函数输出一个比输入位串短得多且长度固定的位串 MD(P)，即报文摘要。MD(P) 一般是 128 ~ 512 比特。报文经过散列运算可以看成是没有密钥运算的加密处理。

报文摘要算法应具有如下特点：

- 给定一个报文 P，容易计算其报文摘要 MD(P)，但反过来，给定一个报文摘要 X，想由 X 找到一个报文 P 使得 MD(P) = X，在计算上是不可行的。
- 若想找到任意两个报文 P 和 P'，使得 MD(P) = MD(P')，在计算上也是不可行的。

因此，一个明文报文 P 的报文摘要 MD(P) 可以充分地代表 P。即使攻击者截获了发送的 P 和经数字签名的 MD(P) 并有了 MD( ) 算法，攻击者也不可能由 P 和 MD(P) 伪造出另一个报文 P'，使得 P' 和 P 具有同样的报文摘要。

使用报文摘要的数字签名如图 10-11 所示。发送方 A 将报文 P 用报文摘要函数计算出 MD(P) 后，再使用自己的私钥 SK-A 对它加密得到 $D_{SK-A}(MD(P))$，即对 MD(P) 进行数字签名。加密以后的报文摘要 $D_{SK-A}(MD(P))$ 称为报文认证码（Message Authentication Code，MAC），$MAC = D_{SK-A}(MD(P))$，它和 P 一起发送给接收方 B，A 发给 B 的报文将是 (P，MAC)。

B 收到 (P，MAC) 后进行两方面的计算，一方面对 P 进行 MD( ) 计算；另一方面使用 A 的公钥 PK-A 对 MAC 解密：$E_{PK-A}(MAC)$。正常情况下，两个计算结果都应该是 MD(P)，B 比较两者相等，就可以确认收到的明文报文 P 就是由 A 签发的非篡改和伪造的报文。

如图 10-11 所示的使用报文摘要的数字签名中，对 MD(P) 进行了数字签名，对 MD(P) 当然具有数字签名安全性的三个作用。接收方又验证了收到的明文 P 就是 MD(P) 所对应的 P，而且报文摘要算法保证了 MD(P) 能充分地代表 P，所以对报文 P 来说，同样也起到了数字签名安全性的 3 个作用，相当于没有加密的数字签名。然而它却有一个非常明显的优点：仅对短的报文摘要 MD(P) 而不是对整个报文 P 进行数字签名，可以大大节省处理时间。

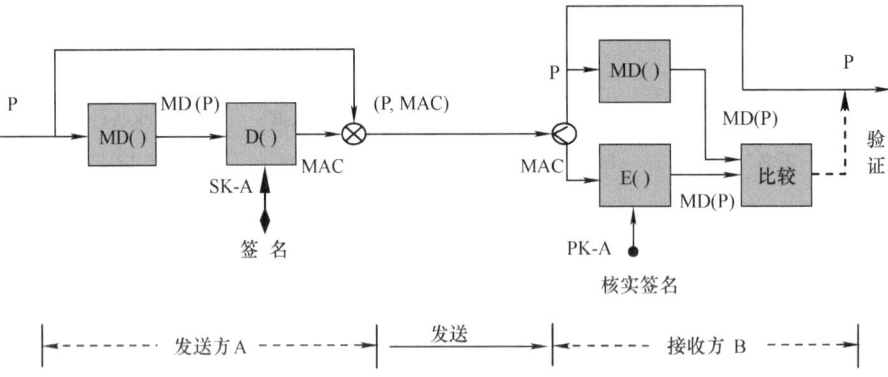

图 10-11 使用报文摘要的数字签名

曾广泛应用的报文摘要算法是 Rivest 设计的 MD5［RFC 1321，报告的］，对任意长的报文进行运算，得出 128 比特的 MAC。美国国家标准技术局设计了另一种报文摘要标准安全散列算法（Secure Hash Algorithm，SHA），MAC 为 160 比特，其新版本是 SHA-1。它们都是使用 Hash 函数进行报文摘要算法得到 MAC，这样的 MAC 称为 HMAC。

我国山东大学王小云教授于 2004 年和 2005 年先后破译了 MD5 和 SHA-1，引起了国际密码界的震惊，国际上也在积极研究和采用更安全的算法。

10.4 身份认证和密钥分发

10.4.1 身份认证简介

电子商务和电子金融等网络交易活动，交易双方首先认证对方的身份是非常必要的。

身份认证（Authentication）也称身份鉴别，是识别通信对方身份的技术。社会活动中，人们采用多种方式来识别对方，如相貌、声音、字迹、密码以及通过贴有照片的证件。在网络环境下进行身份认证要困难得多，因为表明身份的信息要在网上传输，可能被截取、篡改和伪造。

这里所讲的身份认证和前文谈到的报文认证有所区别，后者是指对每一个收到的报文的发送者都要认证，而前者是指通过一次通信过程（可交换多个报文）对对方进行一次身份认证，一般是在数据传输前进行认证。

网络环境下的身份认证是通过计算机来实现的，实质上是计算机进程之间的认证。简单的认证可以通过用户名和口令实现。但口令是可重用的，容易被攻击者窃听。基于密码学的身份认证可以实现更安全可靠的服务，双方使用密码技术交换一些不可重用的认证信息。可以使用对称密钥密码体制和公开密钥密码体制。上节我们讲到的对报文和报文摘要的数字签名就起到了对报文源的身份认证作用。

完善的身份认证系统需要解决的一个重要问题是如何在网上安全地分发密钥。对称密钥密码体制的最大问题是如何将通信双方商定的共享密钥安全地传给对方，因为传送过程中容易泄露。公钥密码体制中，身份认证的双方需要知道对方的公钥。如果不知道对方的公钥，可以先在网上交换，认证一方 A 将自己的公钥发送给另一方 B，并请求 B 发回它的公钥，这样做是可以的，因为公钥不保密。但也存在安全问题，容易受到攻击。攻击者可以截取 A 发给 B 的报文，并将自己的公钥发回给 A。A 并不知道这个公钥是攻击者的，却以为自己在与 B 会话，这样攻击者可以阅读到 A 的报文。因此，身份认证必须解决公钥在网络上如何安全地发布的问题，在基于公钥的数字签名和报文摘要中也有这样的问题。

10.4.2　基于对称密钥的身份认证和密钥分发

1. 密钥分发与密钥分发中心

对称密钥密码体制中加解密的双方使用相同的共享密钥，使用中的最大问题是如何将共享密钥安全地传送给对方。可以事先约定，也可以用信使来传送，这称为网外分发方式。但在大型计算机网络中，用信使来传送密钥显然是不合适的。如果事先约定密钥，就会给密钥的管理和更换都带来不便。网上的主机通常要和很多主机通信，而且为了安全，密钥还要经常改变，这就使密钥的选定、分发和管理的工作量很大。为此，可以采取网内分发方式，通过网络对密钥进行自动分发。

目前常用的网内分发方式是设置通信双方都信任的密钥分发中心（Key Distribution Center，KDC），为通信双方生成和分发密钥。KDC 保存有所有注册用户和它通信的共享密钥，KDC 使用它们和各用户进行加密通信。但 KDC 风险集中，它自身的可靠性非常重要，一旦出了问题，就无法进行安全通信，这可通过 KDC 备份来解决。KDC 进行密钥分发的方式将结合下面的认证过程进一步说明。

2. 基于对称密钥的身份认证和密钥分发机制

使用对称密钥的认证通常是基于 KDC 的，最早由 Needham 和 Schroeder 在 1978 年提出，称为 Needham-Schroeder 协议，很多的基于 KDC 的身份认证协议都是在此基础上演变而来的，美国麻省理工学院设计的 Kerberos［RFC4120，4121］就是其中非常著名的一个。

Needham-Schroeder 协议中，双方的相互身份认证基于如下质询-响应（Challenge-Response，也译为挑战 – 响应）方式，认证过程在图 10-12 中表示，其中用户 A 和 B 都是 KDC

的注册用户，它们分别有与 KDC 进行加密通信的共享密钥 K-A 和 K-B。

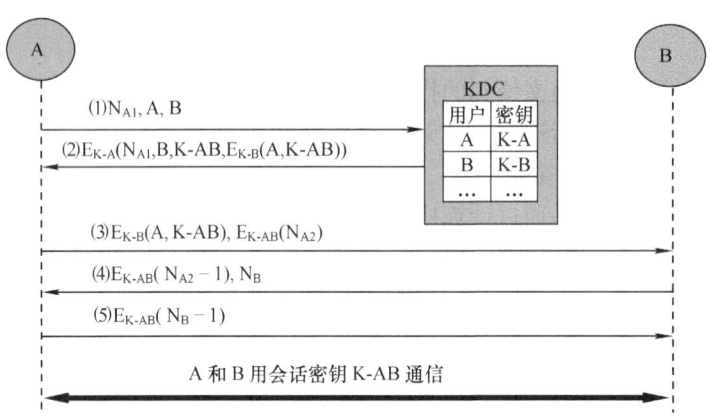

图 10-12　基于 KDC 的身份认证和密钥分发

图 10-12 所示的身份认证和密钥分发机制解释如下：

① 　用户 A 向 KDC 发出要与用户 B 通信的请求，并带有一个一次性随机数 N_{A1}，这可以看成是 A 向 KDC 的质询。

② 　KDC 为 A 和 B 的通信生成一个会话密钥 K-AB，并将它和 A 的名字用 B 的密钥 K-B 加密生成 $E_{K-B}(A, K-AB)$，再与 N_{A1}、B、K-AB 一起用 K-A 加密发给 A，其中 N_{A1} 表示对 A 的响应。会话密钥 K-AB 由 KDC 生成，只能由 A、B 解密，将由 A 转发给 B，称为 KDC 给予 A 的访问 B 的票据（Ticket）。

③ 　A 用自己的密钥 K-A 解密 KDC 发回的信息，得到 K-AB 和票据，A 向 B 发出票据 $E_{K-B}(A, K-AB)$，并用会话密钥 K-AB 加密一个一次性随机数 N_{A2}，这是 A 向 B 的质询。

④ 　B 用自己的密钥 K-B 验证票据就可得到会话密钥 K-AB，B 用 K-AB 加密 $N_{A2} - 1$ 对 A 作出响应，并发送一次性随机数 N_B 作为对 A 的质询。

⑤ 　A 用 K-AB 加密 $N_B - 1$ 响应 B。

至此身份认证结束，双方可以使用 K-AB 进行通信。前 3 步后，KDC 为通信双方分发了会话密钥 K-AB。

上述质询-响应过程中，使用了不断变化的一次性随机数（Nonce，Number Once），可以防止窃听者利用以前截取的报文进行重放攻击（Replay Attack）。一次性随机数的一种替代方案是时间戳。上述身份认证中，还建立了 A 和 B 在后续通信中使用的会话密钥（Session Key）K-AB。会话密钥是在一次会话过程中加密交换的数据所使用的一次性密钥，即所谓的一次一密，由机器随机产生。会话中交换的数据量大，一般使用速度快的对称密码体制。

后来 Needham 和 Schroeder 对协议又进行了改进，在票据中加入了一次性随机数，使老的票据不能再使用，以防重放攻击。

10.4.3　基于公钥的身份认证和公钥分发

1. 基于公钥的认证

一般来讲，在通信双方 A 和 B 都知道对方公钥的情况下，双方的相互身份认证可以基于如下质询-响应方式。

① A→B：$E_{PK-B}(A, N_A)$。

② A←B：$E_{PK-A}(N_A, N_B, K\text{-}AB)$。

③ A→B：$E_{K-AB}(N_B)$。

上述身份认证机制解释如下：

① A 将自己的名字 A 和一个一次性大随机数 N_A 作为质询用 B 的公钥 PK-B 加密后发给 B。

② B 收到 A 的报文后，用自己的私钥 SK-B 解密，将 A 发来的随机数 N_A 和一个会话密钥 K-AB 作为响应，以及自己产生的一个一次性大随机数 N_B 作为质询，同时用 A 的公钥 PK-A 将它们加密后发给 A。

③ A 收到 B 的报文后，用自己的私密 SK-A 解密，解密的报文中有 N_A，而且 N_A 是第①步中 A 用 B 的公钥 PK-B 加密发给 B 的，只有 B 才能解密，至此 A 确认了 B 的身份。最后，A 用会话密钥 K-AB 加密 B 的质询 N_B，作为响应发回给 B，B 收到 A 的报文后，用 K-AB 解密，这一过程使用的加密算法是共享密钥算法。这样，B 也确认了 A 的身份，因为只有 A 能解密第②步中 B 发送的 N_B 和 K-AB。

上述过程中，还建立了后续通信中使用的一次性会话密钥 K-AB。身份认证使用公开密钥算法，而会话密钥 K-AB 都采用共享密钥。

2. 公钥分发

不难看到，上述身份认证方式的前提是双方必须知道对方的公钥。解决公钥安全管理和分发机制是公钥基础设施（Public Key Infrastructure，PKI）。IETF 制定的一个 PKI 标准是基于 X.509 建议书的 PKIX［RFC2459，RFC3280，建议标准］。

X.509 是 ITU-T 的标准，规定公钥以证书的形式签发，称为公钥证书（PK Certificate），规定了公钥证书的格式和交换协议。版本 3 的 X.509 定义的公钥证书的结构如图 10-13 所示，其中各字段含义如下。

版本号	序列号	签名算法	颁发者	有效期	主体	主体公钥信息	颁发者标识符	主体标识符	扩展	签名

图 10-13　X.509 版本 3 公钥证书结构

① 版本号：X.509 的版本号。

② 序列号：证书的唯一标识符。

③ 签名算法：说明本证书使用的数字签名算法，如 RSA、SHA-1。

④ 颁发者标识符：证书签发机构的可识别名。

⑤ 有效期：证书的有效时间。

⑥ 主体：证书持有者的可识别名。

⑦ 主体公钥信息：证书持有者的公钥及算法标识符。

⑧ 颁发者标识符：证书签发机构的唯一标识符。

⑨ 主体标识符：证书持有者的唯一标识符。

⑩ 扩展：可选的扩展。

⑪ 签名：证书的签名，用证书权威机构 CA 的私钥签名。

公钥证书的基本功能就是将一个公钥与安全体（个人、公司等）的名字绑定在一起。证书中不包含私钥，私钥一般由证书持有者自己保管。

PKIX 基于所谓的证书权威机构（Certification Authority，CA）。CA 是大家共同信任的第三方，可以由政府出资建立，通信双方基于对 CA 的共同信任来建立彼此的信任关系。CA 负责生成和签发电子的公钥证书。CA 用自己的私钥对公钥证书进行数字签名，用户使用 CA 的公钥验证其他用户证书上 CA 的签名，以核实证书的有效性。这样，通信双方就可以使用对方证书上的公钥认证对方的身份。

一个 CA 通常负责为一个有限的用户集合（称为安全域）签发证书。如何建立跨 CA 之间的安全域，实现覆盖 Internet 网络的 PKI 服务也是一个需要解决的非常复杂的问题。

10.5　Internet 网络安全技术

Internet 的协议分五层，从网络安全的角度来看，应该在哪些层提供安全通信，没有明确的规定。目前 Internet 的安全技术主要有防火墙技术，IP 层安全技术，传输层安全技术及应用层安全技术等。

10.5.1　防火墙

防火墙（Firewall）是在一个单位的内部网络和外部网络之间实施访问控制策略的系统，防止未经授权的通信进、出内部网络，是内部网络和外部网络之间的一道安全屏障。单位的内部网络和外部网络通常就是单位的内联网 Intranet 和因特网 Internet。Internet 被认为是不安全、不太可信的，内部网络则认为是安全可信的，内部网络是受保护网络（Protected Network）。

自从 1986 年美国 Digital 公司在 Internet 上安装了全球第一个商用防火墙系统后，防火墙技术得到了飞速的发展。但防火墙不是万能的。防火墙技术对于受保护网内部的安全问题无能为力，防火墙不能防止感染了病毒的软件或文件的传输。防火墙对不经由它的攻击无能为力。所以防火墙只能解决网络安全的部分问题。另外，防火墙常常会成为网络流量的瓶颈，防火墙采用的过滤技术使网络的性能降低，过于复杂的安全防御措施会造成处理延迟。

1. 防火墙技术

从技术上讲，目前防火墙主要分为两类，早期出现的是包过滤技术，由包过滤路由器（Packet Filtering Router）实现，是 IP 级防火墙，后来出现了代理服务技术，由应用网关（Application Gateway）实现，应用网关也称为代理服务器（Proxy Server），是应用级防火墙。两种防火墙技术可以组合在一起，形成某种结构的防火墙系统。

包过滤路由器位于内部网络和外部网络的连接处，根据 IP 和 TCP/UDP 的首部进行 IP 包的过滤，工作在 Internet 的 IP 层。

网络管理员可以根据某种安全策略配置 IP 包过滤表。IP 包过滤软件根据 IP 数据报的源地址、目的地址、源端口号、目的端口号等对 IP 包进行过滤，允许或阻拦来自或去往某些 IP 地址或端口的访问。IP 包过滤将外界对内部网络的访问或反方向上的访问限制在设定范围之内，只能限于某些主机、某些应用。包过滤路由器的最大优点就是结构和实现比较简单，但 IP 包过滤的访问控制只能控制到 IP 地址和端口级，无法做到用户级别的身份认证和访问控制，而且建立包过滤规则比较困难。

应用网关工作在网络的应用层，通过应用代理服务程序对应用层数据进行安全控制和信息过滤，还有用户级的认证、日志、计费等功能。应用网关只能针对特定的应用构建，内部网络通常需要有多个应用网关，比如，TELNET 网关、HTTP 网关、FTP 网关和 Email 网关等。多个应用代理服务程序可以同时运行在同一个主机上，每一个都有自己独立的进程。应用网关实现比较复杂。

图 10-14 是一个防火墙的例子。设计一个 TELNET 访问的防火墙，它仅仅允许一部分外部授权用户登录到内部网络的 TELNET 服务器上；另外，也只允许一部分内部网络的用户使用 TELNET 访问外部主机。这可以通过设置一个包过滤路由器 R 和一个 TELNET 应用网关 G来实现。结构上，包过滤路由器位于内部网络和外部的 Internet 的连接处，应用网关在内部网络上，靠近包过滤路由器，这是一种常用的防火墙结构。R 的包过滤表应当配置为：检查所有目的端口号为 23 的入/出包，如果是与 G 连接上的包就放行，否则一律拦截。这样的过滤设置强迫所有的 TELNET 连接都必须通过 G。

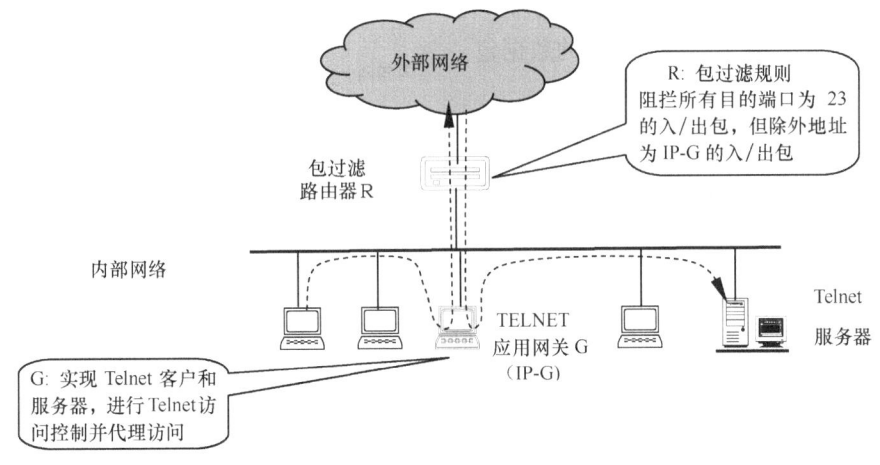

图 10-14 防火墙的例子

假若有一个内部网络用户 U 希望访问外部 TELNET 主机，U 首先和 G 建立一个 TELNET会话，G 提示 U 输入帐号和口令。当 U 提供了这些信息后，G 进行权限检查，看 U 是否有权访问外部 TELNET 主机。如果 U 没有权限，G 就将 U 的连接终止；如果 U 有权限，G 将进行以下动作：① 提示 U 输入想要连接的外部主机名。② 建立 G 到该外部主机的 TELNET连接。③ 将所有从 U 来的数据转发到外部主机，并将所有从外部主机来的数据转发给 U。可见，TELNET 应用网关实现了用户认证，而且实现了 TELNET 服务器和 TELNET 客户的功能。一般应用网关总是同时实现某种服务器和相应客户的功能。假若是一个外部网络用户访问内部网络的 TELNET 主机，与上述情况类似，也必须通过 TELNET 应用网关。

应用网关的优点在于用户级的身份认证、日志记录和帐号管理。其缺点是，要想提供全面的安全保证，就要对每一项服务都要建立对应的应用网关。

防火墙技术在不断发展，向综合技术方向发展，综合包过滤技术、代理服务器技术、安全操作系统、计算机病毒检测和防护、密码技术等，有更强大的功能和更安全的性能。

2. 防火墙系统结构

目前防火墙系统的结构主要分为以下 4 种：

- 包过滤防火墙（Packet Filtering Firewall）。
- 双穴主机网关防火墙（Dual-Homed Gateway Firewall）。
- 屏蔽主机网关防火墙（Screened Host Gateway Firewall）。
- 屏蔽子网防火墙（Screened Subnet Firewall）。

其中后 3 种结构都使用一台主机，连接于防火墙系统的某一位置，作为应用网关运行各种应用代理服务程序，代理各种网络服务，是外部网络和内部网络之间进行访问的必由通道和检查点，网络的安全问题集中在这台主机上解决，它像是防御体系中的堡垒，在防火墙系统中被称为堡垒主机（Bastion Host）。堡垒主机暴露在 Internet 上，是最容易受到攻击的主机，它也应该是自身保护最完善的主机。

（1）包过滤防火墙

包过滤防火墙如图 10-15 所示，使用我们前面讲到的包过滤路由器，它位于内部网络和外部 Internet 的连接处，是数据流的唯一通道，进行包过滤处理，阻断不合法的数据包。

（2）双穴主机网关防火墙

这种防火墙系统如图 10-16 所示，使用一台双穴主机作为堡垒主机。双穴主机是用一台装有两块网卡的主机，两块网卡分别与内部网络和外部网络相连，物理连接上就像包

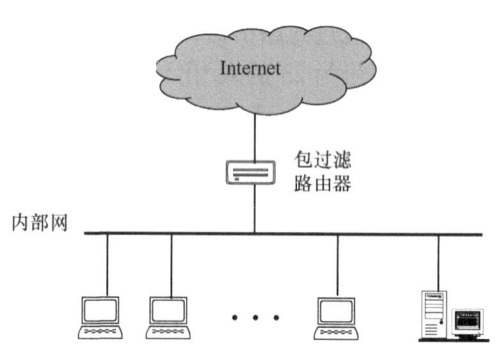

图 10-15　包过滤防火墙

过滤路由器一样，外部网络和内部网络之间的通信必须经由双穴主机。双穴主机作为应用网关，运行各种应用代理服务程序，通过网络服务代理提供网络安全控制，构成双穴主机网关防火墙。

由于双穴主机是内部网络与外部网络相互通信的桥梁，因此内、外部网络之间的通信量需求较大时，双穴主机本身可能成为通信的瓶颈。因此，双穴主机的硬件平台应当尽可能选用性能优良的工作站。

双穴主机网关防火墙另一种常用的结构是在双穴主机外侧再连接一台包过滤路由器，通过它连接到外部网络。

（3）屏蔽主机网关防火墙

这种防火墙中，内部网络通过一台包过滤

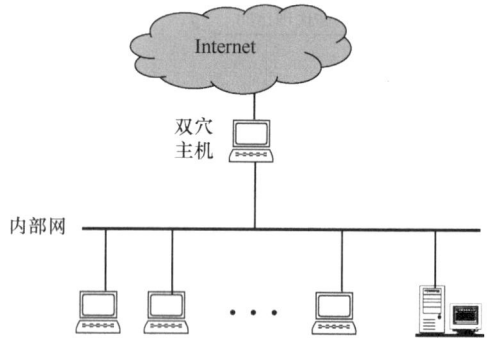

图 10-16　双穴主机网关防火墙

路由器连接到外部网络，内部网络上再设置一台堡垒主机，它作为应用网关，运行各种应用代理服务程序。与双穴主机不同，此处堡垒主机只有一块网卡，连接在内部网络上，配置成外部网络唯一的可访问点。包过滤路由器和堡垒主机一起构成屏蔽主机网关防火墙。屏蔽主机网关防火墙如图 10-17 所示。

一般情况下，屏蔽主机网关防火墙配置如下：包过滤路由器只准许外部网络与堡垒主机通信，使堡垒主机成为外部网络所能到达的唯一结点，并根据建立的过滤规则进行访问控

制，网络服务由堡垒主机上相应的应用代
理服务程序来支持。对于内部网络中的主
机直接对外的通信，包过滤路由器将予以
拒绝，必须通过堡垒主机代理对外部网络
的访问。但某些情况下，对于一些可信的
网络应用，也可以允许内部网络直接通过
包过滤路由器访问外部网络。

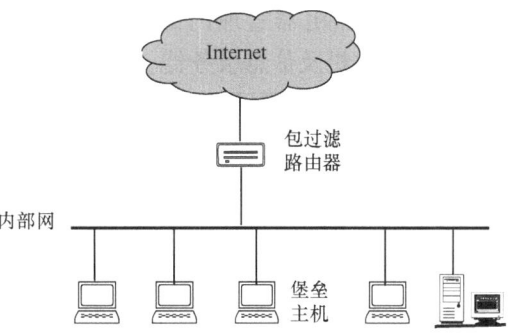

图 10-17　屏蔽主机网关防火墙

（4）屏蔽子网防火墙

屏蔽子网防火墙在内部网络和外部网
络之间建立一个独立的周边子网，使用内
部包过滤路由器和外部包过滤路由器将这一子网分别与内部网络和外部网络连接，周边子网
中设有一台堡垒主机。在两个包过滤路由器上都可以设置过滤规则，堡垒主机运行应用代理
服务程序，进行网络服务代理。

这个独立的周边子网又称为非军事区（DeMilitarzed Zone，DMZ），DMZ 作为一个额外
的缓冲区以进一步隔离内部网络和外部网络。DMZ 所受到的安全威胁不会影响到内部网络，
能够减少为不信任客户提供服务而引发的危险，是放置对外公共信息的理想位置。企业对外
的信息服务器，如 Web、Email、FTP 等可放在 DMZ。包含重要内部信息的 File 服务器和 DB
服务器等则放在内部网络中，免于直接暴露给外部网络。

屏蔽子网防火墙如图 10-18 所示。

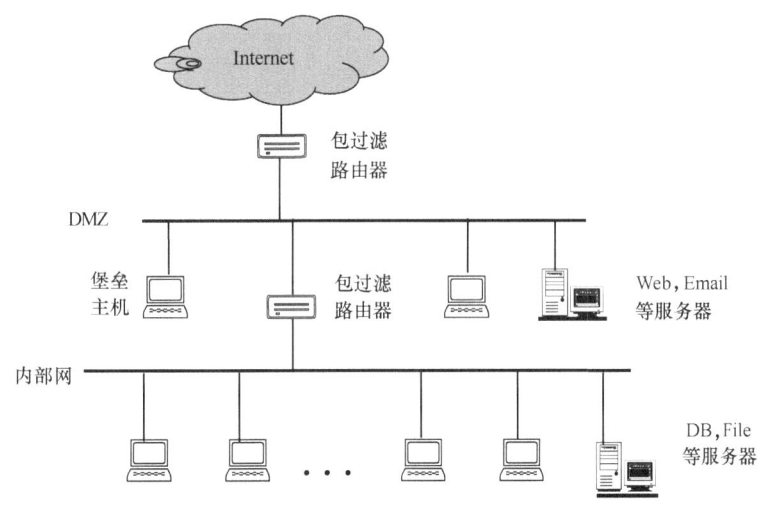

图 10-18　屏蔽子网防火墙

内部网络和外部网络均能访问 DMZ 上的某些资源，但一般不能穿越 DMZ 让内部网络和
外部网络直接进行信息传输。外部攻击者要攻击内部网络，需经过外部包过滤路由器、堡垒
主机和内部包过滤路由器这 3 道防线。

外部包过滤路由器直接面对外部网络，管理外部网络与 DMZ 间的访问。外部包过滤路由
器只向外部网络通告 DMZ 的存在，而内部网络对外部是不可见的。即使在 DMZ 上，也只
有选定系统才对外部开放。外部包过滤路由器只接受来自堡垒主机去往外部网络的数据包。

内部包过滤路由器管理内部网络与 DMZ 之间的访问。一般地，只准许内部网络访问 DMZ 上的堡垒主机及信息服务器。对于一些特殊的可信的内部网络应用，也可以允许通过路由器直接访问外部的服务器。内部包过滤路由器只接收堡垒主机去往内部网络的数据包。

10.5.2 网际层安全技术

1. IP 安全（IPSec）

早年设计的 IP 协议存在很大的安全隐患。

- 没有提供数据源的认证：通过简单地伪造 IP 地址就可以冒充他人。因此需要在 IP 层提供对数据源的认证机制。
- 没有为数据提供强有力的完整性保护：IP 通过对 IP 分组首部计算校验和，对分组首部提供了一定程度的完整性保护。但这一保护相当脆弱，攻击者可以修改分组首部并重新计算校验和。因此需要在 IP 层对分组提供一种更强的完整性保护机制。
- 没有为数据提供加密性保护：网上传输的 IP 分组无任何保密措施，可被他人截取，严重威胁了电子商务等有信息机密要求的应用。因此需要对 IP 数据进行加密保护。
- 还存在着针对 IP 协议的其他攻击：如拒绝服务攻击（Denial-of-Service Attack）、重放攻击（Replay Attack）等。

IETF 制订的 IP 层安全体系结构和相应的协议标准简称为 IP 安全（IP Security，IPSec）〔RFC2401~2411，建议标准〕。IPSec 的安全结构主要包括以下几个部分。

- 安全协议：包括认证首部（Authentication Header，AH）和封装安全载荷（Encapsulating Security Payload，ESP）。
- 安全关联（Security Association，SA）。
- 密钥交换（Internet Key Exchange，IKE）。
- 认证和加密算法。

对于 IPv4，IPSec 作为可选的服务，但对于 IPv6，它是必须支持的功能。AH 和 ESP 都是 IPv6 扩展首部的一部分。

2. 安全协议 AH 和 ESP

IPSec 通过在 IP 数据报中封装安全协议 AH 和 ESP 实现安全服务。

AH 提供 IP 数据报的源站身份认证和完整性校验，但不提供数据报加密。AH 可防范 IP 欺骗等重要的网络攻击。AH 对 IP 数据报（除传输中会发生变化的 TTL、头校验和、片偏移之外的所有字段）计算报文摘要后再进行数字签名，即计算报文认证码 MAC，也称为完整性校验值（Integrity Check Value，ICV），ICV 存于 AH 的一个字段中，供对方进行校验。AH 标准规定必须支持报文摘要算法 MD5 和 SHA-1。

如图 10-19a 所示，AH 首部包含以下字段。

① 下一个头：1B，标识下一个首部的类型，如 TCP/UDP 等。
② 净荷长度：1B，即认证数据字段的长度，以 4B 字为单位。
③ 安全参数索引（SPI）：4B，标识一个安全关联（SA）。
④ 序号：4B，数据报的顺序号，每次加 1，防止受到重放攻击。
⑤ 认证数据：长度可变，4B 的整倍数，数据报的认证码 MAC。

封装安全载荷 ESP 比 AH 复杂，可以实现 IP 数据报的源站身份认证和完整性校验，还可以实现数据报的加密。数据报的源站身份认证和完整性校验也是基于报文认证码 MAC，ESP 实现也必须支持 MD5 和 SHA-1，IP 数据报的加密要求支持 DES-CBC。

图 10-19b 表示了 ESP 的各字段。ESP 首部由 32 比特的安全参数索引 SPI 和 32 比特的序号字段组成，其功能与 AH 协议相同。ESP 尾部中包含 8 比特的下一个首部字段，其功能与 AH 协议也相同。认证数据字段提供数据报的源站认证和完整性校验，ESP 中，IP 数据报首部不参与认证。

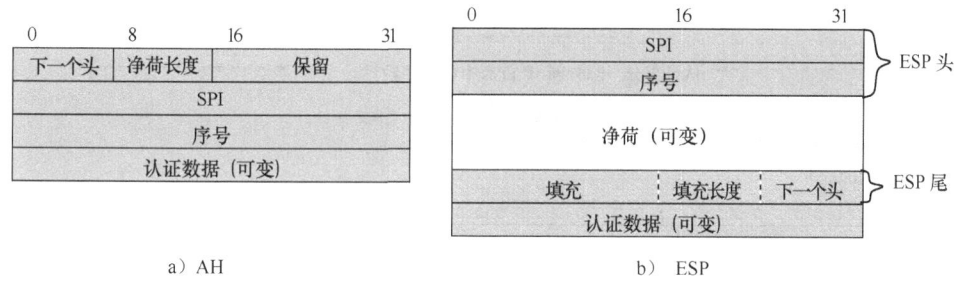

a）AH   b）ESP

图 10-19   AH 和 ESP 格式

IPsec 有两种使用模式：传输模式（Transport Mode）和隧道模式（Tunnel Mode）。

传输模式中，AH/ESP 首部直接插在 IP 首部之后，IP 首部的协议类型字段被修改，置为 51/50，以表明有一个 AH/ESP 首部紧接其后，整个 IP 数据报的格式如图 10-20 所示。

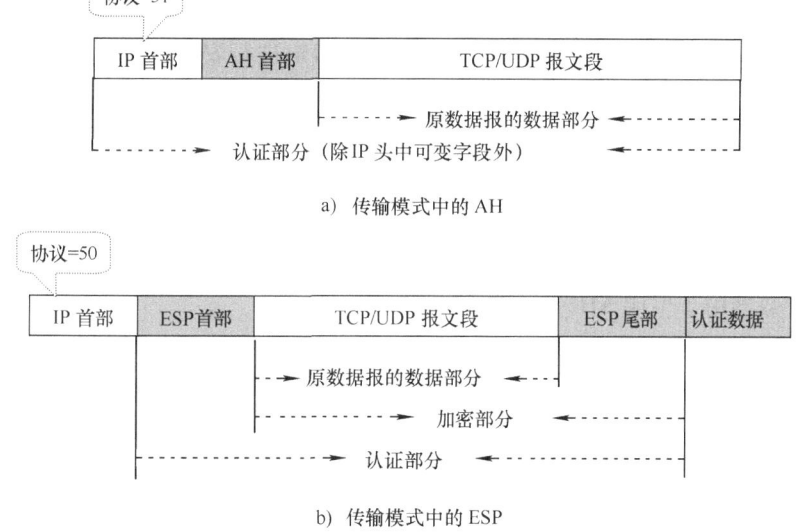

图 10-20   传输模式中的 AH 和 ESP

在数据报传输过程中，中间的路由器一般都不检查 AH/ESP 首部，到达目的站时才做处理，进行数据报的源站认证和完整性校验。

对于 ESP，ESP 尾部和原数据报一起加密，因此攻击者无法得到所使用的运输层协议。

如果数据报的安全保护能力需要由另一台机器来提供（它不是数据报的源站），或数据报的需要保密传送的终点不是数据报的目的站，可以使用隧道模式。比如隧道的端点可以是公司的防火墙。隧道模式中，数据报有两个 IP 首部，原首部和新首部，即 IP in IP 形式。原首部由源主机创建。新首部由隧道始端的机器封装，其目的地址指向隧道末端，由隧道末端的机器解封。图 10-21 表示了隧道模式中的 AH 和 ESP。

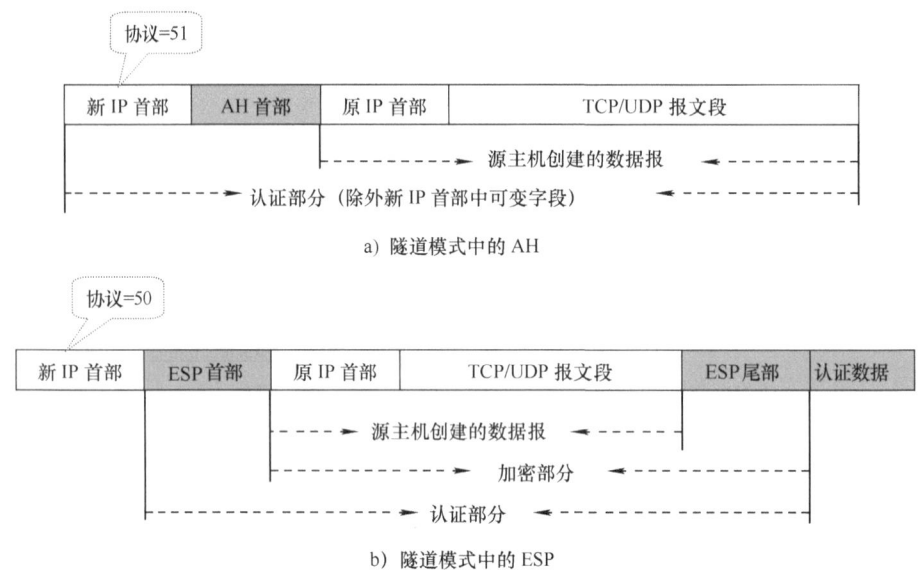

a) 隧道模式中的 AH

b) 隧道模式中的 ESP

图 10-21　隧道模式中的 AH 和 ESP

3. 安全关联（SA）

SA 是通信对等方之间对安全要素的一种协定，指定进行安全通信的参数。AH / ESP 都使用 SA。

SA 是单工的，对于输出和输入数据流需要建立各自独立的 SA。在使用 AH / ESP 之前，要通过密钥交换（IKE）在通信双方之间协商建立 SA。协商完成后，两个对等方都在它们的安全关联数据库（Security Association Database，SAD）中存储 SA 的参数。

SAD 中的 SA 参数主要有：

- 序号计数器用于生成 AH / ESP 首部中的序号。
- AH 认证算法和所需的密钥。
- ESP 认证算法和所需的密钥。
- ESP 加密算法、密钥、初始向量（IV）。
- IPSec 协议操作模式（传输模式/隧道模式）。
- SA 的生存期（Time To Live，TTL）。

使用 IPSec 传输之前通信双方要协商建立 SA，相当于建立了 IPSec 隧道。另外，这也就建立了通信双方 IP 层的逻辑连接。可以认为，IPsec 将传统的无连接的 IP 层变为具有面向连接的性质。

发送数据报前，发送方根据 SPI 连同目的 IP 地址和安全协议作为索引查询 SAD，并在数据报上应用合适的安全机制，在 IPSec 首部插入 SPI。IPSec 数据报的接收方可以容易地识别 SPI，并利用它连同源 IP 地址和安全协议来搜索 SAD，以确定处理该数据报的 SA 参数。

除了 SAD，IPSec 还包含一个安全策略数据库（Security Policy Database，SPD）。SPD 为

进、出的包指明安全策略，如是否进行 IPSec 处理等。如果进行 IPSec 处理，则 SPD 条目中应该包含一个指向 SA 的指针，IPSec 就可以根据 SA 中的内容进行安全处理。

4. 因特网密钥交换（IKE）

IPSec SA 可以手工配置，但只适合规模较小、相对固定的网络环境。当网络规模较大时，可以进行自动配置。IKE 是自动进行 SA 的创建、管理和删除的协议。IKE 协议定义了通信双方进行身份认证、协商加密算法以及生成共享会话密钥的方式。

网络结点的 IPSec 在处理报文时，如果发现对某一报文需要进行 IPSec 安全操作但相应的 SA 还没有建立，它就通知该结点上的 IKE 实体，IKE 会与另一端进行协商，创建 SA。

IKE 是一个混合型的协议，因特网安全关联和密钥管理协议（Internet Security Association and Key Management Protocol，ISAKMP）以及 Oakley 和 SKEME 两个密钥交换协议构成了 IKE 的基础。IKE 非常复杂，此处仅作简单介绍。

IKE 的报文格式在 ISAKMP 中定义。ISAKMP 定义了通用的密钥协商协议框架，包括密钥交换报文的格式和处理方式等，但没有定义对特定问题（如 IPSec）的细节。IKE 是 ISAKMP 具体应用到 IPSec 的一个实现。

IKE 参考了 Oakley 和 SKEME 协议，借用了它们定义的 4 个 Diffie-Hellman 组（包含 Diffie-Hellman 算法使用的参数）。

IKE 的密钥协商分为两个阶段：

第 1 阶段：对 IPSec 对等方进行认证并生成会话密钥供后续使用，以保护 IKE 交换的安全性。第 1 阶段的结果是在 IPSec 两个端点生成 ISAKMP SA，建立了交换 IKE 参数的安全通道。

第 2 阶段：在第 1 阶段生成的 ISAKMP SA 的保护下，在一个安全的通道中进行信息交换，每个数据包都是加密的。双方协商 IPSec 安全服务，建立 IPSec SA。

IKE 使用的一个重要算法是 DH（Diffie-Hellman）密钥生成算法，该算法由 Whitfield Diffie 和 Martin Hellman 1976 年提出。DH 算法为通信双方在一条不安全的通道上生成一个共享密钥，作为会话密钥，用于随后的 IKE 数据交换加密。

DH 算法是一个公开的密钥生成算法，它利用计算对数比计算指数困难得多来保证其安全性。DH 算法如下，通信双方 A 和 B 在进行算法前已经协商好一对大的素数 n 和 g，然后进行如下算法：

A：选取一个大随机数 u，计算 $X = g^u \bmod n$，将 X 发给 B；

B：选取一个大随机数 v，计算 $Y = g^v \bmod n$，将 Y 发给 A；

A：计算 $K = Y^u \bmod n$；

B：计算 $K' = X^v \bmod n$

A 和 B 得共享密钥：$K = K' = g^{uv} \bmod n$。

这样 A 和 B 得到了同样的密钥。网上的监听者只能得到 n、g、X、Y，但要从这些值得到 K，计算量将非常大。n 和 g 的选取对安全性影响很大，因此 IKE 借用了 4 个标准的 DH 组供用户所用，每个组都包含一个精心选择的 (n, g) 数对，并可以不断提供新的组。

10.5.3 传输层安全技术

安全插口层（Secure Socket Layer，SSL）协议是当前 Internet 上用得最广泛的传输层安全协议。SSL 是 Netscape 公司首先提出的，作为 Web 安全性的一个解决方案，它处于 HTTP 和 TCP 之间，提供安全的 HTTP 连接，用于 Netscape 的 Navigator 浏览器和 Web 服务器。

后来 Microsoft 对 SSL 作了修改，推出了秘密通信技术（Private Communication Technology，PCT），用于 Internet Explorer 浏览器。

1996 年 Netscape 推出 SSL 3.0，为众多厂商所采纳而成为事实上的标准。SSL 主要用于 Web 浏览，也可用于 TELNET 等其他应用。

1996 年 4 月 IETF 成立了传输层安全工作组，1999 年推出了传输层安全协议 TLS1.0（Transport Layer Security）［RFC2246，建议标准］，它基于 SSL3.0，只作了小的修改。

TLS 提供安全的传输层连接，它提供的安全连接有以下特点：

- TLS 可以通过公钥密码技术使用 X.509 证书进行身份认证。
- TLS 连接是保密性的，使用加密方法来协商一个对称密钥作为会话密钥，用于数据的加密传输。
- TLS 连接是可靠的，传输中含有数据完整性的校验码，校验码是采用单向 Hash 函数（如 MD5 等）计算的报文认证码 MAC。

TLS 协议工作在传输层，在 TCP 之上，应用层之下。TLS 是对 TCP 的安全扩充，但不包括 UDP。

TLS 由两层协议组成，上层主要是 TLS 握手协议，还有密码变更规范协议和报警协议，下层是 TLS 记录协议。

TLS 握手协议与密码变更规范协议及报警协议用于建立安全连接，协商记录层的安全参数，进行身份认证和报告错误信息等。TLS 握手协议建立会话，交换协议版本，选择压缩算法（可选）、加密算法和报文摘要算法，约定密钥参数生成一个共享密钥作为会话密钥，通过公开密钥算法进行身份认证，通常认证服务器单方，也可进行客户端认证（可选）。

TLS 上层的握手协议建立起安全连接后，TLS 下层的记录协议使用安全连接，封装高层协议的数据。它把上层数据（比如来自浏览器的消息）分成 16KB 或更小长度的记录块，每个记录块用当前连接中约定的压缩算法进行压缩，计算报文认证码 MAC 并放在压缩后的记录块后边，再用双方约定的会话用的共享密钥进行加密，最后添加一个 TLS 记录头。以上过程示于图 10-22。

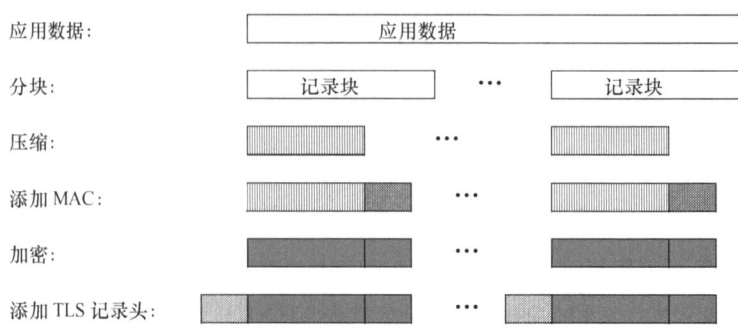

图 10-22　TLS 记录协议的操作

10.5.4　应用层安全技术

IP 层和传输层的安全协议分别在主机之间和进程之间建立起安全数据通道。应用层安全技术可以根据各种应用程序的不同需求给出相应的安全策略，可以实现更细化的安全服务。

1. 安全电子邮件

安全电子邮件的标准和系统有 S／MIME（Secure MIME）、PGP（Pretty Good Privacy）和 PEM（Privacy-Enhanced Mail）等。

S／MIME 可以处理 MIME 邮件，其安全性设计基于 X.509 公钥证书。两个用户只要都有某 CA 签发的 X.509 证书，彼此之间就可以进行加密的电子邮件通信，也可以进行数字签名。Windows 的用户邮件代理 Outlook 和 Netscape Messenger 都支持 S／MIME。

PEM 是 IETF 提出的 Internet 安全电子邮件的标准［RFC1421～1424，建议标准］，它要依赖于一个全球化的可操作的 PKI，在目前推广使用有困难。

PGP 是 1995 年由 Zimmermann 开发的著名的安全电子邮件系统。PGP 符合 PEM 的大部分规范，使用加密、认证、电子签名和压缩等技术，但它不使用 PEM 所依赖的那种全球的 PKI，而是采用了一种分布式的信任模型，由每个用户自己决定信任哪些其他用户，从而形成自己的信任网。PGP 应用广泛，但它不是 Internet 正式的安全电子邮件标准。

图 10-23 表示了 PGP 的加密过程。用户 A 使用 PGP 加密向用户 B 发送一个电子邮件 M，用户 A 和 B 都有自己的 RSA 私钥和公钥，都有对方的公钥。A 的加密过程是：

① 对电子邮件 M 进行报文摘要 MD5 算法，得 MD5(M)。

② 使用 A 的私钥 SK-A 和加密 D_RSA( ) 算法对 MD5(M) 进行数字签名，结果为 N = D_RSA$_{SK-A}$(MD5(M))，N 即是报文认证代码 MAC。

③ M 和 N 拼接到一起得到 MN，MN 经 ZIP 算法压缩后的 MN.z = ZIP(MN)。

④ PGP 将提示用户 A 输入一些随机信息，输入的内容和敲键的速度被用来生成一个 128 比特的对称密钥 K-AB，作为一次性的会话密钥。

⑤ 使用 K-AB 和加密算法 E_IDEA( ) 对压缩后的 MN.z 进行加密，得到：U = E_IDEA$_{K-AB}$(MN.z)。

⑥ 使用 B 的公钥 PK-B（A 有 B 的公钥）和加密算法 E_RSA( ) 对 K-AB 进行加密，得 V = E_RSA$_{PK-B}$(K-AB)。

⑦ U 和 V 拼接到一起得到 UV，用 base64 进行编码 base64(UV)，得到 ASCII 码的文

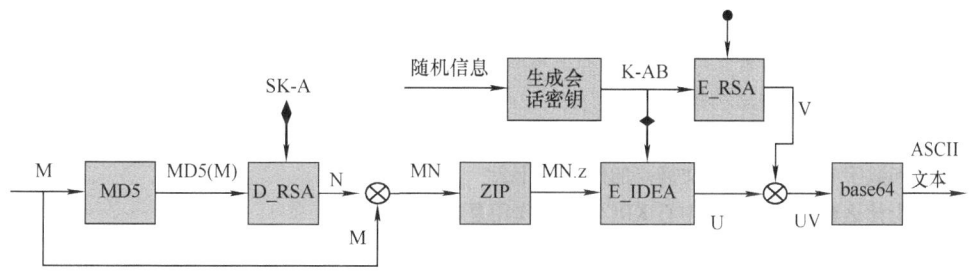

图 10-23　PGP 加密过程

本发送给用户 B。

B 收到邮件后进行相反操作的过程，其中两次使用 RSA 算法解密时，要分别使用和 A 加密的密钥相对应的密钥。读者可自行描述 B 的解密操作过程。

2. WWW 安全标准

HTTPS 是由 Netscape 公司提出的 WWW 安全标准，它基于 SSL，实际上是 HTTP over SSL。目前流行的 WWW 服务器，Netscape Navigator 和 Internet Explorer 等流行的浏览器都支持 HTTPS，WWW 的统一资源定位器（URL）已增加了访问形式"https：//…"，它是目前应用最广泛的 WWW 安全服务。HTTPS 提供了基于 X. 509 证书的公钥身份认证和加密传输。

SHTTP 是由 Enterprise Integration Technologies 公司率先提出的 WWW 安全标准，它是 HTTP 的安全增强版本，建立在 HTTP1. 1 的基础上。SHTTP 可以对文档进行加密、完整性校验和数字签名等。SHTTP 具有灵活性，客户和服务器两端可协商选择不同的密钥管理方法和密码算法等，可以采用公钥证书或其他方式进行身份认证。

3. 通用安全服务 API

上述应用层安全措施是为每个应用加入安全功能，它们都存在一个问题，即每个应用程序都要单独进行相应的修改，这是我们不希望的。

还有一种应用层安全化的方式是通过中间件（Middleware）实现所有的身份认证、数据加密和访问控制等安全功能，并通过一个通用的安全服务应用程序接口向应用程序提供这些安全服务，使得应用程序不作修改就可以使用不同的安全服务。通用安全服务 API 位于中间件之上，位于应用程序之下，形成一个安全的应用层。IETF 致力于制定标准化的通用安全服务 API，称为通用安全服务应用程序接口（Generic Security Service API，GSS-API）〔RFC2078，RFC2743，建议标准〕。

思 考 题

10.1 网络攻击主要有哪几种方式？网络安全服务主要涉及哪些方面？

10.2 什么是密码技术中的 Kerckoff 原则？为什么会有这样的原则？

10.3 什么样的密钥可以做到计算上不可破译？试举一例说明。

10.4 画图简要说明对称密钥密码体制的加密解密过程。

10.5 DES 密钥长度为 56 比特，假设某台计算机每微秒可执行 10 次 DES 算法，那么，搜索完整个密钥空间需要多少年？如果密钥长度扩大到 128 比特呢？

10.6 画图简要说明公开密钥密码体制的加密解密过程。

10.7 试举一个简单的例子，说明 RSA 算法生成密钥的方法，并用生成的密钥对一个简单的明文进行加密，然后再解密。

10.8 为保证报文的真实可靠，数字签名应该满足哪三点要求？画图说明使用公开密钥算法的数字签名并说明它如何满足上述三点要求。

10.9 为什么明文 P 的报文摘要 MD(P) 可以充分地代表 P？

10.10 和数字签名相比，报文摘要的优点是什么？

10.11 为什么建立密钥分发中心 KDC？它的作用是什么？

10.12 会话密钥在什么场合使用？它一般如何产生？它一般使用多少次？它是基于什么密码体制的密钥？为什么？

10.13 描述 X. 509 定义的公钥证书的结构。公钥证书的基本功能是什么？

10.14 从技术上讲，防火墙主要分为哪两类？它们分别工作在网络的什么层次？简述这两种防火墙技术。

10.15 防火墙系统的体系结构主要分为哪几种？画图并简要描述它们的作用。

10.16 试分析 IP 协议存在的安全隐患。

10.17 简述 IP 层安全协议的认证首部 AH 和封装安全载荷 ESP 的作用，它们的功能有什么不同之处？

10.18 TLS 安全协议工作在什么层？由哪两层组成？

第 11 章 网络管理

11.1 概述

网络管理是保证计算机网络正常运行的重要措施。ISO 在 OSI 网络管理标准的框架 ［ISO7498-4］ 中提出了网络系统管理的五项功能域，它们基本上覆盖了网络管理的范围。这五个方面的功能分别如下。

① 故障管理（Fault Management）：网络故障的检测、报警、隔离和恢复。

② 配置管理（Configuration Management）：对被管理网络设备的硬软件参数设置及调整。

③ 性能管理（Performance Management）：监测和统计被管理网络设备的运行特性、网络吞吐量、响应时间等，以保障网络的可靠通信。

④ 安全管理（Security Management）：保证网络不被攻击且不被非授权用户使用。

⑤ 计费管理（Accounting Management）：记录用户使用网络资源的情况和网费。

网络管理使用标准的网络管理工具实现。简单网络管理协议（Simple Network Management Protocol，SNMP）在 1990 年制定，是 TCP/IP 基础上的网络管理协议，但也能扩展到其他协议的网络设备上使用。基于 SNMP 的网络管理系统称为 SNMP 网络管理系统，是目前主流的网络管理系统。

定义完整的 SNMP 网络管理系统只有 SNMP 通信协议是不够的，除了 SNMP 通信协议规范，还有两个规范，即管理信息结构（Structure of Management Information，SMI）和管理信息库（Management Information Base，MIB）。本章将围绕这三个规范，介绍 SNMP 网络管理系统。

SNMP 网络管理系统的优点是简单，得到很多计算机和网络设备公司的支持，成为事实上的标准，得到广泛的应用。市场上有很多实现 SNMP 并提供良好用户界面的网络管理产品，例如 HP 公司的 OpenView，IBM 公司的 NetView，Cisco 公司的 Cisco Works，Sun 公司的 Net Manager 及 Cabletron 公司的 Spectrum 等。

11.2 SNMP 网络管理系统

11.2.1 SNMP 网络管理系统结构

一个 SNMP 网络管理系统可由图 11-1 表示。SNMP 网络管理系统包含两类设备：网络管理站和被管理的网络设备。通常网络管理站是网络上的一台计算机，被管理网络设备有多种，如服务器、工作站、路由器、交换机、集线器和打印机等。管理站一般提供图形化的人机界面，网络管理员通过管理站对网络中的各个被管理设备进行管理，查看和设置被管理网络设备的运行状态。

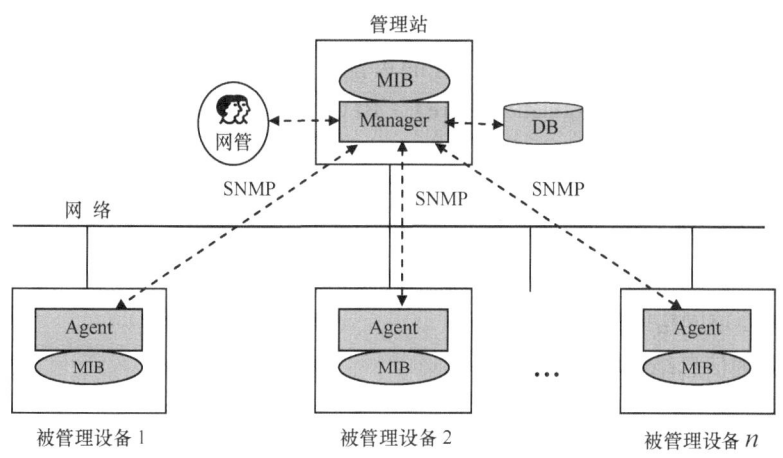

图 11-1　SNMP 网络管理系统

网络管理站和被管理网络设备应该运行必要的网管软件，管理站运行的软件是管理器（Manager），被管理网络设备运行的软件称为管理代理，简称代理（Agent）。系统中没有运行代理的网络设备是不能被管理的。

管理器和代理之间的通信协议是 SNMP 协议，运行于传输层的 UDP 之上。SNMP 包括一组简单的命令，用于管理器检索和设置被管理设备中的管理信息，代理响应来自管理器的 SNMP 请求，完成相应的操作。此外，代理也可以主动为管理器提供重要的实时性的管理信息。这样管理站就可实现对网络资源的监视和设置。

11.2.2　SNMP 网络管理系统规范

SNMP 是管理器和代理之间通信的协议规范，SNMP［RFC1157，因特网标准］定义了管理器和代理交换的报文及其格式。在 SNMP 之后，1996 年又发布了 SNMPv2，更新的版本是 SNMPv3［RFC3411-3418］，增强了性能和安全性，SNMPv3 已成为因特网的正式标准。原来的 SNMP 也称为 SNMPv1。现在的 SNMPv3 协议已不再"简单"了。

管理信息结构（Structure of Management Information，SMI）［RFC1155，因特网标准］是 SNMP 网络管理系统的另一个规范，SMI 也在更新［RFC2578-2580］。实现 SNMP 网络管理系统，需要详细地规定各种被管理的网络设备应该提供的管理信息及其格式。每种设备以及它们运行的软件都有一些管理信息来描述其运行状态，比如配置和性能等，它们在 SNMP 系统中称为被管理对象（Managed Object），简称对象。被管理设备是多种多样的，为了管理不同厂商制造的种类繁多的设备信息，用一种标准的与制造商无关的方式来定义 MIB 中的被管理对象是十分必要的。SMI 规定如何定义被管理对象。SMI 标准指明，MIB 中的被管理对象必须由 ISO 的抽象语法记法 1 即 ASN.1（Abstract Syntax Notation One）［ISO8824，ISO8825］来定义。

管理信息库（Management Information Base，MIB）［RFC1156，因特网标准］是 SNMP 网络管理系统的又一个规范。网络中众多的被管理对象通过 MIB 组织在一起，便于管理和访问。MIB 是一个树形的数据结构，每个被管理对象都放在树上一个唯一的位置，只有 MIB 中的对象才是 SNMP 所能管理的。1991 年有了 MIB 的新版本 MIB-Ⅱ［RFC1213，因特网标准〕，并又陆续补充修改〔RFC1354，2011~2013〕。

MIB 是所有可能的被管理对象的结构化的集合，但并不是一个物理的数据库，可以看成是虚拟的信息存储（Virtual Information Store）〔RFC1156〕。可以把它想象成图书馆的图书索引系统，管理器和代理要通过 MIB 来访问和交换管理信息。代理的 MIB 只需包含本地的被管理对象，管理器的 MIB 则要包含它管理的所有网络设备的被管理对象。另外，管理站还需要有一个管理数据库，维护它所管理的数据，它是一个物理的数据库。

因此，SNMP 网络管理系统的规范由以下三个部分组成：
- SNMP：简单网络管理协议。
- SMI：管理信息结构。
- MIB：管理信息库。

11.3 SNMP 协议

11.3.1 SNMPv1 报文及其传输

SNMPv1 规定了 5 种报文，即 SNMP 协议数据单元（PDU），用于在 manager 和 agent 之间交换信息。这 5 种报文的用途见表 11-1。

表 11-1　SNMPv1 的 5 种报文

类　型	名　称	执 行 者	用　途
0	get-request	管理器	查询代理的一个或多个指明的对象的值
1	get-next-request	管理器	在代理的 MIB 树上检索下一个对象，可反复进行
2	get-response	代理	对管理器的 get/set 报文（PDU0、1、3）作出响应，并提供差错码、差错状态等信息
3	set-request	管理器	设置代理的一个或多个指明的对象的值
4	trap	代理	向管理进程报告发生的事件

SNMP 的基本功能通过轮询（Polling）操作来实现，SNMP 管理器向被管理设备周期性地发送轮询信息。通过指明代理的一个或多个 MIB 对象，查询或设置它们的数值。轮询可使系统相对简单而且能限制网络上的管理信息的通信量。但轮询管理协议不够灵活，所能管理的设备数目不能太多，轮询系统的开销也比较大。这种方式是客户—服务器模式，注意，管理器是客户，而代理是服务器。

SNMP 不是完全的轮询协议，同时它也采用 trap 机制，当代理进程捕捉到较严重的事件时，立即主动向管理进程报告，而不需要等到轮询到它的时候才报告。trap 即陷阱，意思是它能捕捉"事件"。trap 是基于中断的，有更好的实时性。

SNMP 使用传输层的 UDP 协议，代理是用周知端口 161 来接收 get 或 set 报文，而管理器是用周知端口 162 来接收 trap 报文。因为 UDP 是无连接的不可靠的协议，因此 SNMP 提供的是不可靠的服务，可能发生管理进程和代理进程之间丢失 UDP 数据报的情况，因此上层软件应该有超时重传的措施。

11.3.2　SNMPv1 报文格式

图 11-2 给出了 SNMPv1 的报文格式。一个 SNMPv1 报文由三个部分组成：公共 SNMP 首部、get/set 首部或 trap 首部及变量绑定（Variable-Bindings）。

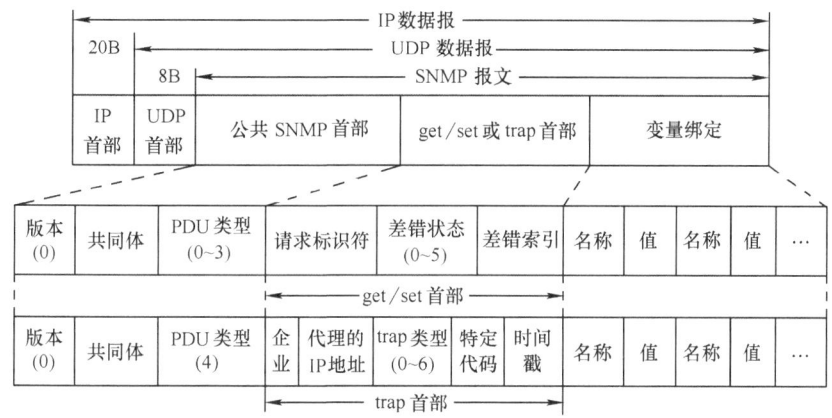

图 11-2　SNMPv1 报文格式

1.　公共 SNMP 首部

公共 SNMP 首部有三个字段，分别如下。

①　版本：版本号减 1，对于 SNMPv1 应为"0"，SNMPv2 应为"1"。

②　共同体（Community）：为一个字符串，作为管理器和代理之间的明文口令，默认值是"public"。

③　PDU 类型：0 ~ 4 共 5 种类型，见表 11-1。

2.　get/set 首部或 trap 首部

（1）get/set 首部

①　请求标识符（Request ID）：管理进程可以同时使用 UDP 向多个代理发出 get/set 报文，利用请求标识符使管理进程能够识别返回的响应报文。由管理进程对请求标识符字段设置一个整数值，代理进程在发送 Get-Response 响应时将此数值返回。

②　差错状态（Error Status）：代理进程响应时填入"0" ~ "5"中的一个，表示差错状态数字，其含义见表 11-2。

③　差错索引（Error Index）：当出现 badValue，noSuchName 或 readOnly 差错时，由代理进程在响应时设置一个整数，指示有差错的对象在列表中的偏移，从而知道哪个对象出现差错。

表 11-2　差错状态描述

差 错 状 态	名 称 说 明	名 称 说 明
0	noError	正常
1	tooBig	代理无法将太大的响应装入到一个报文之中
2	noSuchName	操作对象不存在
3	badValue	set 操作的值或语法有错误
4	readOnly	管理进程试图修改一个只读对象
5	genErr	其他差错

（2）trap 首部

① 企业（Enterprise）：填入产生 trap 报文的网络设备的对象标识符。此对象标识符是对象命名树上的 enterprises 结点（1.3.6.1.4.1）下属的某个结点（见下一节）。

② trap 类型：表 11-3 所列出的 7 种类型。

表 11-3　trap 类型描述

trap 类　型	名　　称	说　　明
0	coldStart	代理已进行了初始化
1	warmStart	代理重新进行了初始化
2	linkDown	某接口出现故障
3	linkUp	某接口从故障状态恢复正常
4	authenticationFailure	从管理进程接收到一个有无效共同体的报文
5	egpNeighborLoss	一个相邻 EGP 路由器出现故障
6	enterpriseSpecific	代理自定义的事件，要用后面的"特定代码"来说明

对于上述类型 2、3 和 5，报文的第一个变量应标识相应的接口。

③ 特定代码（Specific-Code）：若 trap 类型为 6，指出代理自定义的事件。否则为 0。

④ 时间戳（Timestamp）：指出自代理进程初始化到 trap 报告的事件发生所经历的时间，单位为百分之一秒。

3. 变量绑定

写入一个或多个对象的名称及其对应的值，在 get 或 get-next 报文中，只需对象名。

11.3.3　SNMPv2 和 SNMPv3

SNMPv2 和 SNMPv3 对 SNMPv1 的不足进行了改进。

SNMPv2 的主要改进是支持分布式网络管理。当网络规模很大时，像 SNMPv1 那样用一个管理站进行集中式管理是不适应的。SNMPv2 网络管理系统可以有一个或多个顶级管理器，称为管理服务器，它们可以直接管理网络中的部分代理进程，也可以通过中间管理进程间接管理。中间管理进程具有管理器和代理双重角色。为此引入了 inform 命令实现管理器之间的互操作，并增加了管理进程到管理进程的 MIB（manager-to-manager MIB），定义管理进程之间相互传送的有关信息。另外，SNMPv2 增加了用于批量数据操作的报文 GetBulkRequet，特别适合对表中的数据进行查询。

SNMPv3 的主要改进是增强网络管理的安全性。SNMPv1 只是通过共同体字段作为管理器和代理之间的明文口令实现初级的安全策略。SNMPv3 采用了基于用户的安全模型（User-based Security Model，USM）的安全策略，可以实现对发送报文用户的身份认证和数据完整性校验（使用 MD5 和 SHA-1 报文摘要算法），也能进行数据加密（使用 DES-CBC 数据加密算法）。另外，SNMPv3 引入了更加安全的基于视图的访问控制模式（View-based Access Control Model，VACM），通过 MIB 视图实现对管理对象的访问控制策略。

11.4　管理信息结构

SMI 标准指明，MIB 中的被管理对象必须由 ISO 的 ASN.1 来定义。

被管理对象包含了对象类型（Object Type）和实例（Instance），实例是某类对象的特定的实际例子，有具体的取值。例如，对象类型 ifMtu 表示接口的最大传输单元 MTU，它的一个实例可能是某特定的网络接口的 MTU 1500B。每个对象类型有其名称（Name）、语法（Syntax）和编码（Encoding）。

1. 名称

名称用于标识被管理对象，用对象标识符（Object Identifier）唯一地命名，它不是随意分配的，由授权机构进行管理和分配。

ASN.1 采用分级结构的命名体系，类似于 DNS 中的域名命名树。分级结构的命名体系中，所有结点从根开始分成若干级，同级的结点即同一父结点下的每个子结点，都用一个不同的整数编号。这样，根据结点在树上的位置，整数编号自高到低逐级向下用小数点连接排列，就构成一个整数序列，能够唯一地标识各个结点，称为对象标识符。对象标识符还对应一个用小数点连接的文字名，这样便于阅读与记忆。

每个结点有一个文字名，称为对象描述符（Object Descriptor），用首字母为小写的字符串表示，便于阅读和记忆。将表示对象标识符的整数序列中的整数编号换成对应的对象描述符，就得到一个用小数点连接的文字名，它与对象标识符相对应，也可以唯一地表示一个结点。

对象标识符空间构成一个对象命名树（Object Naming Tree）。每个可能的对象都可以放到树上一个唯一的位置。对象命名树构成了全世界范围内一个全局性的可管理的结构化的对象标识符空间。实际上，对象命名树包含的对象不限于网络管理中使用的变量，MIB 对象集合只是其中的子树（Subtree）。

图 11-3 就是对象命名树的一个部分。树根并没有命名，它有 3 个子结点（descendant）ccitt（0）、iso（1）和 joint-iso-ccitt（2），分别由最有影响的标准化组织 ISO、CCITT（ITU-T）和它们的联合体进行管理。ISO 为其他国家或国际标准化组织分配了子结点 org（3），由美国国家标准化技术研究所 NIST 被授权使用，美国国防部在其下分配了子结点 dod（6），因特网体系结构委员会 IAB 在 dod（6）下分配了一个子结点 internet（1），对象描述符是 internet，对象标识符是 1.3.6.1，对应 iso. org. dod. internet。

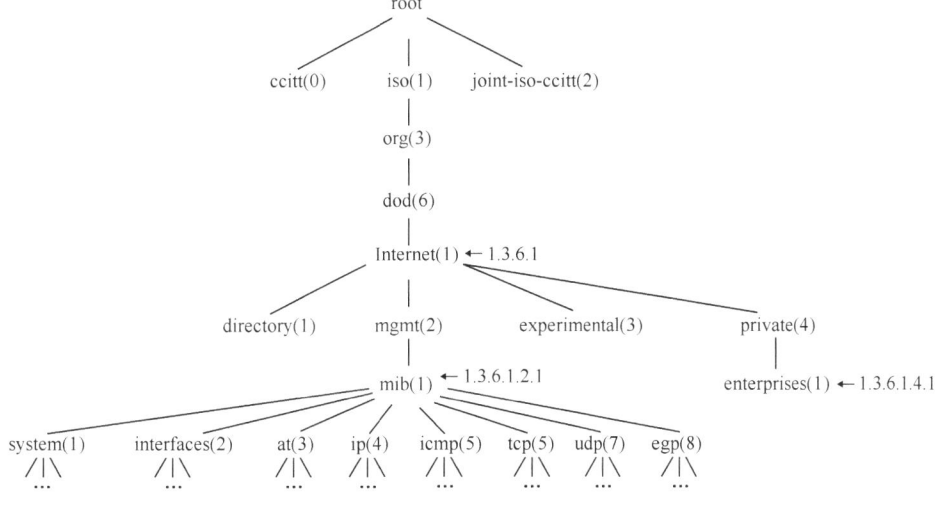

图 11-3　对象命名树

如图 11-3 所示，结点 mib 的标识符是 1.3.6.1.2.1，它下面的子树是 MIB 被管理对象。1991 年 MIB 的新版本 MIB-Ⅱ问世，最初定义的结点 mib 改为 mib-2。

上文所举的 ifMtu 是 MIB 被管理对象的一个例子，其编号是 4，记为 ifMtu（4），它的父结点是 ifEntry（1），ifEntry 的父结点是 ifTable（2），ifTable 的父结点是 interface（2），interface 的父结点是 mib-2。所以，ifMtu 的对象标识符是：

$$1.3.6.1.2.1.2.2.1.4$$

iso. org. dod. internet. mgmt. mib-2. interface. ifTable. ifEnry. ifMtu

2. 语法

语法用来定义对象类型的数据类型。例如，一个给定对象类型的数据类型可能是一个整数（INTEGER）或一个字符串（OCTET STRING.）。SMI 使用 ASN.1 来定义数据类型，也增加了一些新的定义。RFC1155 中规定的有 3 类，即基础类（Primitive Type）、定义类（Defined Type）和构造器类（Constructor Type）。表 11-4 列出了它们的简要说明。

表 11-4 SMI 指定的数据类型

类　别	数据类型	说　明
基础类	INTEGER OCTET STRING OBJECT IDENTIFIER NULL	32 比特整数，$-2^{31} \sim 2^{31}-1$ 可变长度字符串 给对象指定的标识符，标识符是一系列的非负整数 占位符
定义类	Network Address IPAddress Counter Gauge Time Ticks Opaque	允许使用各类格式化的网络地址，目前只支持 Internet 协议 32 比特 IP 地址结构 32 比特计数器，非负整数，$0 \sim 2^{32}-1$，以 2^{32} 为模单调递增，一旦超出最大值，从 0 开始重新计数 32 比特计量器，非负整数，$0 \sim 2^{32}-1$，可增可减，达到最大值再增加时值不变 非负整数，标记时间，单位为 1/100s 伪数据类型，支持通过任意 ASN.1 语法的能力
构造器类	SEQUENCE SEQUENCE OF	用于构造列表（List），包含多个元素，每个元素又是另一种 ASN.1 数据类型 用于构造表格（Table），SEQUENCE 列表作为表格中的一行

SMI 尽量避免复杂的数据类型和结构，表 11-4 中没有实数，对一般的网络管理需求已经够用了。

3. 编码

对象类型的实例在网络上传输时用 ASN.1 的基本编码规则（Basic Encoding Rule，BER）进行编码。BER 编码结构称为 TLV，用标记 T（Tag）、长度 L（Length）和数值 V（Value）3 个字段组成对象的编码，分别用来定义数据的类型、V 字段的长度和数据的数值，其中标记 T 字段又包含 3 个子字段，如图 11-4 所示。

（1）标记 T

1B，它包含的 3 个子字段分别如下：

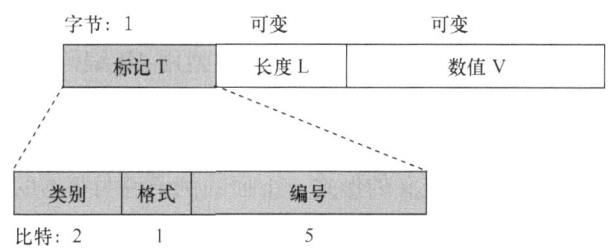

图 11-4　BER 编码结构 TLV

①　类别：2 比特，按谁定义划分为 4 种类别：通用类（00），ASN.1 定义的类型；应用类（01），SMI 定义的类型；上下文类（10），上下文定义的类型；专用类（11），保留为特定厂商定义的类型。

②　格式：1 比特，按格式划分种类，有两种：简单数据类型（0）和结构化数据类型（1）。

③　编号：5 比特，编号范围 0~30，标志不同的数据类型。

表 11-5 是几种数据类型的 T 字段编码。

表 11-5　几种数据类型的 T 字段编码

数 据 类 型	类　别	格　式	编　号	T 字段（二进制，十六进制）
INTEGER	00	0	00010	00000010, 02
OCTET STRING	00	0	00100	00000100, 04
OBJECT IDENTIFIER	00	0	00110	00000110, 06
IPAddress	01	0	00000	01000000, 40
Counter	01	0	00001	01000001, 41
Gauge	01	0	00010	01000010, 42
Time Ticks	01	0	00011	01000011, 43
SEQUENCE SEQUENCE OF	00	1	10000	00110000, 30

（2）长度 L

单字节或多字节。单字节时，最高位为 0，其余 7 位定义 V 字段的长度（B）；多字节时，最高位为 1，其余 7 位定义后续字节的字节数，所有后续字节表示的二进制整数定义 V 字段的长度（B）。图 11-5 表示了长度 L 字段的例子。

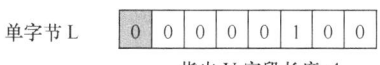

图 11-5　长度字段

（3）数值 V

定义数据的数值。

下面是两个用十六进制表示的 TLV 编码的例子。对于 INTEGER 12，根据表 11-5，其 T 字段为十六进制的 02，根据表 11-4，INTEGER 数据类型用 4B 编码，所以它的 TLV 编码为 02 04 00 00 00 0C。又如，对于 IPAddress 166.111.72.5，其 TLV 编码为 40 04 A6 6F 46 05。

4. 被管理对象的定义

SMI 规范提供了 MIB 对象类型定义的形式，下面的例子说明基本的定义形式：

```
OBJECT：        atIndex { atEntry 1 }
Syntax：        INTEGER
Definition：    "The interface number for the physical address."
Access：        read-write
Status：        mandatory
```

定义从 OBJECT 参数开始，其中，atIndex 是定义的对象的描述符，atEntry 是它的父结点，1 是它在同一级结点中的编号。参数 Syntax 定义对象的数据类型，可以是表 11-4 中的数据类型；参数 Access 定义对象的访问权限，可以是 read-only 、read-write、write-only 和 not-accessible 等；参数 Status 指出本对象是强制的（Mandatory）、可选的（Optional）或是作废的（Obsolete）。参数 Definition 用文本给出对象的语义，指出 atIndex 表示一个物理地址对应的接口号。

SMI 标准还使用宏（macro）等其他形式定义 MIB 中的对象，读者可参阅有关资料。

11.5 管理信息库

管理信息库（MIB）包含了所有可能的被管理对象，它们在对象命名树的子树上。我们再回到图 11-3 的对象命名树，在结点 internet（1.3.6.1）下有 4 个子结点。

- directory（1）：为使用 OSI 目录而保留。
- mgmt（2）：用于 IAB 批准文档中定义的对象。
- experimental（3）：用于 Internet 实验中使用的对象。
- private（4）：用于单方面定义专有的对象。

实际上，其中后 3 个结点下的结点都与 MIB 管理对象有关。

结点 mib/mib-2 在 mgmt（2）下，标识符是 1.3.6.1.2.1，以前缀 1.3.6.1.2.1 开头的子树就是 SNMP 网络管理系统的 MIB，这个子树上的结点是标准的 MIB 管理对象。

结点 experimental（3）下的子树用于 Internet 实验中使用的对象，实验成功可移至 mib 下，成为标准的 MIB 管理对象。

结点 private（4）下的子树用于定义企业专有的对象，给各厂商预留了空间。各厂商可以针对自己生产的产品，在企业标识符 1.3.6.1.4.1（iso. org. dod. internet. private. enterprises）下自定义专有的对象。它们可以作为企业专有的 MIB 管理对象来扩展 MIB 管理对象。一般地，SNMP 网络管理软件应支持各个企业专有的管理对象。

1.3.6.1.4.1 企业标识符下的结点数已超过 3000 个。例如，在企业之下，IBM、Cisco、HP、Microsoft 的编号分别是 2、9、11、311。Microsoft 的 DHCP 标识符是 1.3.6.1.4.1.311.1.3。

结点 mib 下的 MIB 对象分为 8 个类别。后来，mib-2 所包含的对象增加了 3 类，见表 11-6。8/11 个类别下的 MIB 对象又分为若干个级，直到叶结点，每个类别都包含多个被管理对象，此处不再一一例举。表 11-7 给出了各类别下一些被管理对象的例子。

表 11-6　MIB 对象类别

类　　别	标　　号	说　　明
system	（1）	主机或路由器的操作系统
interfaces	（2）	网络接口
at	（3）	地址转换（例如 ARP 映射）
ip	（4）	IP 软件
icmp	（5）	ICMP 软件
tcp	（6）	TCP 软件
udp	（7）	UDP 软件
egp	（8）	EGP 软件
cmot	（9）	为 OSI 协议保留
transmission	（10）	传输信息
snmp	（11）	SNMP 的信息

表 11-7　MIB 对象举例

MIB 对象	所属类别	意　　义
sysUpTime	system	距上次重启动的时间
ifNumber	interfaces	网络接口数目
ifMtu	interfaces	接口的最大传输单元（MTU）
ipDefaultTTL	ip	IP 寿命字段中使用的值
ipInReceives	ip	接收到的数据报数目
ipForwDatagrams	ip	转发的数据报数目
ipOutNoRoutes	ip	选路失败的数目
ipFragOKs	ip	分片的数据报数目
ipRoutingTable	ip	IP 选路表
tcpRtoMin	tcp	TCP 允许的最小重传时间
tcpMaxConn	tcp	允许的最大 TCP 连接数目
tcpInSegs	tcp	已收到的 TCP 报文段数目
udpInErrors	udp	已收到的有错误的 UDP 数据报数目
egpInMsgs	egp	已收到的 EGP 报文数目

思　考　题

11.1　SNMP 网络管理系统由哪两类设备组成？它们运行什么软件？它们之间使用什么协议通信？试画出 SNMP 网络管理系统的结构图。

11.2　SNMP 网络管理规范由哪几个部分组成？它们的作用是什么？

11.3　SNMPv1 协议定义了几种报文？它们的功能是什么？通过什么操作方式实现这些功能？

11.4 说明 trap 机制。它的好处是什么?

11.5 描述 SNMPv1 的报文格式。

11.6 SNMPv2 和 SNMPv3 的主要改进是什么?

11.7 ASN.1 的哪些数据类型可以用来定义 SMI 管理对象?

11.8 说明 SMI 标准定义的对象标识符,并举出一个例子。

11.9 描述 SMI 标准定义的对象命名树。MIB 对象在对象命名树的什么位置?

11.10 说明 BER 编码结构 TLV。

11.11 什么是管理信息库 (MIB)? 它是一个实际的数据库吗?

11.12 MIB 对象分为哪几类? 它们表示哪方面的网络管理信息?

第 12 章 多媒体通信

12.1 概述

多媒体（Multimedia）即两种或以上的信息载体的集成，可以包括文本、图形、图像、音频和视频等。Internet 上音频和视频是多媒体传输中主要的研究对象，它们的应用方式主要有以下几种：

- 存储的音频和视频，如音乐点播、视频点播（Video on Demand，VoD）和文献片等。
- 实况直播的音频和视频，如历史性庆典、重大的事件和盛大运动会等。实况直播式的应用通过多播技术可实现向多个接收者发布信息。
- 实时交互的音频和视频，如 IP 电话 VoIP（Voice over IP）、视频会议（Video Conference）和远程教育（Distance Learning）等。

将音频和视频流压缩编码，数据打包后在网上发送，接收设备在后续数据不断到达的同时对接收的数据进行重组、解码和播放，以流的形式进行数字媒体的处理和传输，使人们能够边传输边接收边收看，也就是说，在流的正常流动中能够同步地收看，这就是流媒体（Streaming Media）。本节涉及的多媒体传输，主要是指音频和视频的流媒体传输。

音频和视频流有很强的时间属性，要求实时性的传输服务，数据包必须在一段明确规定的时间内有序地被播放出来，传输受到分组时延（Delay）及其抖动（Jitter）的严格限制。抖动是指同一数据流中各分组传输延迟的变化。如果传输时延和时延抖动过大，就会产生严重的失真，出现跳跃的声音和画面，产生令人不快的听觉和视觉刺激。

Internet 上日益增长的多媒体传输对网络的 QoS 提出了更高的要求，通常需要网络提供更高的存储空间、传输带宽和传输质量。

原来设计的 TCP/IP 或 UDP/IP 协议栈难以适应 Internet 上日益增长的多媒体信息流量。IP 协议提供无连接、不可靠、尽力而为的分组传送服务。每一个分组独立地选择各自的路径，它们到达接收端的传输时延一般都不一样，甚至可能失序和丢失，这会造成音频和视频的播放失真。传输层的 TCP 加强了端到端的传输控制，对出错或丢失的分组进行重传，保证分组可以到达，但传输时延却会大大增加，从而产生严重的播放失真。UDP 没有这个问题，因此多媒体的传输一般采用 UDP/IP 而不是 TCP/IP。也就是说，宁可丢失少量分组，也不要太晚到达的分组。在音频视频流中，很少量的分组丢失对收看效果的影响是可以容忍的。丢失容忍（Loss Tolerant）是音频和视频传输的一个特点。但是，UDP 并没有措施改善 IP 分组传输的上述问题，UDP/IP 协议栈还是难以满足多媒体传输的要求。

实时传输协议和实时传输控制协议（RTP/RTCP）是一组协议，运行在 UDP/IP 之上，用来改进多媒体传输的 QoS。RTP/RTCP 为多媒体传输提供了合适的网络承载平台，RTP 适合于多媒体数据的封装和描述，序号、时间戳等能够描述多媒体数据的时间属性，RTCP 协议则提供了传输 QoS 的反馈，可以用来监控传输的 QoS。

本章介绍 RTP/RTCP 和 IP 电话。

12.2 多媒体传输

本节介绍适合多媒体传输的实时传输协议（Real-time Transmission Protocol，RTP）与实时传输控制协议（RTP Control Protocol，RTCP）。另外，还介绍相关的实时流式协议（Real-Time Streaming Protocol，RTSP）。我们先从一个 Internet 上多媒体信息传输的例子谈起，以便引出 RTP、RTCP 和 RTSP。

12.2.1 一个多媒体传输的例子

音频/视频点播是 Internet 上多媒体信息传输的一个典型例子，此时，客户端要请求存放在服务器上的压缩音频/视频文件。早期的音频/视频文件放在通常的 Web 服务器上。用户通常是通过浏览器发出音频/视频流请求。由于音频/视频播放现在并没有集成到客户端浏览器中，要通过一个称为媒体播放器（Media Player）的辅助应用程序来播放文件，流行的媒体播放器有 Real Player 、Windows Media Player 等。

图 12-1 示例一个简单的音频/视频点播系统，点播的过程是：

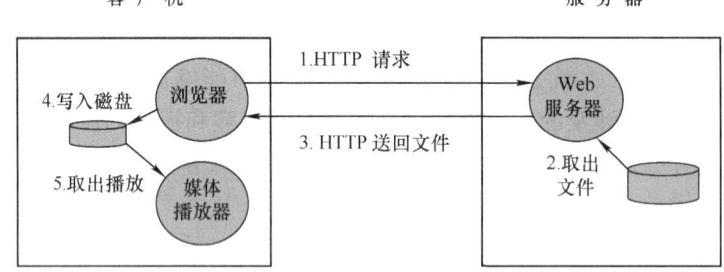

图 12-1　多媒体传输的简单方式

①　Web 浏览器建立到 Web 服务器的 TCP 连接并发出请求音频/视频文件的 HTTP 请求报文。

②　Web 服务器从本地磁盘取出音频/视频文件。

③　Web 服务器向浏览器发送带有音频/视频文件的 HTTP 响应报文。

④　浏览器将音频/视频文件存入本地磁盘。

⑤　HTTP 响应报文的内容类型首部行声明了音频/视频的编码方式，客户端调用相应的媒体播放器，媒体播放器逐块取出文件并播放。媒体播放器是一个独立于浏览器而执行的程序，它在播放时对文件解压缩。

上述方案比较简单，但有一个很大的缺陷：媒体播放器必须通过一个中间 Web 浏览器才能与服务器实现交互，整个文件完全下载后媒体播放器才能进行播放，对于较长的文件来说，播放前的等待难以让人接受。

对这种简单方案的一种改进是直接建立媒体播放器和 Web 服务器的连接并使用元文件（Meta File）。元文件提供音频/视频文件的信息，如 URL，编码类型等。当浏览器知道文件内容的类型时，它就可以调用适当的媒体播放器。然后，媒体播放器直接与 Web 服务器通信，Web 服务器通过 HTTP 向媒体播放器传送文件，HTTP 是使用传输层的 TCP 进行传送的。这种方式下，媒体播放器可以边接收边播放，但要通过 HTTP 和 TCP，传输可以准确无误但却不能及时，而且也不适用于多播环境。

为了避开 HTTP 和 TCP，可以使用专门的服务器，我们称为媒体服务器（Media Server），将可存储的音频/视频文件传送到媒体播放器。媒体服务器与普通的万维网服务器的最大区别就是它更适合流媒体的传送，通过媒体服务器，可以使用更适合音频和视频传输要求的专门协议，如实时传输协议（RTP）、实时传输控制协议（RTCP）和实时流式协议（RTSP），可以得到更好的边接收边播放的效果。

这种体系结构需要两个服务器，如图 12-2 所示，一个服务器是 Web 服务器，管理 Web 页面，包括元文件。第二个服务器是媒体服务器，管理音频/视频文件。两个服务器可以运行于一个计算机系统中，也可以运行在两个独立的计算机系统中。这种体系结构中，媒体播放器是向媒体服务器而不是 Web 服务器请求数据，它们之间不再是 HTTP 和 TCP 协议，而是 RTP、RTCP 和 RTSP。另外，如图 12-2 所示，客户端使用一个缓存来暂存音频/视频流，以便消除网络传输引起的抖动。缓存能够在一定程度上消除抖动，但付出的代价是增加了时延。

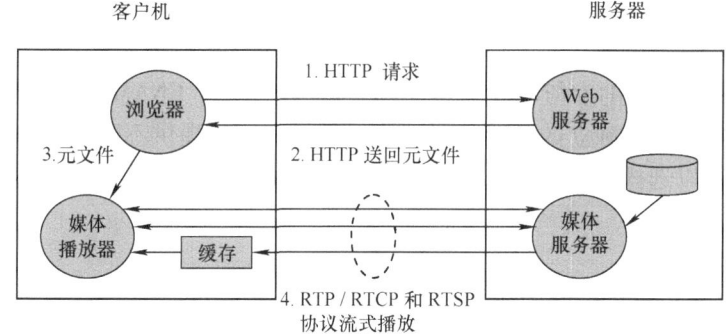

图 12-2　使用媒体服务器进行音频/视频播放

12.2.2　实时传输协议

1. 实时传输协议在协议栈中的位置

实时传输协议（RTP）〔RFC1889、1890，建议标准〕为实时应用提供端到端的传输，现已广泛使用。RTP 同时也是 ITU-T 的标准 H.225.0。

RTP 协议在 Inernet 协议栈中位于应用层和传输层的 UDP 之间，如图 12-3 所示。需要发送的多媒体数据经过压缩编码后，先送给 RTP 封装成为 RTP 分组（也称为 RTP 报文），RTP 分组再装入传输层的 UDP 用户数据报，然后再向下递交给 IP 层。

应用层
RTP
UDP
IP
数据链路层
物理层

图 12-3　RTP 协议在 Inernet 协议栈中的位置

从应用程序开发者的角度看，RTP 应当属于应用层。在发送方的应用层，程序员必须编写使用 RTP 封装应用数据的程序代码，然后将 RTP 分组交给传输层 UDP 的套接字接口。在接收方，RTP 分组通过 UDP 套接字接口进入应用层后，还要通过程序员编写的程序代码从 RTP 分组中将携带的数据提取出来。

但 RTP 的名称隐含地表示它属于传输层。RTP 封装了多媒体应用数据，并向多媒体应用程序提供了服务（如时间戳和序号），因此，RTP 也可以看成是处于 UDP 之上的传输层的一个子层。

RTP 分组包含了 RTP 数据，而传输控制由配套的 RTCP 提供。RTP 在 1 025～65 535 之间选择一个未使用的偶数 UDP 端口号，而在同一次会话中的 RTCP 则使用下一个奇数 UDP 端口号。5004 和 5005 分别用作 RTP 和 RTCP 的默认端口号。

2. RTP 会话（RTP Session）

RTP 会话指一组参与者（Participants）使用 RTP/RTCP 协议进行通信。

音频会议是 RTP 会话的一个典型例子。每个参与者都会得到 IP 多播组地址和一对标识 RTP 会话连接的 UDP 端口号，一个用于 RTP，一个用于 RTCP。参与者都可以发送音频 RTP 分组流，它们属于同一个 RTP 会话，信息源用 RTP 分组首部中的同步源标识符 SSRC 来标识。同一 SSRC 的所有分组都使用同样的定时和序号空间，这样便于接收端重组和同步接收到的分组序列。

每个接收者会周期性地组播一个 RTCP 接收报告，报告接收 RTP 分组的 QoS 统计信息，并且也表明谁参加了会议。在离开会议之前，参与者要发送一个 RTCP 结束分组 BYE。

音频—视频会议也是 RTP 会话的一个典型例子。音频和视频都将是一个独立的 RTP 会话，但 RTCP 中要用同样的参与者规范名（Canonical NAME，CNAME），这可建立它们之间的联系。音频和视频使用独立的 RTP 会话具有灵活性，可以提供不同的 QoS。例如，有些用户只能够接收或可以选择接收音频；又如，在网络拥塞时，可以丢弃视频分组而保留音频分组。

3. RTP 分组格式

图 12-4 显示了 RTP 分组格式及其封装。在 RTP 分组的首部中，前 12 个字节是必须的，其后是可选的，各字段的含义如下：

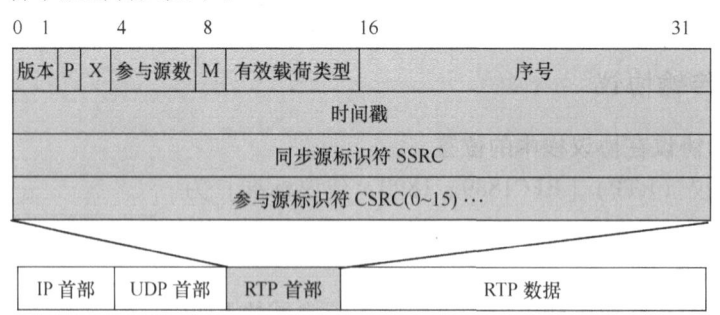

图 12-4　RTP 分组格式及封装

① 版本：2 比特。目前使用的是版本 2。

② 填充 P：1 比特。P 比特置"1"表示该 RTP 分组的数据有若干个填充字节，数据部分的最后一个字节表示填充的字节数。在需要对应用数据加密时，常要求每一个数据块有确定的长度，如不满足长度要求，就需要填充。

③ 扩展 X：1 比特。X 置"1"表示首部后面还有扩展首部，扩展首部很少使用。

④ 参与源数：4 比特。给出后面的参与源标识符的数目。

⑤ 标记 M：1 比特。M 置"1"表示此 RTP 分组具有特殊意义。比如，在传送视频流

时用来表示每一帧的开始。

⑥　净荷类型（Payload Type）：7 比特。指出 RTP 分组所携带数据的类型，属于何种格式的应用，接收方的应用层根据此字段指出的类型进行处理。例如：音频净荷类型：GSM：3，G. 722：9，MPEG Audio：14；视频净荷类型：活动 JPEG：26，H. 261：31，MPEG2：33；（类型后面的数字表示对应的编码）。

⑦　序号：16 比特。RTP 分组的序号，每发送一个分组，序号加 1。序号使接收端能够发现丢失的分组，同时也能将失序的分组重新正确排序。一次 RTP 会话开始时，初始序号是随机选择的。

⑧　时间戳（Time Stamp）：32 比特。指明 RTP 分组中数据第 1 个字节的采样时刻，其数值要随时间增长而不断地增加，即使在没有信号发送时也是如此。其初值是会话开始时随机选择的。

时间戳能够表征实时数据时间属性。接收端使用时间戳可以知道应当在什么时间还原哪一个数据块，从而消除时延抖动。时间戳还可以用于声音和图像的同步。

消除抖动一般基于以下 3 种机制的联合使用：发送分组数据块的序号、时间戳和接收方基于缓存的延时播送。

在 RTP 协议中并没有规定时间戳的粒度（Granularity），它取决于净荷的类型。时间戳可以从发送方的采样时钟获取。例如，对于 8kHz 采样的话音信号，采样时钟是 125μs，每一个采样周期时间戳加 1。若每 25ms 组成一个数据块，一个数据块中就包含 200 个样本，则发送端每发送一个 RTP 分组，时间戳的值就增加 200。

⑨　同步源标识符（Synchronous SouRCe identifier，SSRC）：32 比特。SSRC 是一个数，用来标识 RTP 流的来源。SSRC 与 IP 地址无关，在新的 RTP 流开始时随机地产生。

RTP 使用 UDP 传送。可以将多个 RTP 流（比如，多个摄像机从不同角度拍摄同一节目的多个 RTP 流）复用到一个 UDP 用户数据报中。接收端根据 SSRC 能够将收到的 RTP 流送到各自的终点。

⑩　参与源标识符（Contributing SouRCe identifier，CSRC）：32 比特 。可选项，0～15个，用来标志分组中净荷的参与源。多播时，为了节省通信资源，可以用一个中间的混合站（Mixer）将多个发往同一结点的 RTP 流合成一个流，并用 CSRC 给出 SSRC 的列表，在目的站根据 CSRC 将不同的 RTP 流分开。

12. 2. 3　实时传输控制协议

实时传输控制协议（RTCP）［RFC1889，1890］与 RTP 配套使用，是和 RTP 协议不可分割的。

RTCP 分组（也可称为 RTCP 报文）也使用 UDP 来传送。由于 RTCP 分组很短，因此可将多个 RTCP 分组封装在一个 UDP 用户数据报中。

RTCP 并不对音频和视频分组进行封装，它配合 RTP 进行传输控制，其主要功能是：
- 传输 QoS 的监视与反馈。
- 媒体间的同步，比如声音和图像之间的配合。
- 多播组成员的标识。

有五种类型的 RTCP 分组，见表 12-1，它们使用同样的格式。

表 12-1 RTCP 的五种分组类型

类 型	英 文 缩 写	意 义
200	SR	发送端报告
201	RR	接收端报告
202	SDES	源点描述
203	BYE	结束
204	APP	特定应用

（1）接收端报告分组（Receiver Report，RR）

参与者若是非活动的发送者，使用 RR 分组周期性地用多播方式向所有参与者进行报告，报告所接收的 RTP 流的有关 QoS 统计信息，一个 RR 分组可以报告多个发送端的 RTP 流。报告的主要内容包括：

- RTP 流的 SSRC。
- RTP 流的分组丢失率。
- 分组到达时间间隔的抖动。
- RTP 流中的最后一个 RTP 分组的序号。

（2）发送端报告分组（Sender Report，SR）

发送端使用 SR 分组用多播方式周期性地向所有接收端进行报告。发送端发送一个 RTP 流，就要创建并发送 SR 分组，报告该 RTP 流的信息，主要内容有：

- RTP 流的 SSRC。
- RTP 流包含的分组数。
- RTP 流包含的字节数。
- RTP 流中最新 RTP 分组的时间戳和绝对时钟时间。

SR 把分组数据的时间戳和绝对时钟关联起来，可用于不同 RTP 流之间的同步。RTP 要求每一种媒体使用一个流，例如，要传送视频图像和相应的声音就要传送两个流，接收方可以用这种关联进行图像和声音间的同步。

发送端用 SR 分组除了报告上述发送信息外，还报告来自其他发送者的接收信息，内容与 RR 报告相同。

（3）源描述分组（Source DEScription，SDES）

给出数据源描述信息，包含参与者规范名 CNAME（形式是：user@ host，其中 user 为登录名，host 为主机域名或 IP 地址），还可以有电子邮件地址、电话号码、创建数据流的应用程序等。

（4）结束分组 BYE

发送端关闭一个数据流，终止参与过程。

（5）特定应用分组（APPlication specific functions，APP）

使应用程序能够定义新的分组类型。

RTCP 可以自动进行发送周期的调整。所有参与者都要发送 RTCP 分组，如果采用固定周期发送，RTCP 的通信量就会随着参与者的增加而呈线性增长，当参与者数目很大时，就会占用过多的会话带宽。因此，RTCP 自动调整发送周期，使它与参与者的数目成正比，从而使 RTCP 通信量限制在会话通信量的 5%。根据接收到的 RTCP 分组，每个参与者就能独立地确定会话参与者的数目。

至此，我们介绍了 RTP 和 RTCP 协议。不难看出，RTP/RTCP 为多媒体数据的传输提供了合适的网络承载平台。RTP 分组首部字段的设置适合于多媒体数据的封装和描述，序号、时间戳等能够描述多媒体数据的时间属性。RTP 协议不规定净荷的格式和大小，这就为不同的媒体和应用环境提供了灵活的空间。RTCP 协议提供了传输 QoS 的反馈，为传输的管理提供了条件，可以用来监控传输的 QoS。

但是，RTCP 并没有规定使用这些信息做什么，这完全取决于应用程序的开发人员。例如，接收端报告的某 RTP 流的分组丢失率太高，发送端应用程序可以适当降低发送分组的速率。

实际上，RTP/RTCP 本身并不对多媒体数据块做任何处理，并不提供任何 QoS 保证，但它们包含了实时应用的一些共同性的信息提供给应用层，使应用层有依据进行 QoS 处理。RTP/RTCP 现已得到广泛的应用。

12.2.4　实时流式协议

RTSP 是 IETF 的 MMUSIC 工作组（Multiparty MUitimedia SessIon Control WG）开发的协议〔RFC2326，建议标准〕。

RTSP 是一个多媒体播放控制协议，用来使用户在播放从因特网下载的实时数据时能够进行控制，就好像在影碟机上的控制方式，如：暂停/继续、后退、前进等。因此 RTSP 又称为因特网录像机遥控协议。

如图 12-5 所示，要实现 RTSP 的控制功能，我们不仅要有协议，而且要有专门的媒体播放器和媒体服务器。普通的万维网浏览器和服务器没有上述的播放实时多媒体节目的功能。RTSP 协议以客户-服务器模式工作，媒体播放器和媒体服务器的关系是客户与服务器的关系。媒体播放器和媒体服务器已经在前面作了介绍。

媒体播放器和媒体服务器之间运行 RTSP 协议和 RTP/RTCP 协议，如图 12-5 所示。音频和视频多媒体数据是封装在 RTP 分组中传送，而 RTCP 协议是为了保证传输的服务质量。RTSP 仅仅是使媒体播放器能够控制音频和视频流的传送。因此，RTSP 又称为带外协议（out-of-band protocol），而音频和视频流是使用 RTP 在带内（in-band）传送的。RTSP 控制分组可以在 TCP 上传送，也可以在 UDP 上传送。

图 12-5　RTSP 与 RTP/RTCP

12.3　IP 电话

12.3.1　IP 电话简介

IP 电话就是指在 IP 网络上打电话，在因特网上实时交互地传送声音信息。IP 电话有多个英文同义词，如 VoIP（Voice over IP）、Internet Telephone 和 VON（Voice On Net）等。美国的 VocalTec 在 1995 年率先推出了 IP 电话，但当时只能用于 PC。次年 VocalTec 推出了 IP 电话网关（IP telephone gateway），可以使用公用电话网，推动了 IP 电话的普及应用。

在公用电话网中信令（signaling）是非常重要的。电话交换机根据用户所拨打的号码就能够通过合适的路由找到异地它乡的被叫用户，并在主叫和被叫之间建立起一条电路连接，这都是依靠信令实现的。打电话时的振铃声、忙音以及打完电话挂机释放连接，也都是由信令处理的。现在电话网使用的信令是 7 号信令 SS7。利用 IP 网络打电话同样也需 IP 网络能够识别的某种信令。但由于 IP 电话要使用已经存在的公用电话网，因此 IP 电话的信令必须在功能上与原有的 SS7 相兼容，这样才能使 IP 网络和公用电话网上的两种信令能够互相转换。另外，IP 电话使用的话音编码也必须能够和普通电话的标准 PCM 编码互相转换。IP 电话网关用来解决上述问题，电话网关一半是计算机，一半是电话交换机，其主要作用是：

- 在电话呼叫阶段和呼叫释放阶段进行电话信令的转换。
- 在通话期间进行话音编码的转换。

图 12-6 是几种 IP 电话的连接方式。图 12-6a 是在两个多媒体 PC 用户之间的通话，当然就不需要经过 IP 电话网关；图 12-6b 是 PC 和普通电话用户打 IP 电话；图 12-6c 是两个端点都是普通电话机，这当然是最方便的。后两种方式都需要通过 IP 电话网关进行转换，IP 电话网关应该位于 Internet 和 PSTN 电话网的交界处。

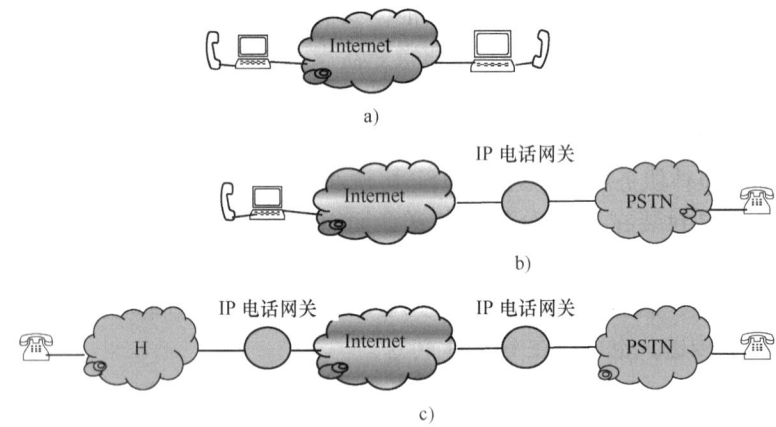

图 12-6　IP 电话的连接方式

目前用于 IP 电话的协议有两套，一套是 ITU-T 提出的 H. 323 协议，另一套是 IETF 的会话发起协议 SIP。H. 323 应用广泛，但比较复杂；SIP 简单，有发展前途。下面进行介绍。

12.3.2　H. 323 建议书

H. 323 是 ITU-T 于 1996 年制订的建议书，1998 年第二个版本的名称是"基于分组的多媒体通信系统"。H. 323 是因特网的终端系统之间进行实时声音和视像会议的标准，标准还用于连接于因特网的终端如何与普通电话网上的电话进行通信。H. 323 的出发点是以已有的电路交换电话网为基础，增加了 IP 电话的功能，远距离传输采用 IP 网络。H. 323 的信令沿用原有电话网的信令模式，因此易于与原有电话网连接。H. 323 包括系统和构件的描述、呼叫模型的描述、呼叫信令过程、控制报文、复用、话音编解码器、视像编解码器以及数据协议等。但 H.323 不保证服务质量。

图 12-7 是 H.323 IP 电话系统结构，包括四种构件。

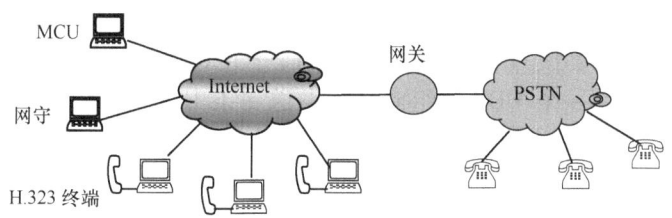

图 12-7 H.323 IP 电话系统结构

① H.323 终端（Termianal）：连接在 Internet 上运行 H.323 的 PC 或单个设备，H.323 终端用 IP 地址或能转换成 IP 地址的名字（电子邮件地址、电话号码等）来标识。

② 网关（Gateway）：网关将 Internet 和电话网连接起来，在 Internet 一侧使用 H.323 协议，在电话网一侧使用 PSTN 协议。

③ 网守（Gatekeeper）：又称网闸。网守控制其管辖的 H.323 区中的 H.323 终端，H.323 终端必须向所在区的网守注册。所有呼叫都通过网守，提供名字—地址转换、授权、带宽管理和计费功能，它还帮助 H.323 终端找到距离公用电话网上的被叫用户最近的一个网关。

④ 多点控制单元（Multipoint Control Unit，MCU）：MCU 支持多个 H.323 终端的音频视频会议。

网关、网守和 MCU 在逻辑上是分开的构件，但它们可实现在一个物理设备中。

图 12-8 给出了 H.323 的体系结构。可以看出，H.323 是一个协议族，包括以下组成部分：

音频视频应用		信令和控制			
音频 编解码	视频 编解码	RTCP	H.225 注册	Q.931 呼叫信令	H.245 呼叫控制
RTP					
UDP			TCP		
IP					

图 12-8 H.323 协议体系结构

① 音频编解码器：H.323 要求至少要支持 G.711（64kbit/s 的 PCM），建议支持如 G.722、G.723.1、G.728 和 G.729 等。

② 视频编解码器：H.323 要求至少支持视频压缩标准 H.261。

③ H.225 注册：即注册/接纳/状态（Registration/Admission/Status，RAS），H.323 终端和网守使用 H.225 进行通信，完成注册、接纳控制以及提供状态更新等。

④ Q.931 呼叫信令：使用传统电话 SS7 中的 Q.931 呼叫信令，用于 H.323 中建立和释放呼叫连接，提供拨号音和铃声等。

⑤ H.245 呼叫控制：用来在 H.323 终端之间交换控制报文，协商所使用的音频视频压缩标准等。

⑥ RTP 和 RTCP：用于音频视频流的传输和传输控制，这两个协议前面已经介绍。

为了说明 H.323 如何工作，考虑下面的情形：一个 LAN 上的 H.323 终端 PC 呼叫一部远程电话。

首先，PC 必须找到网守。PC 向 1718 端口广播一个 UDP 网守发现分组，LAN 上的网守会应答其 IP 地址。PC 用一个 UDP 分组向网守发送一条 H.225 RAS 消息，注册到网守中。注册成功后，PC 向网守发送一条 RAS 接纳消息以请求带宽。分配了带宽之后，PC 就可以建立呼叫。事先请求带宽的方式可以让网守控制呼叫的数量，有助于提供必要的 QoS。

然后，PC 建立一个至网守的 TCP 连接以便开始建立呼叫连接。PC 通过此 TCP 连接发送一条 Q.931 SETUP 消息，该消息指定了被呼叫的电话号码，如果是呼叫远程 PC 则指定 IP 地址和端口号。网守应答一条 CALL PROCEEDING 消息，确认收到了请求，然后将 SETUP 消息转发给网关。网关接到网守发来的 SETUP 消息后，通过 PSTN 向被呼叫电话发出一个普通的电话呼叫。被呼叫电话所在的端局使被呼叫的电话发出振铃声，同时送回一条 Q.931 ALERT 消息，以告诉呼叫 PC，电话已开始振铃了。当被呼叫电话被人拿起时，端局发回一条 Q.931 CONNECT 消息，通知 PC，已经建立了呼叫连接。

建立了呼叫连接后，网守就不再出现在通信过程中，后续的分组直接发送到网关的 IP 地址，通信两端有了直接的物理连接。

现在使用 H.245 协议来协商当前的呼叫参数。每一方都从宣布其处理能力开始，比如，能否处理视频、支持哪些编解码器等。每一方都知道了对方的处理能力后，两个单向的数据信道就建立起来了，每个信道都指定了编解码器和其他一些参数。两个数据信道上的参数可以不同。

双方的协商完成后，就可以用 RTP/RTCP 进行数据传输。

当任何一方挂断了电话，通过 Q.931 呼叫信令可以释放呼叫连接。当呼叫连接结束时，呼叫 PC 再次使用 RAS 消息与网守联系，以释放分配给它的带宽。

12.3.3　会话发起协议

H.323 系列已被很多生产 IP 电话的厂商采用，但 H.323 过于复杂。1999 年 IETF 的 MMUSIC 工作组制订了另一套较为简单实用的标准，没有提供 H.323 那样多的功能，称为会话发起协议（Session Initiation Protocol，SIP）[RFC 3261-3266，建议标准]。

SIP 可以建立两方的会话、多方会话以及多播会话，这些会话可以包括音频、视频或数据。SIP 只处理会话的建立、管理和释放，没有规定进行实时数据传送所需的协议，实际上应用中一般还是选用 RTP 和 RTCP 进行传送。SIP 是一个应用层协议，它可以运行于 TCP 或 UDP 之上。

SIP 地址使用 SIP 统一资源定位符（SIP URL）的形式，在 SIP 报文中用来表示 SIP 呼叫用户、目标用户和重定向地址等。SIP URL 可以包含电话号码、电子邮件或 IP 地址等，例如：sip：zhang3 @ 8610.62785678，sip：zhang3 @ tsinghua.edu.cn，sip：zhang3 @ 168.111.56.78。用于在 Internet 上定位被叫用户位置的 IP 地址可能是未知的、变动的，但 SIP 可以由电子邮件地址、电话号码等信息解析到。

SIP 系统包含以下 4 个部件（①~④），并涉及 1 个部件（⑤）：

① 用户代理（User Agent，UA）：用户代理是终端系统中代表使用者的软件。使用 C/

S 模式，包含两个部分：用户代理客户（User Agent Client，UAC），用于发起呼叫；用户代理服务器（User Agent Server，UAS），用于应答呼叫。

② 代理服务器（Proxy Server）：代理服务器和下面的重定向服务器属于网络服务器，它们处于中间环节实现路由选择以找到目标用户。代理服务器收到 UAC 的会话发起请求 IN-VITE 之后，查询位置服务器解析到目标用户的位置信息，然后用新地址信息转发该 IN-VITE。一个请求从 UAC 到 UAS 可能会经过一个或多个代理服务器转发。最终 UAS 的应答也要经过同样的一组代理服务器，在相反的方向返回。

③ 重定向服务器（Redirect Server）：作用类似代理服务器，它也查询位置服务器得到目标用户的位置信息，但它不转发 INVITE 请求，而是将位置信息返回给客户，由客户用新地址再发送请求。

④ 注册器（Register）：注册器是一个用来接收 REGISTER 请求的服务器，用来完成 UAS 位置的注册，并更新位置服务器中的地址映射信息。地址映射记录了用户电子邮件地址、电话号码等信息和 IP 地址的对应关系。SIP 系统中所有的 UAS 都要在网络上注册、注销、刷新，以便 UAC 能够找得到。注册器提供了对通信移动性的支持，当用户由于移动改变了 IP 地址，它要注销老的地址映射，并注册新的映射，以确保实现对移动用户的呼叫。一般注册器和代理服务器或重定向服务器是共驻的。

⑤ 位置服务器（Location Server）：提供目标用户的位置服务，位置服务器一般和注册器是共驻的。但是，位置服务器以及如何提供位置服务并不属于 SIP 协议的范畴，可以用不同的方式实现，比如 DNS 的方式。

SIP 协议是一个仿照 HTTP 的基于文本的协议。以文本的形式发送报文，报文包含一个方法（method）名和用来传递参数的报文头。不少报文头来自多用途 Internet 邮件扩充 MIME，以便于现有的 Internet 应用协同工作。表 12-2 列出了 SIP 定义的 6 种方法。

表 12-2　SIP 方法

方　　法	说　　明
INVITE	请求发起一个会话
ACK	客户确认已收到对 INVITE 的最终响应
BYE	请求释放一个会话
OPTIONS	查询处理能力
CANCEL	取消一个挂起的请求
REGISTER	客户发送地址信息给注册器

为了建立一个 SIP 会话，UAC 要将一个 INVITE 请求发往被叫用户的 UAS。UAC 使用被叫用户的电子邮件地址、电话号码等信息发送 INVITE 请求到本地代理服务器（或重定向服务器），它们再查询位置服务器，然后代理（或重定向）该呼叫到其他服务器，直至找到知道被叫用户地址的代理服务器，请求就发送给该用户。

INVITE 请求包括呼叫方的处理能力、媒体类型和编码格式等。如果被叫方接受该呼叫，那么它的 UAS 回复一个 HTTP 类型的 3 位数字的应答码，如 200 表示 OK 即接受。来自被叫方 UAS 的响应包含被叫方的 IP 地址以及被叫方的处理能力、媒体类型、编码格式等信息。呼叫方最终回复一 ACK 报文，确认收到了 OK 报文，会话连接建立。SIP 连接建立过程类似

TCP 建立连接的三次握手。

此后，UAC 就可以用被叫方的 IP 地址向 UAS 直接发送电话等业务，而不必通过中间的 SIP 网络服务器。一般是使用 RTP 和 RTCP 协议进行传送。

BYE 用于中止两个用户间的连接。OPTIONS 用于在不建立呼叫的情况下获得被叫方处理能力的信息，比如能否处理 IP 语音等。CANCEL 用于中止一个挂起的请求。REGISTER 指令用于向注册器发送位置信息。

如果在 Internet 和电话系统之间有合适的网关，SIP 就可以从 PC 向普通电话发起呼叫。

SIP 有一个协作的协议，即会话描述协议（Session Description Protocol，SDP）[RFC2327，建议标准]，在电话会议中尤其有用，因为参与者动态地加入和离开。SDP 提供了有关会话中媒体的数目、类型和编码，媒体的组播地址以及协议端口号等。

思 考 题

12.1 音频和视频的应用主要有哪几种方式？音频和视频流的传输有什么特点？

12.2 为什么多媒体传输一般采用 UDP/IP 而不是 TCP/IP？

12.3 描述 RTP 分组的格式。时间戳和同步源标识符 SSRC 字段的作用是什么？

12.4 RTP/RTCP 本身对多媒体数据传输能够提供 QoS 保证吗？为什么说它们适合用于传输多媒体数据？

12.5 RTCP 对多媒体分组进行封装吗？它的主要功能是什么？它有哪几种类型的分组？这些分组的作用是什么？

12.6 描述 H.323 IP 电话系统结构。

12.7 描述 H.323 协议体系结构。

12.8 SIP IP 电话系统包含哪些部件？它们的主要作用是什么？

第 13 章 基于 Socket 的网络通信

13.1 概述

计算机网络提供各种各样的应用服务，可以分为通用应用（如 Web、Email 等）和专用应用（如电子商务、远程教育、生产监控等）两类，前者一般是操作系统提供的，后者则是由软件公司或用户自己开发的。两类网络应用都离不开网络通信功能的支持，都需要编写网络通信的程序。因此一个网络应用的开发人员，应该掌握网络通信程序的设计方法。

TCP/IP 通信协议的核心部分是传输层的 TCP、UDP 和网际层的 IP，在操作系统的内核中实现。内核中实现了 TCP/IP 协议的操作系统称为 TCP/IP 网络操作系统。

应用程序通过应用程序编程接口（Application Programming Interface，API）访问操作系统内核。各种应用程序（系统的和用户的）一般都是程序员在 API 上设计的。

对于 TCP/IP 网络操作系统，网络应用的 API 称为 Socket，它起源于 1983 年的 4.2BSD 操作系统。如图 13-1 所示，Socket 是 TCP/IP 网络操作系统环境下的网络通信编程接口，提供了通过对系统内核进行调用来实现应用程序之间通信的一种机制。

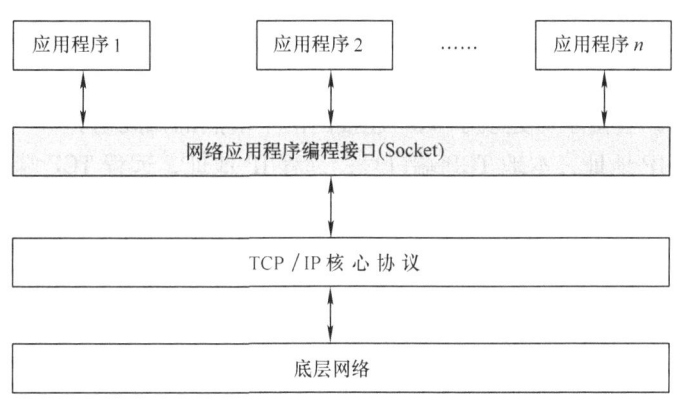

图 13-1　Socket——应用程序与 TCP/IP 核心的编程接口

整个 TCP/IP 核心协议及其他的低层协议，都是提供给应用程序的网络资源。网络资源提供了不同主机上的应用程序之间通信的手段。Socket 机制则提供了调用这些网络通信资源的通用方法。

需要指出的是，TCP/IP 本身并没有对应用程序接口进行标准化，API 往往是跟操作系统紧密联系在一起的，不同操作系统提供不同形式的接口，在 UNIX/Linux 中通过系统调用实现 Socket，而在 Windows 中则用库函数来实现。Windows 的网络通信编程接口也是基于 Socket 机制，称为 WinSock（Windows Socket）。

本章介绍基于 UNIX/Linux 操作系统的 Socket 机制及其程序设计方法。

13.2 套接字 Socket

Socket 的英文原意是孔、插口等，这里用来表示 UNIX TCP/IP 网络通信的接口，类似现实生活中的电话插口，提供了电话和电话网络之间的接口。这里 Socket 一般译为套接字，也有的译为套接口。套接字表示了 TCP/IP 网络环境下通过系统调用实现应用程序之间通信的一种机制，并给出了相应的一套程序设计方法。

可以把套接字看成是网络环境下 UNIX 文件访问方法的一般化。UNIX 操作系统在文件读写之前调用打开 open( )时，系统返回一个文件描述字与某个文件或设备相关联，并用它作为读 read( )、写 write( )的参数来标识该文件或设备。套接字最早是由 BSD UNIX 引入的，它继承了 UNIX 文件读写的思路，应用程序在进行网络读写时请求操作系统创建一个套接字，系统返回一个类似文件描述字的整数，可以称为 Socket 描述字，应用程序使用它标识创建的套接字，提供通信的端口。

套接字的使用也和文件访问类似，一旦应用程序创建了一个套接字，并进行了地址绑定和外部地址的 TCP 连接，就可以利用套接字描述字作为参数使用 write( )在此连接上发送数据流，在连接的另一端则使用 read( )接收数据。

但是网络环境下的远程访问毕竟比本地的文件访问复杂，打开一个文件得到文件描述字后就可以利用它直接对文件进行 write( )或 read( )，而套接字创建后还不能直接进行网络读写。服务器还要使用绑定调用关联一个本地地址，即一个二元组：

（IP 地址，端口号）

另外，对于面向连接的 TCP 服务，还要建立一个连接。一个 TCP 连接由一个套接字对（Socket pair）标识，套接字对是表示 TCP 连接的两个端点的四元组：

（本地 IP 地址，本地 TCP 端口号；远程 IP 地址，远程 TCP 端口号）

这样通过 Socket 对就连接了两端的应用程序，它们就可以进行通信了。

UNIX 的套接字提供了一系列的系统调用函数，它们都是围绕着应用程序如何利用网络通信协议在网上进行数据交换而设计的。通过这些函数的调用，应用程序就可以在掩盖通信协议细节的情况下，实现网络传输。

套接字是面向 C/S 模式而设计的，对客户和服务器程序提供不同的 Socket 系统调用。

13.3 基于 Socket 的网络通信程序设计

13.3.1 Socket 的创建与关闭

应用程序在使用套接字机制进行通信之前，首先必须创建并拥有一个 Socket，用系统调用 socket( )来实现（这里用小写的 s）。socket( )调用格式为

sockid ＝ socket（pf, type, protocol）

其中，sockid 是系统调用 socket( )的返回值，是一个整数，即 Socket 描述字，或称 Socket 号。这样，应用程序就向系统申请了一个属于自己的 Socket 号。

socket( )一共有三个参数，下面一一解释。

① pf（protocol family）：指明所使用的协议族，通常为 PF_INET，表示互联网协议族（TCP/IP 协议族）。常见的协议族有：
- PF_INET：IPv4 互联网协议。
- PF_INET6：IPv6 互联网协议。
- PF_IPX：IPX-Novell 网协议。
- PF_UNIX：UNIX 内部地址，用文件系统路径名。

本章主要针对 PF_INET 即 TCP/IP 协议族（IP 协议为 IPv4）。

还有一个相关的概念叫地址族（address family）。地址族与协议族是一一对应的。过去曾设想一个协议族可以有多个地址族，PF_ 值用来创建套接字，AF_ 值用于套接字地址结构，但这个设想从未实现过，而且在头文件〈sys/socket. h〉中，为一个给定的协议定义的 PF_ 值与 AF_ 值总是相等。AF_INET，AF_INET6，AF_IPX，AF_UNIX 分别与 PF_INET，PF_INET6，PF_IPX，PF_UNIX 相等。实际应用中，使用 PF_ 值与 AF_ 值都可以。

② type：指创建 Socket 的应用程序所指定的通信服务类型。同一协议族可能提供多种不同的服务类型，比如 TCP/IP 协议族可以提供数据流与数据报两种通信服务类型。Socket 有下列几种常用的通信服务类型：
- SOCK_STREAM：流 Socket。
- SOCK_DGRAM：数据报 Socket。
- SOCK_RAW：原始 Socket。

其中，SOCK_RAW 是传输层以下的低层协议提供的 Socket 类型，只有特权程序才能使用。SOCK_STREAM 中的 "STREAM" 指可靠的面向连接的数据流，提供面向连接的通信服务。SOCK_DGRAM 中的 "DGRAM" 指不连接的数据报，提供不连接的通信服务。

③ protocol：指出本 Socket 请求所指定的协议。前面的两个参数对于描述协议类型还不够，socket( )又提供这个参数，程序员可以直接指出具体使用的协议。有些协议族中不止一种协议支持同一类型服务。

在 PF_INET 中，协议族、Socket 类型和协议三者可能的组合见表 13-1。

表 13-1 socket（）系统调用的三个参数的组合

协 议 族	Socket 类型	实 际 协 议
PF_INET	SOCK_DGRAM	UDP
	SOCK_STREAM	TCP
	SOCK_RAW	IPv4
	SOCK_RAW	ICMPv
PF_INET6	SOCK_DGRAM	UDP
	SOCK_STREAM	TCP
	SOCK_RAW	IPv6
	SOCK_RAW	ICMPv6

可见，在 TCP/IP 协议族中，协议族与 Socket 类型基本上可以唯一地确定一个协议。当存在一一对应关系时，在 socket( )调用的 protocol 参数位置一般置为 0，表示默认协议。而

使用原始套接字时，不能置为 0。

例如，为了在 Internet 域内创建一个流套接字，应当用如下调用：

$$s = socket(PF\_INET, SOCK\_STREAM, 0)$$

创建一个流套接字，默认的通信协议是 TCP。因此，它等价于：

$$s = socket \ (PF\_INET, SOCK\_STREAM, TCP)$$

socket( ) 调用成功的正常返回值是创建的套接字的号，假如调用失败（参数出错或系统中已无空闲 Socket 等），socket( ) 调用返回一个出错码，其值为 −1。

当应用程序完成了对套接字的使用时，就使用系统调用 close( ) 关闭它，其格式为

$$\boxed{close \ (sockid)}$$

其中 sockid 参数指示要关闭套接字的号。

13.3.2 绑定本地地址

调用 socket( ) 是 Socket 通信的第一步，它创建了一个 Socket，并获取其 Socket 号，但这只是开始，下面要进行地址绑定。

bind( ) 将本地 Socket 地址与所创建的 Socket 号联系起来，即将本地 Socket 地址赋予 Socket。本地 Socket 地址包括本地主机 IP 地址和本地端口号。bind( ) 的作用也称为 Socket 命名，Socket 地址即它的名字。bind( ) 调用的格式为

$$\boxed{bind \ (sockid, localaddr, addrlen)}$$

其中三个参数的含义如下：

① sockid：欲绑定地址的 Socket 的号。

② localaddr：指向 Socket 地址结构的指针，用来指定本地主机的 IP 地址和本地端口号。下面是常用的两种地址结构：

- struct sockaddr-in（TCP/IP Internet Socket 地址结构）。
- struct sockaddr-un（UNIX Socket 地址结构）。

前面一种数据结构作为网络地址，包括地址族、本地主机 IP 地址和本地端口号三部分；UNIX Socket 地址结构包括类型域和一个 108B 的路径名，PF_UNIX 类型的 Socket 代表普通文件。

③ addrlen 地址长度：指出以 B 为单位的地址结构的长度。

Socket 地址在建立 Socket 通信的过程中起着很重要的作用，Internet 地址的数据结构如下：

```
struct sockaddr-in {
    short sin-family;              /* PF_INET,（值为 2），16 比特 */
    u-short sin-port;              /* 16 比特端口号，网络字节顺序 */
    struct in-addr sin-addr;       /* 32 比特 IP 地址，网络字节顺序 */
    char sin-zero \  [8 \];        /* 未用 */
}
```

其中：

```
struct in-addr {
    u-long s-addr;                 /* 32 比特 IP 地址，网络字节顺序 */
```

```
        }
UNIX 地址数据结构则为:
    struct sockaddr-un {
    short sun-family;                   /* PF_UNIX */
    char sun-path [108];                /* socket 文件路径名 */
    }
```

- -

由于各种 Socket 地址结构的长度相差太大，比如，Internet 地址长度 8B，UNIX 地址长度不定，最长可达 110B，无法以一种统一的格式定义它们。在 bind( ) 调用中，必须使用参数 addrlen 指定 Socket 地址的长度。而且 UNIX 地址是变长的，更有必要指定其长度。

调用 bind( ) 成功返回 0，失败返回 -1。

当两台计算机通过套接字进行通信时，如果它们使用不同的字节顺序约定，将导致一台计算机上的数据在另一台计算机上做出不同的解释而发生错误。为了使具有不同字节顺序约定的机器之间能够正常通信，Internet 协议为在网络上传输的数据规定了一种规范的字节顺序约定，称为网络字节顺序。

网络字节顺序采用大端字节序（Big-Endian），一个字的高位字节先存，存于存储器中的低地址，而低位字节存于高地址，如 IP 地址 128. 10. 2. 30（十六进制为: 80. 0A. 02. 1E）在机器的由低至高的 4 个字节地址空间中存储的是 80、0A、02 和 1E。而在小端字节序（Little-Endian）的绑定中，存储的则是 1E、02、0A 和 80，顺序相反。

13.3.3　建立连接

流套接字在传送数据之前必须建立连接。

1. 请求连接

请求连接是客户端的动作。客户进程通过调用 connect( ) 函数请求套接字与服务器已命名的被动套接字连接。连接的建立包括了三次握手过程。

connect( ) 的调用格式如下:

> connect (sockid, destaddr, addrlen)

其中 3 个参数的意义如下:

① sockid: 欲建立连接的本地 Socket 号。

② destaddr: 一个指向对方 Socket 地址结构的指针，客户知道服务器的 IP 地址和端口号。

③ addrlen: 指出对方 Socket 地址长度。

如果连接失败，connect( ) 返回出错代码 -1。

客户进程在调用 connect( ) 之前可以不调用 bind( ) 函数，内核在必要时会为该套接字选择适当的地址。

connect( ) 一般用于面向连接的流 Socket。应用中，无连接 Socket 进程也可以调用 connect( )，但这时调用从本地操作系统直接返回，没有在本地主机与远地主机之间进行实际的报文交换，也没有真正建立 Socket 连接。无连接 Socket 的调用方式的作用在于传输数据报时不必每次都指定目的地址，它为将来在此套接字上的传输指明一个默认的地址。

2. 接收连接

接收连接是服务器端的动作。为了接收客户端的连接请求，服务程序必须在调用 bind ( )绑定地址之后执行两个步骤，一是创建一个存储连接请求的侦听队列，这使得套接字能够听取多个连接请求；二是接收连接。系统调用 listen( )用于建立侦听队列，系统调用 accept( )用于接收套接字上到达的连接请求。

（1）listen( )

系统调用 listen( )的格式为

$$\boxed{\text{listen（sockid, quelen）}}$$

其中两个参数的意义如下：

① sockid：本地 Socket 号，服务器从它接收连接请求。

② quelen：请求队列长度，用这个参数来限制排队请求的个数。

在成功调用 listen( )之后，这个套接字便成为准备接收连接的模式，称为被动套接字。进入套接字的连接可以在侦听队列中排队等待服务进程的接收。listen( )函数器的这种功能使得服务器进程在忙于处理前面的客户请求时允许悬挂新进入的来不及处理的连接请求并在侦听队列中排队，这种功能是 listen( )通知底层协议软件实现的。参数 quelen 指明套接字侦听队列允许悬挂的连接请求的个数。quelen 一般指定为 5，还可以更大。

调用 listen( )函数成功时返回 0，失败时返回 -1。

listen( )函数不允许用于无连接通信的套接字。

（2）accept( )

服务器程序通过调用函数 accept( )来接收本地套接字上到达的连接请求，这个套接字必须是已被 bind( )命名过的，并且是由 listen( )建立了侦听队列的被动套接字。服务器程序调用了 accept( )后，就进入阻塞状态，等待连接请求。

accept( )调用的格式为

$$\boxed{\text{newsock = accept（sockid, clientaddr, paddrlen）}}$$

其中各参数的意义如下。

① sockid：本地 Socket 号。

② clientaddr：指向客户 Socket 地址结构的指针。

③ paddrlen：指向客户 Socket 地址长度变量的指针。

clientaddr 指向一个初始值为空的结构，paddrlen 指向初始值为 0 的整数，二者用于存放客户的地址信息。调用 accept( )后，服务器等待从编号为 sockid 的 Socket 上接收客户连接请求，并通过 clientaddr 指针获取客户地址，通过 paddrlen 指针获取地址长度。连接请求是由客户的 connect( )调用发出的。

accept( )调用后将返回连接请求方（客户）的 Socket 地址及其长度并将它们分别放入 clientaddr 所指结构和 paddrlen 所指单元。

accept( )调用后还给调用者返回一个新的 Socket 号 newsock，这一新 Socket 与请求的客户建立了连接，而原来的 Socket 仍保持打开状态，可以用来继续接收新的连接请求。

newsock 可用于服务器处理并发请求。在并发服务器方式中，主服务器 fork 一个从服务器，从服务器利用这个新 Socket 响应 accept( )所接收的客户请求。而主服务器仍然利用原 Socket 侦听新的客户请求。

当 newsock 的值小于 0 时，说明 accept( ) 调用出错。

图 13-2 示意了建立连接的过程，图中，服务器和客户用方框表示，方框边上的小方块表示 Socket。

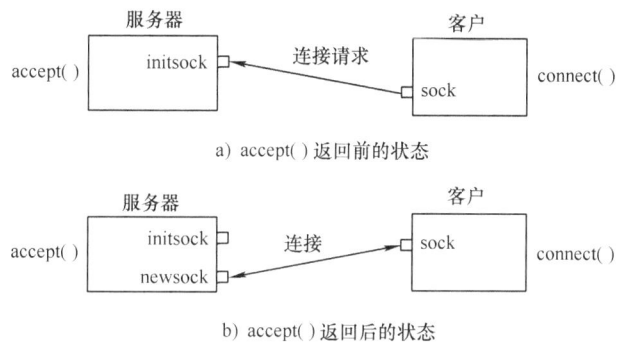

图 13-2　accept( ) 调用返回前后的状态

图 13-2a 表示了 accept( ) 调用返回前的状态，服务器阻塞于 accept( ) 调用，连接请求从客户到达服务器。

图 13-2b 是 accept( ) 调用返回后客户和服务器的状态，此时 accept( ) 为服务器创建了一个新套接字 newsock，并且它与客户建立了连接。原来的 initsock 仍保持打开状态。

如果是并发服务器，下一步还要调用 fork( )，产生一个从服务器（子进程），图 13-3a 给出了从 fork( ) 返回后的状态。注意，fork( ) 以后，initsock 和 newsock 都是主服务器和从服务器所共享的。

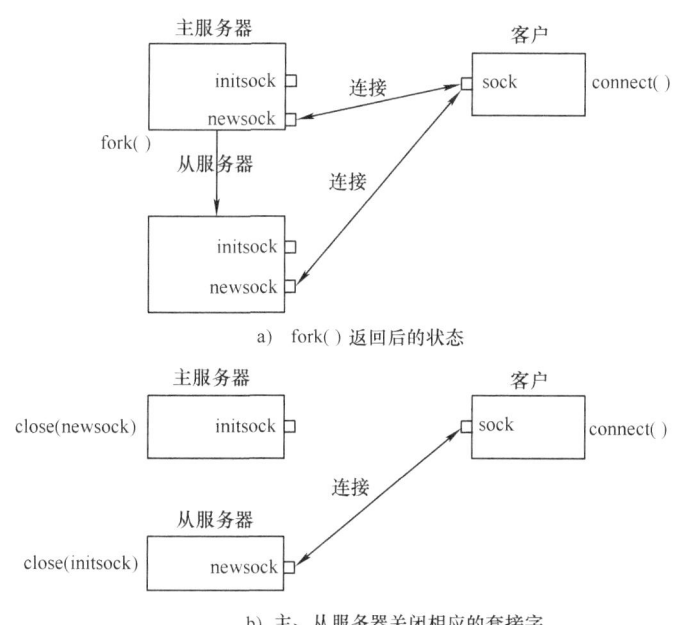

图 13-3　使用并发服务器——产生一个从服务器

图 13-3b 是下一步的状态，主服务器关闭 newsock，从服务器关闭 initsock，这是所期望

的最终状态。从服务器使用 newsock 与客户连接，进行数据交换，而主服务器可对 initsock 套接字再次调用 accept( ) 来处理下一个客户的连接请求。

图 13-2 和 13-3 表示了使用并发服务器时的连接过程。

如果是重复服务器，则不用 fork( ) 从服务器。主服务器自己用新套接字处理客户请求，处理完后关闭新套接字，然后用原套接字获取新的连接请求。如果请求队列中有排队的请求，服务器按先进先出原则对这些请求逐一作出响应。

13.3.4 数据发送与接收

1. 发送数据

共有 5 个用于 Socket 数据发送的系统调用，其中 3 个，write( )、writev( ) 和 send( )，用于面向连接的传输，其余两个即 sendto( ) 和 sendmsg( ) 则用于无连接传输。

发送数据时，面向连接的调用不指定目的地址，而无连接调用必须指定目的地址。假如无连接 Socket 的双方均调用过 connect( )，可以认为是建立了有连接的 Socket，这种情况下，也可以使用面向连接的系统调用发送数据。

（1）面向连接的数据发送

三个面向连接的调用是：

缓冲发送：　　　　　| write （sockid, buff, length) |

收集发送：　　　　　| writev （sockid, iovector, vectorlen) |

可控缓冲发送：　　　| send （sockid, buff, length, flags) |

它们的格式大致相同，参数的含义如下。

① sockid：本地 Socket 号。

② buff：指向发送缓冲区的指针。

③ length：发送数据长度（字节数）。

④ iovector：指向 I/O 向量表的指针。

⑤ vectorlen：I/O 向量表的长度（字数）。

⑥ flags：传输控制标志。这是 send( ) 与 write( ) 的真正区别所在。当 flags 为 0 时，send( ) 等价于 write( )。否则 send( ) 的 flags 可取下列两个值之一。

● MSG_OOB：带外数据（Data Out Of Band）发送。

● MSG_DONTROUTE：寻址控制。

缓冲发送 write( ) 从 sockid 指定的套接字发送数据，所发送的数据是 buff 所指向的缓冲区中的前 length 个字节。每个套接字有一个发送缓冲区和一个接收缓冲区。发送缓冲区存放应用程序写入的数据，它们被协议发送出去。接收缓冲区存放由协议接收的数据并由应用程序读走。该函数的返回值是实际发出的字节数，正常时等于 length，出错时返回 −1。

收集发送（Gather Write）可以一次发送若干个分散的，地址不连续的数据块，它们通过指向 I/O 向量表的指针 iovector 指示。一个 I/O 向量是一个指向某一个数据块的指针（32 比特），全部待发的分散的数据块的指针组合在一起就构成一个 I/O 向量表，其结构如图 13-4 所示。

```
0                                                    31
┌────────────────────────────────────────────────────┐
│               块 1 指针（32 位地址）                  │
├────────────────────────────────────────────────────┤
│               块 1 长度（32 位整数）                  │
├────────────────────────────────────────────────────┤
│               块 2 指针（32 位地址）                  │
├────────────────────────────────────────────────────┤
│               块 2 长度（32 位整数）                  │
├────────────────────────────────────────────────────┤
│                        …                             │
└────────────────────────────────────────────────────┘
```

图 13-4　I/O 向量表的结构（writev( ) 和 readv( )）

可控缓冲发送是在缓冲发送的基础上增加了控制能力。它的前三个参数的含义与缓冲发送是一样的，flags 参数则是用于控制目的。

当 flags 取 MSG_OOB 时，表示要传输处理带外数据，即紧急数据。TCP 对紧急数据作出标志是通过报文段首部的 URG 比特和紧急指针（Urgent Pointer）字段。

当 flags 取 MSG_DONTROUTE 时，表示进行寻址控制，可用于编制网络调试软件。

（2）无连接的数据发送

用于无连接数据发送的系统调用有两个。

可控缓冲无连接发送：　| sendto(sockid, buff, length, flags, dstadd, addrlen) |

可控收集无连接发送：　| sendmsg(sockid, message, flags) |

其中，sockid、buff、length、flags 各参数与面向连接的意义相同，其他参数意义如下。

①　dstadd：指向目的 Socket 地址的指针，告知是发往谁的数据。

②　addrlen：目的 Socket 地址长度。

③　message：与 sendto( ) 相比，sendmsg( ) 用一个参数 message 代替了四个参数，它所指向的数据结构格式如图 13-5 所示。

```
0                                                    31
┌────────────────────────────────────────────────────┐
│            指向目的 Socket 地址的指针                 │
├────────────────────────────────────────────────────┤
│            目的 Socket 地址长度                       │
├────────────────────────────────────────────────────┤
│            指向发送向量表的指针                       │
├────────────────────────────────────────────────────┤
│            发送向量表长度                             │
├────────────────────────────────────────────────────┤
│            指向访问权限表的指针                       │
├────────────────────────────────────────────────────┤
│            访问权限表长度                             │
└────────────────────────────────────────────────────┘
```

图 13-5　message 数据结构格式

2. 接收数据

接收数据系统调用与发送数据系统调用是一一对应的。

面向连接的传输：

| read(sockid, buff, length) |　（与 write(sockid, buff, length) 对应）

| readv(sockid, iovector, vectorlen) |　（与 writev(sockid, iovector, vectorlen) 对应）

| recv(sockid, buff, length, flags) |　（与 send(sockid, buff, length, flags) 对应）

无连接的传输：

recvfrom(sockid, buff, length, flags, fromadd, paddrlen)

（与 sendto(sockid, buff, length, flags, dstadd, addrlen) 对应）

recvmsg(sockid, message, flags) （与 sendmsg(sockid, message, flags) 对应）

对应的调用有对应的参数，对应的参数有对应的解释。但可控接收的参数 flags 与可控发送的 flags 有些不同。对于一般的接收器 flags 是 0 （此时 recv( ) 等价于 read( )），对于控制接收，它的可选值有以下两种。

- MSG_OOB：带外数据接收。
- MSG_PEEK：允许调用者从 Socket 中读出输入数据块的拷贝，而并不将它从 Socket 删除。在一般情况下，如果从 Socket 中读取一数据区，调用返回后 Socket 将不再保存该数据块。这种控制可以提供传输数据的预览。

无连接的 recvfrom( ) 和 recvmsg( ) 的地址参数为指向源站 Socket 地址的指针，源站地址的初始值为空，调用返回告诉我们是谁发来的数据。recvfrom( ) 的最后一个参数 paddrlen 是一个指向整数的指针，而 sendto( ) 的最后一个参数 addrlen 是一个整数。

以上介绍了数据发送与接收的系统调用，最后我们还要指出它们的一些共同特点：首先，这些系统调用在默认情况下是阻塞的，也就是说如果套接字不能立即发送或接收数据，调用一直处于等待状态，发送或接收数据完成后调用返回。其次，这些系统调用的返回值正常情况下是它们实际发送或接收的字节数，一般应是调用参数中的字节长度。对于一对发送和接收的调用，接收数据的长度不应小于发送数据的长度，否则，多余的字节会丢失。在系统调用出现问题时返回值为 −1，它是指本地检测到的错误。

13.3.5 基于 Socket 的网络通信程序实现框架

在讨论了主要的 Socket 系统调用之后，我们给出如何利用 Socket 机制实现客户服务器模式进行网络通信的结构框架。

图 13-6 是面向连接的客户-服务器模式 Socket 网络通信的实现框架。

在面向连接的模式下，服务器进程和客户进程在建立连接时需采取不同的动作。

服务器程序必须先启动，它首先创建一个套接字，通过系统调用 socket( ) 创建一个流套接字。随后，服务器进程要给该套接字命名一个周知的名字，以便客户程序能够藉此向服务器发出通信请求，因为它们无法知道套接字的号，套接字的名字将是客户可能连接的一个服务器标识。命名套接字使用 bind( ) 系统调用。

服务器程序调用了 accept( ) 后，就进入阻塞状态，等待客户的连接请求。面向连接的 accept( ) 调用为实现并发服务器提供了极大的方便，因为它要返回一个新 Socket 号。服务器进程每调用一次 accept( ) 便创建一个新的套接字，这个新套接字完全只用于与特定的客户通信，原来已命名的套接字则保留用于与其他客户的连接。利用这一并发特征，我们可以使服务器进程服务于多个客户。对于重复服务，后继的客户将在 listen 队列排队等待服务。

在当前客户的服务完成后，服务器关闭新套接字，回到 accept( ) 用原套接字等待新的客户连接请求。

客户端的动作比服务端要直观一些。客户进程通过调用 socket( ) 创建一个套接字，然后

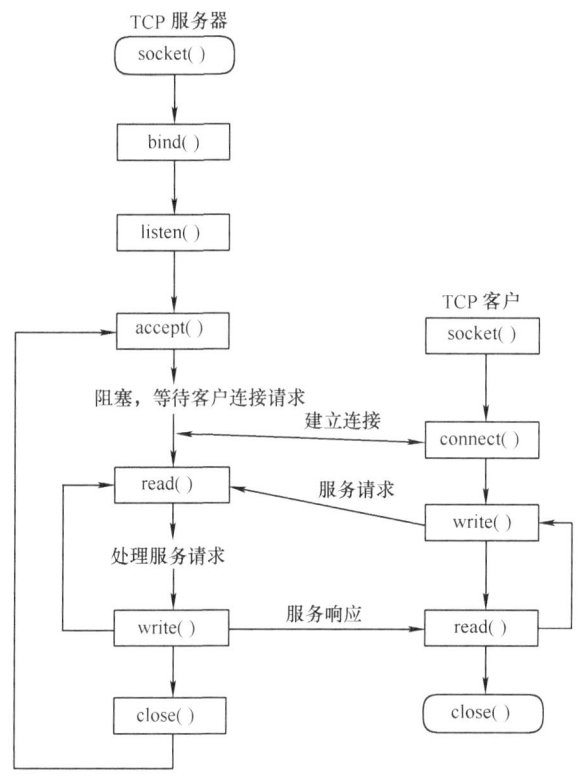

图 13-6　面向连接客户-服务器模式实现框架

通过将服务器进程的已命名套接字作为目的地址调用 connect( )，与服务器进程建立连接。一旦建立连接，客户和服务器进程两端就可以使用套接字进行双向通信。

　　无连接模式套接字通信的示意图如图 13-7 所示。通信的两个进程仍然分为客户和服务器进程，服务器进程首先启动。服务器和客户都必须创建套接字，服务器进程也必须调用 bind( ) 命名套接字以便其他客户程序访问，但这两个进程无需明确地建立连接。无连接数据报套接字通信方式有点类似于邮政通信，发送数据时，发方须指明目的站的 Socket 地址。

　　一个面向连接的并发服务器的典型程序框架如下：

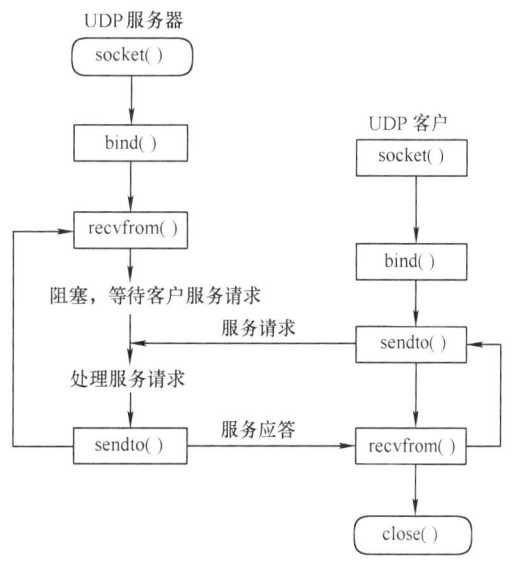

图 13-7　无连接客户-服务器模式实现框架

```
int initsockid, newsockid;
if ( initsockid = socket ( ... ) )  < 0 );
```

```
        error（" can't create socket"）；
if（bind（initsockid, ...）＜0）
        error（" bind error"）；
if（listen（initsockid, 5）＜0）
        error（" listen error"）；
for（; ;）｛                              /*循环 */
        newsockid = accept（initsockid,...）    /*阻塞，等待请求。accept（）执行完的结果是产生 newsockid，并用它与
                                                 客户的 Socket 建立连接*/
if（newsockid＜0）；
        error（" accept error"）；
if（fork（）=0）｛                        /*fork（）子进程。若 fork（）成功，同时存在父、子进程继承主进程的新
                                                 老 Socket 号且父、子进程均由 fork（）返回，子进程返回值为 0，父进
                                                 程返回值为子进程的进程标识号 PID。fork（）不成功则返回值为 –1 */
        close（initsockid）；                 /*子进程关闭由父进程继承的原套接字 */
        do（newsockid）；                      /*子进程用新套接字处理连接请求 */
        close（newsockid）；                   /*子进程关闭新套接字 */
        exit（0）；                           /*子进程终止 */
        ｝
close（newsockid）；                         /*父进程，关闭新套接字后回到阻塞状态，用原套接字获取下一个新的连
                                                 接请求*/

｝
```

- -

面向连接的服务器也可以是重复服务器，其程序框架如下：

- -

```
int initsockid, newsockid;

if（initsockid = socket（...））＜0）
        error（" can't create socket"）；
if（bind（initsockid, ...）＜0）
        error（" bind error"）；
if（listen（initsockid, 5）＜0）
        error（" listen error"）；
for（; ;）｛
        newsockid = accept（initsockid,...）；   /*阻塞 */
        if（newsockid＜0）
            error（" accept error"）；
        do（newsockid）；                       /*用新套接字处理请求*/
        close（newsockid）；                    /*关闭新套接字，用原套接字获取下一个连接请求 */
        ｝
```

- -

思 考 题

13.1　什么是 API？它的作用是什么？网络应用 API（Socket）有哪两种实现方式？

13.2　解释套接字 Socket 和套接字对。

13.3　什么是流套接字？什么是数据报套接字？

13.4　什么是套接字命名？套接字有了号，为什么还要命名？

13.5　accept( )调用为什么设计成阻塞方式？

13.6　描述 accept( )调用后的状态。画图说明 accept( )调用后服务器如何产生一个从服务器进行的并发处理。

13.7　什么是收集发送？如何进行数据的收集？

13.8　画图给出 C/S 模式下面向连接的 Socket 网络通信程序的一个实现框架。

参 考 文 献

[1] 谢希仁. 计算机网络 [M]. 4 版. 北京：电子工业出版社，2003.

[2] Andrew S Tanenbaum. 计算机网络 [M]. 潘爱民，译. 4 版. 北京：清华大学出版社，2004.

[3] Douglas E Comer. 用 TCP/IP 进行网际互联：第 1 卷 原理、协议与结构 [M]. 林瑶，等译. 4 版. 北京：电子工业出版社，2001.

[4] Douglas E Comer. 计算机网络与因特网 [M]. 徐良贤，唐英，等译. 北京：机械工业出版社，2000.

[5] W Richard Stevens. TCP/IP 详解：卷 1 协议 [M]. 范建华，等译. 北京：机械工业出版社，2000.

[6] Cisco System 公司. 思科网络技术学院教程（第一、二学期）[M]. 清华大学，等译. 北京：人民邮电出版社，2004.

[7] Cisco System 公司. 思科网络技术学院教程（第三、四学期）[M]. 天津大学，等译. 北京：人民邮电出版社，2004.

[8] 徐恪，吴建平. 高等计算机网络 [M]. 北京：机械工业出版社，2003.

[9] James F Kurose Keith W Ross. 计算机网络—自顶向下方法与 Internet 特色 [M]. 申震杰，等译. 北京：清华大学出版社，2003.

[10] Alberto Leon-Garcia Indra Widjaja. 通信网基本概念与主体结构 [M]. 乐正友，等译. 北京：清华大学出版社，2003.

[11] 张公忠. 现代网络技术教程 [M]. 北京：清华大学出版社，2000.

[12] 赵锦蓉. Internet 原理与技术 [M]. 北京：清华大学出版社，2001.

[13] Charles E Spurgeon 张健翻. 以太网技术入门与实现 [M]. 北京：机械工业出版社，1998.

[14] Jayant K, lan C, Mohan K. 千兆以太网教程 [M]. 段晓，译. 北京：清华大学出版社，1999.

[15] 周明天，汪文勇. TCP/IP 网络原理与技术 [M]. 北京：清华大学出版社，1993.

[16] Mani Subramanian. 网络管理 [M]. 王松，等译. 北京：清华大学出版社，2003.

[17] 张宏科，张思东，刘文红. 路由器原理与技术 [M]. 北京：国防工业出版社，2003.

[18] Rich Seifert. 千兆以太网技术与应用 [M]. 朗波，等译. 北京：机械工业出版社，2000.

[19] Greg P bulette. TCP/IP MCSE 学习指南 [M]. 廖铮，译. 北京：清华大学出版社，1999.

[20] 陈启美. 李嘉. 现代数据通信教程 [M]. 北京：南京大学出版社，2000.

[21] William Stallings. 局域网与城域网 [M]. 高传善，等译. 北京：电子工业出版社，1998.

[22] 赵小林，高虹. 网络管理技术教程 [M]. 北京：国防工业出版社，2002.

[23] Christian Huitema. IPv6 The New Internet Protocol [M] (Second Edition)，影印版. 北京：清华大学出版社，Prentice Hall International, Inc. 1999.

[24] Andrew S Tanenbaum. Computer Networks [M] (Third Edition)，影印版. 北京：清华大学出版社，Prentice Hall International, Inc. 1997.

[25] Douglas E Comer, David L Stevens. Internetworking with TCP/IP, Volume 3, Client-Server Programming and Applications [M] (Second Edition)，影印版. 北京：清华大学出版社，Prentice Hall International, Inc. 1998.

[26] Douglas E Comer. Internetworking with TCP/IP, Volume 1, Principles, Protocols and Architecture [M] (Third Edition)，影印版. 北京：清华大学出版社，Prentice Hall International, Inc. 1998.

[27] John J Roese. Switched Lans 交换式局域网 [M]. 影印版. 北京：清华大学出版社，McGraw-Hill Companies，2001.

[28] Behrouz A Forouzan, Sophia Chung Fegan. TCP/IP Protocol Suite [M]. 影印版. 北京：清华大学出版

社，McGraw-Hill Companies，2000.

[29] David G Cunningham, William G Lane. Gigabit Ethernet Networking [M]. 影印版. 北京：清华大学出版社，Macmillan Technical Publishing，2000.

[30] W Richard Stevens. UNIX Network Programming, Volume 1, Networking APIs: Sockets and XTI [M]（Second Edition），影印版. 北京：清华大学出版社，Prentice Hall International，Inc. 1998.

[31] 沈鑫剡. 广域网原理技术及实现 [M]. 北京：人民邮电出版社，2000.

[32] 李征，王晓宁，金添. 接入网与接入技术 [M]. 北京：清华大学出版社，2003.

[33] 王圣杰. 电脑网络与数据通信 [M]. 北京：中国铁道出版社，2002.

[34] 张瀚峰，等. xDSL 与宽带网络技术 [M]. 北京：北京航空航天大学出版社，2002.

[35] 卢锡城. ATM 网络的原理与应用. 北京：电子工业出版社，1999.

[36] Kaveh Pahlavan, Prashant Krishnamurthy. 无线网络通信原理与应用 [M]. 刘剑，等译. 北京：清华大学出版社，2002.

[37] 冯登国. 网络安全原理与技术 [M]. 北京：科学出版社，2003.

[38] 陈锦章. 宽带 IP 网络技术 [M]. 北京：清华大学出版社，2003.

[39] 张民，许进，黄学田. 光以太网 [M]. 北京：北京邮电大学出版社，2003.

[40] 钟玉琢，向哲，沈洪. 流媒体和视频服务器 [M]. 北京：清华大学出版社，2003.

[41] Douglas E Comer, David L Stevens. 用 TCP/IP 进行网际互联第 3 卷：客户机-服务器编程与应用 Linux/POSIX 套接字版 [M]. 赵刚，林瑶，蒋慧，等译. 北京：电子工业出版社，2001.

[42] 赵克佳，沈志宇，赵慧. UNIX 程序设计教程 [M]. 北京：清华大学出版社，2001.

[43] W Richard Stevens. UNIX 网络编程：第 1 卷 [M]. 施振川，等译. 北京：清华大学出版社，1999.

[44] 计算机科学技术名词审定委员会. 计算机科学技术名词 [M]. 2 版. 北京：科学出版社，2002.

普通高等教育"十一五"国家级规划教材
普通高等教育电气工程与自动化类"十一五"规划教材

书 名	主 编		
★电路基础	东南大学	黄学良	
电路实验教程	燕山大学	毕卫红	
工程电磁场基础及应用	山东大学	刘淑琴	
数字电子技术	中国计量学院	王秀敏	
电子技术实验	天津大学	王萍	
★计算机软件技术基础	哈尔滨工程大学	李金	
通信技术基础（非通信类）	重庆邮电大学	鲜继清	
★微型计算机原理及应用	西安交通大学	张彦斌	
计算机网络与通信	清华大学	张曾科	
★自动控制理论	合肥工业大学	王孝武 方敏 葛锁良	
★自动控制理论	西安理工大学	刘丁	
★现代控制理论基础（第2版）	合肥工业大学	王孝武	
现代控制理论	浙江大学	赵光宙	
控制工程基础	浙江工业大学	王万良	
信号分析与处理（第2版）	浙江大学	赵光宙	
自动化概论	四川大学	赵曜	
★电力电子技术（第5版）	西安交通大学	王兆安 刘进军	
电力电子技术（少学时）	华南理工大学	张波	
Power Electronics		吴斌	
★电机及拖动基础（第4版）（上下册）	合肥工业大学	顾绳谷	
电力拖动基础	四川大学	张代润	
★电力拖动自动控制系统——运动控制系统（第4版）	上海大学	阮毅 陈伯时	
电力拖动自动控制系统——运动控制系统（少学时）	上海海运大学	汤天浩	
控制系统数字仿真与CAD（第2版）	哈尔滨工业大学	张晓华	
★过程控制与自动化仪表（第2版）	西安理工大学	潘永湘	

书　　名	主　　编	
过程控制与自动化仪表	浙江大学	张宏建
过程控制系统	华东理工大学	俞金寿
传感器与检测技术	清华大学	赵勇
自动检测技术与系统设计	东南大学	周杏鹏
计算机控制技术	沈阳大学	范立南
现场总线技术及应用	哈尔滨工业大学	佟为明
电磁兼容原理及应用	华中科技大学	熊蕊
★电气绝缘技术基础（第4版）	西安交通大学	曹晓珑
★电机学	重庆大学	韩力
电力工程基础	河海大学	鞠平
★供电技术（第4版）	西安理工大学	余健明
智能控制理论及应用	湖南大学	王耀南　孙炜
智能电器	大连理工大学	邹积岩
建筑智能化系统	东北大学	吴成东
控制电机	山东大学	李光友
智能机器人引论	中国科学技术大学	关胜晓
机器人引论	清华大学	张涛
嵌入式系统原理与应用	青岛大学	范延滨
数字图像处理与应用基础	西安理工大学	朱虹
电网络理论	浙江大学	周庭阳
非线性电路理论	北京机械工业学院	刘小河
非线性系统理论	上海大学	康惠骏
最优控制理论与应用	西安交通大学	吴受章
系统建模理论与方法	东南大学	夏安邦
高等数字信号处理	海军工程技术大学	吴正国
高等电力电子技术	合肥工业大学	张兴
现代电机控制技术	沈阳工业大学	王成元

1. 本套教材全部配有免费电子课件，欢迎选用本套教材的老师登录 www.cmpedu.com 注册下载或发邮件到 wbj@cmpbook.com索取

2. 书名前标"★"号的为"普通高等教育'十一五'国家级规划教材"